Julia Dück
Soziale Reproduktion in der Krise

Arbeitsgesellschaft im Wandel

Herausgegeben von
Brigitte Aulenbacher | Birgit Riegraf | Karin Scherschel

Moderne Gesellschaften sind nach wie vor Arbeitsgesellschaften. Ihr tief greifender Wandel lässt sich daran ablesen, wie Arbeit organisiert und verteilt ist, welche Bedeutung sie hat, in welcher Weise sie mit Ungleichheiten einhergeht.
Die Buchreihe leistet eine kritische sozial- und zeitdiagnostische Betrachtung der „Arbeitsgesellschaft im Wandel“ und befasst sich mit • Theorien der Arbeit und der Arbeitsgesellschaft • Arbeit in und zwischen Markt, Staat, Drittem Sektor, Privathaushalt • Arbeit in Organisationen, Berufen, Professionen • Erwerbs-, Haus-, Eigen-, Subsistenz-, Freiwilligenarbeit in Alltag und Biografie • Arbeit in den Verhältnissen von Geschlecht, Ethnizität, Klasse.

Julia Dück

Soziale Reproduktion in der Krise

Sorge-Kämpfe in Krankenhäusern und Kitas

BELTZ JUVENTA

Die Autorin

Julia Dück hat an der Friedrich Schiller Universität Jena zu *Kämpfen um Care in der Krise* promoviert und arbeitet als Referentin für soziale Infrastrukturen, verbindende Klassenpolitik, Gesundheit und Care in der Rosa Luxemburg Stiftung. Ihre Arbeitsschwerpunkte sind marxistische und feministische Theorie zu Fragen von (multipler) Krise und Hegemonie, sozialer Reproduktion und Geschlechterverhältnissen sowie gesellschaftlichen Kämpfen um Sorge.

Openaccess im Auftrag der Rosa Luxemburg Stiftung

ROSA LUXEMBURG STIFTUNG

Dissertation, Friedrich-Schiller-Universität Jena, Fakultät für Sozial- und Verhaltenswissenschaften, 2021

Dieses Buch ist erhältlich als:
ISBN 978-3-7799-3058-7 Print
ISBN 978-3-7799-3059-4 E-Book (PDF)

1. Auflage 2022

in der Verlagsgruppe Beltz · Weinheim Basel
Werderstraße 10, 69469 Weinheim

Herstellung: Myriam Frericks
Satz: Datagrafix, Berlin
Druck und Bindung: Beltz Grafische Betriebe, Bad Langensalza
Beltz Grafische Betriebe ist ein klimaneutrales Unternehmen (ID 15985-2104-100)
Printed in Germany

Weitere Informationen zu unseren Autor_innen und Titeln finden Sie unter: www.beltz.de

Inhalt

Einleitung

Manche Verdichtungen gesellschaftlicher Kämpfe vollziehen sich, auch wenn ihre Akteure das so nie geplant haben. So im Sommer 2015: Über vier Wochen gingen nicht nur die Beschäftigten des Sozial- und Erziehungsdienstes – medial auch als Kita-Streiks bezeichnet – für eine Aufwertung ihres Berufs auf die Straße. Im gleichen Zeitraum streikten auch Pflegekräfte am Berliner Universitätsklinikum Charité öffentlichkeitswirksam für mehr Personal und eine tarifliche Personalbemessung im Krankenhaus. Sie schufen damit ein Beispiel, dem inzwischen bundesweit die Belegschaften weiterer Kliniken gefolgt sind und immer noch folgen. Mit Pflege-Kämpfen und Kita-Streiks wird der Sommer im Jahr 2015 daher als vorläufiger Höhepunkt in Erinnerung bleiben. In der gegenwärtigen Pandemie sind es jedoch erneut vor allem Krankenhäuser und ihre Arbeitsbedingungen, die für gesellschaftliche Debatten sorgen. Das Personal (insbesondere in der Pflege) wird als kritischer Faktor betrachtet mit Blick darauf, wie viele Versorgungskapazitäten in den Kliniken vorhanden sind – und damit auch, wie gut die gesellschaftliche Gesundheitsversorgung ist. In den letzten Monaten ist mit Nachdruck deutlich geworden, dass es an personellen Ressourcen fehlt. Aber auch die Kitas standen erneut im Fokus öffentlicher Aufmerksamkeit. Herausgestellt wurde etwa die gestiegene und zentrale Bedeutung von Kindertageseinrichtungen für die (früh-)kindliche Entwicklung und die Schließung von Schulen und Kitas daher problematisiert. Zugleich fehlte hier ebenfalls oft Personal für ein Betreuungsangebot mit Abstand und in kleineren Gruppen. Personalmangel auf der einen und zunehmende Kämpfe um Sorge auf der anderen Seite – was geht da vor in einem Feld, das einst privat und unsichtbar erschien?

Ein Blick in die feministische Forschung – traditionell mit Fragen sozialer Reproduktion befasst – legt nahe, dass der Aufruhr im Bereich der Sorge keinesfalls unerwartet kommt: Seit einigen Jahren, so die These, haben wir es mit einer umfassenden Care-, Sorge- oder Krise der sozialen Reproduktion zu tun. Entsprechend sind in den letzten Jahren eine Reihe von Arbeiten erschienen, die auf krisenhafte Veränderungen der Sorge, von Care oder der sozialen Reproduktion aufmerksam machen (vgl. etwa Aulenbacher 2013; Becker-Schmidt 2011; Klinger 2013; Auth/Rudolph 2017; Hoffmann/Schlager/Wöhl 2015; Winker 2015; Palenga-Möllenbeck 2014). Nicht nur im Bereich der privat geleisteten Sorgeverantwortungen, auch entlang von transnationalen und globalen Verschiebungen von Care wie ebenso im Bereich der öffentlichen Daseinsvorsorge kommt es demnach aktuell zu Widersprüchen und Krisen. So nehmen finanzielle Ungleichheiten zu und zeitliche Ressourcen im Privaten ab, etwa durch die Prekarisierung von Arbeit, die Erosion von Ernährerlöhnen, weibliche* Erwerbspartizipation oder gestiegene Anforderungen der Reproduktion (Winker 2011; Jürgens 2010; Wichterich 2011). Es verschärfen sich aber auch die Bedingungen der (bezahlten) Sorge durch eine Aushöhlung öffentlicher Daseinsvorsorge sowie ihren markteffizienten Umbau, zunehmende Privatisierungen, Wettbewerb und Profitdruck (Madörin 2011; Chorus 2013; Aulenbacher/Dammayr 2014a). Demnach vollziehen sich gegenwärtig Veränderungen der sozialen Reproduktion, die zu Krisen führen. Zugleich entstehen und verschärfen sich dadurch gesellschaftliche Widersprüche – denn der Versuch, die entstehenden Lücken zu kompensieren oder (an Dritte) zu delegieren, führt zu Erschöpfungen, Krankheit, Überlastungen, zu einem Verlust an Qualität der Versorgung oder dazu, dass neue Lücken entstehen.

Weil Care, so wird konstatiert, in seinem umfassend verstandenen Sinne (für sich und andere) nicht mehr gewährleistet ist, die Einzelnen und die Gesellschaft folglich „nicht mehr angemessen Sorge tragen können“ (Aulenbacher/Dammayr 2014b, S. 10), nehmen nicht nur Krisen, sondern auch Kämpfe zu. Oder, wie es das Manifest eines Feminismus für die 99 % formuliert: „Angesichts der Ernsthaftigkeit dieser allgemeinen Krise verwundert es nicht, dass sich die Kämpfe um die gesellschaftliche Reproduktion in den letzten Jahren explosionsartig ausgeweitet haben“ (Arruzza/Bhattacharya/Fraser 2019, S. 101).

Inwiefern aber kann in dieser Weise von einem Zusammenhang zwischen der Care- oder Krise der sozialen Reproduktion und dem Anstieg von Sorge-Kämpfen gesprochen werden? Beschreiben die aktuellen Auseinandersetzungen tatsächlich Kämpfe um Care in der Krise? Und welche Krise ist darin gemeint, die zu Widersprüchen führt und Konflikte provoziert? – Diese Fragen beschreiben das zentrale Thema des vorliegenden Buches. Am Beispiel der Felder und Auseinandersetzungen in der (Kranken-)Pflege und institutionellen Kinderbetreuung fragt es nach dem Zusammenhang von Krise(n) und Kämpfen wie ebenso nach Veränderungen der sozialen Reproduktion und ihren Krisen.

Warum hier neue Perspektiven gefordert sind und auf welche offenen Fragen das Buch trotz der bereits umfassenden Debatte zu Care-, Sorge- oder Krisen der sozialen Reproduktion antwortet, soll nachfolgend entlang von zwei Einsprüchen eingeführt werden.

Eine Krise oder viele Krisen – wogegen richten sich die Sorge-Kämpfe?

Für den Bereich der bezahlten Sorge wird in aktuellen Debatten vermutet, dass die Einführung kapitalistischer Rationalitäts- und Profitabilitätskriterien „Legitimationskrisen von unten“ (Aulenbacher/Dammayr 2014a, S. 73) befördert, weil Anforderungen einer profitförmig reorganisierten Care-Arbeit und berufliche Ansprüche der Sorgearbeitenden zueinander in Widerspruch geraten (ebd., S. 71; vgl. auch Becker/Kutlu/Schmalz 2017; Décieux 2017). Erklärt wird die Zunahme von Konflikten in Untersuchungen zu Sorge-Kämpfen also mit einer Verletzung des sogenannten beruflichen Care-Ethos von Beschäftigten. Eines „Ethos fürsorglicher Praxis" (Kumbruck/Rumpf/Senghaas-Knobloch 2010), das geprägt sei durch das Wissen um die Sorgebedürftigkeit von Menschen und deren spezifische Bedürfnisse nach Zuwendung, einer geduldigen Haltung und eines nicht-instrumentellen Verständnisses von Zeitnutzung oder eine ganzheitlich orientierte Arbeit (vgl. Aulenbacher/Dammayr 2014a, S. 70). Dass dieses spezifische Ethos der Sorge vor dem Hintergrund von Prozessen der Inwertsetzung systematisch verletzt wird, stellt demzufolge eine wesentliche Ursache für die zunehmenden Konflikte rund um die bezahlte Care-Arbeit dar.

Empirisch wird dies in aktuelleren Forschungen etwa am Beispiel von (Arbeits-)Konflikten in Krankenhäusern und Kitas aufgezeigt. Traditionell habe das Care-Ethos hier konfliktorientiertes Engagement von beruflichen Sorgearbeiter*innen durch den Hinweis auf die Bedürfnisse und Abhängigkeiten der ihnen anvertrauten Menschen eher erschwert. Aktuell werde es angesichts der Verschlechterungen in der Sorgearbeit jedoch zu einer moralischen Ressource und Quelle für widerständiges Bewusstsein. (vgl. Becker/Kutlu/Schmalz 2017, S. 256; S. 273) „Mit Sicherheit" wird daher konstatiert, dass Beschäftigte in sozialen Dienstleistungen zunehmend bereit sind, kollektiv und öffentlich Auseinandersetzungen einzugehen (Artus et al. 2017, S. 9), sowie, dass Ökonomisierung zum einen und (die Verletzung der) Ansprüche zum anderen als „Triebkräfte von Sorge-Kämpfen" (Décieux 2017) wirken.

Mit der Annahme eines (strukturellen) Zusammenhangs von Care-Krise und Sorge-Kämpfen werden also zwei Argumentationen verfolgt: Erstens wird davon ausgegangen, dass sich in den letzten Jahren die Bedingungen in der professionellen Sorgearbeit krisenhaft verändert haben. Zweitens wird argumentiert, dass ebendiese Veränderungen zu einer systematischen Verletzung des Care-Ethos von Beschäftigten führen. Die Verletzung des Ethos als Ursache der aktuellen Sorge-Kämpfe zu verstehen, bedeutet dann – mindestens implizit – eine Orientierung der Beschäftigten an den spezifischen Ansprüchen von Care vorauszusetzen. In dieser Lesart entspringen die zunehmenden Konflikte also der Tatsache, dass etwa die nicht-instrumentelle Zuwendung, interaktive Beziehungsarbeit, eine Orientierung an Leiblichkeit oder die Ganzheitlichkeit von (Sorge-)Arbeit – also das spezifisch fürsorgliche Care-Ethos – von Beschäftigten nicht umgesetzt werden können und sich daher Widerstand formiert.

An dieser Argumentation setzt das vorliegende Buch zwar an, entwickelt jedoch einen frischen Blick auf die Entwicklungen. So wird das Bild eines einheitlichen Care-Ethos in Frage gestellt, welches angesichts der gegenwärtigen Bedingungen nicht zu realisieren sei. Zudem werden die Veränderungen in Bereichen (bezahlter) Sorgearbeit nicht allein als krisenhafte Verschiebungen verstanden. Auf den zuerst genannten Punkt soll zunächst eingegangen werden.

Die Auseinandersetzungen an der Berliner Charité stellen einen der am häufigsten zitierten Sorge-Kämpfe dar. Hier wurde nicht nur erstmals in einem so sensiblen Bereich wie dem Krankenhaus gestreikt (vgl. Wolf 2013). Mit der Forderung nach mehr Personal und einer tariflichen Personalbemessung wurden überdies auch die Bedingungen der Arbeit zum Ausgangspunkt der Kämpfe (vgl. Kunkel 2016). Die Konflikte scheinen somit der obigen Lesart entsprechend auf den (veränderten) Bedingungen in der (Sorge-)Arbeit zu beruhen. Entstehen sie jedoch auch aus einer Verletzung eines fürsorglichen Ethos von Beschäftigten?

In Vorgriff auf die empirischen Befunde im vorliegenden Buch wird anhand zweier Zitate von streikenden Pflegekräften an der Charité die Vorstellung eines einheitlichen Ethos problematisiert:

> „Und, ja, ich habe das Gefühl, so für die Leitung ist es wichtig, dass der Patient so wie (…) vor 50 Jahren noch die Elternerziehung war: Kind sauber und satt, das ist wichtig. Und alles andere ist dann erst mal egal. (…) **Ob es jetzt Bedürfnisse noch hat andere** oder gefördert werden will oder jemandem zum Spielen haben möchte, **spielt keine Rolle**, die beiden Punkte sind die Hauptpunkte. (…) Und da sage ich mir einfach, **das gehört auch mit zu meinen Aufgaben, mich darum zu kümmern**. Wenn derjenige einfach sich mal seinen Kummer von der Seele redet, ja. Auch wenn er weiß, ich kann ihm nicht dabei helfen, aber ich kann wenigstens zuhören." (Interview Stefanie; Herv. JD)

> „Ich glaube, dass viele schon nicht so genau wissen, was wir eigentlich machen. **Dass es da nicht nur um Waschen oder Windelhosen wechseln geht** oder Patienten zur Toilette begleiten. **Sondern dass wir mit hochpotenten Medikamenten umgehen**. Dass wir alle Medikamente stellen und verabreichen. (…) dieses Bild einer Krankenschwester, muss reformiert werden. Es hat nichts mit, ich bin 24 Stunden für irgendjemanden da, [zu tun]. Das bin ich nicht. Das ist eine Arbeit und sicherlich auch teilweise eine Profession. Aber es ist nicht mein Lebenssinn (…). Das ist eine Arbeit wie andere auch, mit einer hohen Verantwortung. **Und nicht Kaffee trinken und die Patienten verhätscheln**." (Interview Helga; Herv. JD)

Zwei Streikende – zwei Perspektiven auf die eigene Arbeit. Mithin auch zwei verschiedene Perspektiven, aus denen die Missstände in der Arbeit kritisiert werden. Beide streiken für mehr Personal im Krankenhaus; dafür, nicht allein in der Nachtschicht zu sein und mit genug Kolleg*innen zu arbeiten, um ihre beruflichen Ansprüche an die Pflege angemessen erledigen zu können. Zugleich formulieren sie unterschiedliche Vorstellungen davon, was ihre Arbeit als gute Pflege leisten soll. Mitnichten artikuliert sich hier also ein einheitliches Ethos – oder eine einheitlich erlebte Care-Krise. Während im ersten Zitat die Bedeutung der emotionalen Zuwendung herausgestellt und diese als Maßstab der Kritik herangezogen wird, beschreibt die Pflegekraft des zweiten Zitats eine Kritik aus der Perspektive eines Ethos, welches später noch als professionelles oder medizinisch orientiertes herausgearbeitet wird (vgl. Kap. 8). Sie betont nicht die Bedeutung emotionaler Zuwendung oder interaktiver Beziehungsarbeit, sondern die Wirkung der Medikamente, die sie verabreicht, und grenzt sich überdies von körperlich-leiblichen Aspekten ihrer Arbeit ab.

Die Zitate werfen demnach Fragen auf: Die Begriffe der Care- oder Sorge-Krise rekurrieren darauf, dass Sorge nicht mehr „angemessen" umgesetzt werden kann. Dies wird in der Folge als Argument dafür herangezogen, warum eine Zunahme von Sorge-Kämpfen zu beobachten ist. Zugleich stellt sich mit Blick auf die von den Beschäftigten formulierten beruflichen Ansprüche heraus, dass sich eine „angemessene Sorge" für diese durchaus unterschiedlich darstellt. Welche Care-Krise wird von den Fachkräften aktuell also erlebt? Und welches Ethos der Pflege wird verteidigt? Gegen welche Veränderungen in der professionellen Sorgearbeit richtet sich die Kritik?

Aus Sicht dieses Buches bleibt empirisch zu klären, welche normativen Ansprüche Sorgearbeitende an ihre Arbeit formulieren, inwiefern diese gegenwärtig verletzt werden, aber auch, welche Veränderungen in der professionellen Sorge der letzten Jahre Widersprüche und Krisen hervorrufen. Politisch sind diese Fragen relevant, weil sie die These herausfordern, dass sich „die Arbeitskonflikte im sozialen Dienstleistungsbereich auch als Teil einer umfassenderen Bewegung gegen neoliberale Umstrukturierungen interpretieren" lassen (Artus et al. 2017, S. 12; FN 6). Stimmt das aber noch, wenn ein Teil der Veränderungen möglicherweise befürwortet wird? Letztlich sind diese offenen Punkte theoretisch zentral. Sie werfen nicht nur die Frage nach der historischen Wandelbarkeit des gesellschaftlichen Verständnisses guter (Für-)Sorge auf. Sie verweisen ebenso darauf, dass das Handeln, Denken und Fühlen der Subjekte selbst als ein Bestandteil von Krisenprozessen konzipiert werden muss. Zugespitzt formuliert: Die gleichen objektiven Bedingungen können bei den Subjekten unterschiedliche Krisen hervorrufen (oder eben gar keine).

Sorge – Krise – Kapitalismus? Oder: Abwertungen und Aufwertungen der Sorgearbeit

Was empirisch und zeitdiagnostisch in den Debatten um Care-Krisen und Sorge-Kämpfe herausgearbeitet wird, nämlich Krisen und Kämpfe als Folgen von Inwertsetzungen und Profitinteressen zu verstehen, spiegelt sich zugleich theoretisch wider: Krisen und Kämpfe werden in unmittelbaren Zusammenhang gestellt und als Folgen der immanenten Krisenhaftigkeit im Kapitalismus theoretisiert. Gemeint ist, dass die Bewegungsdynamik des Kapitalismus zu einer systematischen Abwertung von Sorge und daher immer wieder zu Krisen wie auch Kämpfen gegen die Krisen führt (vgl. Arruzza/Bhattachary/Fraser 2019, S. 84; Aulenbacher/Dammayr 2014a, S. 66). Die Zunahme von Sorge-Kämpfen wird in der einschlägigen Literatur mit einer „strukturellen Sorglosigkeit" (Aulenbacher 2015) des Kapitalismus als „sorge(n)freier Gesellschaft" (Müller 2014) begründet.

Demnach ermöglichen etwa Separierungs- und Trennungsprozesse zwischen kapitalistischer Wertschöpfung und sozialer Reproduktion, dass in der kapitalistischen Produktion auf Effizienz, Verwertung, Rentabilität und Profit fokussiert, von den Belangen der (sozialen) Reproduktion jedoch abstrahiert wird (Aulenbacher 2013b, S. 17 f.). In der Folge führt dies zu Reproduktionskrisen in stets neuer Gestalt – denn Kapitalismus bleibt auf Arbeitskraft angewiesen (ebd., S. 16). Von Theoretiker*innen der *Social Reproduction Theory* (vgl. Bhattachary 2017; Ferguson o. J.) wird das Verhältnis von kapitalistischer Produktion und sozialer Reproduktion daher auch als notwendiges wie zugleich grundsätzlich widersprüchliches beschrieben. Notwendig sei dieses Verhältnis einerseits, weil kapitalistische Produktion auf die Reproduktion menschlichen Lebens und der Arbeitskraft angewiesen ist, Menschen aber auch – um sich selbst reproduzieren zu können – zum Verkauf ihrer Arbeitskraft gezwungen sind. Zugleich wird das Verhältnis andererseits als grundsätzlich widersprüchlich beschrieben. Denn kapitalistische Wertschöpfung treibe ihrer inneren Logik nach dahin, menschliche Bedürfnisse der kapitalistischen Akkumulation unterzuordnen (und in diesem Zuge Reproduktionsbedingungen wie z. B. Löhne oder Sozialausgaben zu kürzen). Dies wiederum führe stets von Neuem dazu, dass Menschen sich gegen die daraus folgenden unmenschlichen Bedingungen wehren. (vgl. Ferguson o. J.; Bhattacharya 2019; Arruzza/Bhattacharya/Fraser 2019) Obwohl die soziale Reproduktion eine Reproduktion von menschlichem Leben und der Arbeitskraft gewährleistet, wird sie also systematisch abgewertet – wie auch Silvia Federici in Bezug auf die globale oder Gabriele Winker mit Blick auf die bundesdeutsche Situation schreiben (vgl. Federici 2012; Winker 2011). Letztlich wird in Bezug auf das Verhältnis von sozialer Reproduktion und Kapitalismus aus feministischen Perspektiven häufig argumentiert, dass der Kapitalismus „nicht nur in Krisenzeiten, sondern von seinen Strukturen und Dynamiken her im ganz ‚normalen' Fortgang der Geschichte seine eigenen Lebensgrundlagen" zerstört (Aulenbacher/Dammayr 2014a, S. 66) und in Sorgekrisen mündet – etwa (immer wieder) in einer „verwahrlosten Fürsorge" (vgl. Becker-Schmidt 2011), einem übermäßigen Verschleiß physischer, psychischer und emotionaler Ressourcen der Subjekte (vgl. Jürgens 2010, S. 561; Winker 2011), einem dicht am reproduktiven Nullpunkt angesiedelten Existenzniveau (Federici 2012, S. 64) oder darin, dass Frauen* erschöpft, Familien zerrüttet und Kräfte der Gesellschaft bis zur Grenze der Belastbarkeit beansprucht sind (Arruzza/Bhattachary/Fraser 2019, S. 84).

Die Antwort auf die Frage danach, warum es gegenwärtig vermehrt zu Konflikten um (bezahlte) Sorge kommt, scheint also klar: Vor dem Hintergrund der (aktuellen) Krise stellen die Kämpfe um Care eine Reaktion und Antwort auf entstehende Zerstörungen und Widersprüche dar. Krise und Konflikt sind demnach zwei Seiten der gleichen Medaille; Sorge-Kämpfe ‚nur' der sichtbar(st)e Ausdruck der Krise.

Inwiefern aber hilft diese Theoretisierung dabei, die Ursachen von historisch konkreten Sorge- oder sozialen Reproduktionskrisen zu verstehen? Wie müssten die spezifischen aktuellen Krisen in den Sorgeverhältnissen analysiert werden? Vor dem Hintergrund der – durchaus unterschiedlichen – Veränderungen in Krankenhäusern und Kitas werden diese Fragen nachfolgend veranschaulicht. Damit wird aus Sicht des vorliegenden Buches ein zweiter Einspruch in die Debatten um Care-, Sorge- oder Krisen der sozialen Reproduktion formuliert, der hier zunächst angerissen und im Verlauf der Arbeit weiter ausgearbeitet wird.

Werden die Entwicklungen in den Bereichen der Krankenpflege und frühkindlichen Betreuung aus Sicht der darin tätigen Fachkräfte in den Blick genommen, zeigen sich zunächst einige Ähnlichkeiten. In beiden Bereichen werden Erschöpfungen, Überlastungen oder mangelnde Qualität der Versorgung sowie Verletzungen der beruflichen Ansprüche beschrieben (vgl. Winker 2015). Denn knapp 40 % der Erzieher*innen geben an, aufgrund des hohen Arbeitspensums zu Abstrichen bei der Qualität der Arbeit gezwungen zu sein und über 50 % schätzen, unter den aktuellen Arbeitsbedingungen nicht bis zum Rentenalter arbeiten zu können (vgl. DGB-Index Gute Arbeit 2015, S. 3 f.). Bei Pflegekräften sieht dies ähnlich oder sogar schlimmer aus (vgl. DGB-Index Gute Arbeit 2018, S. 16). Welche Entwicklungen aber liegen diesen Krisen in Krankenhäusern und Kitas in den letzten Jahren zu Grunde?

Seit der ersten Hälfte der 1990er Jahre haben sich die Rahmenbedingungen der Krankenhäuser in Deutschland verändert. Vor dem Hintergrund einer Diskussion um eine vermeintliche Kostenexplosion im Gesundheitssystem sollte eine Reduktion von Kosten in Kliniken vor allem durch eine Deckelung des Budgets sowie ein System einheitlicher Preise erreicht werden (vgl. Braun et al. 2011). In den Krankenhäusern haben in den letzten Jahren daher ein marktwirtschaftlicher Umbau sowie betriebswirtschaftliche Einsparungen stattgefunden in Form von Personalabbau, einer Kürzung von Bettenzahlen sowie einer Reduktion der Verweildauer von Patient*innen. Ein gegensätzliches Bild zeigt sich demgegenüber in der frühkindlichen Betreuung, Erziehung und Bildung. Hier sind in den letzten Jahren keine Kürzungen zu konstatieren. Vielmehr findet im Bereich der Kinderbetreuung seit einigen Jahren ein finanzieller, quantitativer und qualitativer Ausbau statt. Dies zeigt sich beispielsweise durch einen massiven Ausbau von Betreuungsplätzen und einen Rechtsanspruch auf einen Kita-Platz (für unter dreijährige Kinder). Aber auch die Zahl der Beschäftigten ist stark gestiegen (vgl. Fachkräftebarometer 2019). Schließlich ist die pädagogische Arbeit in den letzten Jahren zunehmend als wichtige Arbeit deklariert und den Kitas ein expliziter Bildungsauftrag und somit auch eine wachsende gesellschaftliche Bedeutung zugesprochen worden. (vgl. u. a. Viernickel et al. 2013; Rauschenbach/Schilling 2013; Stöbe-Blossey 2010; Spieß/Westermeier 2016; vbw – Vereinigung der bayrischen Wirtschaft 2012)

Der Vergleich von (Kranken-)Pflege und pädagogischer Arbeit wirft folglich Fragen auf: So lassen steigende staatliche Investitionen für familienpolitische Maßnahmen auf der einen sowie Kürzungen und betriebswirtschaftliche Reorganisierungen in Krankenhäusern auf der anderen Seite fraglich erscheinen, ob in beiden Bereichen pauschal von Krise(n) oder einer Abwertung von Care gesprochen werden kann. Zugleich werden dennoch hier wie dort Erschöpfungen, Überlastungen oder die Verletzung von beruflichen Ansprüchen artikuliert. Wieso also kommt es in beiden Bereichen zu ähnlich klingenden Krisen, obwohl sich darin unterschiedliche Prozesse vollziehen? Warum entstehen Krisen auch dort, wo (vermeintlich) Aufwertungen passieren? Und schließlich: Inwiefern und warum vollziehen sich in verschiedenen Sektoren der Sorgearbeit überhaupt unterschiedliche Entwicklungen?

Wird die immanente Krisenhaftigkeit des Kapitalismus zu Grunde gelegt, liegen die Ursachen von Krisen (und ihren Kämpfen) in einer strukturellen Abwertung von Sorge und somit letztlich im grundlegenden Widerspruch zwischen kapitalistischer Wertschöpfung und sozialer Reproduktion begründet. Damit aber werden die Entwicklungen in den Reproduktionsverhältnissen lediglich als jene der *Abwertung* in den Blick genommen. Nicht in den Blick kommt jedoch, so die zweite Grundannahme im Buch, ob, wann und warum sich (in einer historisch spezifischen Situation) nicht nur Ab- sondern auch Aufwertungsprozesse vollziehen sowie warum letztere dennoch zu (subjektiven) Krisen bei den Betroffenen führen (können).

Empirisch ist daher zu fragen, ob und inwiefern die Krisen der Beschäftigten in Krankenpflege und Kinderbetreuung vergleichbar sind – und warum es jeweils zu Erschöpfungen kommt. Theoretisch gibt der Vergleich von Krankenpflege und Kitas aber ebenfalls zu denken. Denn die strukturelle Sorglosigkeit des Kapitalismus scheint pauschal keine ausreichende Antwort auf die Vielfältigkeit der Veränderungen in den sozialen Reproduktionsverhältnissen zu sein. Wie aber dann lassen sich die gegenwärtigen – je verschiedenen – Entwicklungen erklären?

Das vorliegende Buch leistet zweierlei: Erstens findet eine umfassende theoretische Auseinandersetzung mit marxistischen wie feministischen Theorien der (sozialen) Reproduktion statt. Hierin wird eine Perspektive entwickelt, welche die soziale Reproduktion sowohl im kapitalistischen Gesamtzusammenhang verorten als auch das Denken, Fühlen und Handeln der vergeschlechtlichten Subjekte als Bestandteil sozialer Reproduktionsverhältnisse begreifen kann. Zweitens untersucht das Buch empirisch und in vergleichender Perspektive die Entwicklungen in zwei zentralen Feldern der (bezahlten) Sorgearbeit. Dies ermöglicht es, die gegenwärtigen Verschiebungen in den Sorgeverhältnissen nicht allein als Abwertung, sondern ebenso als spezifische Nutzbarmachung von Sorge zu verstehen. Herausgearbeitet wird überdies, warum von Sorgearbeitenden in beiden Bereichen dennoch Krisen der Sorge artikuliert werden.

Teil I: Mit Marx und über ihn hinaus Reproduktion denken

1. Reproduktion als gesellschaftlicher Kreislauf: Zur Reproduktion bei Marx

Eine *krisentheoretische* Untersuchung der Veränderungen in den sozialen Reproduktionsverhältnissen kommt an einer Beschäftigung mit der Frage nach der Reproduktion kapitalistischer Gesellschaften bei Karl Marx nicht vorbei. Denn die gegenwärtigen Care- oder Krisen der sozialen Reproduktion werden mit der immanenten Krisenhaftigkeit des Kapitalismus und dies im Anschluss an Marx mit der inneren Dynamik der kapitalistischen Akkumulationsweise begründet. Um Prozesse der sozialen Reproduktion und ihre Krise in diesem Sinne in den Blick nehmen zu können, muss zunächst das Verhältnis von sozialer Reproduktion und der Reproduktion kapitalistischer Gesellschaft(en) betrachtet werden. In der feministischen Debatte wird dies als ein notwendiges wie zugleich grundsätzlich widersprüchliches und somit als strukturell sorgloses Verhältnis beschrieben: Angenommen wird einerseits, dass die kapitalistische Wertschöpfung ihrer inneren Dynamik nach dahin tendiere, menschliche Bedürfnisse der kapitalistischen Akkumulation unterzuordnen (vgl. Aulenbacher 2015; Müller 2014; Bhattacharya 2019; Ferguson o. J.; Arruzza/Bhattachary/Fraser 2019). Andererseits wird argumentiert, dass kapitalistische Gesellschaften auf der Abspaltung oder Abjektion von Sorge basieren (vgl. Scholz 2000; Müller 2018). Prozesse der sozialen Reproduktion werden folglich – mit Bezug auf Marx – als unter kapitalistischen Verhältnissen strukturell abgewertete sowie immanent krisenhafte verstanden. Marx selbst verwendet den Begriff der sozialen Reproduktion zwar nicht. Er beschreibt jedoch die Reproduktion der menschlichen Arbeitskraft als eine notwendige Voraussetzung des Kapitalismus. Dies gibt uns nicht nur einige Hinweise auf den Begriff der sozialen Reproduktion. Es macht zugleich deutlich, wie er das Verhältnis zwischen der Reproduktion menschlichen Lebens und der kapitalistischen (Re-)Produktion versteht. Unter Rückgriff auf Marx lässt sich folglich erstens zwischen der menschlichen und der gesellschaftlichen Reproduktion unterscheiden sowie der Blick zugleich auf ihren Zusammenhang werfen. Darüber hinaus betrachtet Marx die Reproduktion der Arbeitskraft entlang verschiedener Dimensionen, was zweitens ermöglicht, Prozesse der sozialen Reproduktion zu differenzieren. Beide Schritte sollen einerseits dabei helfen, das Verhältnis der sozialen Reproduktion innerhalb der Reproduktion kapitalistischer Gesellschaft zu beleuchten. Andererseits schaffen sie eine Grundlage, um den Blick auf (mögliche) krisenhafte Dynamiken innerhalb dieses Zusammenhangs zu richten.

1.1 Immer wieder von Neuem – Reproduktion als gesellschaftlicher Kreislauf

Marx führt den Begriff der Reproduktion ein, um zu erklären, wie kapitalistische Gesellschaften sich selbst, ihre Bedingungen und Voraussetzungen erhalten, d. h., wie sie sich immer wieder herstellen. Ausgangspunkt seiner Überlegungen ist, dass Gesellschaften und die darin tätigen Menschen nicht aufhören können, zu produzieren ebenso wenig wie sie aufhören können, zu konsumieren, um ihr Leben zu erhalten. Demnach würde eine Gesellschaft nicht überleben, wenn sie nicht zur gleichen Zeit, wie sie produziert, auch ihre Produktionsbedingungen reproduziert. Daher nimmt er an, dass der Produktionsprozess kontinuierlich sein oder periodisch stets von neuem dieselben Stadien durchlaufen muss (MEW 23, S. 591). „In einem stetigen Zusammenhang und dem beständigen Fluß seiner Erneuerung betrachtet", ist Marx zufolge „jeder gesellschaftliche Produktionsprozeß daher zugleich Reproduktionsprozeß" (ebd.). Die letzte Produktionsbedingung besteht also in der Reproduktion der Produktionsbedingungen. Reproduktion ist für Marx in diesem Sinne ein Begriff, welcher den gesellschaftlichen Kreislauf beschreibt, *durch* den und *in* dem sich kapitalistische Gesellschaften immer wieder von Neuem herstellen. Das bedeutet zunächst, dass unter sonst gleichbleibenden Umständen eine Gesellschaft ihren Reichtum nur auf derselben Stufenleiter reproduzieren oder erhalten kann, wenn sie die während des Jahres verbrauchten Produktionsmittel – also Rohstoffe, feste Anlagen (wie Gebäude) oder Produktionsinstrumente (wie Maschinen) – durch ein gleiches Quantum neuer Exemplare ersetzt und so die für den Produktionsprozess notwendigen Produktionsmittel kontinuierlich bereit stellt.[1] Marx geht demnach von einer notwendigen Reproduktion der *materiellen* Produktionsbedingungen aus.

Da Reproduktion bei Marx jedoch auch die Wiederherstellung der Bedingungen der Produktion umfasst, geht es neben der Reproduktion der Produktions*mittel* wesentlich um die Reproduktion der Produktions*verhältnisse*. Um Geld in Kapital zu verwandeln, genügt nicht allein das Vorhandensein von Warenproduktion und Warenzirkulation sowie die Bereitstellung von Produktionsmitteln. Die Reproduktion der Produktionsbedingungen oder der gesellschaftlichen *Voraussetzungen* bedeutet für Marx, dass sich erst Besitzende

1 Marx beschreibt zunächst die „einfache Reproduktion", die noch nicht zu einer Akkumulation führt. Erst für den Produktionsprozess auf erweiterter Stufenleiter beschreibt er den kapitalistischen Akkumulationsprozess als Reproduktion des Kapitals auf progressiver Stufenleiter (MEW 23, S. 607). Ich konzentriere mich in meiner Darstellung jedoch zunächst vor allem auf die Reproduktion des Verhältnisses von ‚Arbeiter*innen' und ‚Kapitalist*innen', nehme die einfache und erweiterte Reproduktion also nicht gesondert in den Blick.

von Produktions- und Lebensmitteln auf der einen und Besitzende von nichts als Arbeitskraft auf der anderen Seite einander als Käufer*in und Verkäufer*in gegenüberstehen müssen (ebd., S. 594). Der kapitalistische (Re-)Produktionsprozess basiert also auf dem Verhältnis von Arbeiter*innen und Kapitalist*innen. Nicht nur Rohstoffe, Maschinen oder Gebäude müssen daher im Verlauf des (Re-)Produktionsprozesses zu einem (mindestens) gleichen Quantum wiederhergestellt werden. Vielmehr geht es auch darum, das Verhältnis von Arbeiter*in und Kapitalist*in zu reproduzieren, da dieses den Ausgangspunkt des Produktionsprozesses und seine Grundlage bildet. Dass Käufer*in und Verkäufer*in sich gegenüberstehen, muss dabei stets neu gewährleistet werden, denn

> „[d]ie Natur produziert nicht auf der einen Seite Geld- oder Warenbesitzer und auf der andren bloße Besitzer der eigenen Arbeitskräfte. Dies Verhältnis ist kein naturgeschichtliches und ebensowenig ein gesellschaftliches, das allen Gesichtsperioden gemein wäre." (MEW 23, S. 183)

Folglich geht es darum, die Scheidung zwischen dem Arbeitsprodukt und der Arbeit, zwischen den objektiven Arbeitsbedingungen und der subjektiven Arbeitskraft erst als Grundlage und Ausgangspunkt des kapitalistischen Produktionsprozesses herzustellen sowie immer wieder zu gewährleisten (ebd., S. 595). Nur dann kann Produktion als kapitalistische vonstatten gehen. Wie aber wird dieses Verhältnis im Produktionsprozess hergestellt und reproduziert?

Der Produktionsprozess wird eingeleitet mit dem Kauf der Arbeitskraft. Sie ist nach Marx für die kapitalistische Produktion wesentlich, da sie eine zentrale Bedingung für die kapitalistische Mehrwertproduktion ist: Nur die besondere Ware Arbeitskraft besitzt die Beschaffenheit, Quelle von Wert zu sein (ebd., S. 181). Mit der Arbeitskraft meint Marx die *physischen* und *geistigen* Fähigkeiten, die in der Leiblichkeit, mithin der lebendigen Persönlichkeit eines Menschen existieren und die Menschen in Bewegung setzen, sooft sie Gebrauchswerte irgendeiner Art produzieren (ebd.). Während die Arbeitskraft im Produktionsprozess also einen Teil der Produktionsmittel in Produkte verwandelt, schafft sie zugleich Mehrwert, denn sie arbeitet länger als benötigt würde, um den Wert der eigenen Arbeitskraft zu (re-)produzieren. Der*die Arbeiter*in produziert demzufolge Produkte in einem höheren Wert als die eigene Arbeitskraft, die sich wiederum in Geld rückverwandeln, aber nur zu einem geringeren Teil in der Form des Arbeitslohns zurückfließen. Indem Arbeitskraft verausgabt wird, wird folglich zugleich Reichtum produziert. Die Arbeitskraft ist insofern für den Produktionsprozess unentbehrlich. Die Arbeitskraft schafft den Reichtum jedoch nicht für sich selbst, da sie von den Produktionsmitteln getrennt ist, die sie durch die eigene Arbeit in Produkte höheren Werts als dem des vorgeschossenen Kapitals verwandelt. Die von ihr geschaffenen Produkte sind ihr demnach fremd, weil sie – wegen ihrer Trennung von den Produktionsmitteln – Eigentum eines Anderen sind.

Die Scheidung zwischen dem Arbeitsprodukt und der Arbeit, zwischen den objektiven Arbeitsbedingungen und der subjektiven Arbeitskraft ist also die Grundlage und der Ausgangspunkt des kapitalistischen Produktionsprozesses (ebd., S. 595). Zugleich ist dies der Grund dafür, dass der*die Arbeiter*in weiterhin Arbeiter*in bleibt und nicht für sich, sondern für andere den Reichtum schafft. Nach Marx führt der Produktionsprozess schließlich selbst zu einer beständigen Reproduktion und Verewigung des*r Arbeiters*in, was zugleich unerlässliche Bedingung der kapitalistischen Produktion ist. Pointiert schreibt er:

> „Einerseits verwandelt der Produktionsprozeß fortwährend den stofflichen Reichtum in Kapital (…). Andrerseits kommt der Arbeiter beständig aus dem Prozeß heraus, wie er in ihn eintrat – persönliche Quelle des Reichtums, aber entblößt von allen Mitteln, diesen Reichtum für sich zu verwirklichen." (ebd., S. 595 f.)

Die gesellschaftliche Ordnung ermöglicht es, dass „der Reichtum die Kraft erhalten [hat], sich durch fremde Arbeit zu reproduzieren … Der Reichtum, wie die Arbeit und durch die Arbeit, liefert die jährliche Frucht, welche jedes Jahr vernichtet werden kann, ohne daß der Reiche ärmer wird" (ebd., S. 592; FN 1) – und ohne dass der Arme reicher wird.

Die individuelle Konsumtion als Vernichtung der Lebensmittel führt dabei zu einem beständigen Wiedererscheinen der Arbeiter*innen auf dem Arbeitsmarkt und sorgt damit für einen permanenten Prozess der Mehrwertabschöpfung (ebd., S. 599). Der kapitalistische Produktionsprozess als Reproduktionsprozess produziert demnach nicht nur Ware und Mehrwert, sondern er produziert und reproduziert das Kapitalverhältnis selbst: auf der einen Seite die Kapitalist*innen und auf der anderen Seite die Lohnarbeitenden (ebd.: 604). Wenn nicht der einzelne Tauschakt betrachtet wird, zeigt sich darüber hinaus, dass die Arbeiter*innenklasse nicht nur sich selbst und die Bedingungen ihrer Ausbeutung reproduziert, sondern auch neu exploitierbare Arbeitskräfte und damit die Bedingungen für die den fremden Reichtum produzierende Kraft. Nicht nur reproduziert sich die Arbeiter*innenklasse demnach selbst im Produktionsprozess, zugleich sorgt sie überdies auch für die Kontinuität des Prozesses, indem sie die *generative* Reproduktion sichert und neu exploitierbare Arbeitskräfte zur Verfügung stellt.

1.2 Wer hält die Produktion am Laufen? – Zur Bedeutung der Reproduktion von Arbeitskraft

Die kreislauftheoretische Vorstellung von Reproduktion verweist neben der Notwendigkeit der Wiederherstellung von Produktionsmitteln und -verhältnissen auf die Arbeitskraft als notwendige Voraussetzung kapitalistischer (Re-)Produktion. Sie leitet den Produktionsprozess ein und ist zugleich Quelle des Reichtums. Da aber die Arbeitskraft sich nur durch ihre Veräußerung, d.h. durch ihre Betätigung in der Arbeit, und somit zugleich durch ein gewisses Maß an Verausgabung verwirklicht, muss als ein Bestandteil der gesellschaftlichen Reproduktion auch die Erhaltung und Reproduktion der Arbeitskraft selbst gesichert sein, um den Produktionsprozess von Neuem zu ermöglichen. Aus der Perspektive des kapitalistischen Produktionsprozesses nimmt Marx die Reproduktion der Arbeitskraft über ihren Wert in den Blick.

Marx denkt den Produktionsprozess von Waren sowie den ihren Tausch bestimmenden Maßstab über den Wert einer Ware, d.h. über die für ihre Produktion benötigte gesellschaftliche Arbeitszeit. Da Käufer*in und Verkäufer*in von Arbeitskraft diese für einen definierten Zeitraum über den Arbeitsmarkt tauschen, betrachtet Marx die Arbeitskraft ebenfalls als eine Ware, die gleich jeder anderen Ware einen Wert besitzt. Dieser Wert ist dabei – wie bei jeder anderen Ware – bestimmt durch die zu ihrer Produktion und also auch zu ihrer Reproduktion notwendigen Arbeitszeit (MEW 23, S. 184). Um argumentieren zu können, wie Marx dies in Bezug auf die Entstehung des Mehrwertes tut, dass die Arbeitskraft länger arbeitet, als nötig wäre, um den ihr entsprechenden Wert in Form der von ihr geschaffenen Produkte zu produzieren, stellt sich daher die Frage, wie der Wert der Arbeitskraft bestimmt werden kann. Dies stellt die Frage nach ihrer Reproduktion.

Nach Marx müssen für den Wert der Arbeitskraft – und damit für ihre Reproduktion – verschiedene Aspekte bedacht werden: Erstens muss berücksichtig werden, dass die Arbeitskraft sich selbst erhalten muss, um das durch ihre Verausgabung verbrauchte Quantum von menschlichem Muskel, Nerv oder Hirn wieder zu ersetzen und um unter sonst gleichbleibenden Bedingungen immer wieder neu dieselbe Arbeit verrichten zu können. Es muss also ihrer *physische* und geistige Regeneration gewährleistet werden. Zweitens muss dafür Sorge getragen werden, dass sich die Arbeitskraft verewigt, soll ihre Erscheinung auf dem Markt kontinuierlich sein. Da die Arbeitskraft sterblich ist, muss folglich ihre *generative* Reproduktion sichergestellt werden. Es muss also gewährleistet werden, dass die durch „Abnutzung und Tod dem Markt entzogenen Arbeitskräfte (...) durch eine gleiche Zahl neuer Arbeitskräfte ersetzt werden" (ebd., S. 186). Und schließlich muss drittens, um die allgemein menschliche Natur so zu modifizieren, dass sie bestimmte Fähigkeiten in einem entsprechenden Arbeitsbereich erlangt und spezifische Arbeitskraft wird, berücksichtigt werden, dass es einer bestimmten *Bildung* oder Erziehung bedarf, welche ihrerseits ein bestimmtes Quantum gesellschaftlich notwendiger Arbeitszeit umfasst. Die Reproduktion der Arbeitskraft setzt sich nach Marx demnach zusammen aus Bedürfnissen wie Nahrung, Kleidung, Heizung oder Wohnung, schließt aber auch die „Lebensmittel der Ersatzmänner" (MEW 23, S. 186), also die Kinder der Arbeiter*innen, sowie ein bestimmtes Quantum an Bildungs- und Erlernungskosten mit ein. Letztlich unterscheidet Marx verschiedene

Dimensionen menschlicher Reproduktion – nämliche die physische, generative und qualifikatorische Reproduktion der Arbeitskraft. Der Wert der Arbeitskraft und damit die zur ihrer (Re-)Produktion benötigte Arbeitszeit löst sich dabei auf in dem Wert einer bestimmten Summe von Warenäquivalenten, welche für ihre Lebensmittel, die Lebensmittel der sie ersetzenden Arbeitskräfte und für ihre Bildungs- und Erziehungskosten notwendig sind.

Um die Reproduktion der Arbeitskraft zu bestimmen, richtet Marx den Blick folglich auf Anforderungen, die sich aus dem kapitalistischen Produktionsprozess für ihre Reproduktion ergeben. Damit fokussiert er auf die Frage des Zusammenhangs von gesellschaftlicher und der Reproduktion menschlicher Arbeitskraft. Mit dem Wert der Arbeitskraft geht es ihm zum einen darum zu erklären, wie der gesellschaftliche Mehrwert entsteht. Zum anderen aber stellt er die Reproduktion der Arbeitskraft in einen Zusammenhang mit dem kapitalistischen Produktions- und Reproduktionsprozess und bietet so eine gesellschaftstheoretische Perspektive auf die Frage der Reproduktion menschlicher Arbeitskraft an.

Allerdings macht Marx anhand verschiedener historischer Analysen deutlich, dass die Reproduktion menschlicher Arbeitskraft *gesellschaftlich umkämpft* und *historisch variabel* ist. So hängt sie etwa ab von der (historisch spezifischen) Produktionsweise wie ebenso von den Gewohnheiten und Lebensweisen der Menschen.

Obwohl alle drei Dimensionen menschlicher Reproduktion, nämlich die physische, generative sowie qualifikatorische Reproduktion der Arbeitskraft, in ihre Wertbestimmung eingehen, argumentiert Marx für eine ‚letzte Grenze' oder Minimalgrenze des Werts der Arbeitskraft. Diese bestimmt sich nach ihm durch den Wert der Warenmasse, ohne deren tägliche Zufuhr die Arbeitskraft ihren Lebensprozess nicht erneuern kann. Die Minimalgrenze bestimmt sich folglich durch den Wert der *physisch unentbehrlichen* Lebensmittel. Sinkt der Preis der Arbeitskraft – also der Lohn, den der*die Arbeiter*in für die Verausgabung der eigenen Arbeitskraft erhält – allerdings auf dieses Minimum, so sinkt er zugleich unter ihren Wert, da die Arbeitskraft sich so nur in verkümmerter Form erhalten und entwickeln kann, d. h. in Aberkennung der eigentlich notwendigen Bildungs- und Erziehungskosten sowie der Kosten der sie selbst ersetzenden Arbeitskräfte. (ebd., S. 187) Die Überlegungen zur Minimalgrenze machen m. E. deutlich, dass zwar der Wert der Arbeitskraft die generative Reproduktion ebenso enthält wie ein bestimmtes Quantum an Qualifikationen, der Preis bzw. die Entlohnung der Arbeitskraft – und damit die Möglichkeiten ihrer Reproduktion – jedoch nicht notwendigerweise ihrem Wert entspricht. Darüber hinaus führt Marx an, dass die Wertmenge zur Reproduktion der Arbeitskraft nicht durch ‚natürliche' Bedürfnisse allein bestimmbar ist. Vielmehr nimmt er an, dass die Bedürfnisse (der Reproduktion) selbst als ein historisches Produkt zu begreifen sind, d. h. von den Gewohnheiten und Lebensbedingungen der Klasse der Arbeiter*innen abhängig sind (ebd., S. 185) und je nach den klimatischen oder anderen Eigentümlichkeiten eines Landes variieren (können). Eine Veränderung der Gewohnheiten und Lebensbedingungen (beispielsweise durch eine Veränderung in der Produktionsweise) kann demnach zu einer Veränderung des Wertes von Arbeitskraft führen. Obwohl die Reproduktion der Arbeitskraft also ihre physische, generative und qualifikatorische Reproduktion umfasst, um kapitalistische (Re-)Produktion am Laufen zu halten, können alle drei Dimensionen in Umfang wie Art und Weise historisch variieren. Warum aber sind diese Hinweise bedeutsam?

Aus meiner Sicht bestimmt Marx zwar die notwendigen Dimensionen der Reproduktion der Arbeitskraft aus der Perspektive kapitalistischer Reproduktion. Zugleich gibt er jedoch zu bedenken, dass die Anforderungen der Reproduktion nicht als ewig gegebene und feststehende, d.h. *nicht objektivistisch* misszuverstehen sind. Aus der Betrachtung des Wertes der Arbeitskraft ergibt sich keine immanente kapitalistische Gesetzmäßigkeit, welche die Reproduktion der Arbeitskraft in ihrem vollen Umfang garantiert oder die besagt, dass die Reproduktion des Kapitalismus nur gelingt, wenn alle Anforderungen an die Reproduktion der Arbeitskraft umfassend gewährleistet sind. Die Reproduktion der Arbeitskraft ist vielmehr gesellschaftlich umkämpft sowie von den Gewohnheiten und Lebensweisen der Menschen abhängig.

Am Beispiel seiner Analysen zum Einsatz von Maschinen in der Produktion sowie den Kämpfen um die Länge des Arbeitstages können beide Überlegungen verdeutlicht werden: So beschreibt Marx, wie mit der Entstehung der maschinellen Arbeit vermehrt auch Frauen* und Kinder in der Produktion eingesetzt werden. Diese war zuvor männlich* dominiert oder gar ausschließlich männlich* besetzt. Durch den Einsatz weiblicher* und nicht erwachsener Arbeitskräfte verändern sich jedoch die Gewohnheiten und Lebensbedingungen der Arbeiter*innen. Während viele Arbeiten, wie beispielsweise das Nähen oder Flicken, zuvor durch unbezahlte Arbeit in der Familie geleistet wurden, werden diese Tätigkeiten nunmehr durch den Kauf fertiger Waren ersetzt. Da jedoch nicht alle Arbeiten aus der Familie verdrängt werden können, wie z.B. das „Warten und Säugen der Kinder", müssen einige Tätigkeiten durch „Stellvertreter" erledigt werden (ebd., S. 417; FN 121). Durch die Absorption der Familie in den Produktionsprozess verändern sich demzufolge die Lebensbedingungen und somit auch die Gewohnheiten der Arbeiter*innen. Der Kauf fertiger Waren oder die Delegation von Arbeiten an Dritte wird zu einem Bestandteil der familiären Strategien. Als Konsequenz der gewandelten Produktionsweise und der Veränderung von Gewohnheiten verändert sich in der Folge auch der Wert der Arbeitskraft. So entwertet die Verteilung des Wertes der Arbeitskraft auf mehrere Personen nach Marx erstens den Wert der einzelnen Arbeitskraft, indem

„[d]er Ankauf der in 4 Arbeitskräfte z.B. parzellierten Familie […] vielleicht mehr als früher der Ankauf der Arbeitskraft des Familienhaupts [kostet], aber dafür treten 4 Arbeitstage an die Stelle von einem, und ihr Preis fällt im Verhältnis zum Überschuß der Mehrarbeit der vier über die Mehrarbeit des einen." (ebd., S. 417)

Folglich sinken im Verhältnis zum geschaffenen Mehrwert die Reproduktionskosten für die Arbeitskraft, da zwar der Preis für den Ankauf von vier gegenüber dem Ankauf von einer Person steigt, jedoch der durch die vier Personen geschaffene Mehrwert im Verhältnis höher liegt, als die eingesetzten Kosten für die Arbeitskräfte. Zweitens verändert sich der Wert der Arbeitskraft auch durch den Wandel der Gewohnheiten und Lebensbedingungen. So entspricht „[d]er verminderten Ausgabe von häuslicher Arbeit […] eine vermehrte Geldausgabe", wodurch zugleich die „Produktionskosten der Arbeiterfamilie wachsen" (ebd.) und damit also auch der Wert der Arbeitskraft steigt. Wenn also die gesamte Familie in den (Lohn-)Arbeitsprozess integriert ist und dadurch die zeitlichen Kapazitäten für die häusliche Arbeit sinken, werden die anfallenden Arbeiten beispielsweise durch den Kauf von Fertigprodukten oder die Delegation von Arbeit ersetzt. Zugleich steigen dadurch aber die Kosten für die (Re-)Produktion der Familie und somit auch der Wert der Arbeitskraft, der ja die alltägliche, generative und qualifikatorische Reproduktion beinhaltet. Wie anhand des Beispiels deutlich wird, ist der Wert der Arbeitskraft historisch variabel und abhängig von der Produktionsweise und den Lebensbedingung und Gewohnheiten der Arbeiter*innen.

Die Schwankungen im Wert der Arbeitskraft bedeuten allerdings nicht, dass sich die Reproduktion(skosten) der Arbeitskraft zwangsläufig und quasi automatisch den Bedingungen entsprechend verändert(n). Wie mithilfe des Kapitels zum Kampf um den Normalarbeitstag argumentiert werden kann, sind Lohn und Länge des Arbeitstages – und damit die Mittel zur Reproduktion der Arbeitskraft – vielmehr abhängig von den darum stattfindenden gesellschaftlichen Kämpfen. Entsprechend beschreibt Marx etwa, dass im kapitalistischen Trieb nach Mehrarbeit nicht nur die moralischen, sondern auch die rein physischen Maximalschranken des Arbeitstags überrannt werden (können). So können etwa die Zeiten für Wachstum, Entwicklung und gesunde Erhaltung des Körpers oder zur Sammlung, Erneuerung und Erfrischung der Lebenskraft auf Kosten der Lebensdauer der Arbeitskraft übergangen werden (ebd., S. 208 f.):

„[D]ie kapitalistische Produktion (…) produziert also mit der Verlängerung des Arbeitstags nicht nur die Verkümmerung der menschlichen Arbeitskraft, welche ihrer normalen moralischen und physischen Entwicklungs- und Betätigungsbedingungen beraubt wird. Sie produziert die vorzeitige Erschöpfung und Abtötung der Arbeitskraft selbst." (ebd., S. 281)

Letztlich bleibt m. E. festzuhalten, dass die Bestimmung des Wertes der Arbeitskraft als Wert, der die alltägliche, generative und qualifikatorische Reproduktion umfasst, keineswegs bedeutet, dass die Reproduktion der Arbeitskraft im eigenen Interesse der kapitalistischen Klasse(n) in vollem Umfang sichergestellt wird. In einer historisch spezifischen Situation kann vielmehr gar die Minimalgrenze des Wertes der Arbeitskraft übergangen werden.

Theoretisch begründet werden diese Beobachtungen bei Marx einerseits mit der Erfahrung der kapitalistischen Klasse. Diese beruhe darauf, dass im Durchschnitt eine beständige Übervölkerung im Verhältnis zum augenblicklichen kapitalistischen Verwertungsbedürfnis herrscht, und daher auch darauf, dass trotz des frühzeitigen Ausscheidens von Arbeitskräften aus dem Produktionsprozess (etwa durch Krankheit oder Tod) genügend sie ersetzende Arbeitskräfte zur Verfügung stehen – etwa weil durch die Einführung von Maschinen der Bedarf an Arbeitskraft sinkt. Andererseits wird eine mechanistische Vorstellung der Reproduktion der Arbeitskraft von Marx theoretisch zurückgewiesen, indem er auf die Vielfältigkeit kapitalistischer Interessen verweist. Demnach zerfallen die Interessen der Kapitalfraktionen etwa in Partikularinteressen nach Region, Branche oder Betrieb. Letztlich gäbe es folglich, so argumentiert Marx, gute Gründe, die Leiden der untergehenden Arbeiter*innengeneration und einen (möglicherweise) entstehenden Mangel an Arbeitskraft zu leugnen, da „jeder hofft, dass es das Haupt des Nächsten trifft, nachdem er selbst den Goldregen aufgefangen und in Sicherheit gebracht hat" (ebd., S. 285). Darüber hinaus treiben schließlich die immanenten Gesetze der kapitalistischen Produktion selbst – insbesondere die Konkurrenz zwischen verschiedenen Kapitalist*innen – diese zur größtmöglichen Ausbeutung (ebd., S. 286). Partikularinteressen, immanente Gesetze der Konkurrenz und die Erfahrung eines ausreichenden Vorhandenseins von Arbeitskräften führen also dazu, dass auch der frühzeitige Verschleiß der Arbeitskräfte, ihre gesundheitlichen Belastungen und ihr vorzeitiger Tod hingenommen werden können.

Obwohl der kapitalistische Produktionsprozess auf die Reproduktion der Arbeitskraft notwendig angewiesen ist, verhindert er nicht notwendigerweise ihren Verschleiß. Was als notwendige Gewohnheiten und Lebensbedingungen der Arbeiter*innen zur Reproduktion ihrer Arbeitskraft durchgesetzt werden kann, ist mit Marx vielmehr Resultat gesellschaftlicher Kämpfe, und damit abhängig von der Fähigkeit der Arbeiter*innen, sich für ihre Interessen zu organisieren, sowie von der Fähigkeit und den unterschiedlichen Interessen verschiedener Kapitalfraktionen[2] – und nicht objektivistisch misszuverstehen.

---

2 Auch wenn es kein allgemein kapitalistisches Interesse an einer bestimmten Form der Reproduktion der Arbeitskraft gibt, können (einzelne) Kapitalfraktionen dennoch ein Interesse an der Erhaltung und Reproduktion einer spezifischen Arbeitskraft entwickeln und sich für Bedingungen einsetzen, unter denen diese sich reproduzieren kann. Am Beispiel der Baumwollindustrie und ihrer Krise zeigt Marx, dass einige Kapitalfraktionen während

1.3 Die vielfältigen Dimensionen der Reproduktion von Arbeitskraft im gesellschaftlichen Zusammenhang – Zwischenfazit

Eine krisentheoretische Untersuchung zur Krise der sozialen Reproduktion kann von Marx' Reproduktionsbegriff dreierlei lernen: *Erstens* zeigt sich, dass soziale Reproduktion als Voraussetzung kapitalistischer Produktion und somit als notwendiger Bestandteil der gesellschaftlichen Reproduktion verstanden werden muss. Dies ist insofern relevant, als es darauf verweist, dass Krisen der sozialen Reproduktion zu Krisen in der kapitalistischen Produktion führen können – denn fehlen die Voraussetzungen dafür, dass der Produktionsprozess vonstatten gehen kann, so kann dieser letztlich ebenfalls in Mitleidenschaft gezogen werden. *Zweitens* können für den Begriff der Reproduktion menschlicher Arbeitskraft verschiedene Dimensionen – nämlich die physische, generative und qualifikatorische – unterschieden werden. Eine Untersuchung sozialer Reproduktionsverhältnisse muss folglich verschiedene Prozesse differenzieren – und dies zeigt schließlich auch, dass Krisen der sozialen Reproduktion entlang verschiedener Dimensionen in den Blick geraten müssen. Schließlich wird *drittens* deutlich, dass die Reproduktion menschlicher Arbeitskraft in Umfang wie Art und Weise historisch spezifisch und variabel ist, sowie, dass für eine Untersuchung von Reproduktionsverhältnissen ökonomische, rechtlich-politische sowie politisch-ideologische Verhältnisse in ihrer wechselseitigen Vermittlung berücksichtigt werden müssen – auch wenn Marx letzteres in Bezug auf den Begriff der Reproduktion selbst nicht ausführt.

Marx bietet letztlich ein Verständnis an, welches den Begriff der gesellschaftlichen sowie der Reproduktion menschlicher Arbeitskraft gesellschaftstheoretisch betrachtet, indem es den Fokus auf den gesellschaftlichen Zusammenhang richtet. Die Reproduktion der Arbeitskraft wird von ihm als Voraussetzung und Teil des kapitalistischen Produktionsprozesses und durch die Anforderungen der je historisch spezifischen Produktionsweise beeinflusst gesehen. Umgekehrt nehmen die (reproduktiven) Gewohnheiten und Lebensweisen der Arbeiter*innen jedoch ebenso Einfluss auf den Produktionsprozess und seine Ausgestaltung.

der Krise ein Interesse an der Überlieferung des Geschicks der Baumwollarbeiter*innen und der politischen Regulierung bzw. Verhinderung ihrer Migration hatten, weil sie befürchteten, dass die (Wieder-)Erlernung der spezifischen Fähigkeiten der Arbeiter*innen nach der Krise mehr Aufwand nach sich ziehen würde als die Reproduktion der bereits geübten Arbeitskräfte über die Krise hinweg (MEW 23, S. 599 ff.). Für die historisch spezifische Form der Reproduktion der Arbeitskraft spielen also nicht nur die Interessen und die Durchsetzungsfähigkeiten der Arbeiter*innen eine Rolle, sondern auch die Interessen von (einzelnen) Kapitalfraktionen.

In dem bis hierher entwickelten Verständnis des Reproduktionsbegriffs lassen sich dennoch zwei Leerstellen ausmachen: Zum einen betrachtet Marx den (Arbeits-)Prozess der Wiederherstellung der Arbeitskraft und damit die Frage nicht, *wie* und durch *wen* die Reproduktion sichergestellt wird. Er schreibt stattdessen, dass der Kapitalist „ihre Erfüllung getrost dem Selbsterhaltungs- und Fortpflanzungstrieb der Arbeiter überlassen" kann (ebd., S. 598). Obwohl er eine gesellschaftstheoretische Fundierung der Reproduktion der Arbeitskraft bietet, blendet er zugleich all jene Tätigkeiten aus, die außerhalb des (unmittelbaren) Produktionsprozesses liegen, die Wiederherstellung der Arbeitskraft jedoch zu einem wesentlich Teil leisten – und dies meint, wie im Folgenden noch zu zeigen sein wird, vor allem die vergeschlechtlichte Regulierung der sozialen Reproduktion. Damit übersieht Marx all jene überwiegend von Frauen* und teils unbezahlt erbrachten Sorgearbeiten, die etwa dazu beitragen, die Lebensmittel erst konsumierbar aufzuarbeiten, bevor sie als ‚notwendige' Ressourcen der Arbeitskraft zur Regeneration dienen können (vgl. Federici 2012, S. 27). Seine Perspektive bleibt demnach auf die Frage beschränkt, wie *durch* und *im* kapitalistischen Produktionsprozess die Mittel und Verhältnisse der Produktion wiederhergestellt werden.

Zum anderen verpasst er, die Bedeutung der rechtlichen, politischen und ideologischen Verhältnisse systematisch für den Begriff der Reproduktion zu entwickeln. Obwohl sich Verweise auf die Notwendigkeit der Regulierung von Eigentumsverhältnissen oder der (alltäglichen) Praxen und Vorstellungen der Arbeiter*innen finden, werden diese für das Verständnis der Reproduktion menschlicher Arbeitskraft nicht ausreichend betrachtet. Die Bedeutung gesetzlicher, moralischer oder religiöser Regelungen für die Reproduktion der Produktionsverhältnisse bleibt also zu konkretisieren. Mithilfe des Reproduktionsbegriffs bei Louis Althusser kann diese Leerstelle im Folgenden aufgegriffen und auf den zweiten der genannten Punkte eingegangen werden.

2. Die Bedeutung des Staates im Reproduktionsprozess: Zur Reproduktion bei Althusser

Mit seinen Überlegungen zur Reproduktion macht Marx deutlich, dass nicht nur die Produktionsmittel, vielmehr auch die -verhältnisse im (Re-)Produktionsprozess permanent hergestellt werden (müssen). Als ein Bestandteil der gesellschaftlichen Reproduktion muss hierfür die Reproduktion der Arbeitskraft gewährleistet werden. Da Marx im *Kapital* den Fokus wesentlich auf die Funktionsweise des kapitalistischen Produktionsprozesses richtet, geht er jedoch nur in Andeutungen auf die politischen, ideologischen und rechtlichen Verhältnisse ein – bzw. müssen diese an seine Ausführungen anschließend herausgestellt werden. In seinen Überlegungen zur *Deutschen Ideologie* (MEW 3, S. 30 ff.) wird m. E. zwar deutlich, dass er die bürgerliche Gesellschaft durchaus als herrschaftsförmigen Zusammenhang von Ökonomie, Staat, Recht, Religion oder Moral denkt. Diese Überlegungen führt er in Bezug auf den Begriff der Reproduktion allerdings nicht aus.

Während Marx also eine Perspektive auf den Begriff der Reproduktion entwickelt, die den Blick auf den Produktionsprozess richtet und danach fragt, wie *darin* die Produktionsmittel sowie die Verhältnisse immer wieder von Neuem hergestellt werden, liegt der Fokus von Louis Althussers Überlegungen in *Über die Reproduktion* (2012) auf der Bedeutung und Funktionsweise des Überbaus[3]. Obwohl für einen umfänglichen Begriff der Reproduktion nach Althusser erforderlich wäre, sowohl die Reproduktion der Produktivkräfte als auch die Reproduktion der Produktionsverhältnisse zu behandeln, legt er seinen Schwerpunkt auf letztere, da er darin eine Leerstelle des Reproduktionsbegriffs bei Marx sieht (Althusser 2012, S. 18). Althusser geht es folglich darum, zu analysieren, wie im juristisch-politischen und ideologischen Überbau, d. h. durch die Ausübung der Staatsmacht in den Staatsapparaten, die Bedingungen der Produktionsverhältnisse hergestellt und gewährleistet werden (ebd., S. 27). Zwar betont er die Bedeutung der rechtlich-politischen und ideologischen Verhältnisse in Bezug auf den Begriff der Reproduktion, denkt diesen aber wie Marx als *gesellschaftlichen* Prozess, der alle Bedingungen und Verhältnisse kapitalistischer

---

3 Ich benutze den Begriff des Überbaus nur, insofern ich Althusser direkt oder indirekt wiedergebe. Wenn ich meine eigenen Überlegungen verschiedener gesellschaftlicher Verhältnisse zueinander wiedergeben, verzichte ich auf die Begriffe Basis und Überbau, da sie als „einfache Metapher" (vgl. GH, S. 1462) die Wechselwirkungen und gegenseitige Beeinflussung ökonomischer, rechtlich-politischer und politisch-ideologischer Verhältnisse nicht gut auszudrücken vermögen.

Gesellschaft(en) – somit also auch ihre ökonomischen – wiederherstellt. Im Anschluss an Marx entwickelt Althusser einen Begriff von Reproduktion, der aufzeigt, dass die Reproduktion des Kapitalismus nie auf den Produktionsprozess allein beschränkt ist. Vielmehr sind Ökonomie, Ideologie und Staat als miteinander verschränkte Verhältnisse zu denken. Die (Reproduktion der) Produktionsverhältnisse denkt Althusser demnach nicht primär als materielle, sondern ebenso als politisch-ideologische Unter- und Überordnungsverhältnisse (der Arbeitenden als Arbeiter*innen und der Kapitalist*innen als Kapitalist*innen). In Hinblick auf die Reproduktion menschlicher Arbeitskraft erweitert Althusser das Verständnis daher um eine weitere Dimension. Er richtet seinen Blick auf die subjektivierende Unterwerfung der Arbeitskraft, die ihm zufolge (besonders) mithilfe der ideologischen Staatsapparate gewährleistet wird.

Im Folgenden wird der Begriff der Reproduktion bei Althusser daher als gesellschaftliche sowie als Reproduktion menschlicher Arbeitskraft in den Blick genommen und der Fokus auf die Bedeutung der politisch-ideologischen Verhältnisse gelegt (2.1). Da Althusser sowie Bezugnahmen auf seine Überlegungen jedoch mit dem Vorwurf der „strukturalistischen Sackgasse“ (vgl. Lipietz 1992) zu kämpfen haben, wird dies anschließend diskutiert (2.2).

2.1 Soziale Reproduktion, Staat und die Subjekte – Reproduktion als subjektivierende Unterwerfung

Althussers Überlegungen zur Reproduktion als politisch-ideologische Wiederherstellung der Produktionsverhältnisse entstehen in einer spezifischen politischen Konjunktur. Sie entstehen in einer Zeit, in der den neuen sozialen Bewegungen eine erstrangige Rolle zugewiesen wird. Im Anschluss an Marx, jedoch als Abwendung von einem Marxismus, in dem die Arbeiter*innen als Primat des Klassenkampfes gedacht wurden, versucht Althusser eine theoretische und politische Antwort auf die Massenstreiks und die sozialen Bewegungen der 1968er Jahre zu finden. Mit seinen Überlegungen in *Ideologie und ideologische Staatsapparate* trachtet er danach, die gesellschaftlichen Wandlungsprozesse zu verstehen, welche krisenhafte Auswirkungen auf die großen autoritären Institutionen wie die Schule, die Familie oder die Kirche haben. Er schreibt daher in kritischer Distanz zu der Annahme, die Lohnarbeiter*innen allein als revolutionäres Subjekt der gesellschaftlichen Transformation zu betrachten. Stattdessen verfolgt er die Frage, wie die Mittel der kapitalistischen Ausbeutung reproduziert werden können (Althusser 2012, S. 17). Anders als Marx legt Althusser seinen Fokus für den Begriff der Reproduktion daher nicht auf den Produktionsprozess, sondern fragt nach der Bedeutung des juristisch-politischen und ideologischen „Überbaus“ für die Reproduktion der Produktionsverhältnisse (ebd., S. 27). Hierfür erweitert er zunächst das Verständnis des Staates.

Wesentlich an seinen Überlegungen ist dabei der Begriff der *ideologischen Staatsapparate*. Mithilfe dieses Begriffs nimmt Althusser in den Blick, dass und *wie* auch ‚private' Institutionen die Herstellung von Ausbeutungsverhältnissen bewirken können. Er erweitert das Staatsverständnis also, indem er als staatliche Apparate nicht nur die herkömmlich als Staat verstandenen – nach Althusser als *repressiv* bezeichneten – Apparate betrachtet wie etwa die Regierung, Verwaltung, Armee, Polizei, die Gerichte oder die Gefängnisse, sondern auch die von ihm als *ideologische* Staatsapparate bezeichneten wie die schulischen, familialen, religiösen, politischen, interessenverbandlichen, informationellen, öffentlichen und kulturellen Apparate[4] (ebd., S. 119 f.). Als Staat versteht er folglich nicht nur die Legislative, Exekutive und Judikative, sondern auch Institutionen oder Organisationen wie Schulen und Lehrinstitute, Kirchen und Wohlfahrtsverbände, Medien, Parteien oder Gewerkschaften. Da auch vermeintlich private Institutionen an der (Wieder-)Herstellung der Ausbeutungsverhältnisse beteiligt sind, ‚funktionieren' diese nach Althusser als Staat. Dies tun sie, indem sie die herrschende Ideologie vermitteln. Durch Vorstellungen, Praxen oder moralische Werte, die durch und in den ideologischen Staatsapparaten organisiert werden, tragen diese Institutionen zur Reproduktion von Verhältnissen bei, welche die gesellschaftlich-kapitalistische Ordnung sichern.

Obwohl Althusser zwischen *ideologischen* und dem *repressiven* Staatsapparat(en) unterscheidet, betont er, dass alle Staatsapparate sowohl auf der Grundlage der Repression wie der Ideologie funktionieren. Die Unterscheidung bezieht sich also auf ihre *primäre* Funktionsweise: So funktionieren repressive Institutionen wie die Armee oder Polizei zwar in erster Linie über Gewaltausübung. Während ideologische Apparate wie Schulen oder Kirchen vor allem über die Vermittlung eines bestimmten Werte- und Wissenskanons wirken. Zugleich basieren repressive Staatsapparate ebenso auf gemeinsamen Werten, um ihren eigenen Zusammenhalt und ihre Reproduktion zu sichern; wie in den ideologischen Apparaten Menschen umgekehrt auch mit gewaltförmigen Methoden der Strafe, des Ausschlusses oder der Auswahl „dressiert" werden (ebd., S. 121). Die Sicherung der Herrschaftsverhältnisse basiert nach Althusser demnach sowohl auf *Repression* wie auf *Ideologie*. In erster Linie interessiert ihn dabei letzteres; nämlich die Frage, inwiefern und wie die ideologischen Staatsapparate zur Reproduktion der Produktionsverhältnisse beitragen.

Althusser geht davon aus, dass Institutionen wie Schule, Kirche oder Medien als ideologische Staatsapparate funktionieren, da sie in ihren Vorstellungen und Praxen die herrschende Ideologie vermitteln. Durch die Vermittlung eines spezifischen Werte- und Wissenskanons tragen sie demnach zur Sicherung der Ausbeutungsverhältnisse bei. Als herrschende Ideologie versteht Althusser

4 Die Aufzählung ist nicht als erschöpfende Aufzählung gemeint, da Althusser selbst schreibt, dass sie provisorisch ist (ebd., S. 120).

die Ideologie der herrschenden Klasse(n) und damit diejenige Staatsideologie, welche die herrschende Klasse, die über den repressiven Staatsapparat verfügt, benötigt, um die Ausgebeuteten, die Agenten von Ausbeutung und Unterdrückung sowie die Agenten der Ideologisierung gleichermaßen als solche zu reproduzieren und damit zur Reproduktion der Produktionsverhältnisse beizutragen. Die Reproduktion der Produktionsverhältnisse wird also dadurch gesichert, „dass die Inhaber der Staatsmacht eine Klassenpolitik praktizieren, indem sie durch den repressiven STAATSAPPARAT direkt im Klassenkampf agieren und dies zugleich indirekt tun, indem sie die STAATSIDEOLOGIE in den ideologischen STAATSAPPARATEN verwirklichen" (Althusser 2012, S. 200; Herv. i. O.). Die Reproduktion der Produktionsverhältnisse kann folglich als eine Art Arbeitsteilung beschrieben werden. In dieser hat der repressive Staatsapparat die Funktion inne, als Apparat mit (physischer und nicht-physischer) Gewalt die politischen Bedingungen für die Arbeit der Ideologischen Staatsapparate zu sichern. Letztere gewährleisten hingegen vermittels der herrschenden Ideologie unter dem Schild des repressiven Staatsapparates die Reproduktion der Produktionsverhältnisse.

Am Beispiel des schulischen Apparates macht Althusser die Funktionsweise der ideologischen Staatsapparate deutlich, denn diese stellt für ihn einen zentralen ideologischen Staatsapparat dar. Er geht davon aus, dass sie im Kapitalismus den dominierenden ideologischen Apparat bildet, d. h. die Reproduktion der Produktionsverhältnisse hauptsächlich gewährleistet (ebd., S. 209). Während in der historisch vorkapitalistischen Periode der Kirche eine dominierende Rolle zu kam, weil sie nicht nur die religiösen Funktionen, sondern auch die schulischen und zu einem guten Teil die Funktion der Information und der Kultur vereinigte, geht Althusser davon aus, dass für die Bourgeoisie der schulische Apparat die dominierende Position eingenommen hat. Dies nicht nur, weil die Schule vom Kindergarten an Kinder aller sozialen Klassen aufnimmt und sie jahrelang prägt, sondern auch weil in ihr die *Fähigkeiten der für den kapitalistischen Produktionsprozess benötigten Arbeitskräfte ausgebildet werden.* (ebd., S. 209) Die Reproduktion menschlicher Arbeitskraft geschieht zu einem wesentlichen Teil in der Schule, denn diese trägt zur Qualifikation von Arbeitskräften bei, um so die Voraussetzungen für einen gelingenden Produktionsprozess zu schaffen. Da die gesellschaftlich-technische Arbeitsteilung jedoch unterschiedliche Anforderungen stellt, müssen die Arbeitskräfte fähig sein, im komplexen System des Produktionsprozesses auf je definierten Arbeitsplätzen und Kooperationsformen eingesetzt zu werden. Sie müssen folglich unterschiedlich qualifiziert sein und sind als solche zu reproduzieren (Althusser 2012, S. 86). Indem er über die Vermittlung spezifischer Fähigkeiten das Verhältnis von Ausbeutenden und Ausgebeuteten reproduziert, sicher der schulische Apparat folglich die Reproduktion der Produktionsverhältnisse. Neben „Techniken" wie Lesen, Schreiben oder Rechnen wird in der Schule ebenso (elementares) Wissen wie Sprachen, Naturwissenschaften, Geschichte oder Kultur vermittelt. Zugleich führen die Abstufungen im Schulsystem dazu, dass sowohl die unterschiedlichen gesellschaftlich benötigten Positionen mit unterschiedlich qualifizierten Arbeitskräften ausgefüllt werden können, als auch dazu, dass sich die Klassen in und durch das Schulsystem in ihrer herrschenden bzw. beherrschten Position reproduzieren:

> „Jede Gruppe, die unterwegs ‚herausfällt', ist praktischerweise im Großen und Ganzen (…) bereits mit derjenigen Ideologie ausgestattet, welche ihrer Rolle in der Klassengesellschaft entspricht: der Rolle des Ausgebeuteten (mit einem stark ‚entwickelten', ‚professionellen', ‚moralischen', ‚staatsbürgerlichen', ‚nationalen' und a-politischen ‚Bewusstsein'); der Rolle des Agenten der Ausbeutung (mit der Fähigkeit, zu befehlen und zu den Arbeitern zu sprechen), der Rolle der Agenten der Repression (mit der Fähigkeit, zu befehlen und sich ‚ohne weitere Diskussionen' Gehorsam zu verschaffen (…)) oder mit der von Berufsideologen" (ebd., S. 209 f.).

Als ideologischer Staatsapparat vermittelt die Schule folglich nicht nur spezifische Fähigkeiten, sondern vor allem Regeln der Einhaltung der gesellschaftlich-technischen Arbeitsteilung und damit letztlich Regeln der durch die Klassenherrschaft etablierten Über- und Unterordnung. Daher schreibt Althusser, „dass die Reproduktion der Arbeitskraft nicht nur die Reproduktion ihrer *Qualifikation* erfordert, sondern zugleich auch eine Reproduktion ihrer *Unterwerfung*" (ebd., S. 88, Herv. i. O.). Dass jede*r Träger*in der Arbeitsteilung je nach Position spezifische Regeln der Unterwerfung oder der Ausbeutung und Unterdrückung erlernen muss, ist folglich als ein Bestandteil der Reproduktion menschlicher Arbeitskraft und in diesem Sinne auch als eine Reproduktion der Ausbeutungsverhältnisse zu verstehen.

In Hinblick auf die Bedeutung der ideologischen Staatsapparate für die Reproduktion der Arbeitskraft lässt sich daher festhalten: Da sie als Adressaten die Subjekte haben, tragen die ideologischen Staatsapparate in und durch ihre Formen zu einer *subjektivierenden Unterwerfung* unter die Herrschaftsverhältnisse bei – indem sie die herrschende Ideologie in ihren Praktiken, Vorstellungen und Werten reproduzieren und somit Fähigkeiten vermitteln, welche in der gesellschaftlich-technischen Arbeitsteilung verschiedene Positionen, Qualifikationen oder Handlungsweisen ermöglichen. Die Subjekte werden in den Institutionen des Staates nicht nur mit Fähigkeiten und Qualifikationen ausgestattet, sondern zugleich durch die Ideologie der herrschenden Klasse(n) in ihrem Bewusstsein geprägt. Sie werden in ihrem privatesten oder in ihrem öffentlichen Verhalten erreicht und ‚zugerichtet'. Schule, Familie oder Kirche tragen nach Althusser dazu bei, den ‚geheimsten' Bereich des individuellen – professionellen, moralischen, väterlichen, mütterlichen, religiösen, politischen oder philosophischen – Gewissens entsprechend der herrschenden Ideologie zu formieren und dadurch die Reproduktion der Ausbeutungsverhältnisse zu gewährleisten. (ebd., S. 223)

Über die Erweiterung des Staatsverständnisses auf Institutionen, die gemeinhin als privat gelten, und die Betrachtung ihrer Funktionsweise ‚im Dienste der herrschenden Ideologie', zeigt Althusser schließlich auf, dass die Reproduktion der Produktionsverhältnisse nicht allein durch die Scheidung der Arbeitenden von den Produktionsmitteln, sondern ebenso mithilfe politisch-ideologischer Verhältnisse sichergestellt wird. „[D]as Problem des ‚dauerhaften Bestehens' einer Gesellschaftsformation, die von einer gegebenen Produktionsweise (…) beherrscht wird", so schlussfolgert er daher, hängt „von der Dauerhaftigkeit des Bestehens des ÜBERBAUS ab, der die Bedingungen dieser Reproduktion sicherstellt und diese Reproduktion selbst gewährleistet" (ebd., S. 214; Herv. i. O.). Im Anschluss an Marx erweitert Althusser den Begriff der Reproduktion folglich, indem er die Bedeutung rechtlicher, politischer und ideologischer Verhältnisse zur Wiederherstellung der Produktionsverhältnisse ausarbeitet. Auch der Blick auf die Reproduktion der Arbeitskraft wird ergänzt. So versteht Althusser diese nicht lediglich als physische, generative und um spezifische Qualifikationen bereicherte Reproduktion. Vielmehr nimmt er an, dass neben den qualifikatorischen Fähigkeiten auch Regeln der Unterdrückung erlernt und verinnerlicht werden. Die Reproduktion der Arbeitskraft umfasst demnach ebenso die *subjektivierende Unterwerfung*. Dies befähigt (und verdammt) die Subjekte zur Über- bzw. Unterordnung entsprechend ihrer Position in der gesellschaftlich-technischen Arbeitsteilung. Indem er die Bedeutung der ideologischen Staatsapparate für die *Verinnerlichung der Unterdrückung* herausstellt, gelingt es Althusser, den Reproduktionsbegriff aus seinem Fokus auf den Produktionsprozess zu befreien.

Über die Reproduktion der Subjekte als *Arbeitskraft* hinaus verweist Althusser überdies auf ihre Formierung im ‚Privaten', d. h. mütterlichen, väterlichen, religiösen, moralischen oder politischen Bewusstsein. Damit deutet er an, dass die Reproduktion der Produktionsverhältnisse über die kapitalistische Produktion und die sich ergebenden Anforderungen an die Arbeitskraft hinaus auch durch die subjektivierende Unterwerfung als Mutter, Vater oder politisch Handelnde gewährleistet wird. Diesen Punkt führt er allerdings nicht aus. Welche Bedeutung Althusser dieser Form der Subjektivierung im gesellschaftlichen (Re-)Produktionsprozess beimisst, bleibt demnach offen.

2.2 Erstarren der gesellschaftlichen Verhältnisse? – Grenzen des Reproduktionsbegriffs bei Althusser

Obwohl Althusser den Begriff der Reproduktion erweitert und wesentlich dazu beigetragen hat, den französischen Marxismus von Vereinfachungen, vom Determinismus und vom Mechanizismus (besonders) der stalinistischen Phase zu befreien, wird er u.a. von Anhänger*innen der Regulationstheorie für eine *strukturalistische Verengung* kritisiert. Ihm wird vorgehalten, den widersprüchlichen Charakter der gesellschaftlichen Verhältnisse und somit die Autonomie von Individuen und Gruppen in diesen Verhältnissen sowie ihre Fähigkeit, sich als strukturtransformierende gesellschaftliche Subjekte zu konstituieren, nicht (mehr) zu sehen (Lipietz 1992, S. 11). Dadurch, so etwa die Kritik von Alain Lipietz in seinem Aufsatz *Vom Althusserismus zur ‚Theorie der Regulation'*, erstarren die eigentlich fruchtbaren und grundlegenden Intuitionen zu einer Art förmlicher Scholastik, welche die gesellschaftlichen Verhältnisse nicht mehr als Widersprüche und instabile Spannungen, sondern lediglich als Strukturen betrachtet (ebd.). Aus dieser strukturalistischen Sackgasse erscheinen gesellschaftliche Transformationen innerhalb des Kapitalismus nicht (mehr) möglich (vgl. Candeias 2004, S. 18ff.). Darüber hinaus wird nicht allein der Strukturalismus Althussers, sondern auch seine Vorstellung der Basis als letzte Instanz zurückgewiesen. Diese definiere das Determinierende überhistorisch als separate Instanz und Letzt-Ursächliche und verkenne so, dass das letztlich Bestimmende nur durch die Struktur der Verhältnisse – nämlich den historisch spezifischen Zusammenhang von Politik, Ideologie und Ökonomie – konkretisierbar wird (ebd., S. 20f.). Die unterschiedlichen Elemente einer Gesellschaftsformation sind entgegen der Annahme einer ‚letzten Instanz' vielmehr als vielfach miteinander verschränkt zu verstehen. Obwohl also „[b]einah die ganze Generation des Mai ‚68 (…) in Frankreich Zugang zum Marxismus über die Werke von Louis Althusser und seiner Schule gefunden" (Lipietz 1992, S. 9) hat und Althusser mit dem Begriff der Reproduktion eine Erweiterung der theoretischen Perspektive um die Bedeutung politischer und ideologischer Verhältnisse für die Wiederherstellung kapitalistischer Gesellschaft(en) vornimmt, bezeichnet Lipietz sich selbst sowie die sogenannte ‚Pariser Schule' der Regulationstheorie als „aufsässige Kinder" (ebd., S. 9) von Althusser, die seinen Begriff der Reproduktion in dem der *Regulation* aufheben.

Angesichts dieser Kritik stellt sich die Frage, inwiefern die Erweiterung des Verständnisses von Reproduktion im Anschluss an Althusser hilfreich ist. Oder ob die dargestellten Schwächen dazu verleiten, mit dem Begriff zugleich eine strukturalistisch und ökonomistisch verengte Perspektive zu übernehmen. Dies soll nachfolgend entlang von zwei Fragen reflektiert werden: Erstens wird die Vorstellung der Basis als letzte Instanz, zweitens der Vorwurf geprüft, die gesellschaftlichen Dynamiken aus dem Blick zu verlieren.

In der Tat geht Althusser von der Vorstellung einer letzten Instanz aus, welche determinierend ist, indem er schreibt:

> „Was sich im Überbau abspielt oder sich abspielen kann, hängt also in letzter Instanz von dem ab, was sich *innerhalb der Basis-Struktur, zwischen den Produktivkräften und den Produktionsverhältnissen*, abspielt (oder sich nicht abspielt): Dort hat der

Klassenkampf seine Wurzeln – und man begreift jetzt auch, dass er unendlich weit über die Formen der ideologischen Staatsapparate hinausgeht, in denen er sichtbar wird." (ebd., S. 231; Herv. i. O.)

Obwohl die Dauerhaftigkeit einer Gesellschaft für Althusser von der Dauerhaftigkeit des Bestehens ihrer rechtlichen, politischen und ideologischen Verhältnisse abhängt, geht er also davon aus, dass es in letzter Instanz die Basis ist, welche determinierend ist. Dies argumentiert er damit, dass die materielle Existenz der kapitalistischen Produktionsweise von der Abpressung von Mehrarbeit und Mehrwert abhängt. (ebd., S. 221)

Zugleich argumentiert er m. E. nicht für eine *separate* und *letzt-ursächliche Instanz* und somit für eine ökonomistische Sichtweise. Zwar schreibt er, dass die Kämpfe im Überbau von den Entwicklungen in der Basis abhängen, jedoch – so meine ich – verweist Althusser damit lediglich auf die Notwendigkeit materieller Existenz, nicht aber auf ihre *alleinige* und *autonome Wirkmächtigkeit* in der Reproduktion von Gesellschaft. Dass eine materielle Basis im Sinne einer Abpressung von Mehrwert existieren muss, bedeutet für ihn m. E. umgekehrt nicht zugleich, dass diese Basis sich unabhängig reproduzieren kann oder alleiniger Auslöser und Ursache gesellschaftlicher Kämpfe im Überbau ist. Die ideologischen Staatsapparate sind für Althusser vielmehr zentral in der Reproduktion der Produktionsverhältnisse, denn erst durch sie und in ihnen wird die gesellschaftliche Ordnung sichergestellt. In seinem *Hinweis an den Leser* verweist Althusser daher darauf, dass es unmöglich ist, vom Staat, vom Recht und von der Ideologie zu reden, ohne dabei auf den Klassenkampf in seiner aktiven Einwirkung einzugehen; dass es zugleich aber ebenso unmöglich ist, über die Klassen und den Klassenkampf zu reden, ohne zuvor vom Staat, vom Recht und von der Ideologie zu sprechen. „Damit befinden wir uns in einem Kreisel", so schreibt er,

> „denn es wäre nötig, von allem zugleich zu reden. Und dies aus einem ganz einfachen Grund: nämlich dem, dass in der Wirklichkeit die Gegenstände, über die wir reden wollen, immer zusammen auftreten, dass sie alle, wenn auch auf eine bestimmte Weise, voneinander abhängig sind" (Althusser 2012, S. 27).

Folglich nehmen die ideologischen Staatsapparate eine entscheidende Bedeutung für die Reproduktion und das Bestehen kapitalistischer Gesellschaften ein und können letzten Endes – *mit* und nicht *gegen* Althusser – als ko-konstitutiv für die bürgerliche Gesellschaft angesehen werden. Dass Althusser dennoch die Dominanz der Basis über den Überbau betont, liegt – so meine ich – einerseits daran, dass er auf die Notwendigkeit der materiellen Existenz kapitalistischer Gesellschaft(en) verweisen will. Andererseits ist dies auch als Versuch zu deuten, sich von Überlegungen abzugrenzen, die ihren Fokus *allein* auf Auseinandersetzungen innerhalb der ideologischen Apparate richten. Nicht nur hält Althusser eine solche Vorstellung für voluntaristisch, abenteuerlich und idealistisch, da sich die Ereignisse nicht in solcher Weise kommandieren lassen, vielmehr würde auch vergessen werden, „was in der Basis-Struktur (...) vor sich geht (...), um den revolutionären Klassenkampf im Überbau auszulösen und triumphieren zu lassen" (ebd., S. 231).

Was bei Althusser allerdings tatsächlich offen bleibt, ist das Verständnis des Ökonomischen als Teil gesellschaftlichen Handelns. Anders als dies später für Antonio Gramsci herausgearbeitet wird, setzt er die materielle Basis mit der Abschöpfung von Mehrwert gleich und nimmt die gesellschaftlichen Akteure und Kräfteverhältnisse, die dies in einer spezifischen Weise organisieren, nicht in den Blick. Obwohl ich also dafür argumentieren würde, dass er Gesellschaft als strukturiertes Ganzes (vgl. Demirović 2015) und nicht durch die Ökonomie allein determinierte versteht, entgeht ihm dennoch, die Kräfte kapitalistischer Produktion zu beleuchten, die diese also solche und in historisch spezifischer Weise erst durchsetzen und reproduzieren.

Neben der Kritik des Ökonomismus wird Althusser in der Rezeption seiner Überlegungen zum Staat und den ideologischen Staatsapparaten vorgehalten, die gesellschaftlichen Widersprüche, Dynamiken und Instabilitäten nicht analysieren zu können. In seinen *Anmerkungen über die ideologischen Staatsapparate* (2010) setzt sich Althusser mit der schon früh gegen ihn geäußerten Kritik des Strukturalismus und Funktionalismus auseinander (ebd., S. 153). Er betont, dass die Herstellung der herrschenden Ideologie für ihn einen permanent umkämpften Prozess darstellt und daher nicht als eine einfache Gegebenheit betrachtet werden kann. Vielmehr sei sie das Resultat vielfältiger und niemals abgeschlossener Kämpfe. Die Kämpfe um eine Ideologie als herrschende müssen sowohl als *externe* wie auch als *interne* Kämpfe verstanden werden: Sie richten sich einerseits (extern) gegen die untergeordneten Klassen, versuchen andererseits zugleich die Widersprüche innerhalb der herrschenden Klassenfraktionen zu überwinden, die Einheit der Klasse als Herrschende also erst herzustellen (ebd., S. 154). Folglich stellt sich in den ideologischen Staatsapparaten die Herausforderung für die herrschende Klasse, eine Vereinheitlichung der herrschenden Ideologie herauszuarbeiten, indem sie sich gegen die ideologischen Formen und Apparate der ehemals Herrschenden, aber auch gegen die widersprüchlichen Interessen verschiedener Klassenfraktionen der herrschenden Klasse wendet sowie gegen die entstehenden Formen der Ideologie der beherrschten Klasse ankämpfen muss. Nicht die Funktion und die Funktionsweise des repressiven Apparats und der ideologischen Staatsapparate bestimmen demnach die Ideologie der Staatsapparate sowie die Art und Weise der Wiederherstellung gesellschaftlicher Ausbeutungsverhältnisse, sondern die in den ideologischen Staatsapparaten stattfindenden gesellschaftlichen Kämpfe zwischen verschiedenen (ideologischen) Elementen.

Indem Althusser den Fokus jedoch primär auf die Frage der *Wiederherstellung* von Ausbeutung und nicht auf Möglichkeiten gesellschaftlicher *Veränderung* richtet, werden krisenhafte Momente und gesellschaftliche Transformationen schließlich dennoch aus dem Blick verloren. Dass Dynamiken, Möglichkeiten und Bedingungen gesellschaftlicher Krise und Transformation bei Althusser unterbelichtet bleiben, ist also m. E. letztlich ein berechtigter Verweis auf Leerstellen in seinen Überlegungen.

2.3 Arbeiten, lernen und unterordnen. Oder: politische Regulierung der sozialen Reproduktion – Zwischenfazit

Für den Begriff der sozialen Reproduktion und eine krisentheoretische Untersuchung der Veränderungen in den sozialen Reproduktionsverhältnissen lässt sich von den Überlegungen Althussers zweierlei lernen: *Erstens* stellt Althusser die Frage danach, wie der Staat (oder das, was er als ideologische Staatsapparate bezeichnet) zur gesellschaftlichen Reproduktion beiträgt und richtet den Fokus daher auf seine vielfältigen Institutionen, Organisationen und Apparate. Folglich beleuchtet er die politischen, rechtlichen und ideologischen Verhältnisse in ihrer Bedeutung für die Aufrechterhaltung kapitalistischer Herrschaft. Für eine Untersuchung von Veränderungen der sozialen Reproduktion müssen daher ökonomische (Produktionsweisen), rechtlich-politische Regulierungen sowie politisch-ideologische Aspekte in ihrer wechselseitigen Vermittlung berücksichtigt werden. Bezogen auf die Reproduktion der Arbeitskraft bedeutet dies *zweitens*, dass diese nicht nur in ihrer physisch-stofflichen sowie generationellen Arbeits- und Leistungsfähigkeit in den Blick kommt. Vielmehr zeigt Althusser, dass die Arbeitskräfte auch bereit sein müssen, überhaupt alltäglich zur Arbeit zu erscheinen, sich den dortigen und sonstigen Hierarchien unterzuordnen, sowie dass sie spezifische Fähigkeiten besitzen müssen, um die Maschinen auch zu bedienen oder die Denkprozesse zu leisten, die für ihre Arbeit notwendig sind. Eine zentrale Bedeutung kommt folglich ihrer Unterwerfung zu: Um sicherzustellen, dass Menschen sich den Arbeits- und Ausbeutungsverhältnissen unterordnen, entsprechende Qualifikationen besitzen oder sich diese aneignen, sowie um zu gewährleisten, dass sie die Verhältnisse (bis zu einem gewissen Grad) akzeptieren, in denen sie sich für den Reichtum anderer verausgaben, müssen die Ausgebeuteten nicht nur vom Eigentum an den Produktionsmitteln ausgeschlossen sein. Sie müssen vielmehr auch in ihrem Bewusstsein unterworfen werden. In der Betrachtung der Reproduktion menschlicher Arbeitskraft legt Althusser den Schwerpunkt folglich auf die Formierung der Subjekte in ihren Gewohnheiten, Praxen oder in ihrem Denken, was er mit dem Begriff der ‚subjektivierenden Unterwerfung' fasst.

Obwohl der Blick auf Reproduktion im Anschluss an Althusser erweitert wird, hinterlässt er uns dennoch ein unbequemes Erbe. Denn einerseits bleibt die Reproduktion der Produktionsverhältnisse – als Ausbeutungsverhältnisse von *Klassen* – blind etwa gegenüber dem *Geschlecht*. So wird von Althusser zwar durchaus erwähnt, dass Menschen nicht nur als Arbeitskraft, sondern auch als religiöse, politische, väterliche oder mütterliche Subjekte formiert werden. Zugleich führt er diese Überlegungen nicht aus. Die gesellschaftlichen Kämpfe um und in den Staatsapparaten werden demnach lediglich als *Klassen*kämpfe verstanden, während Herrschaftsverhältnisse wie etwa Geschlechterverhältnisse nicht in Betracht gezogen werden. Dass und inwiefern die Subjekte als *geschlechtsspezifische* reproduziert werden und welche Bedeutung ‚Geschlecht' in den Kämpfen um Ideologien spielt – worauf insbesondere (queer-)feministische Staatstheorien aufmerksam machen (vgl. Ludwig 2011; Sauer 2001; Ludwig/Sauer/Wöhl 2009) – gerät bei Althusser also nicht in den Blick. Wie schon bei Marx bleibt der Begriff der Reproduktion daher geschlechtertheoretisch zu erweitern.

Darüber hinaus legt Althusser seinen Fokus zwar auf die Formierung von Subjekten und nimmt nicht nur die physische und generative – und somit *stoffliche* – Reproduktion der Arbeitskraft in den Blick. Zugleich beschreibt er diese andererseits allein als Unterwerfung, blendet darin also Aspekte von (aktiver) *Zustimmung* oder (hegemonialer) *Einbindung* aus. Im Anschluss an Gramsci gehe ich jedoch, wie nachfolgend erst noch entwickelt wird, davon aus, dass die Subjekte nicht nur unterworfen, ihre Interessen vielmehr in die Stabilisierung von Herrschaft hegemonial eingebunden werden – sowie, dass sie sich auch verweigern oder gegen ihre Unterwerfung kämpfen (können). Ob und wie es gelingt, Menschen zu ‚formieren' oder ob sich Momente von Krise(n) und gesellschaftlicher Transformation ereignen, stellt demzufolge bei Althusser einen wenig beleuchteten Aspekt der Reproduktion von Arbeitskräften dar. Hierum soll es unter anderem im folgenden Kapitel gehen.

3. Zum gesellschaftlichen Zusammenhang von kapitalistischer Produktions-, Lebens- und Seins-Weise: Reproduktion im Anschluss an Gramsci

Nimmt Althusser die Reproduktion der Arbeitskraft (auch) mithilfe des Begriffs der subjektivierenden Unterwerfung in den Blick, geht kapitalistische Herrschaft demgegenüber bei Gramsci nicht im Prozess der Unterwerfung auf. Vielmehr beschreibt er mit dem Begriff der *Hegemonie* einerseits zwar Gewalt, Repression oder Zwang. Zugleich umfasst Hegemonie immer auch Zustimmung, Kompromiss und Einbindung von Interessen – und somit etwas, was bei Gramsci „(politische) Führung" heißt (vgl. GH, S. 101 ff.). Hierfür fragt er etwa danach, wie Menschen erzogen werden, wie also ihr Denken, Fühlen und Handeln Bestandteil von staatlichen und zivilgesellschaftlichen Regulierungen ist. Wie Althusser geht er davon aus, dass Menschen und ihre Lebensweisen mithilfe des (integralen) Staates etwa in Schulen, Theatern, Parteien, Familien oder Kirchen, aber ebenso durch Gesetze, Gerichte oder Gefängnisse beeinflusst werden. Jedoch betont er nicht die Unterwerfung, sondern Erziehung, Einbindung und die Zustimmung der Subjekte. Herrschaft erschöpft sich bei ihm nicht im Beherrschen, im Unterwerfen, im Bezwingen. Vielmehr geht es um eine Kombination von Führung und Herrschaft, von Zustimmung und Unterwerfung, von Konsens und Zwang. Hegemonie lässt sich also als eine Form von (Klassen-)Herrschaft verstehen, die auf der Zustimmung großer Teile der Beherrschten basiert.

Gegenüber dem Verständnis gesellschaftlicher Reproduktion im Anschluss an Marx und Althusser schärft Gramsci den Blick überdies für einen weiteren Aspekt. Mit dem Begriff der Hegemonie denkt er das – bei Marx und Althusser lediglich angerissene – Verhältnis von kapitalistischer Produktion und sozialer Reproduktion als einen kohärenten Zusammenhang und schließt dadurch eine Lücke, die beide offen lassen. So stellt Marx zwar heraus, dass die spezifische Form oder der Umfang der Reproduktion der Arbeitskraft historisch variieren und sich die Anforderungen an ihre Reproduktion je nach Produktionsweise unterscheiden – etwa abhängig davon, ob und welche Maschinen eingesetzt oder wie viele und welche Arbeitskräfte hierfür benötigt werden; oder auch abhängig davon, welche Interessen die unterschiedlichen Fraktionen der herrschenden Klassen verfolgen und wie erfolgreich die Kämpfen der beherrschten Klasse(n) sind. Gegenüber den Überlegungen von Gramsci bleibt dennoch offen, wie Marx das Verhältnis zwischen Anforderungen der Produktion und der Reproduktion menschlicher Arbeitskraft bestimmt. Bei Gramsci ist dieses Verhältnis durch den Zusammenhang von kapitalistischer Produktionsweise, Lebensweise und Subjektivität der Menschen charakterisiert (GH, S. 2087). Dies meint etwa, dass sich neue Methoden der Produktion nicht durchsetzen können, wenn sich nicht auch die Lebens- und Seins-Weisen der Menschen verändern. Denn die Vernutzung von Arbeitskraft im Arbeitsprozess oder Anforderungen an ihre Qualifikationen müssen nach Gramsci ein kohärentes Verhältnis mit den Gewohnheiten der Lebensführung und Alltagspraxen der Lohnabhängigen bilden. Mit dem Begriff der Hegemonie fragt Gramsci folglich nicht nur danach, wie kapitalistische Herrschaft immer wieder gelingt, sondern nimmt auch das historisch spezifische und kohärente Verhältnis von Produktions-, Lebens- und Seins-Weise der Menschen als einen *hegemonialen* Zusammenhang in den Blick.

Ziel der nachfolgenden Annäherung an Gramscis Hegemonietheorie ist nicht, die gesamte Reichweite der Hegemonie-Problematik zu entwickeln, sondern seine Überlegungen für die Frage der Herrschaft über die Subjekte sowie des Zusammenhangs von Produktion und sozialer Reproduktion fruchtbar zu machen. Das folgende Kapitel konzentriert sich daher nur auf einige Aspekte seiner herrschafts- und machttheoretischen Überlegungen. Viele weitere Aspekte seines Gesellschaftsverständnisses (wie etwa der Begriff der organischen Intellektuellen oder des Alltagsverstandes) kommen nicht in den Blick, obwohl sie für Gramscis Denken zentral sind.

3.1 Lebe so, dass du arbeiten kannst – Soziale Reproduktion als umkämpfte Lebensweisen und Subjektivitäten

Über den Begriff der Hegemonie im Anschluss an Gramsci lässt sich das Verhältnis von kapitalistischer Produktion und sozialer Reproduktion als kohärenter Zusammenhang verstehen – oder, wie es bei ihm heißt, als ein Zusammenhang von kapitalistischer Produktions-, Lebens- und Sein-Weise der Menschen. Für Gramsci sind hierbei zwei Überlegungen zentral: Einerseits bedeutet Hegemonie (auch) ein Ringen um die Herstellung eines kohärenten, d. h. sich wechselseitig beeinflussenden, gegenseitig stützenden und voneinander abhängigen Verhältnisses von kapitalistischer Produktion sowie den Gewohnheiten der Lebensführung und Alltagspraxen der Lohnabhängigen. Dies umfasst andererseits aber auch, dass Lebens- und Seins-Weisen der Menschen mithilfe staatlicher und zivilgesellschaftlicher Institutionen und Praxen reguliert sowie den Anforderungen einer historisch spezifischen Produktionsweise entsprechend anzupassen versucht werden. Diese Überlegungen entwickelt Gramsci am Beispiel seiner Analysen des Fordismus bzw. des Amerikanismus.

So hat die Rationalisierung der Arbeit in Amerika Gramsci zufolge etwa die Notwendigkeit hervorgebracht, „einen neuen Menschentypus auszuarbeiten, der dem neuen Typus der Arbeit und des Produktionsprozesses konform ist“

(GH, S. 285). Für den Fordismus beschreibt Gramsci daher, dass es mit dem (partiellen) Wandel der Produktionsweise zu neuen Anforderungen an die Qualifikationen der Arbeiter*innen und zu einer neuen Form der Vernutzung von Arbeitskraft kommt. Demnach müssen die maschinenhaften und automatischen Haltungen der Arbeiter*innen gefördert werden, weil die neuen Produktionsmethoden zeitgemessene Bewegungen und an die „perfektesten Automatismen gebundene Produktionsgesten" (GH, S. 295) erfordern. Zugleich ist die Veränderung der Produktion daher darauf angewiesen, „den alten psycho-physischen Zusammenhang der qualifizierten Berufsarbeit zu zerreißen, der eine gewisse Beteiligung der Intelligenz, der Phantasie, der Initiative des Arbeiters verlangte, und die produktiven Tätigkeiten auf den bloßen maschinell-physischen Aspekt zu reduzieren" wusste (GH, S. 293). Darüber hinaus erfordern die neuen Methoden der Produktion und der Arbeit auch neue Formen der Qualifizierung, der Kompensation, aber auch der moralisch-ethischen Lebensweise der Arbeiter*innen, um die Erschöpfung der verschlissenen Arbeitskräfte zu regenerieren. Denn die tayloristische Arbeitsorganisation geht mit einer neuen Qualität und Intensität der Vernutzung von Arbeitskraft ein, die aufgrund der Quantität verbrauchter Kraft in derselben Durchschnittszeit viel erdrückender und zermürbender ist als zuvor (GH, S. 301). Es brauche daher „außerhalb der Arbeit ein bestimmtes psychophysisches Gleichgewicht (…), das den physiologischen Zusammenbruch des von der neuen Produktionsmethode ausgepressten Arbeiters verhindert" (GH, S. 294). Um die Kontinuität der physischen Leistungsfähigkeit der Arbeitskräfte aufrechtzuerhalten, ist nach Gramsci folglich ebenso eine Regulierung der Lebensführung notwendig. Dass die Arbeiter*innen eine ‚rationale' Lebensführung verinnerlichen, die den Erfordernissen ihres Arbeitseinsatzes entsprechen, wird folglich wesentlich. Gramsci beschreibt überdies, dass und wie die Initiativen der Industriellen auf eine entsprechende Regulierung der rationalen Lebensweise von Arbeiter*innen zielen. Diese bemühen einerseits Nachforschungen über das Privatleben von Arbeitskräften und die Kontrolle ihrer Moralität, andererseits beginnen sie (private) Kampagnen der Prohibition und des Puritanismus. Um die Arbeitskräfte zu erneuern, zu erhalten und ihre Leistungsfähigkeit möglichst zu erhöhen, wird etwa versucht, den Missbrauch und die Unregelmäßigkeiten sexueller Befriedigung ebenso zu verhindern wie den Alkoholkonsum. Denn

> „[e]s scheint klar, daß der neue Industrialismus die Monogamie will, daß er will, daß der arbeitende Mensch seine Nervenkräfte nicht bei der ungeordneten und aufregenden Suche nach sexueller Gelegenheitsbefriedigung verschwendet: [… denn] der Überschwang der Leidenschaft verträgt sich nicht mit den zeitgemessenen Bewegungen der an die perfektesten Automatismen gebunden Produktionsgesten." (GH, S. 295)

Entlang seiner Überlegungen zum Fordismus entwickelt Gramsci folglich die Annahme, dass sich keine neue Produktionsweise entwickeln und gesellschaftlich verallgemeinern kann, ohne dass es zu weitreichenden Veränderungen der Subjektivität und Lebensweise der Menschen kommt. Umgekehrt könne sich jedoch auch keine kollektive Lebensweise verstetigen, die nicht mit den Anforderungen der Produktionsweise vereinbar ist. Vielmehr führe der umfassende Zusammenhang von Druck, der auf die Massen ausgeübt werde, sowie direkte und indirekte Zwängen nach Gramsci zweifellos dazu, dass sich mit der Zeit neue Lebensweise(n) und veränderte Subjektivitäten verallgemeinern.

Zugleich verweist er jedoch darauf, und dies steht im Widerspruch oder zumindest in einem gewissen Spannungsverhältnis zu den Überlegungen von Althusser, dass die Anpassung an die neuen Produktions- und Arbeitsmethoden durch gesellschaftlichen Zwang (und Unterwerfung) alleine nicht erfolgen kann. Der *Zwang* – wie etwa die Zerstörung des Arbeiter*innen- und Gewerkschaftswesens – muss nach Gramsci vielmehr geschickt mit der Überzeugung und dem *Konsens* vereinbart werden. Auch ideologische Kampagnen und Propaganda alleine reichen nicht aus, um die Gewohnheiten, Praxen oder moralischen Vorstellungen der Arbeiter*innen zu verändern. Vielmehr muss etwa ebenso ein bestimmter Lebensstandard möglich werden, der es erlaubt, die Erschöpfung der verschlissenen Arbeitskräfte wiederherzustellen, damit diese ihre Alltagsroutinen anpassen. Erst durch eine Kombination aus Konsens und Zwang, aus Zustimmung und Herrschaft wird also eine Veränderung von Lebensweisen und Subjektivitäten erzielt. Im Fordismus werden in der Ford-Industrie im Vergleich zum gesellschaftlichen Durchschnitt etwa relativ hohe Löhne gezahlt, die ermöglichen sollen, die verbrauchte Arbeitskraft wiederherzustellen und zugleich einen Anreiz schaffen, um die neuen Bedingungen der Arbeit zu akzeptieren (GH, S. 299). Mit einer Vielzahl von staatlichen und zivilgesellschaftlichen Regulierungen wie der Überzeugung durch hohe Löhne, Kampagnen zur Änderungen der Moral und Lebensführung sowie mit sozialen Zuwendungen, aber auch mit Zwangselementen soll demnach erreicht werden, dass die Arbeiter*innen dahin gebracht werden, den gesamten psycho-physischen Transformationsprozess durchzumachen, um zum „neuen Durchschnittstypus des modernen Arbeiters“ zu werden (GH, S. 301).

In seinen Analysen des Fordismus argumentiert Gramsci folglich, dass ein kohärenter Zusammenhang von Produktionsweise, Lebensweise und Subjektivität gesellschaftlich hergestellt werden muss, wenn ein umfassender Transformationsprozess gelingen soll. Dieser Zusammenhang besteht ihm zufolge zwischen den Arbeits- und Produktionsmethoden und den sich daraus ergebenden Anforderungen an die Reproduktion der Arbeitskraft sowie ihrer Vernutzung, Qualifizierung und Lebensweise. Das Ringen um die Herausbildung eines kohärenten Zusammenhangs von Produktions-, Lebens- und Seins-Weisen beschreibt Gramsci darüber hinaus als eine Kombination aus

Elementen des Zwangs wie des Konsens – und somit als Unterwerfung wie Zustimmung zugleich.

3.2 Mehr als Zwang und Herrschaft – Gesellschaftlicher Herrschaftszusammenhang als Hegemonie

Für den Begriff der sozialen Reproduktion lässt sich an Gramscis Überlegungen zum Zusammenhang von Produktions-, Lebens- und Seins-Weise anschließen. Deutlich wird hier, dass Gramsci den Fokus nicht primär auf die physische und generative Reproduktion menschlicher Arbeitskraft, sondern auf die Gewohnheiten und Praxen ihrer Lebensführung richtet. Zugleich werden diese im Zusammenhang mit Anforderungen kapitalistischer Produktionsweise gedacht. Hierin deutet sich bereits an, dass Gramsci den historisch spezifischen gesellschaftlichen Herrschaftszusammenhang als hegemoniale Einheit von politisch-ideologischen und ökonomisch-sozialen Verhältnissen versteht. Demzufolge lässt sich mit Gramsci auch der Prozess gesellschaftlicher Reproduktion in den Blick nehmen, wenngleich er selbst darüber, wie auch im Fall der sozialen oder Reproduktion der Arbeitskraft, nicht in diesen Begriffen schreibt. Wie aber denkt Gramsci über die gesellschaftliche Reproduktion oder Sicherstellung kapitalistischer Herrschaft nach?

Ausgangspunkt seiner Überlegungen zum gesellschaftlichen Herrschaftszusammenhang ist zunächst, dass die Trennung von Politik, Ideologie, Kultur und Ökonomie, von Basis und Überbau nur eine relative ist. Die unterschiedlichen Elemente einer Gesellschaftsformation denkt er vielmehr als miteinander verschränkt. In einer bestimmten geschichtlichen Epoche sind für Gramsci sozioökonomischer Inhalt und ethisch-politische Form identisch. Den herrschende(n) Klasse(n) gelingt es nicht nur, eine bestimmte Produktionsweise durchzusetzen, sondern mit ihr auch kulturelle, politische und rechtliche Vorstellungen, Praxen und Gewohnheiten. (z.B. GH, S. 1556 ff.; vgl. auch Candeias 2007, S. 18 f.). Da mit veränderten Methoden der Produktion und der Arbeit auch eine Anpassung der Lebensweise(n) und des Menschentypus an die gewandelten Anforderungen durchgesetzt werden muss (GH: 292), heißt dies, dass auch zivilgesellschaftliche Institutionen, Normen und Praxen entsprechend der Erfordernisse der Produktionsweise restrukturiert werden müssen. Hegemonie versteht Gramsci daher als eine politisch-kulturelle *und* ökonomische Form der Herrschaft. Um diese wird gesellschaftlich gerungen – nämlich in Auseinandersetzungen um die Produktionsweise wie ebenso in Kämpfen um Subjektivitäten und Lebensweisen. Zentral ist dabei, dass sich die Aneignung von Mehrwert sowie die Kapitalverwertung nicht als Ergebnis einer abstrakten Kapitallogik einstellen, sondern diese von den jeweiligen Akteuren gezielt verfolgt werden müssen. Die Ausbildung ökonomischer Formen von kollektiven Praktiken, und die mit ihnen verbundenen kulturellen, ideologischen und politischen Formen, ist nach Gramsci also selbst das Resultat sozialer Kompromisse, die permanent gemacht werden (müssen) (Demirović 1992, S. 129 ff.). Selbst elementare kapitalistische Verhältnisse können sich bei Gramsci demnach niemals vom Konsens und den Alltagsgewohnheiten der Individuen ablösen. Vielmehr sind auch sie das Ergebnis von widersprüchlichen und antagonistischen Praxen sozialer Akteure, welche die sozialen Verhältnisse in dem Maße permanent machen, wie sie sich selbst als permanente Kräfte konstituieren und die Verhältnisse als quasi automatische und notwendige etablieren (ebd., S. 146 ff.). Dies geschieht mittels einer Gesamtheit von Normen und Verfahren, die die Erwartungen und widersprüchlichen Verhaltensweisen der Individuen auf die gesellschaftlich dominanten Produktions- und Konsummuster abstimmen. Zugleich werden die sozialen Verhältnisse sodann als eine individuell erfahrene, anerkannte und praktisch gelebte Gesellschaft konstituiert (Demirović 1992, S. 137). Bei Gramsci ist es also gerade nicht eine abstrakt gedachte Kapitallogik, die den politisch-ideologischen und juristischen Verhältnissen ihre Form oder Funktionslogik aufdrängt. Vielmehr sind die ökonomisch-sozialen und politisch-ideologischen Verhältnisse selbst das Resultat von Auseinandersetzungen zwischen verschiedenen Klassenfraktionen und -bündnissen, die in einer Vielzahl von Kompromissbildungen prozessiert werden. Anders formuliert: Kämpfe um Lebensweisen und Subjektivitäten, um die Ausgestaltung von Familienverhältnissen, Kindererziehung oder Freizeitbedürfnissen, aber auch um Arbeit und Arbeitsverhältnisse, Konsumgewohnheiten oder Produktionsmethoden sind Konflikte um die Reproduktion einer (historisch spezifischen) Formation der Gesellschaft und somit auch des spezifischen Verhältnisses von Produktion und sozialer Reproduktion.

Dieser Vorstellung entsprechend ist Hegemonie kein Prozess, der mit Zwang oder (repressiver) Unterwerfung allein durchgesetzt werden kann, sondern schließt immer die (aktive) Zustimmung der Subalternen mit ein: Hegemoniefähig wird eine gesellschaftliche Klasse nur, wenn es ihr gelingt, den engen Bereich der Eigeninteressen zu überschreiten und auch die Bedürfnisse und Interessen der unterworfenen Subjekte (zumindest teilweise) zu integrieren (GH, S. 1560 f.). Diese gesellschaftlichen Kompromissbildungen umfassen auch einen Teil der Interessen der Subalternen, die von den führenden Klassen in gemeinsame Bündnisse integriert werden. Zugleich dürfen die Kompromisse jedoch nicht als gleichberechtigte Aushandlungen missverstanden werden. Denn die Interessen der Subalternen (bzw. einiger Fraktionen) werden „nur bis zu einem gewissen Punkt, also nicht bis zum nackten korporativ-ökonomischen Interesse" (GH, S. 1561) integriert. Hegemonie bedeutet daher keineswegs, dass alle Widersprüche beseitigt sind, sondern lediglich, dass ihnen unter bestimmten Bedingungen eine Form gegeben wurde. Bei dieser Form handelt es sich jedoch nicht lediglich um ein Bewusstseinsphänomen. Vielmehr geht es auch um die (‚materielle') Ausbildung alltäglicher Gewohnheiten, Denk- und

Wahrnehmungsmuster, welche die Regelmäßigkeit einer Lebensweise und stabile Erwartungshorizonte konstituieren und somit als praktisch gewordener aktiver Konsens gelebt werden (vgl. Demirović 1992).

3.3 Produktion und soziale Reproduktion als kohärentes Verhältnis – Zwischenfazit

Für den Begriff der Reproduktion können wir von Gramsci *erstens* lernen, dass Hegemonie neben Repression, Herrschaft und Zwang auch auf der Zustimmung und Einbindung von Interessen der Subalternen beruht. Gegenüber dem Begriff der ‚subjektivierenden Unterwerfung' (bei Althusser) liegt die Betonung bei ihm folglich weniger auf dem Beherrschen, Unterwerfen oder Bezwingen, sondern darauf, dass eine Anpassung der Subjekte etwa an gewandelte Erfordernisse kapitalistischer Produktion auf der Organisierung ihrer Akzeptanz und Zustimmung sowie der Einbindung eines Teils ihrer Interessen basiert. Für eine Untersuchung der Veränderungen in der sozialen Reproduktion ist demnach nicht nur zu fragen, welchen Druck diese auf die Subjekte erzeugen. Vielmehr muss ebenso nach Momenten gesucht werden, die attraktiv und lohnenswert erscheinen und Menschen überzeugen, ihre Lebensweise zu verändern. *Zweitens* wird ebenfalls deutlich, dass Gramsci mit Begriffen wie Lebensweise und Menschentypus den Fokus auf die Gewohnheiten, Alltagspraxen und Routinen von Menschen richtet und diese ins Zentrum seiner Betrachtung von Subjekten rückt. Demnach interessieren ihn Regeneration, Sexualität oder Qualifikation der Menschen immer auch mit Blick auf die Frage, welche Gewohnheiten der Lebensführung oder welche Alltagspraxen dies impliziert. Schließlich blickt Gramsci auf das Verhältnis von gesellschaftlicher und sozialer Reproduktion *drittens*, indem er den Zusammenhang von Produktions-, Lebens- und Seins-Weise fokussiert. Dies meint für ihn etwa, dass sich neue Methoden der Produktion nicht durchsetzen können, wenn sich nicht auch die Lebens- und Seins-Weisen der Menschen verändern. Daher geht er ähnlich wie Althusser davon aus, dass die Subjekte und ihre Lebensweisen mithilfe des (integralen) Staates erzogen, dass also ihre Gewohnheiten, Routinen und Subjektivität den Anforderungen der Produktion entsprechend beeinflusst werden (müssen). Für das Verhältnis von Produktion und sozialer Reproduktion lässt sich mit Gramsci argumentieren, dass die Reproduktion menschlicher Arbeitskraft nicht nur eine notwendige Bedingung kapitalistischer Produktion und diese daher auf ihre Reproduktion *prinzipiell* angewiesen ist. Vielmehr geht es auch um eine historisch spezifische und kohärente Regulierung von Produktionsweisen, Lebensweisen und Subjektivitäten. Dieses Verständnis steht in einem Spannungsfeld mit feministischen Debatten, welche das Verhältnis von kapitalistischer Produktion und sozialer Reproduktion als ein notwendiges wie zugleich grundsätzlich widersprüchliches und somit als strukturell sorgloses beschreiben (vgl. Aulenbacher 2015; Müller 2014; Bhattachary 2019; Ferguson o. J.; Arruzza/Bhattachary/Fraser 2019). Ausgehend von Gramsci muss für eine Untersuchung der Veränderungen von sozialer Reproduktion demgegenüber nicht zuerst nach der grundsätzlichen Widersprüchlichkeit gefragt, vielmehr das Ringen um die Herstellung von Kohärenz zwischen Produktions- wie Lebens- und Seins-Weisen betrachtet werden.

Mithilfe marxistischer Debatten um den Begriff der Reproduktion können gesellschaftliche Zusammenhänge beleuchtet sowie Anforderungen der Arbeits- und Produktionsprozesse an die Reproduktion der Arbeitskraft, Versuche politischer und zivilgesellschaftlicher Regulierungen von Gewohnheiten und Subjektivitäten, aber auch der umkämpfte Charakter dieser Prozesse in den Blick rücken. Zugleich jedoch wird die Reproduktion der Arbeitskraft von Marx getrost dem „Fortpflanzungs- und Selbsterhaltungstrieb der Arbeiter" (MEW 23, S. 598) überlassen. Die geschlechtlichen Dimensionen der Reproduktionsverhältnisse werden aber auch bei Althusser und Gramsci nicht (ausreichend) betrachtet, Geschlecht folglich nicht als konstitutiver Bestandteil des kapitalistischen Herrschaftszusammenhangs theoretisiert. Der Begriff der (sozialen) Reproduktion bleibt daher geschlechtertheoretisch zu erweitern, was Gegenstand des nachfolgenden Kapitels ist.

Teil II: Vergeschlechtlichte Lebensweisen und Subjektivitäten: Feministische Ansätze zur sozialen Reproduktion

4. Soziale Reproduktion in feministischen Debatten – Oder: Zum Zusammenhang von Kapitalismus, sozialer Reproduktion und Geschlecht

Obgleich marxistische Debatten um Reproduktion versuchen, die Reproduktion der Arbeitskraft umfassend in den Blick zu nehmen, bleibt ihr Verständnis etwa hinsichtlich von Geschlechterverhältnissen unzureichend. Feministische Autorinnen der 1970er und 1980er Jahre haben daher versucht, mit Marx gegen Marx zu denken und die Kritik der politischen Ökonomie auch auf jene Bereiche anzuwenden, die bei Marx und in der an ihn anschließenden Debatte weitgehend unberücksichtigt bleiben (vgl. Federici 2012). Im Rahmen dieser Theoretisierung wurde von Autor*innen der Zweiten Frauenbewegung sowohl auf die Entstehung von Hausarbeit wie ebenso auf vergeschlechtlichte Arbeitsteilung, Generativität oder die Naturalisierung dieser Verhältnisse fokussiert. In der sogenannten Hausarbeitsdebatte wurde soziale Reprsduktion zudem wesentlich im Verhältnis zur kapitalistischen Produktion zu theoretisieren versucht. Dies wurde „für den Schlüssel gehalten, um die Unterordnung von Frauen zu verstehen" (Vogel 2003, S. 540 f.). Um sich der Theoretisierung des Verhältnisses von Produktion und Reproduktion aus feministischer Perspektive zu nähern, wird der Fokus im vorliegenden Kapitel daher zunächst auf die historische Herausbildung kapitalistischer Produktionsweise und eine Sphäre des Reproduktiven gelenkt. Hier wird gezeigt, dass soziale Reproduktion als getrennter Bereich erst mit dem Kapitalismus entsteht sowie dass dieser Trennungsprozess mit Hierarchisierungen und seiner Vergeschlechtlichung einhergeht (4.1). Anschließend kommen Ansätze in den Blick, die das Verhältnis von Produktion und Reproduktion über das Theorem der kapitalistischen Tendenz zur Senkung des Wertes der Arbeitskraft erklären. Sie fokussieren auf die strukturelle Abwertung von sozialer Reproduktion im Kapitalismus (4.2). Schließlich wird soziale Reproduktion als Subsistenzproduktion betrachtet und das Verhältnis hier als eines der räuberischen Enteignung verstanden sowie der Blick auf die kapitalistische Verfügung, Nutzbarmachung und Kontrolle über Prozesse der sozialen Reproduktion gerichtet (4.3).

Fragen nach dem Verhältnis von sozialer Reproduktion und kapitalistischer Produktion sind für diese Arbeit von zentralem Interesse. Denn wie zu Beginn aufgeworfen, wird dieses Verhältnis herangezogen, um die immanente Krisenhaftigkeit der sozialen Reproduktion im Kapitalismus über ihre strukturelle Abwertung zu begründen. Die Suche nach den Ursachen von Krisen der sozialen

Reproduktion auch mit Blick auf die beiden Untersuchungsfeldern der Krankenpflege und frühkindlichen Betreuung muss das Verhältnis von sozialer Reproduktion und kapitalistischer Produktion daher in den Blick nehmen.

Im Anschluss (und teilweise in Abgrenzung) zur Hausarbeitsdebatte erweitern gegenwärtig die Care-Forschung als auch aktuelle Analysen der sozialen Reproduktion die Perspektive damaliger Debatten und regen angesichts gewandelten Reproduktionsbedingungen hilfreiche Aktualisierungen an. Zugleich verschieben sich darin die theoretischen Fragen. In der Care-Forschung wird weniger nach dem Verhältnis von sozialer Reproduktion und kapitalistischer Produktion als vielmehr nach dem Inhalt von Sorgetätigkeiten gefragt. Care wird als spezifische (fürsorgliche) Praxis in den Fokus gerückt. Die in diesen Ansätzen behandelten Fragen thematisieren die *Besonderheiten* von Haus- bzw. Sorgearbeit. Im Zentrum der Auseinandersetzungen steht dabei die Organisation von Sorgearbeit im Kapitalismus in ihrer konkreten Form – nämlich als häusliche oder bezahlte Arbeit – sowie die je spezifischen Widersprüche. Nachdem in den ersten drei Teilkapiteln das Verhältnis von sozialer Reproduktion und Produktion ausgeleuchtet wurde, wird der Blick daher anschließend auf das Theorem der Hausarbeit bzw. von Care als *besonderer Arbeit* gelenkt (4.4). Diese Perspektive scheint relevant, da im vorliegenden Buch zwei Felder der bezahlten (und professionellen) Sorgearbeit in den Blick genommen werden. Die Fragen danach, ob, welche und warum durch diese Formen der gesellschaftlichen Gewährleistung von Prozessen der sozialen Reproduktion möglicherweise spezifische Widersprüche oder Krise entstehen, wird aus dieser Perspektive thematisierbar.

Mit dem vermehrten Aufkommen von Fragen nach der *Herstellung* von Geschlecht seit den 1990er-Jahren kommen überdies Formen „vergeschlechtlichter Subjektkonstitution" (vgl. Ludwig 2007) verstärkt in den Fokus (queer-)feministischer Beschäftigung. Sie richten den Blick auf die Frage, *wie* sich die Herausbildung von historisch spezifischen Formen von Weiblichkeit* bzw. Geschlechtlichkeit vollzieht. Sie stellen die Rolle des (integralen) Staates sowie die Frage ins Zentrum, wie staatliche Praxen zur Herstellung von Reproduktionsbedingungen beitragen. An die ersten vier Teilkapitel anschließend wird nunmehr also nach der Rolle des Staates in der Regulierung vergeschlechtlichter Reproduktionsbedingungen gefragt (4.5) und seine erzieherische Funktion in Hinblick auf die Subjektkonstitution und ihre Vergeschlechtlichung bzw. seine Rolle für die Regulierung vergeschlechtlichter Gewohnheiten, Routinen und Praxen betrachtet (4.6). Welche Rolle der Staat für die soziale Reproduktion sowie für die Regulierung der Subjekte einnimmt, steht folglich im Zentrum dieser Betrachtung. Da in der Diskussion um Care- oder Sorge-Krisen implizit auf die Subjektivität von Sorgenden Bezug genommen wird – etwa, indem beschrieben wird, dass ihre beruflichen (Care-)Ansprüche in der Arbeit verletzt und dies von ihnen als Krise(n) erfahren wird – erscheint der Blick auf vergeschlechtlichte Subjektkonstitutionen und Lebensweisen zentral.

Die im vorliegenden Kapitel behandelten theoretischen Ansätze nehmen folglich je spezifische Aspekte mit Blick auf die soziale Reproduktion in den Blick. Sie entwickeln ihre jeweilige Perspektive jedoch an unterschiedlichen Formen der Reproduktionsarbeit: nämlich entweder mit Blick auf Haus- oder bezahlte Sorgearbeit. Dies ist einerseits sicher der historischen Situation geschuldet, in der sie entwickelt wurden. So mag wenig verwundern, dass Theoretikerinnen der Hausarbeitsdebatte ihre Perspektive – vor dem Hintergrund des fordistisch geprägten Kapitalismus – mit Blick auf familiär-häusliche Prozesse der sozialen Reproduktion entwickeln (vgl. Asenbaum/Kinzel 2010). Angesichts der historischen Krise des Fordismus sowie der Erosion des Alleinernährermodells stehen in Debatten über Reproduktionsmodelle, der Care-Forschung oder feministischen Staatstheorien hingegen bezahlte Formen der Sorgearbeit stärker im Fokus (vgl. Leitner/Ostner/Schratzenstalle 2004; Jürgens 2010; Auth/Leitner/Klenner 2015). Denn die Bedeutung von Sorgearbeit in Form bezahlter Dienstleistungen steigt seither an (vgl. Jürgens/Hoffmann/Schildmann 2017). Neben ihrer historischen Verortung werfen die behandelten Ansätze andererseits spezifische theoretische Fragen auf – die sich teilweise erst aus dem Blick auf konkrete Formen von Sorgearbeit ergeben. Obwohl Krisen der sozialen Reproduktion im vorliegenden Buch anhand der Felder Krankenpflege und Kinderbetreuung und somit in Bereichen bezahlter (und professioneller) Sorgearbeit untersucht werden, sind alle drei benannten Themenkomplexe und somit auch Ansätze, die auf Hausarbeit fokussieren, für die Entwicklung der theoretischen Perspektive dieses Buches zentral.

4.1 Es war einmal ein ganzes Haus – Soziale Reproduktion in der Herausbildung des Kapitalismus

Ein wichtiger Strang feministischer Forschung beleuchtet die Herausbildung einer Sphäre der Reproduktion und die Entstehung von Hausarbeit im Kontext der Durchsetzung kapitalistischer Gesellschaft. Darin wird die Bedeutung der (unbezahlten) Reproduktionsarbeit im Kapitalismus sowie ihre Anordnung im Zusammenhang der gesamten Produktionsverhältnisse beleuchtet. Die zentrale Annahme ist, dass erst die Herausbildung des Kapitalismus zu einer Trennung zwischen einer Sphäre der Produktion und einer der Reproduktion geführt und so die Entstehung von Hausarbeit, eines damit einhergehenden (bürgerlichen) Familienmodells und eine Form der mütterlich-häuslichen Weiblichkeit* nach sich gezogen hat (vgl. Beer 1990; Bock/Duden 1976; Dalla Costa 1973; Hausen 1976; u. a.). Die Entstehung von Hausarbeit sowie die mit ihr zusammenhängenden Formen bürgerlicher Familie und des Ideals der Hausfrau* werden folglich im Kontext eines Wandels von der feudalen zur bürgerlich-kapitalistischen Gesellschaft verortet.

Als Ausgangspunkt für die Trennung von Familie und Erwerb im Prozess der Industrialisierung wird die Auflösung der ständischen – räumlichen, wirtschaftlichen und reproduktiven – Einheit von Familie und Erwerb gesehen (Beer 1990, S. 155 ff.; Bock/Duden 1976, S. 125 ff.). Diese wird als ein Prozess des Wandels weg von der feudalen hin zu einer kapitalistischen Produktionsweise beschrieben. Während die feudale Produktionsweise primär auf einer Familienwirtschaft beruhte, und somit auf der Gesamtarbeit von Mann*, Frau* und Kindern, von Alten und Jungen, von Blutsverwandten und Nicht-Blutsverwandten in einem gemeinsamen Haushalt, wurde diese Produktionsweise der alten Gesellschaft abgelöst durch eine Trennung von Wohnbereich und einen Bereich der Produktion, in dem das gesellschaftliche Mehrprodukt erarbeitet wird (Bock/Duden 1976, S. 125 f.). Unter den Bedingungen der agrarisch-handwerklichen Standesgesellschaft artikulierte sich folglich eine Einheit nicht nur von Wirtschaften und Wohnen, sondern auch der generativen Reproduktion in Familienverbänden. Der ständische Wirtschafts- und Familienverband bildete somit eine räumliche und funktionale Einheit, in der die Erzeugung des gesellschaftlichen Mehrproduktes, die generative Reproduktion und die Absicherung gegen Lebensrisiken zusammen kamen (Beer 1990, S. 151 f.). Mit der Trennung von Familie und Erwerb in der bürgerlich-kapitalistischen Gesellschaft haben sich Ursula Beer zufolge jedoch gesellschaftliche Teilbereiche etabliert, die auf spezifische, gesellschaftlich notwendige Funktionen spezialisiert sind und untereinander nur über das Medium Geld in Beziehung stehen (ebd., S. 152 ff.). Während der ständische Wirtschafts- und Familienverband sowohl eine sozio-ökonomische wie generative Funktion als Einheit erfüllte, führte die Trennung von Erwerb und Familie demzufolge zu einer Teilung der Arbeitsbereiche und Zuständigkeiten.

In Folge dieser Auflösung bildete sich auch eine neue Form der *vergeschlechtlichten Arbeitsteilung* heraus. So ging der von den Frauen* erarbeitete Anteil an der Herstellung des gesellschaftlichen Mehrproduktes, so Gisela Bock und Barbara Duden, zu Gunsten steigender Anforderungen der Hausarbeit zurück (ebd., S. 132). Einerseits sind die Anforderungen an die in das Private verdrängte Arbeit gestiegen. Wo sich etwa zuvor das Kochen auf das Anrühren kalter Brotsuppen, die Kinderbetreuung auf die Mitnahme der Säuglinge zur Arbeit auf das Feld oder die Familie auf einen Arbeits- und Lebenszusammenhang von verwandtschaftlichen und nicht-verwandtschaftlichen Beziehungen beschränkte, entstehen nunmehr neue Anforderungen und Tätigkeiten. Auch durch neue Reinlichkeits- und Erziehungsvorstellungen kommen Ansprüche hinzu, die zuvor nicht bestanden. Hausarbeit als eine von der Erarbeitung des gesellschaftlichen Mehrproduktes abgetrennte Arbeit wird so zu einer *eigenständigen* Arbeit und erfordert in der Folge zudem neue Tätigkeiten. Überdies wird die häusliche Arbeit in der Folgezeit zur „natürlichen Bestimmung“ der Hausfrau* (ebd., S. 133).

Zugleich verliert weibliche* Arbeitsfähigkeit in der marktvermittelten Gesellschaft als Hausarbeit an Bedeutung. Frauen* büßen in der bürgerlich-kapitalistischen Gesellschaft ihre sozio-ökonomische Stellung ein. Zwar änderte sich, wie Beer zeigt, an der rechtlichen Regelung der familialen Nutzung der Arbeitskraft von Ehefrauen und Kindern mit der Entstehung der neuen Produktionsweise in der bürgerlich-kapitalistischen Gesellschaft zunächst nichts.[5] Denn die primäre Zuweisung weiblicher* Arbeitskraft zum Familienverband blieb uneingeschränkt erhalten (und wurde durch die Ermöglichung von Eheschließungen und Familiengründungen auch für besitzlose Männer* sogar quantitativ erweitert) (Beer 1990, S. 235). Die geschlechtliche Arbeitsteilung bekommt jedoch eine neue Qualität, da die Gleichrangigkeit von Frauen*- und Männer*arbeit im Sinne ihrer jeweiligen wirtschaftlichen Bedeutung mit der Durchsetzung der geld- und marktvermittelten Produktionsweise verloren geht. War Frauen*arbeit auch zuvor schon Arbeit minderer Art, so Beer (ebd., S. 206), bekommt die Produktivität von Arbeit und damit ihre ökonomische Wertigkeit unter kapitalistischen Bedingungen einen „objektiven" Maßstab, der nunmehr festlegt, inwieweit sie dazu beiträgt, ein geldwertes Mehrprodukt zu erwirtschaften (ebd., S. 208). Beer zufolge wird die Geschlechterungleichheit sowie die weibliche* Zuständigkeit für häusliche Tätigkeiten zwar nicht erst durch die Industriegesellschaft mit ihrer neuen Produktionsweise hergestellt, bestehende geschlechtliche Ungleichheiten werden jedoch ebenso wenig abgeschafft. Sie werden vielmehr adaptiert und transformiert (ebd., S. 226).

Wie Bock/Duden zeigen, vollzieht sich im Verlauf des 18. Jahrhunderts überdies nicht nur die Trennung von Familie und Erwerb sowie eine Veränderung geschlechtlicher Arbeitsteilung. Es verändern sich auch kulturelle Muster in Bezug auf Erziehungspraktiken, reflektiertes „kindgemäßes" Verhalten und die Aufgaben der Frauen* als Mütter (Bock/Duden 1976, S. 135; vgl. auch Hausen 1976). Bis zur Mitte des 18. Jahrhunderts hat es demnach selbst in den bürgerlichen Schichten eine abgetrennte Sphäre des Kindes, eine Mutterrolle im modernen Sinne oder bewusste Erziehungspraktiken nicht gegeben (Bock/Duden 1976, S. 133f.). Im Zuge reformpädagogischer Bewegungen und Anforderungen an einen familialen Binnenraum, in dem ein kindgemäßes Zusammenleben auf Liebe und Liebesentzug basieren sollten, wurde mit der Kinder- jedoch auch eine Mutterrolle durchgesetzt. Zugleich setzte sich damit das Ideal der passiven, sanften und freundlichen Weiblichkeit* durch, in der die Hochstilisierung der

---

5 So sicherte das ständische Familien- und Arbeitsrecht eine Eigentums- und Besitzordnung ab, in der im „Normalfall" die Verfügungsgewalt über und das Eigentum an Grund und Boden in den Händen von Männern* lag (Bock/Duden 1976, S. 231). Denn über das Familien- sowie Gesinderecht wurden dem Ehemann als Haupt der häuslichen Gesellschaft umfassende Kontroll- und Machtbefugnisse eingeräumt, die sowohl eine geschlechterhierarchische und eigentumsabhängige Verfügung über die Arbeitskraft regelte als auch Ehe- und Familienfähigkeit am Besitz der Personen maß (ebd., S. 172ff.).

Frau* als Mutter, Hausfrau und Gattin auch zu Erwartungen an ein persönliches Glück in der Familie führte (ebd., S. 151). Mit dem Familienideal von Privatsphäre, Häuslichkeit und Intimität wurde die Herausbildung einer Sphäre durchgesetzt, die gegenüber der bedrohlichen industriellen Rationalität, die den Menschen zunehmend zum Anhängsel der Maschine degradiert, Selbstbestimmung und Erholung zu versprechen schien (vgl. Beer 1990, S. 219 f.; Bock/Duden 1976, S. 124, 133 ff., 150 f., Hausen 1990, S. 176 f.; Kreisky/Löffler 2003, S. 380). Die moderne Familie als Organisationsform der unbezahlten weiblichen* Hausarbeit, die Hausarbeit als natürliche und damit natürlich unbezahlte Arbeit der Frau* und das Weiblichkeitsideal der abhängigen, dienenden und liebenden Ehefrau, Hausfrau und Mutter stehen somit in einem engen Zusammenhang.[6] Zwar verallgemeinert sich das neue Weiblichkeitsideal sowie die Durchsetzung der Hausarbeit als endgültige und massenhafte erst im 19. und 20. Jahrhundert durch ihre Ausdehnung auf alle von zunächst nur der Oberschicht angehörige Frauen*. Die Ursprünge und Ursachen der Entstehung von Hausarbeit, der weiblichen* Zuständigkeit sowie ihrer gesellschaftlichen Abwertung sehen Bock/Duden jedoch in der Trennung von Wohnbereich und Erwerb.

Für den Begriff der sozialen Reproduktion lässt sich im Anschluss an die feministische Rekonstruktion erstens lernen, dass die kapitalistische Produktionsweise mit ihrer Entstehung zugleich auch die Herausbildung eines Bereichs des Reproduktive schafft; dass also kapitalistische Produktion und soziale Reproduktion ko-konstitutiv für kapitalistische Gesellschaft(en) sind. Zweitens lernen wir auch, dass die gesellschaftliche Entstehung des Reproduktiven mit gesellschaftlichen Trennungsprozessen und einer herrschaftsförmigen Auflösung der wirtschaftlichen, räumlichen und reproduktiven Einheit einhergegangen ist. Legt Gramsci den Fokus auf den hegemonialen Zusammenhang von Produktions-, Lebens- und Seins-Weise, wird der Blick aus feministischer Perspektive vor allem darauf gelenkt, dass gesellschaftliche Trennungen herrschaftsförmig konstituiert und vergeschlechtlicht werden – dass also ein Produktives konstituiert wird, in welchem der gesellschaftliche Mehrwert erzeugt, sowie dass das Reproduktive zum Privaten, Verborgenen und Weiblichen* wird. Der hegemoniale Zusammenhang von Produktionsweise, Lebensweise und Subjektivitäten, den Gramsci beschreibt, basiert demnach zugleich, wie aus feministischer Perspektive deutlich wird, auf ‚zuvor' herrschaftsförmig

6 Historisch und bis heute stellt die Institution Familie dabei ein klassenselektives Projekt dar: Die Familiarisierung der Arbeiter*innenklasse fand gegenüber dem Bürgertum nicht nur später statt, sondern gestaltete sich auch anders aus. So haben auch im Fordismus nicht alle Frauen* ‚nur' Hausarbeit verrichteten, sondern mussten einige Frauen* schon immer ebenfalls arbeiten, um genügend Geld für die Familien zur Verfügung zu haben. Dennoch stellte die fordistische Hausfrauen-Ehe ein Reproduktionsmodell dar, das sich gesellschaftlich verallgemeinern und hegemonial werden konnte.

getrennten Verhältnissen. Überdies verweist die feministische Rekonstruktion drittens darauf, dass die (historisch spezifischen) Prozesse der Trennung nicht in einer bloßen Aufspaltung von bestehenden Tätigkeiten aufgehen. Vielmehr werden mit ihnen auch neue Anforderungen sowie neue vergeschlechtlichte Zuweisungen geschaffen. So müssen sich etwa Mutter-Kind- oder Ehebeziehungen in ihrer Bedürfnisorientierung oder der gefühlsbetonten Kommunikation als vermeintlich natürliche und weibliche* Eigenschaften erst entwickeln; sind also *neue* Phänomene.

Für eine Untersuchung der Veränderungen und Krisen in der sozialen Reproduktion muss der Blick folglich auf die gesellschaftlichen Trennungsprozesse gerichtet werden und somit auf die Frage, ob und wie kapitalistische Produktion und soziale Reproduktion zwischen öffentlich und privat, marktförmig und häuslich oder erwerbsförmig und familiär organisiert sind, wie sie darin zugleich aber als ‚Anderes' konstituiert wird. Gefragt werden muss aber auch, ob und welche neu entstehenden Anforderungen oder vergeschlechtlichten Zuweisungen mit diesen Prozessen der Trennung oder Reorganisation einhergehen (können).

Die feministischen Rekonstruktionen der Herausbildung des Kapitalismus bleiben dennoch auf der Ebene historischer Beschreibungen (oder eben: Rekonstruktionen), stellen jedoch keine umfassende Theoretisierung dar. *Warum* sich die gesellschaftlichen Verhältnisse in produktive und reproduktive ausdifferenzieren, und *warum* diese Differenzierung durch rechtliche und politisch-ideologische Verhältnisse abgesichert wird und sich als vergeschlechtlichte konstituiert, wird nicht theoretisch begründet. Dies ist daher Gegenstand der nachfolgenden Kapitel.

4.2 Billiger soll es sein – Soziale Reproduktion und die kapitalistische Tendenz der Senkung von Reproduktionskosten

In der Kritik der Politischen Ökonomie hat Marx die Reproduktion der Arbeitskraft über ihren Wert bestimmt, jedoch eine nähere Bestimmung der (unbezahlten) Reproduktionsarbeit mit dem Hinweis auf den Selbsterhaltungstrieb der Arbeiter*innen unterlassen (vgl. MEW 23, S. 598). An dieser Leerstelle setzt ein Strang der (werttheoretischen) feministischen Forschung an, der dafür plädiert, die marx'sche Theorie um die spezifische Form der Ausbeutung weiblicher* Arbeitskraft durch die Hausarbeit zu ergänzen. Den Ausgangspunkt der Argumentation bildet die Annahme, dass die soziale Reproduktion einen „blinde[n] Fleck in der Kritik der politischen Ökonomie" (Werlhof 1978) darstelle. Im Anschluss an die Debatten um Hausarbeit wird von einigen Autor*innen der Zweiten Frauenbewegung daher herausgearbeitet, dass Prozesse der sozialen Reproduktion überwiegend von Frauen*, unbezahlt und im Verborgenen geleistet werden (vgl. Dalla Costa 1973, S. 39 f.; Federici 2012, S. 111 f.). Hausarbeit wird dabei als ein (zentrales) Moment für die kapitalistische Produktion verstanden, weil sie in Form unbezahlter und privat organisierter Dienstleistungen das für den kapitalistischen Produktionsprozess kostbarste Produkt des kapitalistischen Marktes, nämlich die Arbeitskraft, erzeugt (Dalla Costa 1973, S. 39 f.; Federici 2012a, S. 111 f.). Da die häusliche Arbeit – so argumentieren einige feministische Ansätze, die Hausarbeit als im marx'schen Sinne produktive Arbeit verstehen – nicht nur Gebrauchswerte für die unmittelbare Konsumtion, sondern die für die Produktion entscheidende Ware Arbeitskraft herstellt, wird in ihr überdies Mehrwert geschaffen, der durch die Lohnzahlung des Ehemanns angeeignet wird (vgl. Dalla Costa 1973; Vogel 2003, S. 1188; Asenbaum/Kinzel 2010).[7] Der Lohn des Ehemanns auf der einen, jedoch das Fehlen eines Lohns für die Hausarbeit auf der anderen Seite führen darüber hinaus dazu, dass diese Ausbeutung verschleiert wird. In einer Gesellschaft, in der Arbeit und Lohn synonym geworden sind, würden nicht entlohnte häusliche Tätigkeiten vom ökonomischen Standpunkt aus unsichtbar (vgl. Dalla Costa 1973, S. 34; Federici 2012, S. 40).

Die Produktivität der Hausfrau beschränkt sich nach Maria Dalla Costa jedoch nicht allein auf die unentgeltliche Arbeit zur Herstellung der Arbeitskraft – also die als ungelernt und natürlich weiblich* geltenden Tätigkeiten des Gebärens, Aufziehens, Disziplinierens oder Bedienens. Sie ist vielmehr in der Gesamtheit ihrer Funktionen zu sehen. So leistet die Hausfrau nicht nur unentgeltliche Arbeit, sondern nimmt auch Familienmitglieder, die durch Krisen periodisch arbeitslos werden, immer wieder im Haushalt auf, hilft und schützt im Augenblick der Not und garantiert dadurch, dass die Arbeitslosen sich nicht unmittelbar in Millionen rebellischer *outsider* verwandeln (Dalla Costa 1973, S. 40). Darüber hinaus dient die Hausfrau als Abladeplatz aller Unterdrückungen der Lohnarbeit außerhalb des Hauses und damit als „Sicherheitsventil" für gesellschaftliche Spannungen, während sie selbst ihre nicht erfüllten Bedürfnisse sublimiert in eine Art Konsumzwang und Perfektionismus, die sich auf das Haus als Ort der Befriedigung konzentrieren (ebd., S. 48 f.). Schließlich wird die

7 Die Annahme, dass Hausarbeit im marx'schen Sinne produktiv sei, wird in der Debatte um Hausarbeit von anderen Autor*innen kritisiert. Sie argumentieren, dass Hausarbeit nicht wertbildend sei, weil sie erstens nicht für den Markt bestimmte Waren produziere, sondern Gebrauchswerte für die unmittelbare Konsumtion in der Familie erzeuge, und weil die Hausfrau zweitens ihre Arbeitskraft nicht verkaufe. Der Begriff des Werts der Arbeitskraft mache daher nur für das Lohnarbeitsverhältnis Sinn, nicht jedoch für privatisierte und unbezahlte Hausarbeit. Diese Ebene der werttheoretischen Diskussion wird dementsprechend nicht als gewinnbringend verstanden und anstelle dessen dafür plädiert, die Unterordnung von Frauen in den historisch spezifischen Formen bürgerlicher Ehe- und Familienverhältnissen zu suchen. (Coulson/Magas/Wainwright 1975; zit. nach Asenbaum/Kinzel 2010).

(Haus-)Frau* aber auch als Hauptträgerin von Repression und Disziplinierung der Familienmitglieder auf ideologischer und psychologischer Ebene gesehen, die somit fügsame Arbeiter*innen reproduziert (ebd., S. 55). Hausarbeit ist nach Dalla Costa daher nicht nur im ökonomischen Sinne produktiv, sondern für die Reproduktion der kapitalistischen Gesellschaft insgesamt funktional.

Dass die gesellschaftliche Gewährleistung der notwendigen reproduktiven Arbeit als privater Liebesdienst organisiert wird, zieht für die Identität(sbildung) von Frauen* überdies, so zeigt etwa Silvia Federici auf, eine Reihe von Konsequenzen nach sich. Die Herausbildung weiblicher* Subjektivität geht ihr zufolge mit einer Ideologie von Weiblichkeit* einher, welche die Frau* in die Rolle der Hausfrau drängt und dieser vergeschlechtlichten Zuweisung den Schein von Natürlichkeit verleiht. Die Tatsache, dass Hausarbeit nicht entlohnt wird, verstärkt ihren vermeintlich natürlichen Charakter und verkoppelt Weiblichkeit* und Hausarbeit so, dass häusliche Fertigkeiten zum Bestandteil weiblicher* Identität und als von Geburt an angeeignet verstanden werden (Federici 2012, S. 116). Da die Familie überdies als private Welt und letzter Freiraum glorifiziert wurde, sind Frauen* in die Rolle der tapferen Mutter und glücklichen Ehefrau gedrängt worden, die sie einerseits im Haushalt isoliert und die andererseits ihre persönliche Abhängigkeit vom Ehemann als romantische Liebe verklärt haben.

Aus feministischer Perspektive wird folglich an Marx kritisiert, dass dieser der Bedeutung der Reproduktionsarbeit und der Reproduktion der Arbeitskraft, d.h. den dafür nötigen, überwiegend weiblichen*, unbezahlten und im Verborgenen stattfindenden Tätigkeiten, nicht genügend Rechnung getragen hat. Hausarbeit und Familie, welche als Institutionalisierungen häuslich unentlohnter Arbeit und Verfestigung ungleicher Geschlechterverhältnisse gesehen werden, werden demgegenüber für tragende Säulen der kapitalistischen Produktion gehalten.

Andere werttheoretische feministische Perspektiven setzen ebenfalls an der Kritik der Politischen Ökonomie von Marx an. Da sie erst nach der bereits beginnenden Auflösung des fordistischen Familienmodells mit einem männlichen* Alleinernährer und der weiblichen* Hausfrau entwickelt werden, legen sie ihren Fokus jedoch nicht primär auf Hausarbeit. Zudem gehen sie ebenso wenig davon aus, dass es sich bei der sozialen Reproduktion um (direkt) wertschaffende Arbeit handelt. Vielmehr nehmen sie die sozialen Umstände in den Blick, unter denen die Lohnarbeitenden als Träger*innen der Arbeitskraft und Quelle des Mehrwertes im Alltag sowie auf der Ebene der Generationen reproduziert werden, anstatt diese Prozesse als einen Bestandteil kapitalistischer Mehrwertschöpfung zu verstehen (vgl. Bhattacharya 2019). Sie argumentieren, dass das Verhältnis zwischen der Reproduktion der Arbeitskraft und der kapitalistischen Wertschöpfung als notwendiges wie zugleich grundsätzlich widersprüchliches verstanden werden muss (vgl. Ferguson o.J.; Bhattacharya 2019; Federici 2012). Notwendig sei dieses Verhältnis, weil einerseits kapitalistische Produktion auf die Reproduktion der Arbeitskraft angewiesen ist, andererseits Menschen zum Verkauf ihrer Arbeitskraft gezwungen sind, um sich selbst reproduzieren zu können. Zugleich sei das Verhältnis aber auch grundsätzlich widersprüchlich. Denn kapitalistische Wertschöpfung treibe ihrer inneren Logik nach dahin, menschliche Bedürfnisse der kapitalistischen Akkumulation unterzuordnen (und in diesem Zuge Reproduktionskosten wie z. B. Löhne oder Sozialausgaben zu senken). Dies führe umgekehrt immer wieder dazu, dass Menschen gegen die daraus folgenden unmenschlichen Bedingungen aufbegehren. Mit den Debatten der 1970er und 80er Jahre teilen diese Ansätze folglich den Fokus auf die Frage der Reproduktionskosten. Zugleich aber stellen sie den Blick auf die Hausarbeit als alleinige Form der sozialen Reproduktion in Frage.

Der Schwerpunkt der Theoretisierung von sozialer Reproduktion liegt folglich auf dem Wert der Arbeitskraft im Zusammenhang mit Geschlecht. Dass der Kapitalismus auf der unbezahlten Arbeit und ihrer Abwertung basiert, wird entsprechend damit argumentiert, dass häusliche Reproduktion bzw. abgewertete weibliche* Arbeit den Wert der Arbeitskraft senke (Dalla Costa 1973, S. 39; Federici 2012, S. 22; Winker 2011) – etwa durch unentlohnte Hausarbeit, wie in den Debatten der Zweiten Frauen*bewegung angenommen, oder durch illegalisierte, schlecht entlohnte und damit abgewertete weibliche* (und meist migrantische) Arbeit im Haushalt, wie dies in neueren Debatten diskutiert wird (vgl. Ferguson o. J; Bhattacharya 2019). Weibliche* bzw. abgewertete Arbeit erfüllt so eine wesentliche Funktion in der Produktion des Mehrwerts und wird daher als (zentrales) Moment kapitalistischer Produktion verstanden. Sie stellt eine billige Form der sozialen Reproduktion sicher. Denn „[d]as Kapital ist versessen darauf, sich ein ausreichendes Angebot an jener eigentümlichen Ware zu sichern, und das zu möglichst geringen Kosten", daher wälze es „die[se] Arbeit (…) auf Frauen, Communitys und Staaten ab; zugleich richtet es sie so zu, wie es der Profitmaximierung am dienlichsten ist" (Arruzza/Bhattacharya/Fraser 2019, S. 88).

Aus werttheoretischer und feministischer Perspektive wird die Bewegungsdynamik der sozialen Reproduktion demzufolge mit der kapitalistischen Tendenz zu stetiger (und höherer) Mehrwertschöpfung argumentiert, dies jedoch – im Gegensatz zu Marx – um Fragen nach der Bedeutung von Geschlechterverhältnissen in diesen Prozessen angereichert. Damit wird der Blick auf die soziale Reproduktion gegenüber dem Verständnis von Marx zwar um die Prozesse der vergeschlechtlichten Arbeitsteilung sowie der Abwertung weiblicher* Arbeit erweitert. Zugleich aber werden die Leerstellen, die schon in Hinblick auf Marx' Denken kritisiert wurden, übernommen. Auch den feministisch-werttheoretischen Überlegungen fehlt sowohl ein Blick auf die subjektivierende Reproduktion als Teil der hegemonialen Formierung und Einbindung der Subjekte als auch ein Verständnis des wechselseitigen und sich gegenseitig bedingenden Verhältnisses von kapitalistischer Produktion und sozialer Reproduktion im

Sinne Gramscis.[8] So wird zwar herausgestellt, dass es sich bei diesem Verhältnis um ein notwendiges wie zugleich grundsätzlich widersprüchliches Verhältnis handelt. Gleichzeitig wird dieses Verhältnis jedoch einseitig mithilfe einer inneren Logik kapitalistischer Mehrwertschöpfung theoretisiert: Letztlich wird demnach argumentiert, dass kapitalistische Akkumulation zu immer höheren Mehrwert(raten) tendiere, daher bestrebt sei, die Reproduktionskosten zu senken und die Prozesse der sozialen Reproduktion kostengünstig – und aus diesem Grund zumeist vergeschlechtlicht und rassifiziert – sicherzustellen trachte. Die Fragen danach, *warum* kapitalistische Produktion und soziale Reproduktion voneinander getrennt und diese Prozesse vergeschlechtlicht werden, wird folglich mit dem kapitalistischen Streben nach höheren Mehrwertraten sowie damit beantwortet, dass weibliche* (und migrantische) Arbeit abgewertet wird.

Im Anschluss an die feministische Erweiterung des Blicks auf soziale Reproduktion lernen wir jedoch, dass die Reproduktion der Arbeitskraft mithilfe von vergeschlechtlichten Arbeitsteilungen sichergestellt wird, dies Konsequenzen für weibliche* Identitätsbildung hat und auf dem Interesse nach einer Senkung von Reproduktionskosten beruht. Anders als dies im Anschluss an das Denken von Althusser und Gramsci herausgearbeitet werden konnte, werden die Dimensionen weiblicher* Identitätskonstitution als Teil der sozialen Reproduktion allerdings nicht als subjektivierende Reproduktion theoretisiert. Mit Marx teilen werttheoretische feministische Perspektiven demnach eine Leerstelle hinsichtlich der Bedeutung des (integralen) Staates. Denn sie stellen Weiblichkeit* zwar als Form der ideologischen Formierung und Identitätsbildung von (weiblichen*) Subjekten dar, betten diesen Aspekt jedoch nicht ausreichend in ihre Theoriebildung ein. Für eine Untersuchung der Veränderungen (und möglichen Krisen) in der sozialen Reproduktion kann im Anschluss an diese Perspektive dennoch gefragt werden, ob und wie die soziale Reproduktion gesellschaftlich mithilfe von vergeschlechtlichten Arbeitsteilungen sowie aufgrund eines Strebens nach Kostensenkungen sichergestellt wird.

4.3 Raub, Enteignung und Verfügung über die soziale Reproduktion – Oder: Eine nicht-kapitalistische Produktionsweise

In der Debatte um Hausarbeit gehen die Bielefelderinnen Veronika Bennholdt-Thomsen, Maria Mies und Claudia von Werlhof nicht davon aus, dass es sich bei

8 Kritisiert wird von einigen Autor*innen der Hausarbeitsdebatte überdies, dass problematische Schwerpunktsetzungen und Engführungen Einzug in die Debatte erhalten, da diese sich primär auf Hausarbeit und Werttheorie und weniger etwa auf familiale Arbeitsteilung, Demografie, Pflege oder Kindererziehung konzentriert (vgl. Molyneux 1979: 21; Folbre 1982).

der Hausarbeit um produktive Arbeit handelt, die sie als Teil der kapitalistischen Produktionsweise analysieren. Sie begreifen diese vielmehr als ‚nicht'-kapitalistische, aber dennoch nicht außerhalb kapitalistischer Verhältnisse stehende Produktionsweise (vgl. Werlhof 1978, S. 20; Bennholdt-Thomsen 1983, S. 207; Mies 1983, S. 188 f.). Unter dem Einfluss von Marxismus, Frauen*-, Ökologie- und Alternativbewegung entwickeln die drei Autorinnen Ende der 1970er Jahre den vieldiskutierten Subsistenzansatz, der einen theoretischen Bogen zwischen den damaligen Schlüsselbegriffen der „Hausfrauisierung, Globalisierung und Subsistenzperspektive" schlagen soll (vgl. Haubner 2017, S. 82). Den Begriff der Subsistenzproduktion[9] bzw. Subsistenzarbeit verwenden sie, um die Tätigkeiten von Frauen* im Haushalt wie ebenso die von Bäuer*innen in den kolonisierten Ländern zu fassen und aus dieser Perspektive sowohl die Kolonialisierung nach außen als auch jene nach innen als beständigen Prozess der „ursprünglichen Akkumulation"[10] im Kapitalismus zu beschreiben (Haug 2011, S. 349 f.). Folglich verstehen sie den Kapitalismus als ein Herrschaftssystem, welches auf der Ausbeutung nicht-kapitalistischer Produktionsweisen basiert, indem es die Arbeitenden beständig von ihrer Subsistenzarbeit enteignet. Der Kapitalismus reproduziert sich demzufolge auf Kosten unbezahlter Arbeit sowie einer Verfügung und Kontrolle über diese.

Bezogen auf die Hausarbeit oder die Arbeit von Frauen*, die sie als Subsistenzarbeit in den Blick nehmen, beschreiben die Bielefelderinnen entsprechend eine permanente Enteignung weiblicher* Arbeitskraft und die Kontrolle über ihre Gebärfähigkeit. Dabei sei der Kapitalismus auf ebendiese unbezahlte Arbeit sowie die Verfügung und Kontrolle über sie angewiesen, weil kapitalistische Produktion nicht in der Lage sei, diese selbst herzustellen (Bennholdt-Thomsen 1983, S. 206; Mies 1983, S. 188; von Werlhof 1983b, S. 146). Mit ihrem Subsistenzansatz nehmen die Bielefelderinnen die soziale Reproduktion damit einerseits

9 Unter „Subsistenzproduktion" versteht Mies „die eigentliche Produktion (…), nämlich die Produktion des Lebens, oder der Subsistenz, die im Gegensatz zur Produktion von Waren zum Zwecke der Profitmaximierung steht" (Mies 2009, S. 264). Subsistenzproduktion umfasst damit Schwangerschaften und das Kinder bekommen ebenso wie die Verarbeitung von Lebensmitteln oder das Putzen, Hausbau, das Fertigen von Kleidung oder die sexuelle und emotionale Bedürfnisbefriedigung (vgl. Werlhof/Mies/Bennholdt-Thomsen 1983, S. 86).

10 Mit dem Prozess der ursprünglichen Akkumulation beschreibt Marx einen Prozess, bei dem die Arbeitskraft von ihren Produktionsmitteln enteignet wird und somit in die Situation versetzt wird, nichts als die eigene Arbeitskraft zu besitzen, die sie von nun an verkaufen muss, um sich reproduzieren zu können. Marx versteht darunter also den Prozess der Trennung der Produzent*innen von den Produktionsmitteln. Von Werlhof schreibt in diesem Zusammenhang, dass für die kapitalistische Produktion die richtigen Bedingungen hergestellt werden müssen, es muss „den Leuten so lange und so gründlich ihre vormalige Kontrolle über Boden, Geräte, Kenntnisse und sich selbst entzogen werden, dass sie nichts weiter besitzen als ihre nackte Arbeitsfähigkeit" (Werlhof 1983b, S. 144).

als nicht-kapitalistische Produktionsweise, also als weibliche* und unbezahlte Arbeit, in den Blick. Andererseits lenken sie den Fokus auf das Verhältnis von kapitalistischer und nicht-kapitalistischer Produktion, oder kapitalistischer Produktion und sozialer Reproduktion, und theoretisieren dieses als Raub oder Enteignung.

Für letzteres schließt von Werlhof an Rosa Luxemburg an. Wie Luxemburg versteht sie Kapitalismus als eine Heterogenität unterschiedlicher Produktionsweisen, die in einem spezifischen Verhältnis zueinander stehen (Werlhof 1978, S. 20 ff.). So geht sie davon aus, dass der Kapitalismus von nicht-kapitalistischen Formationen lebt,

> „genauer gesprochen, vom Ruin dieser Formationen, und wenn es des nicht-kapitalistischen Milieus zur Akkumulation unbedingt bedarf, so braucht er es als Nährboden, auf dessen Kosten, durch dessen Aufsaugung die Akkumulation sich vollzieht. ... Die Kapitalakkumulation kann demnach so wenig ohne die nicht-kapitalistischen Formationen existieren, wie jene neben ihr zu existieren vermögen" (Luxemburg 1975, S. 334 f.; zit. nach von Werlhof 1978, S. 20 f.).

In seinem Fortbestehen basiert der Kapitalismus demnach, so von Werlhof, nicht auf den zehn Prozent freier Lohnarbeiter*innen, sondern auf den neunzig Prozent unfreier Nichtlohnarbeiter*innen, welche die Säulen der Akkumulation und des Wachstums bilden (Werlhof 1983a, S. 121). Hierfür aber muss ein Prozess des permanenten Raubs oder der Enteignung organisiert werden. Dabei werden die Tätigkeiten der nicht-kapitalistischen Produktionsweisen als *Subsistenz*arbeit nicht entlohnt, fließen aber dennoch als täglich zu leistende Mehrarbeit zur Reproduktion der Arbeitskraft in die Kapitalakkumulation mit ein. Mit dem Lohn wird der Wert der Arbeitskraft bezahlt, zugleich aber entsteht im Lohnarbeitsprozess ein Mehrwert, der den Anteil unentlohnter, weiblicher* Arbeit enthält (Werlhof 1983b, S. 153 f.). Die weibliche* Arbeitskraft wird folglich unentgeltlich und risikolos angeeignet. Von Werlhof bezeichnet den Vorgang daher als ursprüngliche Akkumulation, bei der die Arbeit, das Produkt und die Arbeitsfähigkeit von Frauen* *räuberisch angeeignet* wird (Werlhof 1983b, S. 150).

Hausfrauen gehen hierfür ein außerhalb der Lohnarbeit stehendes (Produktions-)Verhältnis ein, in welchem sie durch unbezahlte und gebrauchsorientierte Subsistenzarbeit „Leben", und d.h. für das Kapital (potenzielle) Arbeitskraft, (re)produzieren. Sie werden somit zu Produzent*innen dieser nicht-kapitalistischen Produktionsweisen (Werlhof 1978, S. 22); sowie zu denjenigen, die räuberisch enteignet werden. Die Ursache für die Notwendigkeit der räuberischen Aneignung sieht von Werlhof darin begründet, dass kapitalistische (Mehrwert-)Produktion zwar ohne Maschinen, nicht jedoch ohne Menschen als Quelle des Mehrwerts denkbar ist. Der Prozess der ursprünglichen Akkumulation muss folglich fortgesetzt werden, solange es die kapitalistische Produktionsweise gibt (Werlhof 1983b, S. 146; 150). Indem Kapitalismus auf ihre Arbeitskraft angewiesen ist, ist er jedoch zugleich darauf verwiesen, die Verfügung und Kontrolle über weibliche* Arbeit und insbesondere weibliche* Gebärfähigkeit zu sichern, welche die alltägliche sowie die generative Reproduktion der Arbeitskraft gewährleistet:

> „Da es keinen Ersatz für den Uterus gab noch gibt, waren Frauen als dessen ‚Träger' die ersten Menschen, die die Männer unter Kontrolle bringen mussten, und sie werden die letzten sein, die man sich von dieser Kontrolle wieder befreien ließe" (Werlhof 1983b, S. 146).

Wie kein anderes System vor ihm, so von Werlhof, hat der Kapitalismus die Kontrolle über Frauen* und ihre Gebärfähigkeit zur unbedingten Voraussetzung.

Den Ursprung dafür, dass kapitalistische Produktion nicht selbst zur Reproduktion beitragen kann, sieht Bennholdt-Thomsen in der Trennung der gesellschaftlichen Produktion in die beiden fundamentalen Bereiche der Subsistenz- und der Warenproduktion begründet. Da der kapitalistische Produktionsprozess von der Reproduktion getrennt wurde, zugleich aber auf der Ausbeutung der Arbeitskraft und damit ihrer Reproduktion basiert, ist er auf die Verfügung über weibliche* Arbeit und insbesondere weibliche* Gebärfähigkeit als Voraussetzungen seiner eigenen Wiederherstellung angewiesen. Um die Kontrolle über die Subsistenzproduktion von Frauen* zu sichern, war der Kapitalismus daher auf die Hausfrauisierung von Frauen* angewiesen – und dies nach Mies nicht nur, weil sie die billigste Form der Reproduktion der Arbeitskraft darstellt, sondern auch eine politische Notwendigkeit, um die reproduktiven Funktionen von Frauen* unter Kontrolle zu bekommen (Mies 1983, S. 188). Die Verfügung über Frauen*, also das Raub- und Gewaltmonopol über sie, muss demnach so lange neu errichtet, behauptet und gegen Widerstand durchgesetzt werden, wie der Kapitalismus auf sie angewiesen bleibt.

Mies betont jedoch, dass der Prozess der Hausfrauisierung keinesfalls in Einklang mit den Bedürfnissen und Interessen von Frauen* zu bringen ist, sondern erst mit Gewalt *gegen* sie durchgesetzt wurde. Nach Jahrhunderten des brutalsten Kampfes gegen ihre sexuelle und ökonomische Autonomie wurden Frauen* zu den abhängigen, gezähmten Hausfrauen; über Hexenjagd und durch die Unterdrückung mittels Waffen (Mies 1983, S. 188 f.). Frauen* wurden im Verlauf dieses Prozesses und ihrer Hausfrauisierung nicht nur von der freien Verfügung über ihren Körper und ihre Gebärfähigkeit getrennt, sondern auch von dem jahrzehntelangen Wissen der Geburtenkontrolle. Auf dem Fundament der Gebärfähigkeit errichtet sich nach Mies, von Werlhof und Bennholdt-Thomsen die geschlechtliche und gesellschaftliche Arbeitsteilung, in deren Zentrum der gewaltsame Verlust von weiblicher* Kontrolle über den eigenen Körper und ihre

Arbeit steht. Und dies deswegen, weil der Kapitalismus auf die Verfügung über die (generative) Reproduktion sowie die fortgesetzte räuberische Enteignung weiblicher* Arbeitsfähigkeit angewiesen ist.

Da diese soziale Ungleichheit und diese ausbeuterischen Verhältnisse jedoch gesellschaftlich gerechtfertigt werden müssen, ist mit der Domestizierung von Frauen* ebenso eine Naturalisierung dieses Verhältnisses einhergegangen. Der Begriff der Natur ist daher immer wieder benutzt worden, um in einem gegebenen historischen Moment all das als Natur zu behandeln, was gerade als Input in den ökonomischen Prozess gebraucht wird, und diese Verhältnisse somit als naturgegeben darzustellen (Werlhof 1983b, S. 141). Die „Tatsache, dass Frauen einen Uterus haben und Kinder gebären können, hatte somit als natürliche Konsequenz ihre Verantwortung für die Hausarbeit und Kindererziehung zur Folge“ (Mies 1983, S. 165). In dieser Produktion erscheint die Arbeit von Frauen* nicht mehr als gesellschaftlich notwendige Arbeit, sondern als Akt der Natur selbst. Indem sie als außerökonomische Natur gilt, wird weibliche* Arbeitskraft nach von Werlhof so behandelt, als habe sie keinen Wert (Werlhof 1983b, S. 153). Denn sie wird als Naturressource und ihr Produkt als Naturvorkommen betrachtet. Mit dem Prozess der Naturalisierung geht zudem die Entwicklung eines Frauen*bildes einher, das die hausfraulichen Tätigkeiten mit ihren manuellen und psychischen Qualifikationen zur weiblichen* Natur stempelt (Bennholdt-Thomsen 1983, S. 196).

Mithilfe ihres Ansatzes der Subsistenzproduktion nehmen die Bielefelderinnen die soziale Reproduktion als weibliche*, unbezahlte und nicht-kapitalistische Arbeit in den Blick, welche die alltägliche wie generationelle Reproduktion sicherstellt. Soziale Reproduktion meint hier ebenso wie in marxistischen Debatten die physische und generative (und qualifikatorische) Reproduktion der Arbeitskraft. Zentral ist dabei die These, dass Subsistenzarbeit kostengünstig angeeignet werden kann, weil hier mittels gewaltsamer Unterdrückung und der Ideologie von Natürlichkeit die Arbeit nutzbar gemacht wird (vgl. Haubner 2017, S. 87). Anders als in den zuvor benannten werttheoretisch-feministischen Argumentationen liegt der Kern der Theoretisierung im Subsistenzansatz jedoch nicht auf der Senkung des Wertes der Arbeitskraft, sondern auf der räuberischen Enteignung.

Die Frage danach, *warum* die Prozesse der sozialen Reproduktion in Form von Subsistenzproduktion sichergestellt werde, wird m. E. jedoch essentialisiert. Dass die Subsistenzproduktion gebrauchswertorientiert und vergeschlechtlicht sichergestellt wird, leitet sich bei den Bielefelderinnen aus der weiblichen* Gebärfähigkeit und dem kapitalistischen Streben nach deren Kontrolle ab – anstatt etwa, wie bei Gramsci, die gesellschaftlichen Anstrengungen in den Blick zu nehmen, mit deren Hilfe ein hegemonialer Zusammenhang von Produktions-, Lebens- und Seins-Weise, und somit eines kohärenten und wechselseitigen Verhältnisses, herzustellen versucht wird. Problematisch ist an dieser Perspektive überdies, dass auch das Geschlecht weitestgehend naturalisiert wird. So wird weibliche* Gebärfähigkeit etwa als Tatsache betrachtet, die gesellschaftliche Konsequenzen nach sich zieht, ohne jedoch darauf zu verweisen, wie später im Anschluss an queerfeministische Erkenntnisse herausgearbeitet wird (vgl. Kap. 4.6), dass es sich hierbei keineswegs um eine Tatsache handelt, sondern dieser Umstand enormer gesellschaftlicher Regulierungen bedarf sowie auf der gesellschaftlichen Herstellung von Geschlechtlichkeit fußt. In einer Reihe neuerer Arbeiten wird ebendiese gesellschaftliche Anstrengung beleuchtet, indem zentrale Dimensionen wie etwa die Eugenik, Geburtenkontrolle und Effekte neuer Biotechnologien in den Blick genommen sowie materialistisch-feministische Reproduktionskonzepte mit dem Begriff der Biopolitik von Michel Foucault zusammengebracht werden (vgl. Schultz 2012, Hajek 2019). Darin wird auch herausgearbeitet, wie vergeschlechtlichte und klassenspezifische Anrufungen, die auf ein spezifisches generatives Verhalten bestimmter Frauen* abzielen, sowie Migrationspolitiken, mit denen Bevölkerung reguliert wird, ineinandergreifen. Dass Frauen* aufgrund ihrer vermeintlich natürlichen Gebärfähigkeit zu Produzentinnen von Arbeitskraft werden, kann folglich nicht einfach vorausgesetzt werden. Vielmehr muss gefragt werden, wie soziale Reproduktion mithilfe staatlicher Politiken überhaupt als vergeschlechtlichte hergestellt wird, aber auch *was* genau und für wen reproduziert wird. Hierin liegt eine weitere Leerstelle subsistenztheoretischer Perspektiven. Die Rolle des Staates wird in den Prozessen der sozialen Reproduktion nicht in den Blick genommen. Demnach wird weder herausgearbeitet, wie staatliche und zivilgesellschaftliche Regulierungen die Prozesse der sozialen Reproduktion sicherstellen, noch, wie die Subjekte darin formiert und angepasst werden. Erst dies würde jedoch ermöglichen, die vergeschlechtlichte Zuweisung der reproduktiven Funktionen nicht aus vermeintlich natürlichen Tatsachen des Geschlechts abzuleiten, sondern Geschlecht sowie die vergeschlechtlichte Arbeitsteilung als Effekt staatlicher und zivilgesellschaftlicher Praxen zu verstehen.

Für den Begriff der sozialen Reproduktion lässt sich im Anschluss an den Subsistenzansatz dennoch lernen, dass kapitalistische Produktion nicht nur auf die physische und vor allem generative Reproduktion der Arbeitskraft angewiesen ist, sondern auch bestrebt ist, die Kontrolle und Verfügung über diese zu erlangen. Wie dies versucht wird sicherzustellen, muss für eine Untersuchung der Veränderungen (und möglichen Krisen) der sozialen Reproduktion in den Blick genommen werden.

4.4 ‚Das Andere' der kapitalistischen Produktion – Oder: Was meint die Care-Forschung mit den Besonderheiten von Sorge?

Während sich einige Autor*innen der Hausarbeitsdebatte dem Begriff der sozialen Reproduktion oder der Reproduktion der Arbeitskraft (aus feministisch-werttheoretischer oder subsistenztheoretischer Perspektive) über die Logik kapitalistischer Akkumulation nähern und diese im Zusammenhang mit Geschlechterverhältnissen betrachten, wählen andere in ihrer Theoretisierung einen davon abweichenden Fokus. So wird in der Care-Forschung mit der Besonderheit reproduktiver oder sorgender Tätigkeiten argumentiert. Hier wird nicht auf Begriffe der sozialen Reproduktion oder der Reproduktion von Arbeitskraft, sondern auf jene der Sorge oder von Care zurückgegriffen.

So wird mit Care der Fokus weg von der Arbeitskraft hin auf personenbezogene Tätigkeiten gerichtet, die als „Sorge für und Versorgung von Menschen" geleistet werden (Knobloch 2013, S. 10 f.). Oder die, noch breiter gefasst, getan werden müssen, um die Welt so zu erhalten, fortdauern zu lassen und wiederherzustellen, dass ein gutes Leben darin möglich ist (vgl. Aulenbacher/Dammayr 2014a, S. 70; Tronto/Fisher 1990; Praetorius 2015, S. 51 f.; ähnlich auch der Begriff der „Lebenssorge" bei Klinger 2013). Care umfasst dabei nicht nur direkte personenbezogene Tätigkeiten, sondern auch indirekte und unterstützende Sorgearbeiten, bei denen Verantwortung übernommen wird oder welche erst die Voraussetzungen für Sorgetätigkeiten herstellen (Knobloch 2013, S. 11). Darüber hinaus wird Care auch als eine spezifische Praxis verstanden, welche die Art und Weise bzw. den *Inhalt* der Arbeit beschreibt (vgl. Knecht et al. 2012, S. 37 f.). Sorgearbeit ist diesem Verständnis nach eine notwendig ganzheitliche Arbeit, die „ihrer eigenen Logik folgt und ihr eigenes Maß nimmt" (Aulenbacher/Dammayr 2014a, S. 70). Hierfür werden teilweise verschiedene Dimensionen der Care-Arbeit unterschieden; nämlich Care-Arbeit als tätige und interaktive Beziehungspraxis, körperliche Involviertheit sowie als relational-leibliche Arbeit (vgl. Müller 2018, S. 86 ff.). Im Anschluss an die Konzeption eines „Ethos fürsorglicher Praxis" (Kumbruck/Rumpf/Senghaas-Knobloch 2010) wird sie auch als Element idealer gesellschaftlicher Praxis verstanden, welche einer geduldigen Haltung und eines nicht-instrumentellen Verständnisses von Zeitnutzung bedarf, um sich auf die Gegebenheiten leibseelischer Existenz einzustellen. Letztlich betont Care zudem noch eine andere, nämlich ethische Dimension, die darauf verweist, dass Care im Sinne einer Weltsicht verstanden wird. Diese geht davon aus, dass Menschen miteinander in Beziehung stehen, keine autonomen Subjekte sind und daher Fürsorge, auch im Sinne von Care-Arbeit / fürsorglicher Praxis, benötigen (vgl. Gilligan 1982; Müller 2018, S. 84;

Knecht et al. 2012, S. 37 f.).[11] Im Gegensatz zu der die bürgerliche Gesellschaft prägenden Konstruktion von autonomen, körperlosen, männlichen* Subjekten sind diesem Verständnis nach alle Menschen verletzbar und durch Gebrechlichkeit, Bedürftigkeit und letztlich auch durch Mortalität geprägt (Praetorius 2015, S. 50 ff.). Kurzum: Care meint eine spezifische (fürsorgliche, interaktive, leibseelische, körperliche) Praxis sowie eine ethische Weltsicht, die von menschlicher Angewiesenheit ausgeht.

Die Care-Debatte verschiebt die Perspektive der ihr vorausgegangenen Hausarbeitsdebatte in dreierlei Hinsicht: Erstens wird in ihr kritisiert, dass sich die Hausarbeitsdebatte zu sehr auf unbezahlte Reproduktionsarbeiten von Hausfrauen konzentriert, bezahlte Dienstleistungsarbeiten jedoch vernachlässigt hat (vgl. Gather/Geissler/Rerrich 2008, S. 8). Dadurch sei sie nicht in der Lage gewesen, die veränderten Reproduktionsbedingungen seit den 1990er Jahren in den Blick zu nehmen – nämlich Entwicklungen wie etwa die steigende Erwerbsbeteiligung von Frauen*, den Wandel von Arbeitswelt und Lebensformen, demografische Entwicklungen oder den Umbau des Wohlfahrtsstaates (vgl. Aulenbacher/Riegraf 2009). Da in den letzten Jahr(zehnt)en eine starke Expansion sozialer Dienstleistungen und somit bezahlter Sorgearbeit zu verzeichnen ist (vgl. Jürgens/Hoffmann/Schildmann 2017), und auch, weil Krisen und Widersprüche vor dem Hintergrund der Besonderheiten von Care vor allem dann vermutet werden, wenn Care als Dienstleistung organisiert und auf Mehrwertschöpfung hin ausgerichtet wird, werden in der Care-Forschung vor allem Formen bezahlter Sorgearbeit untersucht.

Zweitens sind mit Care und Care-Work begriffliche, aber auch theoretische Schwerpunkt- und Perspektivverschiebungen erfolgt. Anders als die Reproduktionsdebatte entstammt der Care-Begriff nicht einem marxistisch-feministischen Theorieverständnis und fokussiert nicht primär auf das Verhältnis von kapitalistischer Produktion und sozialer Reproduktion oder den Zusammenhang von Produktions-, Lebens- und Seins-Weise. Vielmehr nimmt die Care-Forschung die konkreten Arbeits*inhalte*, die Spezifika und (leibseelische) Erfordernisse von Sorge(arbeit) in den Blick (vgl. Madörin 2007; Winker 2015, S. 22). Während mit den Begriffen der sozialen Reproduktion oder der Reproduktion von Arbeitskraft auf den kapitalistischen Verwertungszusammenhang verwiesen und die gesellschaftliche Notwendigkeit der sozialen

11 „Unter dem Stichwort ‚Care' werden seit den 1970er Jahren (...) politische, philosophische und wirtschaftliche Alternativen entwickelt und diskutiert, die das Leben und seine Erhaltung in den Mittelpunkt stellen. Das englische Wort ‚Care', das ins Deutsche übersetzt Fürsorge, aber auch Achtsamkeit, Obhut, Pflege und Umsicht bedeutet, steht dabei zum einen für das Bewusstsein von Abhängigkeit, Bedürftigkeit und Bezogenheit als menschliche Grundkonstitutionen und zum anderen für konkrete Aktivitäten von Fürsorge in einem weiten Sinne" (Knecht et al. 2012, S. 37 f.).

Reproduktion von diesem Standpunkt her bestimmt wird (Federici 2012; Bhattacharya 2019; Werlhof 1978), betrachtet die Perspektive auf Care also stärker die Verteilung von Sorgearbeit zwischen verschiedenen Sektoren, die Folgen zunehmender Ökonomisierung bezahlter Sorge sowie die Arbeitsbedingungen von Beschäftigten in diesen Bereichen (vgl. Aulenbacher/Dammayr 2014c; Aulenbacher 2015; Madörin 2007). Damit geht eine Abschwächung gesellschaftstheoretischer Ansprüche einher – jedoch nicht in allen Ansätzen.

So finden sich drittens Ansätze, welche ihren Fokus ebenso wie die Hausarbeitsdebatte auf gesellschaftstheoretische Fragen richten, obwohl die Care-Forschung in weiten Teilen einen Bruch mit der marxistisch-feministischen Debatte markiert (bzw. sich ursprünglich nicht in dieser verortet). Diese übernehmen zwar die Perspektive auf Care als spezifische Praxis und ethische Weltsicht, betrachten Care jedoch im Kontext kapitalistischer Verhältnisse sowie der daraus entstehenden Widersprüche. Teilweise suchen darin zudem eine Verknüpfung mit einem marxistisch-feministischen Verständnis (vgl. Müller 2016; Chorus 2013).

So blickt etwa die feministische Ökonomiekritik auf Care und die Besonderheiten von Sorge, lenkt ihre Aufmerksamkeit darin jedoch auf gesellschaftliche Widersprüche, welche aus ebenjener Besonderheit von Care *im Kapitalismus* resultieren. Hierfür argumentieren Mascha Madörin und Silke Chorus mit Grenzen kapitalistischer Inwertsetzung in der Care-Ökonomie, die sie auf divergierende Produktivitäten bzw. darauf zurückführen, dass Care als im Marx'schen Sinne unproduktive Arbeit verstanden wird (vgl. Madörin 2007; 2011; Chorus 2013). Sie gehen etwa davon aus, dass sich die arbeitsintensiven, personenbezogenen und ortsgebundenen Dienstleistungen der Sorgearbeit nicht in ähnlicher Weise rationalisieren lassen wie die Güterproduktion, in der für immer mehr Güter immer weniger Arbeitskräfte gebraucht werden (Madörin 2007, S. 149 f.; Chorus 2013, S. 269). Als Arbeit, in der die Produktions- und Konsumtionsprozesse nicht voneinander getrennt werden können, zwischenmenschliche Beziehungen wesentlicher Teil des Arbeitsprozesses und diese durch ein Machtgefälle charakterisiert sind (Madörin 2007, S. 142; Chorus 2013, S. 31 ff.), ist der Sorgearbeit eine Grenze für den Fortschritt der Produktivität inhärent. Demzufolge schränkt die Besonderheit der Sorge(arbeit) die Möglichkeit ein, Care nach der Logik kapitalistischer Mehrwertschöpfung zu organisieren. In der Folge führe dies, so führt Madörin unter Rekurs auf William Baumol aus (vgl. Baumol 2012), zu einem Auseinanderdriften der Arbeitsproduktivitäten und dazu, dass die Arbeitskosten relativ betrachtet hoch, die Profite in der Care-Ökonomie hingegen niedrig sind, wenn sie mit anderen Bereichen der Wirtschaft verglichen werden (Madörin 2011, S. 63 f.). Der technische Fortschritt in einem Teil der Wirtschaft führt letztlich dazu, so die Argumentation, dass die relativen Kosten eines anderen Teils steigen und die Profitmöglichkeiten beschränkt sind. Aufgrund der begrenzten Produktivität in der Care-Ökonomie geht Chorus überdies davon aus, dass die Kommodifizierung von Care und ihre Ausweitung, also die Zunahme unproduktiver Care-Arbeit, gesamtgesellschaftlich zu einer sinkenden Profitrate führen und somit eine Krise der Akkumulation nach sich ziehen kann (Chorus 2013, S. 264).

Schließlich ziehen die relative Verteuerung und Kostenexplosion von Care darüber hinaus, so nehmen Madörin wie Chorus an, einen strukturellen Kostendruck sowie die Verschärfung von Arbeitsbedingungen und eine Verschlechterung der Versorgungsqualität nach sich. Denn wegen der Produktivitätsgrenzen sind Rationalisierungsmaßnahmen nur begrenzt möglich; dem Kostendruck kann folglich vor allem mithilfe von Lohnsenkungen, der Einschränkung von Leistungen (Chorus 2013, S. 276 f.; Madörin 2011, S. 66), durch Arbeitsverdichtungen oder Versuchen der Standardisierung von Leistungen begegnet werden (Madörin 2007, S. 156 ff.).

Auch Beatrice Müller argumentiert mit der Besonderheit von Care (als spezifischer Praxis und ethischer Weltsicht) und nimmt die gesellschaftlichen Widersprüche in den Blick, die aus dem spezifischen Charakter von Care im Kapitalismus resultieren. Anders als die feministische Ökonomiekritik leitet sie diese jedoch nicht aus den Grenzen der Produktivität, sondern der notwendigen „Abjektion" (nicht rationalisierbarer Aspekte) von Care her (vgl. Müller 2016). So argumentiert sie auf der theoretischen Ebene dafür, dass die Abjektion von Care und Care-Arbeit sowie ihre Etablierung als unbezahlte Arbeit eine konstitutive Voraussetzung für die Realisierung des Werts ist (Müller 2018, S. 92). Dies sei der Fall, weil die Grundfigur der kapitalistischen Produktionsweise auf der Konstruktion von autonomen, körperlosen, männlichen* Subjekten und somit auf einer zweckrationalen Figur beruhe, die durch die Abjektion von Relationalität und Leiblichkeit charakterisiert sei (ebd., S. 94). Kapitalistische Produktion basiert ihr zufolge demnach auf der Befreiung von den Irrationalitäten des Leibes, da sie ein rational denkendes und handelndes Subjekt voraussetzt.[12] Die Notwendigkeit der Abjektion von Care zeige sich aber auch, so argumentiert Müller unter Bezug auf Madörin, in den aktuellen (zeitlichen und finanziellen) Berechnungen von Sorgearbeit. Diese verdeutlichen, wieviel Care-Arbeit unbezahlt geleistet wird und in welchem Umfang dies zum Wohlstand der Gesellschaft beiträgt (Müller 2016, S. 81). Folglich wird die (notwendige) Abjektion von Müller auch mit der finanziellen Notwendigkeit zur unbezahlten Care-Arbeit begründet.[13] Weil die kapitalistische Produktionsweise auf der Abjektion

---

12 Das Argument von Müller ist in diesem Sinne als Erweiterung der Perspektive auf den*die dreifach freie*n Lohnarbeiter*in zu verstehen, denn es geht nicht nur um das Frei-Sein von der konkreten Sorgearbeit (vgl. Brensell/Habermann 2001), sondern auch um die Befreiung von Abhängigkeiten.

13 Dies zeige sich daran, dass die Bezahlung jeglicher unbezahlter Care-Arbeit den Wert der Arbeitskraft um ein Vielfaches erhöhen und so die Mehrwertrate entsprechend senken oder aber die Staatsausgaben exorbitant vergrößern würde. (Müller 2016, S. 81) Hier argumentiert Müller ähnlich wie werttheoretische-feministische Ansätze.

von Care beruhe, könne Care als spezifische Praxis, so Müller, nicht umgesetzt werden, wenn Sorge inwertgesetzt und marktwirtschaftlich organisiert wird. Dies zeigt sie am Beispiel der ambulanten Pflege. Sie arbeitet heraus, dass gegenwärtig spezifische Aspekte, nämlich die relational-leiblichen Elemente von Care, aus der Pflegearbeit ausgeklammert und abgespalten werden. In der Pflege komme es so zu einer Reduktion der Komplexität von Care-Arbeit auf lediglich bestimmte Elemente. „Rein körperliche" Aspekte der Pflege erfahren eine Abwertung, während medizinische Tätigkeiten schließlich zum „Eigentlichen" der Arbeit werden (Müller 2018, S. 85).

Im Anschluss an die hier dargestellten Perspektiven lässt sich Care als besondere Arbeit bzw. als spezifische Praxis und ethische Weltsicht theoretisieren. Die Notwendigkeit der sozialen Reproduktion wird aus dieser Perspektive nicht vom Standpunkt kapitalistischer Produktion her bestimmt, sondern die Spezifika oder der besondere Charakter von Care aus der (care-ethischen) Annahme menschlicher Angewiesenheit hergeleitet. Dadurch wird nicht gefragt, welche Anforderungen sich aus der kapitalistischen Produktion an die soziale Reproduktion ergeben. Vielmehr wird die Blickrichtung umgedreht. Zugleich entstehen mit Care gegenüber der marxistisch-feministisch geprägten Debatte um Reproduktion auch Probleme und Leerstellen. Theoretisch begründet wird zwar die notwendige Verwerfung von Care. Die Frage, ob und *warum* kapitalistische Gesellschaften auf Care – oder eben marxistisch gesprochen: auf die Reproduktion der Arbeitskraft – notwendig angewiesen sind bzw. welche Form der Organisation von Sorge(arbeit) zu einem spezifischen Zeitpunkt erforderlich ist, wird jedoch nicht theoretisiert. Care ermöglicht folglich, die eigenen Logiken der Sorge beschreiben zu können. Diese werden jedoch als ‚absolut getrennte' und unabhängige von der kapitalistischen Akkumulation bestimmt. Die Besonderheit von Care werden damit tendenziell ontologisiert und können weder historisch spezifisch noch im Verhältnis zu den Anforderungen kapitalistischer Produktionsweise bestimmt werden.

Für eine Untersuchung der Veränderungen (und möglichen Krisen) der sozialen Reproduktion ist die Theoretisierung von Care als spezifische dennoch instruktiv. Sie ermöglicht zu fragen, inwiefern die Sicherstellung von sozialer Reproduktion in einer spezifischen Form mit Verwerfungen (mindestens einiger Aspekte) von Care einhergeht. Für die Untersuchungsfelder der Krankenpflege und Kinderbetreuung, welche zwei Bereiche bezahlter Sorgearbeit darstellen, lässt sich etwa analysieren, wie Care darin gesellschaftlich organisiert wird und/oder ob sich Abspaltungen finden. Ob die Gewährleistung von Prozessen der sozialen Reproduktion in Form bezahlter Sorgearbeit in Krankenhäusern und Kitas gelingt, sowie ob und wie sich darin Aspekte wie die interaktive Beziehungspraxis, die körperliche Involviertheit oder die relational-leibliche Arbeit wandeln (oder abgespalten werden), lässt sich mithilfe der Care Perspektive untersuchen.

4.5 Wer ist denn nun zuständig? – Soziale Reproduktion zwischen Staat, Familie und Erwerb

In arbeits- und geschlechtersoziologischen sowie regulationstheoretisch inspirierten feministischen Ansätzen wird der Begriff der sozialen Reproduktion im Sinne von reproduktiven Arrangements, Reproduktionsmodellen und/oder als Care-Regime verwendet (vgl. Jürgens 2010; Aulenbacher 2015; Bachinger 2014, S. 129; Winker 2011, 2015). Er beschreibt darin ein institutionelles Gefüge von Privatwirtschaft, Staat, Drittem Sektor und Privathaushalt, d.h. ein institutionelles und sozialstaatliches Netz, in dem die soziale Reproduktion in Form von Erwerbs-, Haus- und Freiwilligenarbeit und mithilfe vergeschlechtlichter Arbeitsteilungen organisiert ist. Anders als in der marxistischen Debatte oder der Debatte um Hausarbeit bildet hier nicht so sehr die Reproduktion der *Arbeitskraft* den Ausgangspunkt. Vielmehr wird auf die *institutionellen Absicherungen* der Reproduktionsbedingungen fokussiert. Untersucht wird einerseits, wie staatliche Politiken vergeschlechtlichte Erwerbsverläufe und familiäre Lebensweisen sicherstellen. Andererseits wird in den Blick genommen, in welchen Formen soziale Reproduktion organisert wird. Aktuell wird in zweifacher Hinsicht auf krisenhafte soziale Reproduktionsverhältnisse verwiesen. Zum einen werden Erschöpfungen der Subjekte und ihrer Ressourcen konstatiert, zum anderen Mängel, Lücken oder ein Qualitätsverlust der Versorgung.

Da aus arbeits- und geschlechtersoziologischer Perspektive Prozesse der sozialen Reproduktion als Reproduktionsmodell in den Blick genommen werden, d.h. das *institutionelle Gefüge*, welches die Reproduktionsbedingungen der Subjekte sichert, kommen vor allem Familien-, Erwerbs- und (sozial-)staatliche Verhältnisse sowie ihre Veränderungen in den Blick. Vor dem Hintergrund der fordistischen Folie wird gefragt, ob und in welcher Weise Subjekte die eigene und fremde Reproduktion leisten können. Das (fordistische) Reproduktionsmodell wird dabei als eines beschrieben, das lange Zeit auf der systematischen Verzahnung von kapitalistischer Produktionsweise, Korporatismus und Sozialpolitik beruhte. In diesem Modell befreiten sozialpolitische und staatliche Unterstützungsleistungen sowie eine spezifische Form vergeschlechtlichter Arbeitsteilung die Einzelnen von der individuellen Notwendigkeit der Versorgung. Zugleich war Sorgearbeit wesentlich familiär oder staatlich organisiert. Veränderungen in allen drei als wesentlich betrachteten Säulen des Reproduktionsmodells – nämlich in Familie, Erwerb und (Sozial-)Staat – sowie veränderte Formen der Organisation von Sorgearbeit (jenseits ihrer primär familiären

Gewährleistung) haben jedoch, so wird argumentiert, dazu geführt, dass der fordistische Kompromiss erodiert, neue Widersprüche in der Sorgearbeit entstanden und soziale Reproduktion in die Krise geraten sei. Dies umfasst nicht nur (subjektive) Erschöpfungen der Ressourcen, sondern ebenso die Re-Organisation von Sorgearbeit.

Mit Blick auf die (globale) Neuverteilung von Care und Care-Work werden im Wesentlichen drei Formen unterschieden, in denen Sorge aktuell gesellschaftlich organisiert und darin zugleich untergeordnet und abgewertet wird (vgl. Aulenbacher 2015, S. 34). Ist die Sorge für sich und andere profitabel, so wird sie aktuell *erstens* in Wert gesetzt und somit nach Maßgabe von Profitorientierung und den Prinzipien des Wettbewerbs reorganisiert (Aulenbacher/Dammayr 2014a, S. 67). Damit gerät jedoch ihre „Lebensdienlichkeit" sowie ihr „eigener Maßstab" zu Gunsten einer profitablen Organisation in den Hintergrund, während die Verwertung Vorrang vor der Existenzsicherung bekommt (ebd.; Aulenbacher 2015, S. 34). Denn unter Wettbewerbs- und Konkurrenzdruck vollziehen sich betriebliche Sparmaßnahmen, Rationalisierungsprozesse, neue Formen der Arbeitsorganisation sowie Lohnsenkungen, Arbeitsverdichtungen oder eine Selbstregierung der Beschäftigten. Zugleich sind die Verschlechterung und Einschränkung von Leistungen, die Delegation von Tätigkeiten an migrantische, weibliche* und/oder niedriger qualifizierte Arbeitskräfte sowie in Niedriglohnländer, aber auch die Standardisierung von Tätigkeiten zu beobachten. (Chorus 2013; Madörin 2011; Aulenbacher/Dammayr 2014a; Müller 2016; Dörre/Ehrlich/Haubner 2014).

Zweitens werden Care und Care Work aber auch kommodifiziert und/oder dekommodifiziert gemeinwirtschaftlich und staatlich organisiert. Dort werden sie durch die Implementierung von New Public Management Instrumenten allerdings ebenfalls nach betriebswirtschaftlichen Kriterien rationalisiert und reorganisiert (ebd.; vgl. auch Riegraf 2013). Folglich entstehen dabei ähnliche Probleme.

Folgt Care und Care Work nicht – oder entzieht sie sich zumindest teilweise – den Logiken des Marktes und gibt anderen Belangen und Anforderungen statt, wird und ist sie nach Maßgabe einer warenproduzierenden Gesellschaft *drittens* per se nachrangig und wird daher im Privaten und unbezahlt oder als schlecht entlohnte und abgewertete Dienstleistung im Haushalt verrichtet.

In allen Fällen – als profitabel inwertgesetzte, gemeinwirtschaftlich oder staatlich organisierte sowie als unbezahlte oder haushaltsnahe Arbeit – wird sie in ihrer Eigenart nicht angemessen beachtet und verrichtbar und gerät in die Krise (Aulenbacher/Dammayr 2014a, S. 68). Aulenbacher argumentiert daher, dass die Besonderheiten von Care gegenwärtig durch Prozesse der Ökonomisierung zerstört werden. Sie begründen dies mit „der Vorrangstellung kapitalistischer Produktion" gegenüber der sozialen Reproduktion sowie damit, dass sich Marktlogiken derzeit stärker als zuvor auf alle Bereiche der Sorge und die

Lebensführung der Menschen durchschlagen (Aulenbacher/Dammayr 2014b, S. 10) – und dies in allen drei Formen von Care. Die Art und Weise, wie kapitalistische Gesellschaften wirtschaften, nämlich in profit- und verwertungsorientierter, akkumulationsgetriebener Dynamik, geht also mit ihrer (sozialen) Selbstgefährdung einher (vgl. Aulenbacher 2013; Aulenbacher 2015, S. 32).

Mithilfe arbeits- und geschlechtersoziologischer Perspektiven, die teilweise auch regulationstheoretisch[14] inspiriert sind, lassen sich drei Aspekte von sozialer Reproduktion ergänzen: Erstens werden (sozial-)staatliche, aber auch vergeschlechtlichte Absicherungen von sozialen Reproduktionsbedingungen beleuchtet. So wird herausgearbeitet, wie ein bestimmtes (fordistisches) Familienmodell und somit zugleich eine spezifische Form vergeschlechtlichter Arbeitsteilung abgesichert wurden. Der Staat wird folglich als ein wesentlicher Akteur in der Regulierung der sozialen Reproduktion betrachtet, zugleich aber auch sein „männlicher* Blick" (vgl. Bourdieu 2005) in der politischen Regulierung freigelegt.

Zweitens wird das Verständnis der sozialen Reproduktion empirisch um Fragen der Verteilung von Sorgearbeit entlang verschiedener Sektoren erweitert und die Aufmerksamkeit auf die *Form* der sozialen Reproduktion – als häuslich-familiäre, staatliche, markt- oder gemeinwirtschaftliche sowie als bezahlte professionelle, illegalisierte oder unbezahlte Sorgearbeit – gerichtet. Dies ist nicht zuletzt auf den neoliberalen Umbau des Wohlfahrtsstaates und die gestiegene Erwerbsbeteiligung von Frauen* ab den 1980er zurückzuführen – Entwicklungen, welche die unbezahlte Hausarbeit in einen Kontext mit einer Reihe von reproduktiven Leistungen setzten, die zunehmend auch außerhalb des privaten Haushaltes erbracht werden.

Stärker regulationstheoretisch inspirierte Ansätze der sozialen Reproduktion betonen darüber hinaus drittens, dass das Akkumulationsregime neben der kapitalistischen Produktionsweise auch wesentlich durch das Verhältnis von Produktion und Reproduktion geprägt sei. Die Entwicklung des Kapitalismus wird als „kohärente Produktions-, Konsum- *und* Reproduktionsweise" verstanden (Chorus 2013, S. 90; Herv. i. O.). Produktion und Reproduktion werden bei aller Widersprüchlichkeit als einander bedingend und voneinander abhängig konzipiert. Zeitdiagnostisch gewendet betonen diese Zugänge besonders die Veränderungen der sozialen Reproduktion hinsichtlich ihrer Warenförmigkeit. So

---

14 Eine Reihe feministischer Arbeiten setzt an der Regulationstheorie an, die ihrerseits die Frage der Bedingungen gesellschaftlicher Reproduktion einer prinzipiell krisenhaften kapitalistischen Produktionsweise fokussiert. Die feministische Rezeption knüpft an den Begriffen des Akkumulationsregimes und der Regulationsweise an, und damit am Interesse für das Verhältnis der jeweils historisch konkreten gesellschaftliche Ausgestaltung der Produktion und Verteilung des produzierten Mehrwerts einerseits, und dem diesen Prozess stabilisierenden Set an Normen und Institutionen andererseits (vgl. etwa Chorus 2013; Kohlmorgen 2004; Sauer 2013).

wird argumentiert, dass warenförmiges Care und Care-Arbeit zwar keine grundsätzlich neuen Phänomene seien, „[d]ie Ausweitung und Verallgemeinerung der Warenform in den Care-Ökonomien des Postfordismus (…) allerdings vermuten [lassen], dass es sich hier um eine strukturelle Transformation" (ebd., S. 100) handelt. Dass sich im Feld des Sorgens und der Sorgearbeit eine neue Care-Ökonomie herausbildet, wird also als ein weiteres Vordringen kapitalistischer Verwertung betrachtet. Folglich erscheint Care und Care-Work auch hier als Existenzbedingung der kapitalistischen Mehrwertproduktion und wird zugleich vor dem Hintergrund ihrer Dynamiken in den Blick genommen (vgl. Chorus 2013, S. 82 ff.).

Die hier benannten Perspektiven erlauben so, den Blick auf politische und vergeschlechtliche Regulierungen der sozialen Reproduktion in konkreten Gesellschaftsformationen zu richten, und bieten hilfreiche Hinweise für eine Untersuchung der sozialen Reproduktion an. Allerdings weisen sie zugleich zwei Schwachstellen auf: Da staatliche Politiken stärker empirisch betrachtet werden, fehlt einerseits weitestgehend eine Theoretisierung des Staates in seiner Rolle und als Akteur für die Sicherstellung (einer bestimmten Form) der sozialen Reproduktion.[15] So wird der Fokus zwar darauf gerichtet, dass und wie vergeschlechtlichte Reproduktionsbedingungen abgesichert werden. Offen bleibt aber die Frage des Warum. Darüber hinaus bleibt auch eine Analyse und Theoretisierung der damit einhergehenden alltäglichen Praxen, Gewohnheiten, Routinen oder vergeschlechtlichten Subjektivitäten aus. Denn es wird lediglich auf die staatlichen *Regulierungsweisen* geblickt, nicht jedoch auf die Subjekte. Entsprechend wird der Staat weder selbst als „Erzieher, der erzogen werden muß" (GH, S. 1308) verstanden – also die aktive Rückwirkung der Menschen auf die Struktur (ebd.) nicht in den Blick genommen. Noch werden die Routinen, Lebensweisen und Subjektivitäten als Bestandteil des (hegemonialen) Zusammenhangs von Produktions-, Lebens- und Seins-Weise bestimmt, sondern lediglich als Adressaten staatlicher Regulierungen beleuchtet. Damit zusammen hängt andererseits, dass das Verhältnis von kapitalistischer Produktion und sozialer Reproduktion, regulationstheoretisch gesprochen, zwar als kohärente Produktions-, Konsum- und Reproduktionsweise und somit als ein sich bedingendes und voneinander abhängiges Verhältnis konzipiert wird.

15 (Queer-)Feministische Staatstheorien beleuchten die Rolle des Staates zwar durchaus in vielerlei Hinsicht, etwa in Bezug auf den Staat als Männer*bund (vgl. Kreisky 1994), seine vergeschlechtlichten Regulierungen und die sich darin konstituierende männliche* Logik in staatlichen Politiken (Wöhl 2007) oder hinsichtlich der Herstellung von Geschlecht (Sauer 2001; Ludwig 2011). Allerdings wird die Frage der sozialen Reproduktion aus dieser Perspektive nicht theoretisiert, denn sie ist kaum Gegenstand der Theoretisierung (queer-)feministischer Staatstheorie. Inwiefern diese zum Verständnis der sozialen Reproduktion dennoch beitragen können, wird nachfolgend aber erwähnt und aufgegriffen (vgl. Kap. 4.6).

Allerdings wird dies vor allem in ökonomischer Hinsicht ausbuchstabiert. Dass sich eine neue Care-Ökonomie herausbildet, wird als ein (weiteres) Vordringen kapitalistischer Verwertung im Kontext gesamtgesellschaftlicher Verwertungsprozesse betrachtet.[16] Nicht in den Blick kommt jedoch das Handeln, Denken und Fühlen der Subjekte, welches (mit Gramsci gesprochen) ebenfalls Gegenstand des kohärenten Verhältnisses ist.

Beides ist Gegenstand von an Gramsci ansetzenden und ihn geschlechtertheoretisch erweiternden Perspektiven, die nachfolgend beleuchtet werden.

4.6 Soziale Reproduktion als hegemonialer und vergeschlechtlichter Zusammenhang

Im Anschluss an Gramsci wurde soziale Reproduktion sowie das Verhältnis dieser zur kapitalistischen Produktion als hegemonialer Zusammenhang von Produktions-, Lebens- und Seins-Weise herausgearbeitet. Vereinfacht gesprochen meint dies, dass eine Änderung der Produktionsweise die dazugehörige Schaffung eines „neuen Menschentypus" (GH, S. 2073) sowie die politischen Kräfteverhältnisse umfasst, welche dieses regulieren. Dies geschieht einerseits durch Arbeitserfordernisse in einem brutalen und schmerzhaften Bildungsprozess, in dessen Verlauf sich neue Gewohnheiten herausbilden. Andererseits wird auf der Ebene der Zivilgesellschaft – etwa in Schulen, Familien, sozialen Medien oder Sportvereinen – um Zustimmung, Konsens und Hegemonie gerungen. Die Anpassung und Erziehung von Menschen ergibt sich nicht als Reflex auf neue Anforderungen, sondern ist Resultat von *kulturellen Anstrengungen* ebenso wie von *Repressionen und Autorität.* In diesem Sinne versteht Gramsci die menschliche Natur als ein Produkt von Kämpfen. Wie es gelingen kann, bestimmte Arbeitserfordernisse und einen bestimmten Menschentypus aufeinander abzustimmen, also einen hegemonialen Zusammenhang herzustellen, fragt Gramsci in seinen Studien zur Herausbildung des Fordismus.

Frigga Haug greift die Analysen Gramscis zum Fordismus (bzw. Amerikanismus) auf, weil sie diese für die Frage der Geschlechterverhältnisse für „absolut zentrale und weiterweisende" Untersuchungen hält (Haug 2007, S. 40). Sie arbeitet zunächst heraus, wo sich bei Gramsci Hinweise auf die Frage des Geschlechts finden lassen und erweitert Gramscis Denken zugleich geschlechtertheoretisch. In den Fordismusstudien von Gramsci werden Geschlechterverhältnisse nach Haug einerseits dort sichtbar, wo die besondere Unterwerfung von Männern*

16 So wird die Zunahme „unproduktiver Care-Arbeit etwa vor dem Hintergrund betrachtet, dass dies zu einer sinkenden Profitrate führen und somit eine Krise der Akkumulation nach sich ziehen kann" (Chorus 2013, S. 264).

unter die Erwerbsarbeit am Fließband beschrieben wird. Hier taucht das Geschlecht als *besondere männliche* Unterwerfung* unter die intensivierte mechanische Kräfteverausgabung auf. Sie ist zugleich gekoppelt an eine höhere Bezahlung, „das Halten einer Familie" und eine – im Vergleich zu anderen Arbeiten – vermehrte Erholung und Freizeit (ebd., S. 42). Darüber hinaus bedingt die fordistische Produktionsweise, wie im Anschluss an Gramsci bereits aufgezeigt wurde, nicht nur eine spezifische Verausgabung und Vernutzung (männlicher*) Arbeitskraft, sondern ebenso eine besondere Moral und Lebensführung – wie etwa die Monogamie (als nicht zeitvergeudender ausschweifender Sex), Enthaltsamkeit im Alkoholkonsum, Disziplin, Gesundheit oder Ernährung und somit das *Wie* des Konsums (ebd.). Hierüber zu wachen obliegt den Hausfrauen. Geschlecht wird folglich andererseits, so Haug, in der *Rolle der Hausfrauen* sichtbar. Diese sind nicht der intensivierten mechanischen Kräfteverausgabung der Fließbandarbeit unterworfen, sondern für die Disziplinierung der Familienmitglieder und eine disziplinierte Lebensweise verantwortlich. Haug schlussfolgert daher, dass bereits in den Fordismus Studien die Disposition der Geschlechter zueinander und damit wesentliche Aspekte ihrer Konstruktion sowie die politischen Regulierungen durchscheinen (Haug 2001, S. 509). Es zeige sich, dass mit einer Änderung der Produktionsweise nicht nur das ganze Gefüge umgewälzt wird, sondern dass die Frage nach den neuen Arbeitssubjekten auch die Neubestimmung der Geschlechterverhältnisse einschließen muss; dass sich also das „Zueinander der Geschlechter verändern muss, sobald die Produktionsweise eine andere ist" (Haug 2007, S. 42).

Zeitdiagnostisch wendet Haug dies auf den High-Tech-Kapitalismus an – ein Begriff den sie benutzt, um die gegenwärtige Gesellschaftsformation zu bezeichnen. Darin konstatiert sie eine zunehmende Liberalisierung der Sexualmoral und die Herausbildung eines neuen Menschentyps, die sie im Kontext der gewandelten Produktionsweise verortet. Die Liberalisierung der Sexualmoral macht sich etwa in medialen und halbstaatlich begleiteten Kampagnen um Fragen wie sexuellen Missbrauch, Gewalt gegen Frauen*, sexuelle Belästigung am Arbeitsplatz oder Sex-Skandale von Politikern bemerkbar (ebd., S. 49) Zugleich seien nach Haug Bewegungen zu beobachten, die eine Stärkung der Sexualmoral anstrebten. Im Kontext des Ringens um die Etablierung einer veränderten Produktionsweise ließen sich sowohl Bewegungen beobachten, die den Stand des Fordismus verteidigen, als auch andere, die in Richtung auf eine zunehmende Verantwortung des Einzelnen für seine Stellung in der Gesellschaft, für seine Gesundheit, seinen Sex, seine Psyche und somit auf den*die Manager*in seiner*ihrer selbst zielen (ebd., S. 50). Es werde also ein neuer Menschentyp angestrebt, der fit, fähig, flexibel, schnell und stets lernend sein und eine Lebensweise verwirklichen soll, in der er renne, rackere, rase, sich an die Spitze dränge und kreativ ist. Denn dies entspreche dem erforderlichen Menschentyp der mikroelektronischen Produktionsweise, die beständig zu einem ‚denke mit' auffordere. „Der passende postfordistische Arbeitsmensch" sei einer, so Haug, „der sein Begehren auch virtuell zu befriedigen vermag und insofern der Unterwerfung von Frauen nicht wirklich bedarf, wie er auch die Verantwortung für die Nachkommen nicht abzuschieben braucht, weil er keine hat" (ebd., S. 51). Die neue Arbeitsdisziplin sei zwar ebenfalls ausschweifend, aber sie verlange nicht mehr so sehr die weibliche* Kontrolle über einen männlichen* Arbeitskörper, wie dies für den Fordismus bei Gramsci herausgearbeitet wurde. Auch die Unterwerfung von Frauen* – etwa Männer*, die Frauen* am Arbeitsplatz belästigen – sei im Grunde unmodern, wie auch das patriarchalische Arbeitsklima einer vergangenen Epoche angehöre. So gelesen werden weibliche* Tugenden, die in diesem Kontext konservativ angerufen und befestigt werden, eher als Nachzügler eines Gesellschaftsprojekts verstanden, welches der Neoliberalismus zu zerstören begonnen habe. Oder aber es handelt sich um klassenspezifische Anrufungen. Denn die alten Geschlechterverhältnisse mit ihrer bewährten Arbeitsteilung von sorgenden, pflegenden, umsonst arbeitenden Frauen* und den dazugehörigen Werthaltungen, die für das Funktionieren bei der gewinnbringenden Verausgabung männlicher* Arbeitskraft sorgen, bleiben für die neue Produktionsweise, so Haug, ebenso notwendig wie sie überflüssig werden (Haug 1998, S. 78 f.). Für erfolgreiche Manager*innen der neuen informationsgesteuerten Produktionsweise werden sie überflüssig, für andere Klassenlagen hingegen bleiben die alten Regeln bestehen. Aufgrund der größer werdenden Ränder von Menschen, die dieser Lebensweise nicht gerecht werden (können) und verlieren, werde nicht nur der Wettkampf um die verbleidenden Plätze härter, es müssen vielmehr auch die „fallengelassenen Arbeiten des abbröckelnden Sozialstaats" abgesichert und kompensiert werden (ebd., S. 79) – was mithilfe der alten (weiblichen*) Sorgeideale passiert.

Was lernen wir im Anschluss an Haug für das Verständnis von sozialer Reproduktion und des hegemonialen Zusammenhangs von Produktions-, Lebens- und Seins-Weise? Mit Gramsci und über ihn hinaus zeigt Haug, dass historisch spezifische Gesellschaftsformationen nicht nur durch die Kohärenz von kapitalistischer Produktion und sozialer Reproduktion, sondern ebenso durch historisch spezifische Geschlechterverhältnisse charakterisiert sind – im Fordismus anders als im High-Tech-Kapitalismus. Sie macht also deutlich, dass ein Wandel der Produktionsweise nicht nur veränderte Lebensweisen und einen neuen Menschentypus nach sich zieht, sondern sich auch das Zueinander der Geschlechter verändert. In diesem Sinne versteht Haug Geschlechterverhältnisse als „fundamentale Regelungs-" und Produktionsverhältnisse, denen etwa obliegt „die ihr Leben produzierenden und organisierenden Subjekte historisch spezifisch zueinander" zu positionieren, „als wesentliches Bestimmungsmoment in der Produktion von Lebensmitteln und ihres Verhältnisses zu der Produktion und Erhaltung von Leben" zu fungieren sowie „Austragungsform für Widersprüche in und zwischen den Produktionsweisen" zu sein (Haug 2007,

S. 53). Nimmt Gramsci also die Kohärenz von Produktions-, Lebens- und Seins-Weise in den Blick, so fragt Haug danach, wie diese auch mithilfe von Geschlechterverhältnissen reguliert und hergestellt wird. Ein kohärentes Verhältnis von Produktions-, Lebens- und Seins-Weise kann also nicht nur hergestellt werden, indem etwa eine intensivierte Vernutzung von Arbeitskraft mit ihrer Reproduktion durch höhere Löhne und mehr Freizeit korrespondiert. Vielmehr werde dieser hegemoniale Zusammenhang auch durch Geschlechterverhältnisse reguliert und hergestellt – etwa weil Geschlechterverhältnisse die Unterwerfung *männlicher** Arbeitskraft unter die Fließbandarbeit und die Regulierung einer disziplinierten Lebensführung durch *weibliche** Hausfrauen organisieren. Geschlechterverhältnisse positionieren einerseits also die Geschlechter historisch spezifisch zueinander sowie zur Produktion der Lebensmittel und des Lebens und bestimmen dadurch andererseits auch das Verhältnis ‚der Produktionen' (von Lebensmittel und Leben) zueinander – nämlich dass etwa Vollzeiterwerbsarbeit einhergeht mit familiärer Sorgearbeit. Zugleich werden Geschlechterverhältnisse aber auch zur Austragungsform für Widersprüche – etwa weil die familiäre, monogame und disziplinierende Lebensweise des Fordismus, aber auch die Figur des männlichen* Alleinernährers, wie Haug für die Zweiten Frauenbewegung zeigt, zu zentralen Angriffsflächen werden.

Die fordistische Kohärenz von Produktions-, Lebens- und Seins-Weise verändert sich im Postfordismus jedoch nicht nur, weil die Anforderungen der Produktionsweise, sondern auch Lebensweisen, Menschentyp und Geschlechterverhältnisse sich wandeln. Die Unterordnung von Frauen* wird mithilfe von Kampagnen gegen sexuelle Belästigung, Missbrauch oder Gewalt gegen Frauen* kritisiert und zu verändern versucht – denn für die neue Produktionsweise sei nicht das Geschlecht, sondern Flexibilität, Freiheit oder Lernbereitschaft entscheidend. Gleichzeitig bleiben alte Muster bestehen, etwa wenn die Aufgaben des abbröckelnden Sozialstaates (weiblich*) kompensiert werden.

Mithilfe einer geschlechtertheoretisch erweiterten Perspektive auf Gramsci wird das Verständnis der sozialen Reproduktion um zwei Punkte erweitert. *Erstens* wird das Verhältnis von kapitalistischer Produktion und sozialer Reproduktion als ein kohärenter hegemonialer und *vergeschlechtlichter* Zusammenhang von Produktions-, Lebens- und Seins-Weise theoretisiert – auch wenn Haug das selbst nicht so bezeichnet. Dies zeigt, dass die Anforderungen der Produktionsweise an die Lebensweisen der Menschen geschlechtsspezifisch sind oder sein können, aber auch, wie Haug schreibt, dass die Geschlechter entsprechend konstruiert und in die Regulierung der Lebensweisen eingespannt werden. Geschlechterverhältnisse dabei als fundamentale Regelungs- und Produktionsverhältnisse zu verstehen, bedeutet *zweitens*, die staatliche Hervorbringung bestimmter vergeschlechtlichter Subjektformen und deren Integration in den Alltagsverstand als Voraussetzung dafür zu betrachten, dass eine historisch spezifische Ordnung der Gesellschaft möglich ist. Folglich werden kapitalistische Gesellschaften immer auch als in Geschlechterverhältnisse konstitutiv eingelassene bestimmt.

Problematisch sind jedoch zwei Aspekte. *Erstens* scheint Haug von einer natürlichen Grundlage der Geschlechterverhältnisse auszugehen, wodurch sie dazu tendiert, die Produktion des Lebens auf Generativitätsverhältnisse zu verengen. *Zweitens* fragt sie zwar danach, wie der hegemoniale Zusammenhang von Produktions-, Lebens- und Seins-Weise *mithilfe* von Geschlechterverhältnissen hergestellt und reguliert wird, nicht jedoch, wie Geschlecht gesellschaftlich erst hergestellt und der hegemoniale Zusammenhang in diesem Sinne selbst erst vergeschlechtlicht wird. So geht Haug zwar davon aus, dass Geschlechterverhältnisse das Resultat gesellschaftlicher Verhältnisse und daher sozial überformt sind. Jedoch basiert dies ihr zufolge „auf der Grundlage einer Komplementarität bei der Fortpflanzung" (Haug 2003, S. 442; zit. nach Haug 2007). Sie geht also davon aus, dass

> „mithin auf zunächst natürlicher Basis im historischen gesellschaftlichen Prozess sozial auch überformt wird, was als natürlich zu gelten hat. (…) Was Natur ist, ist zugleich gesellschaftlich gemacht. In dieser Weise treten die Geschlechter als Ungleiche aus dem Gesellschaftsprozess, wird ihre Nicht-Gleichheit zur Grundlage weiterer Überformungen und so werden Geschlechterverhältnisse fundamentale Regelungsverhältnisse in allen Gesellschaftsformationen, die wir kennen" (Haug 2003, S. 442 f.; zit. nach Haug 2007).

Dass sie die soziale Reproduktion oder die Reproduktion der Arbeitskraft als Produktion des Lebens begreift und von einer Komplementarität in der Fortpflanzung ausgeht, legt somit mindestens implizit nahe, die Produktion des Lebens auf Generativitätsverhältnisse zu verengen. Dies jedoch zieht nach sich, Geschlechterverhältnisse als Produktionsverhältnisse in einer spezifischen Weise zu verstehen: Zwar ist die Anordnung der Geschlechter zueinander sowie zur Produktion des Lebens und der Lebensmittel demzufolge historisch spezifisch und verändert sich mit dem Wandel der Produktionsweise, immer aber bleibt darin eine Verkopplung von Generativität und Weiblichkeit* bestehen. Als „Unterdrückungsform" kann im Zuge von neuen Reproduktionstechnologien neben die Hausfrau, Geschäftsfrau, Lohnarbeiterin oder Prostituierte zwar noch „die Leitmutter" hinzukommen (vgl. Haug 2001, S. 527) – wie Haug schreibt. Die Verkoppelung von Produktion des Lebens, Generativität und Weiblichkeit* bleibt jedoch bestehen. Damit hängt zusammen, dass der Fokus bei Haug nicht auf die Herstellung von Geschlecht, sondern auf die politische Regulierung mithilfe von Geschlechterverhältnissen sowie auf die Positionierung der Geschlechter zueinander sowie zu den Produktionen gelenkt wird. Nicht in den Blick genommen wird hingegen, wo und v. a. *wie*

Geschlecht überhaupt entsteht – Fragen die seit den 1990er Jahren verstärkt in den Fokus queerfeministischer Beschäftigung rücken.

Im Zuge dieser Debatten verweisen etwa (queer-)feministische Erweiterungen der Staatstheorie darauf, dass vermeintlich natürliche Eigenschaften von Geschlechtern und die als normal erachtete binäre Organisation von Zweigeschlechtlichkeit Effekt von hegemonialen gesellschaftlichen Praktiken, institutionellen Ansprachen und staatlichen Regulierungen sind (Pühl 2001, S. 39). Bestimmte *vergeschlechtlichte* Denk-, Fühl- und Handlungsweisen sowie kulturelle, moralische und intellektuelle Gewohnheiten in den alltäglichen Praxen von Menschen sind demnach Ergebnis staatlicher Praktiken in politischen und zivilgesellschaftlichen Institutionen. Anstatt von Frauen* und Männern* als naturgegebene Entitäten auszugehen, begreifen queerfeministische Ansätze binär vergeschlechtlichte Subjekte und Körper folglich als Effekte von gesellschaftlichen Verhältnissen (Ludwig 2012, S. 107), wobei der moderne bürgerliche Staat darin als „eine zentrale Arena, ein zentraler Akteur [verstanden wird], um Geschlechteridentitäten und Geschlechterverhältnisse zu konstruieren" (Sauer 2001, S. 30). Demnach regulieren staatliche Politiken nicht nur ‚existierende' Geschlechterverhältnisse, sondern stellen Subjekte als vergeschlechtlichte her.

Gundula Ludwig nimmt ebendiese Vergeschlechtlichung von Subjekten ebenfalls im Anschluss an Gramsci in den Blick, indem sie an Gramscis Staatsverständnis als integraler Staat und seiner erzieherischen Funktion ansetzt (vgl. Ludwig 2007). Dies bedeutet, dass vergeschlechtlichte Gewohnheiten, Denk- und Wahrnehmungsmuster von Geschlechtlichkeit bei ihr als eine eigenständige Dimension der Kämpfe um Hegemonie im Kontext der umkämpften Verallgemeinerung einer neuen Produktions- und Lebensweise begriffen werden. Dabei fungiert die erzieherische Dimension des Staates als Schnittstelle zwischen Herrschaftsausübung und Subjektivierung. Der Staat leitet die Individuen nach Ludwig dazu an, bestimmte Denk- und Handlungsweisen sowie kulturelle, moralische und intellektuelle Gewohnheiten in ihren alltäglichen Praxen zu reproduzieren – und stellt darin zugleich Normen und Wissensformen hinsichtlich der Geschlechtlichkeit bereit, die von den Subjekten verinnerlicht werden (vgl. Ludwig 2007, S. 199). In der Übernahme der Weltauffassungen in den Alltagsverstand der Subjekte materialisieren sich diese als Denk-, Fühl- und Wahrnehmungsformen, die zugleich handlungsleitend sind für alltägliche Praxen und Lebensweisen (vgl. Ludwig 2012, S. 113). Auf diese Weise kann die Konstruktion von Geschlecht nach Ludwig mit dem Staat und der Produktionsweise zusammen gedacht werden. Die Ausgestaltung von Weiblichkeit* und Männlichkeit*, die innerhalb der Zivilgesellschaft organisiert und in alltäglichen Praxen reproduziert wird, wird zur Voraussetzung dafür, dass sich eine bestimmte Formation der Gesellschaft historisch durchsetzen lässt (vgl. Ludwig 2007, S. 201).[17] Anders als Haug richtet Ludwig den Blick jedoch weniger auf die Regulierung des hegemonialen Zusammenhangs von Produktions-, Lebens- und Seins-Weise mithilfe von Geschlechterverhältnisse und darauf, wie diese eingebunden werden. Vielmehr fokussiert sie auf die Frage, wie Geschlecht in zivilgesellschaftlichen und staatlichen Praxen hergestellt wird und erweitert die Perspektive Haugs damit um eine weitere Dimension.

An Gramsci ansetzende, feministisch erweiterte Zugänge betonen demnach, anders als arbeits- und geschlechtersoziologische Perspektiven, nicht so sehr staatliche Regulierungsweisen, sondern richten den Fokus stärker auf die Vergeschlechtlichung der Subjekte und ihre alltäglichen Gewohnheiten, Routinen und Praxen. Sie nehmen den hegemonialen Zusammenhang von Produktions-, Lebens- und Seins-Weise als einen auch vergeschlechtlichten in den Blick. Die subjektivierende Unterwerfung der Menschen unter die Herrschaftsverhältnisse wird demnach nicht nur hinsichtlich ihrer Positionierung innerhalb der gesellschaftlich-technischen Arbeitsteilung betrachtet, wie dies Althusser sichtbar macht. Vielmehr beinhaltet sie auch die Re-Produktion und Verinnerlichung von Geschlecht. Bezieht Althusser die Formierung der Subjekte demnach lediglich auf Über- und Unterordnungsverhältnisse der Klassen, wird aus (queer-)feministischer Perspektive sichtbar, dass es nicht nur um die Reproduktion der Arbeitenden als Arbeitenden und der Kapitalist*innen als Kapitalist*innen geht, sondern auch um die Vergeschlechtlichung der Arbeitskraft. Die Herausbildung und Transformation der Geschlechterdifferenz muss folglich ebenso als Dimension ökonomischer, aber auch politisch-staatlicher und diskursiver Arrangements

17 Mit dem Begriff der „heteronormativen Hegemonie“ (Ludwig 2013, S. 116) versucht Ludwig darüber hinaus die Übernahme von Heteronormativität als hegemoniale Weltauffassung von Geschlecht, Sexualität, Begehren, Zweigeschlechtlichkeit und Körper zu konzeptualisieren. Heteronormative Hegemonie meint die Subjektofrmierung über Zustimmung, als Resultat von gesellschaftlichen Auseinandersetzungen und als Formation staatlicher Macht. Folglich muss Heteronormativität und die Vergeschlechtlichung von Subjekten nach Ludwig als Bestandteil von Hegemonie verstanden werden. Diese spätere theoretische Wendung Ludwigs erscheint mir jedoch eher irreführend: Denn nicht Heteronormativität ist Teil der Hegemonie, vielmehr sind die (heteronormativ) vergeschlechtlichten Subjekte (mit ihren Denk-, Fühl- und Handlungsweisen, in denen sie auch heteronormative Wissensformen und Praxen integriert und verinnerlicht haben) Teil des hegemonialen – und somit auch vergeschlechtlichten – Zusammenhangs von Produktions-, Lebens- und Seins-Weisen. Insofern ist also nicht Heteronormativität ein Bestandteil von Hegemonie, sondern ein Bestandteil zivilgesellschaftlicher und politischer Praxen, durch welche die Subjekte formiert werden. Als vergeschlechtlichte – und somit ungleiche und ungleich positionierte – werden sie sodann jedoch in die Hegemoniebildung eingebunden.

sowie von alltäglichen Praxen zu denken ermöglicht werden, was an Gramsci ansetzende feministische Perspektiven leisten.

4.7 Soziale Reproduktion im Kontext von Kapitalismus und Geschlecht – Zwischenfazit

Ein feministischer Begriff von Reproduktion hat gegenüber marxistischen Debatten einen anderen Ausgangspunkt. Er unterscheidet sich insofern, als zunächst vor allem die *soziale* und nicht die gesamtgesellschaftliche Reproduktion den Ausgang der Überlegungen bildet. Gefragt wird also danach, wie bestimmte Tätigkeiten geschlechtlich verteilt und zugewiesen oder Geschlecht gesellschaftlich erst hervorgebracht und wie Prozesse der sozialen Reproduktion politisch, ökonomisch und ideologisch reguliert und vergeschlechtlicht werden. Feministische Zugänge arbeiten folglich heraus, dass und wie Fragen der Regeneration, der Generativität oder der Subjektivität im Zusammenhang mit Geschlechterverhältnissen stehen. Zugleich wird die Betrachtung der sozialen Reproduktion (in den hier vorgestellten Perspektiven) keinesfalls unabhängig von der gesellschaftlichen Reproduktion bestimmt.

Die Entstehung des Reproduktiven wird vielmehr im Kontext der Herausbildung kapitalistischer Gesellschaft(en) verortet und das Verhältnis von kapitalistischer Produktion und sozialer Reproduktion in den Blick genommen. Es wird nicht nur aufgezeigt, dass kapitalistische Produktion und soziale Reproduktion *ko-konstitutiv* für kapitalistische Gesellschaft(en) sind. Vielmehr lernen wir auch, dass die gesellschaftlichen Trennungen vergeschlechtlicht werden, indem sich ein Produktives konstituiert, in welchem der gesellschaftliche Mehrwert erzeugt und männlich* zugeschrieben wird, sowie dass das Reproduktive zum Privaten, Verborgenen und Weiblichen* wird. Bei all diesen Prozessen handelt es sich nicht nur um ökonomische, sondern ebenso um rechtliche und politisch-ideologische Verhältnisse. Dass, wie und warum es zur Herausbildung und Aufrechterhaltung der gesellschaftlichen *Trennungen*, ihres wechselseitigen *Verhältnisses* zueinander und ihrer *Vergeschlechtlichung* kommt, ist jedoch Gegenstand vielfältiger, durchaus auch gegensätzlicher, feministischer Theoretisierungen und ihrer jeweiligen Zugänge. Auch aus feministischer Perspektive steht also das gesamte Gefüge im Fokus der Theoretisierungen – lediglich der Ausgangspunkt für den Blick auf den gesellschaftlichen Zusammenhang ist ein anderer.

Aus der Perspektive auf Hausarbeit oder Care als *besondere Arbeit* werden überdies Fragen danach thematisiert, was Sorgearbeit als spezifische Tätigkeit charakterisiert. Dieser Blick ist nicht deckungsgleich mit jenem der sozialen Reproduktion. Hier wird nicht danach gefragt, wie die physische, generative und subjektivierende Reproduktion der Arbeitskraft gesellschaftlich gewährleistet und herrschaftsförmig abgesichert wird. Vielmehr stehen der Inhalt der Tätigkeit oder die spezifischen Praxen im Fokus, welche Prozesse der sozialen Reproduktion sicherstellen. Fürsorgeethisch wird bestimmt, wie diese beschaffen sein müss(t)en. Aus der Care Perspektive wird folglich argumentiert, dass Care der Rationalität kapitalistischer Produktionsweise entgegensteht, womit entweder immanente Grenzen einer kapitalistischen Organisation von Sorgearbeit oder die notwendige Abjektion von (bestimmten Aspekten von) Care begründet werden.

Schließlich kommen staatliche Regulierungsweisen mit Blick auf die Gewährleistung vergeschlechtlichter Reproduktionsbedingungen sowie in Hinsicht auf die Konstitution vergeschlechtlichter Subjektivitäten, aber auch Denk-, Fühl- und Handlungsweisen in den Blick. Der Staat wird als zentraler Akteur und „wohlfahrtsstaatlicher Umverteilungsmechanismus" (vgl. Haller/Chorus 2013, S. 71) einerseits sowie in seiner Bedeutung für die Herstellung eines hegemonialen und *vergeschlechtlichten* Zusammenhangs von Produktions-, Lebens- und Seins-Weise andererseits betrachtet.

5. Mehr als Erschöpfungen im Hamsterrad – Soziale Reproduktion und ihre Krise(n)

In den vorhergehenden Kapiteln sind verschiedene theoretische Exkursionen zum Begriff der Reproduktion unternommen worden. Bevor nun nach Veränderungen der sozialen Reproduktion und möglichen Krisen in den Feldern der (Kranken-)Pflege sowie der frühkindlichen Betreuung gesucht wird, sei zunächst gefragt, ob und wie Krisen der (sozialen) Reproduktion verstanden und theoretisch konzipiert werden. Hierfür wird der Blick zunächst auf marxistische Debatten um Krise gelenkt. Schwerpunktmäßig geht es dabei jedoch um ein im Anschluss an Gramsci entwickeltes Krisenverständnis. Denn marxistische Krisendebatten entwickeln oftmals nur ein Verständnis von ökonomischen Krisen.[18] Im Anschluss an Gramsci können Krisen hingegen für den hegemonialen Zusammenhang von Produktions-, Lebens- und Seins-Weise in den Blick genommen und hier als Krisen der Gewohnheit und der Anpassung beschrieben werden. Anschließend werden aktuelle Debatten um die Care- bzw. die Krise der sozialen Reproduktion beleuchtet und hier zwischen zwei Krisenverständnissen unterschieden. Herausgearbeitet wird, dass Krise in (queer-)feministischen Debatten einerseits als Erschöpfung menschlicher Ressourcen und der Subjekte, und somit als Zerstörung menschlicher Arbeitskraft, verstanden werden. Mit dem Begriff der Care-Krise bezeichnet Krise andererseits eine Situation, in der nicht mehr angemessen Sorge getragen werden kann. Gegenstand des vorliegenden Kapitels ist also eine marxistische wie feministische Beschäftigung mit dem Begriff der Krise.

18 Ausnahmen bilden hier Krisentheorien im Anschluss an Nicos Poulantzas, die nicht nur ökonomische, sondern auch politische oder Staatskrisen beschreiben (vgl. etwa Poulantzas 2002; Demirović 2007; 2011a; Oberndorfer 2012). Ausgenommen seien auch die Diskussionen um die multiple oder Vielfachkrise (vgl. Brand 2011; Candeias 2011; Demirović et al. 2011) Diese Diskussionen bilden jedoch Ausnahmen von Diskussionen, die sich aus marxistischer Perspektive schwerpunktmäßig mit Krisen der Akkumulation beschäftigen. Wo sich Anknüpfungen anderer Krisentheorien zum Verständnis einer Krise der sozialen Reproduktion finden, wird ihr Bezug deutlich gemacht.

5.1 Krise war schon immer da? – Zum Krisenbegriff in der marxistischen Debatte

In marxistischen Krisentheorien wird davon ausgegangen, dass der Kapitalismus von immanenten Widersprüchen durchzogen ist. Diese Widersprüche werden als Ursachen für periodische Zuspitzungen betrachtet. Insofern heben sich marxistische Theorien etwa von Ansätzen bürgerlicher politischer Ökonomie ab. Denn diese verstehen Krisen als „zufällige Erscheinungen“, die aus der Funktionsweise der Wirtschaft als solcher nicht begründbar sind, sondern aus einer falsch regulierten Wirtschaftspolitik oder anderen „äußerlichen“ Faktoren resultieren (Sablowski 2012, S. 1). Auch in marxistischen Ansätzen werden zwar die Ursachen ökonomischer Krisen in verschiedener Weise erklärt. Immer ist jedoch die immanente Widersprüchlichkeit kapitalistischer Produktionsweise der Ausgangspunkt für „Krisen der Akkumulation“ (Sablowski 2011a, S. 29). So wird die kapitalistische Produktionsweise *erstens* als immanent krisenhafte beschrieben, insofern sie stets und notwendig zu Krisen führt. Folglich werden Vorstellungen einer krisenfreien Entwicklung kritisiert. Zugleich werden Krisen im Anschluss an Marx *zweitens* als permanentes Stolpern und Balancieren im Ungleichgewicht und somit selbst als Elemente der Organisation kapitalistischer Produktionsweise verstanden (Haug 2010, S. 2123). Mit Marx wird dabei davon ausgegangen, dass Krisen gewaltsame Lösungen vorhandener Widersprüche darstellen; also gewaltsame Eruptionen, die das gestörte Gleichgewicht (für eine gewisse Zeit) wiederherstellen (ebd.). Krise wird so als eine Form aufgefasst, in der die ohnehin existierenden Gegensätze in akuten Widerspruch gedrängt werden. Krisen stellen also eine Bewegungsform kapitalistischer Entwicklung dar. Durch sie werden die Produktionsverhältnisse wie auch sämtliche gesellschaftliche Verhältnisse fortwährend revolutioniert. Aus dieser Perspektive treiben Krisen die gesellschaftliche Entwicklung voran (ebd., S. 2122).

Um den Begriff der Krise mit Blick auf die soziale Reproduktion zu bestimmen, sollen nun zwei Krisenzusammenhänge der marxistischen Debatte näher beleuchtet werden. *Erstens* werden Krisen der Kapitalakkumulation dort in den Blick genommen, wo sie im Zusammenhang mit der Reproduktion der Arbeitskraft thematisiert werden. Ökonomische Krisen werden also in Hinblick auf ihre Folgen für die soziale Reproduktion betrachtet. Denn in der feministischen Debatte werden die gegenwärtigen Care- oder Krisen der sozialen Reproduktion mit der immanenten Krisenhaftigkeit des Kapitalismus und dies im Anschluss an Marx mit der inneren Dynamik kapitalistischer Akkumulationsweise begründet. Angenommen wird, dass der Kapitalismus menschliche Bedürfnisse der kapitalistischen Akkumulation unterordne und somit immer wieder auch dort zu Krisen führe. Ebendiese Dynamiken sollen daher in den Blick genommen werden. *Zweitens* werden Krisen mit

Gramsci nicht nur auf die Produktionsweise, sondern ebenso auf die politische Regulierung, die handelnden Akteure oder die Denkformen bezogen. Krisen können demnach nicht allein als ökonomische Prozesse verstanden werden, die Auswirkungen auf die soziale Reproduktion haben. Vielmehr lohnt für Prozesse der sozialen Reproduktion besonders ein Blick auf Krisen, die bei Gramsci im Kontext des hegemonialen Zusammenhangs von Produktions-, Lebens- und Seins-Weise als Krisen der Gewohnheiten oder der Anpassung beschrieben werden.

5.1.1 Was, wenn die Produktion nicht mehr läuft? – Krisen der Akkumulation und die Reproduktion der Arbeitskraft

In Bezug auf die Erklärung ökonomischer Krisen können Thomas Sablowski zufolge in der marxistischen Diskussion Unterkonsumtions-, Überproduktions-, Disproportionalitäts-, Überakkumulationstheorien und Theorien einer Profitklemme unterschieden werden (Sabloswki 2012, S. 1). Dabei werden als ökonomische Krisen diejenigen Krisen gefasst, die einen Einbruch der Kapitalakkumulation beschreiben. Während Unterkonsumtions- und Überproduktionstheorien die Probleme der Realisierung des produzierten Werts und Mehrwerts ins Zentrum stellen – und somit lediglich finanzielle Risiken in den Produktions-, Allokations- und Konsumtionsprozessen thematisieren – fokussieren Überakkumulationstheorien auf Veränderungen in den Produktions*bedingungen*. Hier werden Veränderungen und ökonomische Risiken in Bezug auf die darin tätigen Menschen und ihre Reproduktion beschrieben (vgl. Sablowski 2012, S. 12). Letztere sollen im Folgenden daher in den Blick kommen.

Für Krisen der Überakkumulation lassen sich wiederum zwei Varianten unterscheiden – einerseits das Gesetz des tendenziellen Falls der Profitrate, andererseits die Profit-Squeeze-Theorie. Im ersten Fall wird davon ausgegangen, dass mit dem vermehrten Einsatz von Maschinerie die Produktionskosten gesenkt und Arbeitskräfte eingespart werden können. Dies geht davon aus, dass eine steigende Wertzusammensetzung des Kapitals in der fortschreitenden Produktion eine relative Überbevölkerung oder eine industrielle Reservearmee nach sich zieht; dass also die Kapitalakkumulation selbst zu wachsender Arbeitslosigkeit führt. Damit richtet sich das Konzept gegen die zu Marx' Zeiten dominante und etwa von Malthus (1798) vertretene Theorie, der zufolge die Überbevölkerung in einer zu hohen Fortpflanzungsrate der Arbeiter*innenklasse begründet liegt, worin der Grund für Arbeitslosigkeit und Elend gesehen wird. Demgegenüber ist es für die kapitalistische Akkumulation nach Marx charakteristisch, dass sie gleichzeitig einen Überfluss an Kapital sowie an unbeschäftigten Arbeiter*innen hervorbringt und somit periodisch zu Krisen (der

Akkumulation) führt. (Sablowski 2012, S. 13 ff.) In diesen kommt es nicht nur zu einer Entwertung und Vernichtung von Kapital, vielmehr wird auch Arbeitslosigkeit und Elend hervorgerufen.

Die Profit-Squeeze-Theorie sieht die Ursachen von Krisen der Akkumulation zweitens in der Lohnentwicklung der Arbeiter*innen begründet. Demnach können ökonomische Krisen einerseits dann entstehen, wenn die Arbeiter*innenklasse zu stark wird und die Löhne zu stark steigen. Denn so werden die Profite der Kapitalfraktionen begrenzt, es sinkt also die Profitrate. Krisen sind andererseits ebenfalls möglich, wenn die Arbeiter*innenklasse zu schwach wird und die Löhne zu stark hinter der Entwicklung der Arbeitsproduktivität zurückbleiben. Es kommt dann zur Bildung von Überkapazitäten; etwa wenn Produkte hergestellt werden (können), sich jedoch nicht genügend Abnehmer*innen finden. (Sablowski 2011a, S. 30 f.) Die Annahme einer Überakkumulation von Kapital durch die Kosten der Arbeitskraft geht dabei von zyklischen Krisen aus. So steigt mit wachsender Akkumulation die Nachfrage nach Arbeitskräften und geht die Arbeitslosigkeit zurück, bis es zu einer Arbeitskräfteknappheit kommt und der Anteil der Löhne am Wertprodukt wieder steigt. Die steigende Lohnquote führt schließlich jedoch zu einer sinkenden Profitrate und zieht einen Rückgang der Investitionen nach sich, was die Akkumulation zum Erlahmen bringt. Dadurch steigt die Arbeitslosigkeit erneut, die Löhne sinken und die Profite erholen sich, sodass die Bedingungen eines wiederholten Aufschwungs wieder geschaffen sind.[19] (Sablowski 2012, S. 17 f.)

Beschrieben werden mit dem Gesetz zum tendenziellen Fall der Profitrate sowie der Profit-Squeeze-Theorie zwar je *ökonomische* Krisenprozesse. Aus der Perspektive der sozialen Reproduktion wird jedoch deutlich, dass es nicht nur zu einer Vernichtung von Kapital kommt. Vielmehr kann auch die alltägliche (und möglicherweise auch generationelle) Reproduktion der Arbeitskraft gefährdet werden, wenn Menschen immer wieder aus dem Produktionsprozess ausscheiden, gleichzeitig aber auf den Verkauf ihrer Arbeitskraft angewiesen bleiben, um sich selbst reproduzieren zu können. Krisen der Akkumulation können also Krisen der sozialen Reproduktion nach sich ziehen, insofern sie die Reproduktion von Arbeitskräften gefährden. Entsprechend kann die innere Dynamik kapitalistischer Akkumulationsweise nicht nur als immanent krisenhafte angenommen werden. Vielmehr kann im Anschluss an feministische Argumentationen angenommen werden, dass dies beständig zur Krise auch der Reproduktion führt (vgl. Aulenbacher 2015; Müller 2014; Bhattachary 2019; Ferguson o. J.; Arruzza/Bhattachary/Fraser 2019).

---

19 In einer stärker auf den Klassenkampf orientierten, operaistischen Version treiben die Arbeiter*innen den Kapitalismus durch hohe Lohnforderungen in die Krise. (vgl. etwa Federici 2012)

Gegen die skizzierte Theorie im Zusammenhang mit den Reproduktionskosten der Arbeitskraft können jedoch, so argumentiert etwa Sablowski, verschiedene Einwände vorgebracht werden: So kommt es einerseits zu einer Arbeitskräfteknappheit nur dann, wenn das Wachstum und die Löhne stärker steigen als die Produktivität, sowie, wenn die Lohnquote die Verbilligung des konstanten Kapitals überkompensiert. Andererseits werden die Löhne in diesem Ansatz zwar als Kostenfaktor wahrgenommen, bleiben jedoch als Nachfragefaktor ausgeblendet. Folglich müsste gezeigt werden, dass der Kosteneffekt steigender oder sinkender Löhne jeweils stärker ist als der gegenläufige Effekt der Nachfrage- und Kapazitätsauslastung. (Sablowski 2012, S. 17 ff.) Bezogen auf die Darstellung der verschiedenen krisentheoretischen Ansätze in ihrer „Reinform" merkt Sablowski daher an, dass die Erklärung ökonomischer Krisen zu schematisch und widerspruchsfrei dargestellt ist, dass also die auftretenden Gegentendenzen in den Ansätzen nicht (genügend) berücksichtig sind (Sablowski 2011a, S. 33 f.).

M. E. ließe sich dieses Argument auch auf die Krisen der sozialen Reproduktion übertragen, die im Zusammenhang mit der kapitalistischen Produktionsweise beschrieben werden: Auch hier werden die Arbeitskraft und ihre Reproduktionskosten rein schematisch betrachtet, während mögliche Widersprüche, die etwa durch die Subjekte als Handelnde entstehen können, kaum in den Blick kommen. So wäre etwa denkbar, dass die sinkende Nachfrage nach Arbeitskraft nicht zu ihrem Ausscheiden aus dem Produktionsprozess, sondern (auf Druck der Arbeitenden) zu einer Reduktion von Arbeitszeit führt. Oder dass die Arbeitskräfte trotz hoher Löhne nicht bereit sind, bestimmte Arbeitsbedingungen zu akzeptieren. Ökonomische Krisen und Krisen der sozialen Reproduktion können demnach zwar im Verhältnis zueinander betrachtet werden, jedoch nicht in einer Weise, in der letztere lediglich als Reaktion und Folge von Krisen der Akkumulation beschrieben werden. Vielmehr müssen die Gewohnheiten, Routinen und Alltagspraxen der Menschen als Bestandteil der krisenhaften Auseinandersetzungen in den Blick genommen werden. Wie Krisen im Kontext von alltäglichen Praxen der Subjekte konzipiert werden können, ist daher Gegenstand des nachfolgenden Kapitels.

5.1.2 Wenn der Zusammenhang zerbricht – Krisen im Verhältnis von Produktions-, Lebens- und Seins-Weisen

Während in marxistischen Krisentheorien der Begriff der Krise oftmals auf ökonomische Krisen beschränkt bleibt, rücken bei Gramsci die *vielfältigen* Krisen, die sich aus den zueinander ins Missverhältnis geratenden Ebenen und Strukturen der Gesellschaft ergeben (können), ins Zentrum eines Begriffs der Krise (Haug 2010, S. 2134). Das Spezifische einer an ihn anschließenden Krisentheorie besteht darin, über die rein ökonomische Dimension hinaus eine

Vielzahl von Krisenprozessen in den Blick zu nehmen. Den Ausgangspunkt hierfür bildet die Überlegung, dass die Konstitution einer (historisch spezifischen) Gesellschaftsformation bei Gramsci auf der Inkorporierung des Akkumulationssystems und der Absicherung von Herrschaft in Form von Normen, Gewohnheiten, Gesetzen – also einer in den materiellen Praktiken, Bräuchen und Lebensweisen verkörperten – Ideologie beruht (Demirović 1992, S. 130). Ähnlich wie in den Überlegungen zur sozialen Reproduktion zeigt Gramsci dies am Beispiel der beginnenden gesellschaftlichen Umbrüche im Zuge des Fordismus.

Krisen (der Gewohnheiten oder Anpassung) können demnach entstehen, wenn neue Arbeits- und Produktionsmethoden zur Durchsetzung drängen und dabei neue Formen von Gewohnheiten, Qualifikationen und Subjektivitäten erfordern. Da die veränderte Vernutzung der Arbeitskraft im Prozess der Mehrwertproduktion neue Anforderungen an ihre Reproduktion stellt, erfordert sie auch die Herausbildung neuer Gewohnheiten der Lebensführung von Lohnabhängigen. Dieser Prozess der Veränderung verläuft jedoch nicht krisenfrei. Vielmehr vollzieht sich die Umgestaltung der Lebensweisen und Subjektivitäten in langwierigen Prozessen, die als eine Verbindung von ökonomischem Zwang und veränderten Handlungsnormen einerseits sowie neuen staatlichen und zivilgesellschaftlichen Regulierungsformen andererseits beschrieben werden können. Im Prozess der Veränderung werden bestimmten Lebensweisen und Subjektivitäten zum einen die ökonomischen und materiellen Grundlagen entzogen. Zugleich werden zum anderen auch neue Lebens-, Handlungs- und Denkweisen durchgesetzt, die zweckmäßiger, d. h. den gegebenen Bedingungen oder dem gegebenen Zweck angemessener sind (GH, S. 1691). Es werden also neue Formen der politischen und zivilgesellschaftlichen Regulierung realisiert, welche die Menschen in den Schulen, Familien oder Kirchen sowie durch staatliche Kampagnen, sozialstaatliche Regelungen oder Gesetze entsprechend den neuen Erfordernissen zu erziehen versuchen. (Ökonomischer) Zwang und (zivilgesellschaftliche) Erziehung wirken demnach auf die Veränderung von Lebensweisen und Subjektivitäten der Menschen hin.

In diesen Prozessen entstehen jedoch, wie Gramsci argumentiert, „Krisen der Gewohnheiten", die sich beispielsweise in „psychischem Leiden" oder in „Krankheitskrisen" (GH, S. 2064) äußern. Denn die Routinen und Regelmäßigkeiten der Menschen sind zäh, langlebig und schwer veränderbar, da sie ihnen als „absolute" und „natürliche" erscheinen (ebd., S. 1690). Ihre Veränderung kann zu Krankheit, (psychischem) Leiden, Frust oder ähnlichen Äußerungen führen. Zudem leisten die Subalternen Widerstand gegen ihre „Zurichtung" und „Manipulation" gemäß den neuen Zielen (ebd., S. 2063). Die Veränderung von Lebens- und Seins-Weisen der Menschen vollzieht sich Gramsci zufolge also nur durch Krisen der Subalternen hindurch. Gelingt jedoch die Verallgemeinerung neuer Gewohnheiten, so löst sich der „Erzwingungsdruck" (ebd., S. 2085) und die neuen Lebensweisen und Subjektivitäten werden eine „zweite Natur" (ebd.,

S. 2082). Gesellschaftliche Transformationen sind diesem Verständnis nach stets mit Krisen der Gewohnheit verwoben, da immer wieder neue Regelmäßigkeiten herausgebildet und alte zum Verschwinden gebracht werden müssen. Krisen der Gewohnheiten markieren daher Übergänge oder *Zwischenzeiten* in gesellschaftlichen Transformationen, in denen der zuvor kohärente Zusammenhang von Produktions-, Lebens- und Seins-Weise in Frage steht und neu hergestellt werden muss. In Situationen also, die bei Gramsci als organische Krisen verstanden werden.

Organische Krisen bezeichnen nach Gramsci Krisen, die eine umfassende Transformation der Gesellschaft markieren und in denen die Kohärenz der Verhältnisse in Frage gestellt wird. In organischen Krisen kommt es zur Erosion des Zusammenhangs von Produktions-, Lebens- und Seins-Weise. (vgl. Candeias 2011, S. 47f.) Dies meint auch eine bestimmte Art der Integration, Normalisierung, Individualisierung und Subjektivierung der sozialen Verhältnisse, welche in Frage gestellt wird (Demirović/Maihofer 2013, S. 36). Die in Normen, Gesetzen und Gewohnheiten festgeschriebenen Routinen und Regelmäßigkeiten stellen ein hegemoniales Verhältnis dar, welches durch die Infragestellung des kohärenten Verhältnisses von Produktions-, Lebens- und Seins-Weise in die Krise gerät. (Demirović 1992, S. 137f.) Ob es gelingt, die Kohärenz der verschiedenen Verhältnisse (neu) herauszubilden, also die wechselseitige Anpassung von Anforderungen der Produktionsweise, der Gewohnheiten und der Subjektivitäten durchzusetzen, oder ob dieser Prozess scheitert, ist jedoch gesellschaftlich umkämpft und sein Ausgang nach Gramsci offen.

Für eine Untersuchung von Veränderungen und möglichen Krisen der sozialen Reproduktion lernen wir, dass ein Wandel der Arbeits- und Produktionsmethoden Krisen der Gewohnheiten nach sich ziehen kann, insofern er zur Herausbildung neuer Routinen zwingt. Krisen bezeichnen demnach Prozesse der Herausbildung von veränderten Gewohnheiten, Praxen und Subjektivitäten der Menschen. Sie entstehen, wenn die Kohärenz der Verhältnisse erodiert. Die Veränderung von Lebensweisen und Subjektivitäten muss daher im Kontext neuer Anforderungen betrachtet werden, die mithilfe veränderter (ökonomischer) Bedingungen sowie gewandelter staatlicher und zivilgesellschaftlicher Regulierungen durchzusetzen versucht werden.

5.1.3 Wenn die Menschen nicht wollen wie sie sollen – Risse und Krisen der Hegemonie

Krisen der sozialen Reproduktion können bei Gramsci nicht nur im Kontext organischer, sondern ebenso im Zusammenhang mit Krisen der Hegemonie oder politischen Krisen entstehen. Die (Wieder-)Herstellung des kohärenten Verhältnisses ist auf die politische und zivilgesellschaftliche Regulierung von

Lebensweisen, Gewohnheiten und Subjektivitäten angewiesen. Gelingt die politische Führung nicht, kann auch dies zu Krisen der Gewohnheiten führen – etwa weil Misstrauen und Skepsis in Bezug auf die zuvor herrschenden Denk-, Fühl- und Handlungsweisen entstehen. Dies geschieht, wie Gramsci zeigt, in Situationen politischer Krisen oder Krisen der Hegemonie – in Situationen also, in denen es der zuvor führenden Klasse oder Klassenfraktion nicht mehr gelingt, ihre Hegemonie innerhalb des Machtblocks und gegenüber den beherrschten Klassen auszuüben.

Während in relativ stabilen Zeiten die Führungsrolle des Machtblocks darin besteht, die Gesellschaft progressiv voranzutreiben, die vielfältigen Interessen zu bündeln und sie in einem einheitlichen Projekt zu reartikulieren und damit auch bestimmte Denk-, Fühl- und Handlungsweisen zu verallgemeinern, gelingt all dies in einer politischen Krise nicht mehr. Hier streben die Interessen vielmehr auseinander, lassen sich nicht mehr bündeln und die Widersprüche im Machtblock nehmen zu. Eine solche Situation der politischen Krise beschreibt Gramsci als eine der Deutungskämpfe. Die zunehmenden Widersprüche führen nicht nur zu Rissen und Brüchen innerhalb des Blocks an der Macht, vielmehr kommt es auch zu einer Pluralisierung der ideologischen Denk- und Handlungsangebote (vgl. GH, S. 1612). Es kommt einerseits zu wachsenden Schwierigkeiten in der Bildung von Regierungen sowie zur Instabilität der Regierungen selbst, andererseits entsteht Misstrauen der Subalternen gegenüber den Führenden (GH, S. 1608 ff.). Letzteres verweist auf Brüche in den Repräsentationsbeziehungen, denn es entwickeln sich Misstrauen und „Skeptizismus“ (GH, S. 354) der Geführten gegenüber den ideologischen Angeboten zur Deutung der gesellschaftlichen Situation sowie gegenüber der politischen Führung. Die zuvor geltenden Denk-, Fühl- und Handlungsweisen verlieren an Bindekraft, da die Menschen nicht mehr an das glauben, woran sie zuvor geglaubt haben (GH, S. 354). Zunehmend lösen sie sich daher von den hegemonialen Denk- und Verhaltensmustern, oder vertrauen ihnen nicht mehr, und werden für andere Lösungen der Situation empfänglich (GH, S. 1577). All dies schwächt die Führungsfähigkeit des Machtblocks gegenüber den subalternen Klassen und befördert Brüche zwischen Repräsentant*innen und Repräsentierten.

Diese Situation der Krise bezeichnet Gramsci als Krise der Hegemonie – als eine Krise also, in der die herrschende Klasse den Konsens verloren hat, d. h. nicht mehr führend, sondern einzig herrschend ist (GH, S. 354). Eine Krise der Hegemonie markiert demnach eine Krise der Führungsfunktion; eine Krise also, in der die beherrschten Klassen die Deutungen und Handlungsweisen zurückweisen, an die sie bisher geglaubt haben, weil sie das Vertrauen in die Führung verlieren und ihre Interessen in dem bisher hegemonialen Projekt nicht mehr gesichert sehen. Als Krise der Führungsfunktion bezeichnet eine Krise der Hegemonie auch, dass die Regulierung der Gewohnheiten, Bräuche, Denk- und Handlungsweisen erschwert wird und nicht mehr gelingt. Die Integration der

Erfahrungen, Bedürfnisse und Interessen der Subalternen in die Formierung eines einheitlichen gesellschaftlichen Projekts misslingt und die Stabilisierung der Herrschaft mithilfe einer Kombination von Zwang und Konsens nimmt ab.

Ergänzend zur oben dargestellten Perspektive auf Krisen der sozialen Reproduktion im hegemonialen Zusammenhang von Produktions-, Lebens- und Seins-Weise lernen wir im Anschluss an den Begriff der Hegemoniekrise, dass Krisen der Gewohnheiten oder der (zuvor) hegemonialen Denk-, Fühl- und Handlungsweisen nicht nur ausgehend von einem Wandel der Arbeits- und Produktionsmethoden und einer damit einhergehenden Infragestellung ebendieses kohärenten Verhältnisses entstehen können. Vielmehr können sie ebenso durch politische Krisen hervorgerufen werden. Also dann, wenn die politische Führung im Sinne einer Einbindung der Subalternen und ihrer Interessen nicht mehr gelingt.

5.1.4 Zwischenfazit

In der zusammenfassenden Betrachtung der verschiedenen krisentheoretischen Ansätze lassen sich einige gemeinsame Spezifika für die Verwendung des Begriffs Krise in den marxistischen Diskussionen herausstellen. Krisen sind demnach Zuspitzungen immanenter, bereits vorher bestehender Widersprüche. Sie können in unterschiedlichen gesellschaftlichen Bereichen entstehen und darin Wendepunkte der jeweiligen Verhältnisse markieren. Es handelt sich bei ihnen um gesellschaftlich umkämpfte, komplexe und vielfältige Prozesse, die sich hinsichtlich ihrer Tiefe und Reichweite unterscheiden.

Werden kapitalistische Gesellschaften als immanent krisenhafte verstanden, stellen Krisen darin gewaltsame Lösungen bestehender Widersprüche und damit Bewegungsformen kapitalistischer Entwicklung dar. Sie gehören organisch zur gesellschaftlichen Reproduktion. Dennoch lassen sich die entstehenden Widersprüche in den verschiedenen gesellschaftlichen Verhältnissen nicht *per se* als Krise(n) verstehen. Zurecht wird darauf verwiesen, dass zwischen *generischen* Elementen und ihrer Zuspitzung zu Krisen unterschieden werden muss; dass (historisch spezifische) Widersprüche also immer wirksam und aufspürbar sind, diese sich jedoch nicht notwendigerweise in Krisen verdichten (vgl. Demirović 2007, S. 241). Die Analyse konkreter gesellschaftlicher Situationen und die genaue Beobachtung der Kräfte ist daher notwendig für eine zeitdiagnostische Prognose.

Darüber hinaus können Krisen hinsichtlich ihrer Tiefe und Reichweite unterschieden werden. Konjunkturelle Krisen können durch kleinere Anpassungen in der Herrschaftsausübung, der Akkumulation oder der Regulierung bearbeitet und kontrolliert werden, während sowohl organische Krisen als auch Krisen der Hegemonie tiefgreifende gesellschaftliche Umbrüche markieren, in denen der gesellschaftliche Zusammenhang von Produktions-, Lebens- und Seins-Weise bzw. die Organisation und Stabilisierung der politischen Herrschaft in die Krise gerät (vgl. Candeias 2011). Durch die Ansammlung molekularer Veränderungen kann über konjunkturelle Schwankungen hinaus eine gesellschaftliche Kraft entstehen, welche nicht nur die generischen, sondern ebenso die relativ konstanten Elemente verändert. In gesellschaftstransformierenden Krisen wird die grundlegende Struktur sowie die vorhergehende Zusammensetzung der Kräfte in Frage gestellt.

Als Bewegungsformen kapitalistischer Entwicklung und organischer Bestandteil der gesellschaftlichen Reproduktion sind Krisen zwar gesellschaftlich umkämpfte Prozesse und bergen die „Gefahr" eines umfassenden gesellschaftlichen Transformationsprozesses, der alle bisherigen Herrschaftsverhältnisse umwälzt. Jedoch erlauben sie auch Korrekturen, Anpassungen und Lernprozesse (vgl. Demirović 2011a, S. 70 Im Zuge ökonomischer Krisen und ihrer Bearbeitung kann es dazu kommen, dass neue Bereiche in die kapitalistische Produktionsweise integriert und die Akkumulation dadurch erweitert oder stabilisiert wird. Politische Krisen können zu einer Reorganisation von Herrschaft, also zu einer Erarbeitung von neuen Bündnissen, gesellschaftlichen Kompromissen oder Methoden der Unterdrückung und Normierung führen. Die Entstehung und Durchsetzung von (neuen) Formen zivilgesellschaftlicher und politischer Regulierung und Erziehung der Subjekte ermöglichen, Krisen der Gewohnheiten durch die Herausbildung neuer Regelmäßigkeiten zu bearbeiten. Krisen stellen demnach nicht per se Prozesse dar, in denen die alte Herrschaftsordnung zerbricht und Platz für emanzipatorische Prozesse entsteht. Vielmehr hängt von den gesellschaftlichen Kräfteverhältnissen und der (unterschiedlichen) Fähigkeit der Akteure ab, sich in Krisen zu (re)organisieren, ob diese zu Ausgangspunkten umfassender emanzipatorischer Transformation werden oder ob es gelingt, sie herrschaftsförmig zu bearbeiten.

Das Krisenverständnis im Anschluss an Gramsci erlaubt schließlich, Krisen der Gewohnheiten sowie des Misstrauens, der Skepsis bzw. des ‚Tods der (alten) Ideologien' in den Blick zu nehmen.

Für die Suche nach einem Verständnis von Krisen der Sozialen Reproduktion lassen sich einige Hinweise herausstellen: Im Anschluss an Gramsci können Krisen im gesellschaftlichen Zusammenhang von Produktions-, Lebens- und Seins-Weise auf der einen sowie als Bestandteil der Organisation und Stabilisierung von Herrschaft auf der anderen Seite betrachtet werden. In den Fokus geraten damit sowohl die Prozesse der Anpassung von Gewohnheiten an (gewandelte) Arbeits- und Produktionsmethoden als auch die politische Einbindung bzw. Erziehung der Subjekte und ihrer Interessen im Sinne der politischen Herrschaft. Für eine Untersuchung der Veränderungen und möglicher Krisen der sozialen Reproduktion müssen folglich einerseits der (ökonomische) Zwang der materiellen Bedingungen sowie andererseits neue Formen zivilgesellschaftlicher und politischer Regulierung, in denen die (veränderten) Gewohnheiten, Bräuche und Routinen erlernt, angeeignet und verinnerlicht werden, betrachtet werden.

5.2 Existenzielles Minimum und keine angemessene Sorge? – Krise der sozialen Reproduktion und von Care in der feministischen Debatte

Geht die marxistische Debatte von einer immanenten Krisenhaftigkeit des Kapitalismus aus und schließt hierfür an Ausführungen an, die schon bei Marx entwickelt sind, so ist die Konjunktur des Krisenbegriffs in der feministischen Debatte verhältnismäßig jung. Zwar wird auch hier das Thema der sozialen Reproduktion bzw. von Care seit vielen Jahren von einem Krisendiskurs beherrscht. Jedoch bezieht sich dies auf Entwicklungen, welche sich erst in den letzten Jahrzehnten in den sozialen Reproduktionsverhältnissen vollzogen haben. Obgleich also auch in der feministischen Debatte teilweise von einer immanenten Krisenhaftigkeit des Kapitalismus ausgegangen wird, rangierte die Krise hier erst jüngst zu einem viel zitierten Begriff – nämlich in Bezug auf Veränderungen, die im Verhältnis zum Fordismus beschrieben werden. Zeitdiagnostische Einschätzungen in Bezug auf die Reproduktionsbedingungen kulminieren hierbei, wie schon zu Beginn des Buches aufgeworfen, in den Thesen einer Care-, Sorge- oder Krise der sozialen Reproduktion. Gemeint sind krisenhafte Veränderungen in den Bereichen der öffentlichen Daseinsvorsorge ebenso wie in den privat geleisteten Sorgeverantwortungen, aber auch transnationale und globale Verschiebungen von Care. Was genau darin als Krise bezeichnet und wie dafür argumentiert wird, kommt nachfolgend in den Blick.

5.2.1 Kein Geld, keine Zeit, keine Familie – Krise der sozialen Reproduktion als Erschöpfung der Subjekte

Mit dem Begriff der Reproduktions- oder Krise der sozialen Reproduktion wird im Anschluss an marxistisch-feministische Auseinandersetzungen (zumeist) an das Konzept der Reproduktion von Arbeitskraft angeknüpft. Ausgehend von der Annahme, dass die Reproduktion der Arbeitskraft eine gesellschaftlich notwendige Voraussetzung kapitalistischer (Re-)Produktion darstellt, kommt in den Blick, ob und inwiefern ihre Reproduktion gegenwärtig gewährleistet wird. (vgl. Federici 2012; Winker 2011; 2015; Jürgens 2010; Arruzza/Bhattachary/Fraser 2019) Als Krise der sozialen Reproduktion wird sodann die Erschöpfung oder Zerstörung der Subjekte und ihrer reproduktiven Ressourcen bezeichnet. So wird aktuell etwa ein übermäßiger Verschleiß physischer, psychischer und emotionaler Ressourcen von Menschen (vgl. Jürgens 2010, S. 561;

Winker 2011), ein dicht am reproduktiven Nullpunkt angesiedeltes Existenzniveau (Federici 2012, S. 64) oder die Tatsache beobachtet, dass Frauen* erschöpft, Familien zerrüttet und Kräfte der Gesellschaft bis zur Grenze der Belastbarkeit beansprucht sind (Arruzza/Bhattachary/Fraser 2019, S. 84). Eine soziale Reproduktionskrise meint folglich die Zerstörung menschlichen Lebens und der Arbeitskraft. Zeitdiagnostisch werden hierfür unterschiedliche Entwicklungen verantwortlich gemacht.

Aus Perspektive arbeits- und geschlechtersoziologischer Ansätze kulminieren die Veränderungen des (fordistischen) Reproduktionsmodells und ihre Folgen gegenwärtig in einer „Reproduktionskrise" (Jürgens 2010), da sie strukturelle Überlastungen und Erschöpfungen der Subjekte hervorgerufen haben. Argumentiert wird, dass ein Wandel von Erwerbsarbeit, (Sozial-)Staat und familiärer Verhältnisse den Verschleiß von (subjektiven) Ressourcen nach sich gezogen und dies stärker zugenommen habe als ihr Erhalt. Während die wirtschaftliche Entwicklung und das fordistische Reproduktionsmodell über lange Zeit auf der systematischen Verzahnung von kapitalistischer Produktionsweise, Korporatismus und Sozialpolitik beruhten und so dafür sorgten, dass sozialpolitische und staatliche Unterstützungsleistungen sowie die Hausfrauen- und Alleinernährer-Ehe die Einzelnen von der Notwendigkeit der Versorgung befreiten, wird aktuell von einer Erosion dieses Modell sowie des fordistischen Kompromisses ausgegangen. Die Erosion drücke sich in einem Verlust kollektiver Absicherungen aus, aber auch in steigenden Belastungen (durch Erwerbsarbeit und Anforderungen der Reproduktion), einer Veränderung der vergeschlechtlichten Arbeitsteilung oder in Verunsicherungen, Prekarisierung und in Flexibilisierungen von Erwerbsarbeit. Da all dies von den Subjekten nicht ohne Weiteres kompensiert werden kann und sie selbst nicht für den Erhalt ihrer Arbeitsfähigkeit sorgen können, seien Erschöpfungen, Krankheit und Motivationsverluste (Jürgens 2010, S. 577f.) sowie Reproduktionslücken in den privaten Sorgeverantwortungen (Jäger/König 2011; Winker 2011) die Folgen. Diese Gefährdung der Reproduktion stellt dabei nicht nur die eigene Regeneration und Arbeitsfähigkeit der Subjekte in Frage. Sie betrifft vielmehr auch die Versorgung anderer – denn es entstehen Lücken auch in der familiären Versorgung (vgl. Jürgens 2010; König/Jäger 2011; Winker 2011). Die Reproduktion der Arbeitskraft ist demzufolge alltäglich sowie auf Ebene der Generationen gefährdet, weil „die *gegenwärtigen* reproduktiven Ressourcen unserer Gesellschaft in unzuträglicher Weise beansprucht und verbraucht werden" (Jürgens 2010, S. 560; Herv. i. O.).

Nicht mit Blick auf die Veränderungen des fordistischen Reproduktionsmodells in Deutschland, jedoch aus einer Perspektive auf die globalen Bedingungen der Reproduktion von Arbeitskraft beschreiben auch Silvia Federici (2012) oder Cinzia Arruzza, Tithi Bhattachary und Nancy Fraser (2019) eine Krise sozialer Reproduktion. Sie gehen ebenfalls von Veränderungen der

Reproduktionsbedingungen in den letzten Jahrzehnten aus. Federici sieht diese darin begründet, dass die Zahl der für die Ausbeutung zur Verfügung stehenden Arbeiter*innen sowie ihre Disziplinierung enorm gesteigert wurden. In Europa und den USA sei dies vor allem dadurch erfolgt, dass eine Deindustrialisierung vorangetrieben und Industrieanlagen dorthin verlagert wurden, wo die Lohnkosten niedriger sind. Folglich wurde nicht nur eine globale wirtschaftliche Neuordnung, sondern auch die Erschließung eines großen Arbeitskräftereservoirs außerhalb von Europa und den USA durchgesetzt (Federici 2012, S. 61). Dadurch sei es gelungen, die Arbeitskosten der Reproduktion zu senken – und dies nicht nur in den Ländern des globalen Südens, sondern auch innerhalb der kapitalistischen Zentren, wo etwa die Ausbeutung und Enteignung durch zunehmende Arbeitszeiten und -verdichtung gesteigert wurden (ebd., S. 53; vgl. Arruzza/Bhattachary/Fraser 2019, S. 95). Die Ursachen einer Krise der Reproduktion (der Arbeitskraft) werden demnach einerseits darin gesehen, dass in einigen Weltregionen (vornehmlich außerhalb der kapitalistischen Zentren) ein dicht am reproduktiven Nullpunkt angesiedeltes Existenzniveau durchgesetzt wurde, welches zu einer Zerstörung des Lebens und der verschiedenen Formen der Macht von Arbeiter*innen geführt habe (Federici 2012, S. 64). Zugleich wird andererseits eine systematische Desinvestition des Staates in die Reproduktion der Arbeiter*innenschaft beschrieben. Diese habe sich innerhalb der kapitalistischen Zentren durch das Ende des Wohlfahrtsstaates vollzogen (Federici 2012, S. 57). Der „Angriff des Kapitals" auf die Reproduktion verläuft demzufolge auch über Kürzungen der öffentlichen Ausgaben insbesondere im Bereich der Sozialleistungen (Arruzza/Bhattachary/Fraser 2019, S. 97) – etwa in der Gesundheit, Bildung, den Renten oder des öffentlichen Nahverkehrs. Im Ergebnis führe all dies zu Erschöpfungen der Subjekte, da „vor allem von Frauen unternommene Versuche, gesellschaftlich-reproduktive Verpflichtungen irgendwie unterzubringen in den Zwischenräumen [des] Lebens" (Arruzza/Bhattachary/Fraser 2019, S. 99) zu Überlastungen und dazu führen, dass „der gegenwärtige neoliberale Kapitalismus (…) systematisch unsere kollektiven und individuellen Kapazitäten für die Regenerierung von Menschen [erschöpft]" (ebd., S. 94).

Theoretisch begründet wird die Krise mit der Annahme, dass kapitalistische Gesellschaften auf die Reproduktion der Arbeitskraft zwar angewiesen sind, in ihrer Funktionslogik jedoch dazu tendieren, diese zu zerstören (vgl. Federici 2012; Winker 2011; Arruzza/Bhattachary/Fraser 2019). Zu einer Krise der sozialen Reproduktion kommt es also, so die werttheoretische Argumentation, wenn Senkungen der Reproduktionskosten von Arbeitskraft (etwa durch Standortverlagerungen, ein Überangebot an Arbeitskraft oder Kürzungen in Sozialausgaben) dazu führen, dass sich die Subjekte nicht mehr angemessen reproduzieren können. Obwohl sie zur täglichen, wie generationellen Reproduktion der Arbeitskraft beitrage, werde die soziale Reproduktion folglich, so die Argumentation, systematisch abgewertet. Denn die Logik kapitalistischer Akkumulation basiere auf der Steigerung des Mehrwertes und somit zugleich auf einer Senkung des Wertes der Arbeitskraft (vgl. Federici 2012; Winker 2011; Arruzza/Bhattachary/Fraser 2019). An materialistische Krisentheorien anschließend wird auch hier von einer immanenten kapitalistischen Krisenhaftigkeit ausgegangen, jedoch die Folgen für die soziale Reproduktion und für die diese sicherstellenden Subjekte in den Fokus gerückt. Theoretisch begründet wird die Krisenhaftigkeit aus der Perspektive sozialer Reproduktion mit der Bewegungsdynamik kapitalistischer Akkumulation und dem Streben nach höherer Mehrwertschöpfung.

5.2.2 Wenn die kapitalistische Logik gewinnt – Krise als Zerstörung der Besonderheit von Care

Aus der Perspektive auf Care wird nicht mit einer Gefährdung der Reproduktion von Arbeitskraft, vielmehr damit argumentiert, dass Care in seinem umfassend verstandenen Sinne nicht (mehr) gewährleistet werden kann; dass die Einzelnen und die Gesellschaft also „nicht mehr *angemessen* Sorge tragen können" (Aulenbacher/Dammayr 2014b, S. 10; Herv. JD). Als Care-Krise oder Krise der Sorge wird demnach eine Zerstörung des spezifischen Charakters und/oder der Besonderheiten von Care bezeichnet. Zu einer *Krise* oder einer *Abwertung* von Care kommt es dieser Perspektive folgend, wenn die als notwendig erachteten Charakteristika von Care verletzt werden oder nicht eingehalten werden können. Dies geschieht etwa, wenn Care inwertgesetzt und in der Folge Rationalisierungsprozessen unterworfen wird.

Wie Aulenbacher/Dammayr am Beispiel der (ambulanten) Altenpflege zeigen, wird der spezifische Charakter von Care aktuell zerstört, da durch Prozesse der Rationalisierung industrielle Muster der Arbeitsorganisation durchgesetzt werden, die für das Waschen, Betten oder Essenreichen ein akkordähnliches Tempo vorgeben. Dadurch seien weder eine geduldige Haltung noch ein nicht-instrumentelles Verhältnis von Zeitnutzung länger umsetzbar – Praxen, welche als für die Sorge charakteristisch und notwendig angesehen werden (Aulenbacher/Dammayr 2014a, S. 70). Die Inwertsetzung von Care sowie die Reorganisation von Care Work nach Maßgabe von Profitorientierung und den Prinzipien marktwirtschaftlichen Wettbewerbs können demnach, so die Annahme, nur um den Preis der Zerstörung ihres Charakters erfolgen. Denn Sorgearbeit steht im Gegensatz zum Prinzip der Rationalisierung, also zur analytischen Zerlegung vormals zusammengehöriger Momente, der rationalisierenden Bearbeitung der so herausgebildeten Einheiten und ihrer Zusammenführung in neuer Gestalt (Aulenbacher/Dammayr 2014a, S. 67). Care kann demzufolge zwar rationalisiert werden, verliert dadurch jedoch seinen spezifischen Gebrauchswert.

Müller macht überdies darauf aufmerksam, dass es bei der Inwertsetzung und Rationalisierung von Care nicht nur um eine Zerlegung und Neu-Zusammenführung geht. Vielmehr werden überdies spezifische Aspekte, nämlich die relational-leiblichen Elemente von Care, ausgeklammert und abgespalten (Müller 2018, S. 85). Dies verdeutlicht sie am Beispiel der ambulanten Pflege. Dort komme es aktuell zu einer Reduktion der Komplexität von Care-Arbeit auf lediglich bestimmte Elemente, insofern rein körperliche Aspekte der Pflege eine Abwertung erfahren, während medizinische Tätigkeiten „zum Eigentlichen" der Arbeit werden (Müller 2018, S. 85).

Theoretisch begründet wird die (gegenwärtige) Care-Krise mit der strukturellen Sorglosigkeit (vgl. Aulenbacher 2015) des Kapitalismus oder der „sorge(n)freien Gesellschaft" (vgl. Müller 2014). Gemeint ist trotz Unterschieden in der Theoretisierung, dass der Kapitalismus zu einer strukturellen Abwertung von Care führt; dass die Logik kapitalistischer Akkumulation also letztlich in einer „verwahrlosten Fürsorge" (vgl. Becker-Schmidt 2011) oder einer „Krise des Sorgens" (vgl. Aulenbacher 2013) mündet. Die Verfasstheit der kapitalistischen Gesellschaft verhindert demnach strukturell die Möglichkeiten der Umsetzung einer angemessenen Sorge und steht dem „Leben als Zweck, als Selbstzweck" (Klinger 2013, S. 103) entgegen. Zwar zeigen sich theoretische Unterschiede darin, *wie* die „Sorglosigkeit" oder die „sorge(n) freie Gesellschaft" (vgl. Müller 2014) konzipiert und wie daher die Abwertung von Care theoretisiert wird. Gemeinsam ist allen Ansätzen jedoch die Grundannahme, dass Care im Kapitalismus (gegenwärtig oder schon immer) nicht angemessen umgesetzt werden kann. Oder anders gesprochen: Care-Krisen sind dem Kapitalismus inhärente Krisen, da der spezifische Charakter von Care unter kapitalistischen Bedingungen immer wieder zerstört wird. Da die „Lebenssorge" (Klinger 2013) den Belangen der kapitalistischen Wirtschaftsweise untergeordnet und sie daraufhin zugerichtet wird, ermöglicht sie die kapitalistische Funktionsweise zwar erst (Aulenbacher 2015, S. 21). Zugleich führt ebendiese Unterordnung periodisch zu Krisen. Aulenbacher etwa beschreibt diese Krisen daher sowohl als „Reproduktionskrisen der Gesellschaft" als auch als Krisen des Sorgens und sieht die Ursache dafür in den gesellschaftlichen Separierungs- und Trennungsprozessen des Kapitalismus sowie insbesondere in der Trennung von öffentlich und privat. Die Trennung von Produktions- und Reproduktionssphäre führe einerseits dazu, dass kapitalistische Gesellschaften durch die Autonomie kapitalistischen Wirtschaftens und somit durch eine Fokussierung auf Effizienz, Verwertung, Rentabilität und Profit charakterisiert seien. Andererseits tendieren kapitalistische Gesellschaften dadurch zu einer systematischen Zerstörung von für sie notwendigen Ressourcen. Die Trennungsprozesse ermöglichen, von den Belangen der Reproduktion zu abstrahieren. Insofern der Kapitalismus jedoch weiterhin auf menschliche (und natürliche) Ressourcen angewiesen bleibe, entstehe hieraus seine immanente Krisenhaftigkeit und in der Folge periodische

Reproduktionskrisen in stets neuer Gestalt (Aulenbacher/Dammayr 2014a; Aulenbacher 2013b, S. 17 ff.). Die gegenwärtige Krise des Sorgens stellt demnach lediglich eine bestimmte, nämlich die aktuelle Form, der Reproduktionskrise dar.

5.2.3 Zwischenfazit

In den Debatten um eine Care-, Sorge- oder Krise der sozialen Reproduktion finden sich in Bezug auf zeitdiagnostische und begriffliche Bestimmungen der Krise(n) verschiedene Antworten – je nachdem, wie der Begriff der sozialen Reproduktion bzw. jener von Care, Sorge oder Fürsorge aufgefasst wird und welche Tätigkeiten, Bereiche oder Akteur*innen hierfür in den Blick kommen.

Aus der Care-Perspektive werden Krisen im Verhältnis zum spezifischen Charakter von Care bestimmt. Nur dann, wenn Sorgearbeit einem ganzheitlichen Verständnis und ihrer eigenen Logik folgen kann, kann sie nach Aulenbacher/Dammayr ihrem Zweck – nämlich der „Lebenssorge" (Klinger 2013) und dem Leben – dienen (Aulenbacher/Dammayr 2014a, S. 71). Die Krise des Sorgens besteht also in der Zerstörung des spezifischen Charakters von Care – oder anders gesagt: darin, dass Care in seinem umfassend verstandenen Sinne nicht gewährleistet werden kann. Letztlich dient Care somit – wie Aulenbacher/Dammayr es formulieren – als „sozialphilosophischer und soziologischer Maßstab von Gesellschaftskritik" (2014c, S. 127), um in einer gesellschaftsdiagnostischen Analyse die Gefährdungen des Lebens und der Sorge in den Blick zu rücken. Die Krisenhaftigkeit wird folglich am spezifischen Charakter von Care bemessen und theoretisch wie zeitdiagnostisch mit Prozessen der Unterwerfung unter Prozesse der Wertschöpfung argumentiert. Da Sorge und ihre Unterordnung als konstitutiv für den Kapitalismus aufgefasst wird, können Care-Krisen schließlich weitere Krisen des kapitalistischen Wirtschaftens bzw. Reproduktionskrisen der Gesellschaft nach sich ziehen – eben weil Kapitalismus abhängig von Sorgeleistungen ist und es bleibt. Umgekehrt markiert etwa für Cornelia Klinger auch die Art und Weise, wie die Lebenssorge in historisch spezifischer Art untergeordnet wird, spezifische Phasen gesellschaftlicher Entwicklung (Klinger 2012, S. 268 f.).

Aus der Perspektive auf soziale Reproduktion werden Krisenprozesse nicht an einer als notwendig erachteten fürsorglichen Praxis und somit den Besonderheiten von Care festgemacht. Vielmehr richtet sich der Fokus auf den übermäßigen Verschleiß physischer, psychischer und emotionaler Ressourcen der Subjekte. Ausgangspunkt für einen Begriff der Krise ist hier folglich die Erschöpfung der Subjekte und ihrer reproduktiven Ressourcen. Der Krisenbegriff zielt demnach auf die („stoffliche") Gefährdung oder Zerstörung menschlichen Lebens und von Arbeitskraft – wobei dies die Gefährdung der alltäglichen wie generationellen Arbeitskraft umfasst. Auch Krisen der sozialen Reproduktion können weitere Krisen nach sich ziehen: Insofern die (Reproduktion der) Arbeitskraft als Voraussetzung kapitalistischer (Re-)Produktion verstanden wird, sei durch ihre Gefährdung zugleich eine „tragende Säule des Kapitalismus" (Federici 2012, S. 111f.) in Frage gestellt. Dieser Perspektive folgend impliziert eine Krise der sozialen Reproduktion sowohl eine Gefährdung der Subjekte als auch den Umstand, dass dies in einem Mangel an Arbeitskraft für die kapitalistische (Re-)Produktion münden kann.

Folglich richtet der Care-Begriff seinen Fokus auf die *Tätigkeit* und die *Besonderheiten* von Sorge(beziehungen), die soziale Reproduktion hingegen nimmt nicht die Praxis, sondern die Reproduktion von Subjekten zum Ausgangspunkt. Mit den Begriffen Care und soziale Reproduktion werden also verschiedene Aspekte von Krise in den Vordergrund gerückt bzw. Krise(n) unterschiedlich begriffen und theoretisiert. Beide Perspektiven argumentieren gesellschaftstheoretisch – allerdings in unterschiedlicher Art: Während der Begriff der sozialen Reproduktion sich auf die Reproduktion der Arbeitskraft und somit auf die Angewiesenheit kapitalistischer Produktion auf die Mehrwertproduktion bezieht, argumentiert der Care-Begriff mit einer kapitalistischen Angewiesenheit auf Sorge(praxis), die davon ausgeht, dass Sorge im Rahmen kapitalistischer Produktion selbst nicht hergestellt werden kann. Care basiert folglich auf einem Verständnis von kapitalistischen Gesellschaften, die über Separierungsprozesse funktionieren und daher die ‚Sorge' als das Anderen konstituieren. Soziale Reproduktion hingegen betont die spezifische Rolle der Arbeitskraft für den kapitalistischen Produktionsprozess. Beide Krisenbegriffe haben einen Hang zu einem objektivistischen Krisenverständnis: Eine Krise von Care bemisst sich an einem fürsorgeethisch bestimmten Maßstab „guten Sorgens". Die Krise der sozialen Reproduktion an der Zerstörung „stofflicher" reproduktiver Ressourcen der Subjekte. Wird menschliches Leben gefährdet oder ist „angemessene Sorge" nicht mehr möglich, kann demnach von einer Krise der sozialen Reproduktion bzw. von einer Care-Krise gesprochen werden. Anders als ein gramscianisches Krisenverständnis wird das Denken, Fühlen und Handeln der Menschen in beiden Fällen nicht als Bestandteil der Krise verstanden. Die Frage danach, was als Krise erfahren wird, gilt demzufolge nicht als Maßstab des Krisenverständnisses.

6. Soziale Reproduktion und ihre Krise: Theoretisch-analytischer Rahmen der Untersuchungen

Bei der nun angestrebten Synthese aus den zuvor diskutierten Verständnissen der sozialen Reproduktion und ihrer Krise geht es im Folgenden nicht mehr darum, die theoretischen Vorzüge und Nachteile der genannten Theorien zu diskutieren. Stattdessen geht es um einen die vorgestellten Begriffe, Theoreme und Konzepte einigenden theoretisch-analytischen Rahmen, der die hier unternommene Untersuchung anleitet.

6.1 Die Menschen sind Teil des Ganzen – Soziale Reproduktion im gesellschaftlichen Zusammenhang

Um die Reichweite des Begriffs zu bestimmen, sollte zunächst zwischen *gesellschaftlicher* und *sozialer* Reproduktion unterschieden werden. Dabei kann unter gesellschaftlicher die Reproduktion des kapitalistischen Systems in seiner Gesamtheit verstanden werden – was sowohl die Reproduktion der Produktionsmittel als auch aller (Re-)Produktionsverhältnisse umfasst. Mit der sozialen Reproduktion ist hingegen nicht das Ganze, sondern die menschliche Seite der Reproduktion benannt. Soziale Reproduktion kann somit vorerst als menschliche Reproduktion in umfassendem Sinne verstanden werden. Dies meint Fragen der Regeneration und Erholung der Subjekte, ihre Freizeit, ihren Sport oder Alkoholkonsum ebenso wie Fragen von Mutterschaft und Kinderbekommen, der Sexualität, des Begehrens, der Identität, des Geschlechts oder Fragen der Qualifizierung und Bildung. Als menschliche Seite der Reproduktion sind somit viele Facetten des Lebens angesprochen. Zugleich soll mit dem Begriff der sozialen Reproduktion nicht einfach eine willkürliche Auswahl menschlicher Eigenheiten in den Blick genommen werden. Vielmehr zielt der Begriff auf ein bestimmtes – nämlich gesellschaftstheoretisches – Verständnis. Soziale Reproduktion muss als Bestandteil der gesellschaftlichen und Voraussetzung kapitalistischer (Re-)Produktion verstanden werden.

Im Anschluss an Marx wird die Notwendigkeit der sozialen Reproduktion daher darin gesehen, dass die (Reproduktion der) Arbeitskraft als Quelle des Mehrwerts und ausführende Kraft eine gesellschaftliche Voraussetzung dafür bildet, dass die kapitalistische Produktion immer wieder vonstatten gehen kann. Die gesellschaftstheoretische Perspektive auf soziale Reproduktion wird also zunächst vom Standpunkt der kapitalistischen Produktion aus bestimmt. Denn es wird gefragt, worauf die kapitalistische Produktion notwendig angewiesen ist. Deutlich wird, dass die Reproduktion der Arbeitskraft nicht nur alltäglich, sondern ebenso auf Ebene der Generationen wiederhergestellt werden, aber auch die für den Produktionsprozess je notwendigen Qualifikationen erlernen muss. Hiermit ist einerseits die stoffliche Reproduktion im Alltag und auf der Ebene von Generationen sowie andererseits die soziale Formierung (d.h. Erziehung) der Subjekte als klassen- und geschlechtsspezifische (sowie rassifizierte) gemeint. Vom Standpunkt kapitalistischer Produktion aus betrachtet, ist demzufolge die physische, generative und subjektivierende Reproduktion der Arbeitskraft prinzipiell notwendig – d.h. die Reproduktion der Arbeits- und Leistungsfähigkeit ausreichend vieler Arbeitskräfte, ihrer geistigen und körperlichen Fähigkeiten sowie die Verinnerlichung und Zustimmung zur Herrschaft. Es braucht nicht nur alltäglich und beständig ausreichend viele, sondern auch Arbeitskräfte, die zum Verkauf ihrer Arbeitskraft gezwungen sind und der kapitalistischen Herrschaft (bis zu einem gewissen Grad) zustimmen.

Der Begriff der Arbeitskraft wird von mir dabei als Denkfigur aufgefasst, d.h. nicht als Aussage über reale Menschen oder empirisch zu überprüfende Verhältnisse, sondern als Kategorie, die den Zusammenhang von kapitalistischer Produktion und sozialer Reproduktion (im idealen Durchschnitt) verdeutlichen soll. Dies meint nicht, dass Prozesse der sozialen Reproduktion etwa lediglich produktiv tätige Menschen in Erwerbsarbeit umfassen. Vielmehr soll der gesellschaftliche Zusammenhang ausgehend von der kapitalistischen Produktion und den ihr innewohnenden Tendenzen beschrieben werden – nämlich ihrer Angewiesenheit auf Arbeitskräfte.

Da sich das Verhältnis von kapitalistischer Produktion und sozialer Reproduktion nicht quasi automatisch aus einer kapitalistischen Gesetzmäßigkeit ergibt, wird das gesellschaftliche Ganze im Anschluss an Gramsci als *hegemonialer* Zusammenhang und als Kräfteverhältnis verstanden. Die kapitalistischen Tendenzen sind somit als gesellschaftliche Kräfte aufzufassen; also als Praxen, die gesellschaftliche Akteure permanent und wirksam zu machen trachten (vgl. Demirović 1992). Die Notwendigkeit der sozialen Reproduktion vom Standpunkt der Produktion aus zu bestimmen, meint aus dieser Perspektive folglich: Die Kräfte und ihre Interessen in den Blick zu nehmen, mit der Annahme, dass diese *prinzipiell* auf die (physische, generative und subjektivierende) Arbeitskraft angewiesen sind, sich ebendies aber *konkret* in einer spezifischen Situation (etwa bei einem Überangebot an Fachkräften und/oder in einer bestimmten Branche) anders darstellen kann. Es geht also darum, die Interessen der (verschiedenen) Kapitalfraktionen konkret zu studieren – die gesellschaftlichen Zusammenhänge jedoch im Kopf behaltend. Mithilfe einer gramscianischen Perspektive wird der gesellschaftliche Zusammenhang jedoch noch weiter präzisiert. Das Verhältnis von sozialer Reproduktion und kapitalistischer Produktion wird als ein wechselseitiges, sich bedingendes, notwendiges und kohärentes Verhältnis verstanden. Produktion und Reproduktion bilden also einen kohärenten und vergeschlechtlichten Zusammenhang aus Produktions-, Lebens- und Seins-Weisen. Die *Notwendigkeit* der sozialen Reproduktion ergibt sich folglich nicht nur daraus, dass kapitalistische Akkumulation auf die Reproduktion von Arbeitskraft prinzipiell angewiesen ist, sondern auch daraus, dass sich *bestimmte* Produktionsweisen nur durchsetzen können, wenn die dazugehörige Schaffung eines neuen Menschentypus und seiner Lebensweise sowie der politischen Kräfteverhältnisse gelingt, welche dieses regulieren. Umgekehrt kann auch eine Produktionsweise zur Veränderung getrieben werden, wenn die Lebensweisen und Subjektivitäten ihr nicht mehr entsprechen. Dies meint, die soziale Reproduktion nicht nur als prinzipiell notwendige physische, generative und subjektivierende Reproduktion zu bestimmen. Vielmehr geht es überdies darum, sie im Kontext kapitalistischer Produktionsweise konkret zu studieren; also nach den Anforderungen bestimmter Arbeits- und Produktionsmethoden an die vergeschlechtlichten Subjektivitäten und Lebensweisen zu fragen.

6.2 Was macht der Staat mit den Subjekten? – Soziale Reproduktion im Lichte staatlicher und zivilgesellschaftlicher Regulierung

Wenn soziale Reproduktion als *hegemonialer* Zusammenhang und Kräfteverhältnis verstanden wird, stellt sich die Frage, wie dieser Zusammenhang gesellschaftlich hergestellt wird. Hierfür spielen ökonomische Verhältnisse eine ebenso zentrale Rolle wie politische und ideologisch-kulturelle. Im kapitalistischen Produktionsprozess wird einerseits die Reproduktion der Mittel sowie des sozialen Verhältnisses zwischen Arbeitenden und Kapitalist*innen, also der stumme Zwang der ökonomischen Verhältnisse, stets erneuert. Zugleich wird der Zusammenhang von Produktion und menschlicher Reproduktion als kohärenter andererseits durch staatliche und zivilgesellschaftliche Praxen reguliert. Prozesse der sozialen Reproduktion werden in ihrem gesellschaftlichen Zusammenhang folglich durch ökonomische Bedingungen (v)er(un)möglicht sowie durch politische und ideologisch-kulturelle Verhältnisse konstituiert. Dem (integralen) Staat kommt hierbei die Rolle zu, die Bedingungen der Reproduktion zu sichern sowie die Erziehung der Subjekte zu gewährleisten.

Dies umfasst etwa (sozial-)staatliche Absicherungen, die Regulierung von Arbeit oder Regelungen familiärer Verhältnisse. Zugleich betreffen staatliche und zivilgesellschaftliche Praxen das Erlernen von Fähigkeiten, Vorstellungen, Werten oder Praxen der herrschenden Klassen – also die subjektivierende Reproduktion oder Erziehung der Subjekte durch hegemoniale Denk-, Fühl- und Handlungsweisen. Die Subjekte werden in ihrem Bewusstsein etwa durch

Schulen, Familien, Kirchen, Sportvereine oder Medien ebenso wie durch Gesetze oder staatliche Repressionen erzogen. Denn sie müssen je spezifische Fähigkeiten besitzen, um die Maschinen auch zu bedienen oder die Denkprozesse zu leisten, die für ihre Arbeit notwendig sind – und sie müssen bereit sein, dies zu tun. Die Subjektkonstitution umfasst also nicht nur das Erlernen von Qualifikationen, sondern ebenso Fragen der Freizeit, der Regeneration und Erholung, des Sports, der Gesundheit oder des Kinderbekommens. Als subjektivierende Reproduktion zielen Prozesse der sozialen Reproduktion auf den ganzen Menschen. Die Lebensweise der Menschen muss also nicht nur den Anforderungen der Arbeit entsprechen, sondern auch den Anforderungen, die sich aus den Arbeitsverhältnissen auch für ihre Regeneration ergeben. Die Vernutzung der Arbeitskraft muss also mit ihrer Reproduktion korrespondieren – also der Regeneration, der Bereitschaft, bestimmte Arbeitsverhältnisse zu akzeptieren und ihren Anforderungen entsprechend zu leben, Kinder zu bekommen oder sich fit zu halten.

Mit dem Begriff der Hegemonie wird dabei beschrieben, wie ebendies immer wieder zu organisieren versucht wird – nämlich nicht als allein gewaltförmige, repressive und autoritäre Erzwingung. Hegemonie meint vielmehr auch die Organisation von Zustimmung, des Konsenses und die Einbindung von Interessen, um den kohärenten Zusammenhang von Produktions-, Lebens- und Seins-Weise herzustellen. Herrschaft als Hegemonie umfasst also eine Kombination von Führung und Herrschaft, von Zustimmung und Unterwerfung, von Konsens und Zwang – und somit auch die Zustimmung großer Teile der Beherrschten, die in ihren Gewohnheiten, Routinen und Alltagspraxen reguliert werden.

Zugleich ist weder die Schaffung und Absicherung von Reproduktionsbedingungen noch die Erziehung der Subjekte geschlechtsneutral. Mit der Regulierung von Reproduktionsbedingungen werden vielmehr einerseits Formen vergeschlechtlichter Arbeitsteilung, vergeschlechtlichter Familienmodelle, von Erwerbsverläufen oder staatlicher Unterstützungsleistungen abgesichert. Zugleich werden die Subjekte andererseits durch staatliche und zivilgesellschaftliche Praxen und institutionelle Ansprachen als vergeschlechtlichte erst konstituiert, d.h. in ihren Gewohnheiten, Routinen, ihrer Subjektivität, ihrem Denken oder Handeln vergeschlechtlicht. Der Staat leitet die Individuen dazu an, bestimmte Denk- und Handlungsweisen sowie kulturelle, moralische und intellektuelle Gewohnheiten in ihren alltäglichen Praxen zu reproduzieren – und stellt darin zugleich Normen und Wissensformen hinsichtlich der Geschlechtlichkeit bereit, die von den Subjekten verinnerlicht werden. Damit wird die Ausgestaltung von Weiblichkeit* und Männlichkeit*, die innerhalb der Zivilgesellschaft organisiert und in alltäglichen Praxen reproduziert wird, zur Voraussetzung dafür, dass und ob sich eine bestimmte Formation der Gesellschaft historisch durchsetzen lässt.

6.3 Sorge, Liebe und Bedarf? – Soziale Reproduktion, das Andere und die historisch spezifische Praxis

In der Herausbildung des Kapitalismus hat sich nicht nur die kapitalistische Produktionsweise konstituiert. Vielmehr hat sich auch das Reproduktive im Zuge dieses Entstehungsprozesses herausgebildet. Durch die kapitalistische Trennung von Familie und Erwerb, von markförmiger und häuslicher, von öffentlicher und privater Sphäre sind aus der zuvor bestehenden wirtschaftlichen und reproduktiven Einheit Produktion und Reproduktion hervorgegangen. Der Ursprung der sozialen Reproduktion als Reproduktives ist demnach kokonstitutiv mit der Herausbildung des Kapitalismus und seinen gesellschaftlichen Trennungen. Die soziale Reproduktion ist also (erst) so alt wie die kapitalistische Produktion. Historisch ist sie dabei als das Andere der Mehrwertschöpfung durchgesetzt worden.

Die Etablierung eines Bereiches, der rein nach den Prinzipien kapitalistischer Mehrwertschöpfung als Rationales, Autonomes oder Profitorientiertes funktioniert, hat zugleich sein Anderes nach sich gezogen, in dem keine Mehrwertschöpfung, sondern Kompensation der Verwerfungen, Bedarfsorientierung und Sorge organisiert sind. Zugleich ist dieser Prozess im Anschluss an feministische Perspektiven nicht als egalitäre Trennung vonstattengegangen. Die Aufspaltung von Produktion und Reproduktion wird vielmehr als ein Prozess verstanden, indem eine Hierarchisierung der Sphären, ihre Komplementarität und Vergeschlechtlichung durchgesetzt wurden. Die Vergeschlechtlichung dieser Verhältnisse stellt einen Modus dar, der es erlaubt, „diese ungenauen Dimensionen" zu vereindeutigen (Sauer 2001, S. 184) und sie als komplementäre Sphären darzustellen. Die Maskulinisierung der Öffentlichkeit, Allgemeinheit und Rationalität verlangt zugleich die Feminisierung der Privatheit als Sphäre der Emotionen, Familie, Sexualität oder Intimität (ebd.).

Jedoch werden diese kapitalistischen und hierarchisierenden Trennungen von mir als *historische* Prozesse verstanden, die zwar gesellschaftlich permanent reproduziert werden, dies aber in stets neuer, d. h. historisch spezifischer Gestalt. Was gesellschaftlich als das Eine und was als das Andere fungiert, ist demnach wandelbar, umkämpft und nur in wechselseitigem Verhältnis zueinander bestimmbar. Ob und wie die (physische, generative und subjektivierende) Reproduktion der Arbeitskraft im Verlauf des geschichtlichen Prozesses als Anderes oder doch im Rahmen kapitalistischer Produktionsweise organisiert wird, ist daher umkämpft. Soziale Reproduktion kann zu einem Großteil unbezahlt und weiblich* in der Familie, sie kann aber auch bezahlt und migrantisiert (und oft ebenfalls weiblich*) als Dienstleistung im Haushalt oder professionell und staatlich oder privatwirtschaftlich als bezahlte Sorgearbeit organisiert sein. Der Verweis auf die gesellschaftlichen Trennungen meint demnach lediglich, dass Prozesse hierarchisierend aufgespalten, also bestimmte Aspekte von der kapitalistischen Produktion abgespalten, untergeordnet, abgewertet und als Getrennte spezifischen Bereichen oder Subjekten zugewiesen werden – weil diese Aspekte *zu einem spezifischen Zeitpunkt* nicht profitabel zu organisieren sind. Im Rahmen der gesellschaftlichen Trennungen und der Konstitution von kapitalistischer Produktion kann die soziale Reproduktion aus der kapitalistischen Produktionsweise verdrängt, d. h. außerhalb und anders sichergestellt, sie kann jedoch auch innerhalb dieser organisiert werden – ob und wie dies je gelingt, oder wo hier Widersprüche und Krisen entstehen, ist eine empirische Frage.

Der Care-Begriff ist m. E. daher nicht mit dem Begriff der sozialen Reproduktion gleichzusetzen. Denn die Besonderheiten von Care werden in der Care-Forschung nicht historisch spezifisch, sondern fürsorgeethisch bestimmt. Care meint demnach etwa Aspekte wie Ganzheitlichkeit, menschliche Angewiesenheit, Leiblichkeit, interaktive Beziehungsarbeit oder das Nicht-Instrumentelle als fürsorgliche Praxis – und versteht sich selbst als Begriff, der das Andere konkretisiert. Aus dieser Perspektive wird argumentiert, dass die Konstitution kapitalistischer Produktion zugleich mit der Verwerfung menschlicher Angewiesenheit und von Leiblichkeit einhergeht – und dies nicht historisch, sondern permanent. Care, als Angewiesenheit und fürsorgliche Praxis, liegt demnach konträr zur Logik kapitalistischer Akkumulation. Damit vollzieht der Care-Begriff m. E. zwei Schritte: Indem er den Blick auf die Inhalte und Sorgebeziehungen lenkt, wird es möglich, danach zu fragen, wie Care als spezifische Praxis gesellschaftlich organisiert sein müsste und welche Erfordernisse sich für die Sorge ergeben, wenn sie ausgehend von der Annahme menschlicher Angewiesenheit und dem menschlichen Bedürfnis nach Beziehungen bestimmt würde. Der Care-Begriff lässt sich damit lesen als emanzipatorischer Begriff und eine Art politisches Programm für gesellschaftliche Transformationen von Sorgebeziehungen. Zugleich wird mit Care als Anderes jedoch noch ein weiterer *logischer* Schritt vollzogen. Als Anderes (oder Abgespaltenes) der kapitalistischen Produktion definiert Care automatisch einen Gegensatz zur kapitalistischen Akkumulation. Leiblichkeit, Ganzheitlichkeit oder Angewiesenheit werden somit nicht nur zu Besonderheiten von Care, sondern auch zu Aspekten, die der Rationalität kapitalistischer Produktion widersprechen. Dies ermöglicht es zwar, danach zu fragen, was passiert (oder: was abgespalten wird), wenn Care dennoch inwertgesetzt und rationalisiert wird. Da Care als Gegensatz kapitalistischer Akkumulation aufgefasst wird, impliziert dies in der Folge immer auch eine Care-Krise – insofern nicht mehr angemessen Sorge getragen werden kann. Dies erschwert es zugleich, danach zu fragen, ob die Re-Organisation der Sorgebeziehungen unter kapitalistischem Vorzeichen nicht auch gesellschaftlich normalisiert und somit nicht (mehr) als krisenhaft erlebt werden kann.

Auch der Krisenbegriff der sozialen Reproduktion impliziert mit der Vorstellung der ‚stofflichen Zerstörung' der menschlichen Arbeitskraft zwar ein objektivistisches Krisenverständnis. Da die historisch spezifische Ausformung der sozialen Reproduktion im Anschluss an Gramsci jedoch als kohärentes Verhältnis von Produktions-, Lebens- und Seins-Weise theoretisiert werden kann, lässt sich hier ein Krisenverständnis entwickeln, welches soziale Reproduktion und ihre Krise als gesellschaftlich umkämpft und somit das Denken, Handeln und Fühlen der Menschen als Bestandteil von Krisenprozessen versteht. Im Gegensatz zum Care-Begriff bezeichnet der Begriff der sozialen Reproduktion m. E. also keinen spezifischen *Inhalt* oder bestimmte Charakteristika, sondern ein spezifisch kapitalistisches Verhältnis. Die Besonderheit der sozialen Reproduktion wird theoretisch im Verhältnis zur kapitalistischen Produktion und ihren Erfordernissen sowie als Ergebnis von Kämpfen bestimmt.

6.4 Das bisschen Haushalt ... – Soziale Reproduktion und Geschlecht

Die soziale Reproduktion als physische, generative und subjektivierende Reproduktion erfolgt vergeschlechtlicht. Dies meint sowohl die Regulierung und Sicherstellung von Prozessen der sozialen Reproduktion mithilfe von Geschlechterverhältnissen als auch die gesellschaftliche Herstellung von Geschlecht in der Erziehung der Subjekte. Historisch sind Prozesse der sozialen Reproduktion zumeist mithilfe vergeschlechtlichter Arbeitsteilungen organisiert worden. Denn aus der Entstehung des Kapitalismus sind nicht nur Produktion und Reproduktion hervorgegangen, sondern mit ihnen auch die Vergeschlechtlichung dieser Trennung. Demnach wurde die soziale Reproduktion historisch als das Andere, aber auch als Abgewertetes, Privates und Weibliches* konstituiert. Da ebendiese Trennungen hier jedoch als umkämpft und wandelbar verstanden werden, ist auch zu bestimmen, ob und wie die gesellschaftlichen Trennungsprozesse mit der (Re-)Organisation von Weiblichkeit* (bzw. von Geschlecht) einhergehen. Geschlechterverhältnisse werden folglich im Kontext des hegemonialen und vergeschlechtlichten Zusammenhangs von Produktions-, Lebens- und Sein-Weise bestimmt; d. h. abhängig von den Anforderungen der Arbeits- und Produktionsmethoden an die vergeschlechtlichen Subjekte und ihre Lebensweisen sowie der hegemonialen Einbindung ihrer Interessen. Dies umfasst vergeschlechtlichte Praxen etwa von Sexualität, Körper, Begehren oder der Sorge, aber auch die Qualifizierung, Bildung oder die Arbeitsfähigkeit der vergeschlechtlichten Subjekte sowie die Verfügung und Kontrolle über ihre Arbeits- und Reproduktionsweisen.

6.5 Alte Gewohnheiten ändern sich nicht – Soziale Reproduktion in der Krise

Abschließend stellt sich nunmehr die Frage, wo Widersprüche entstehen (können) und was die Krise der sozialen Reproduktion meint. Verstehen wir soziale Reproduktion als alltägliche und generative sowie als subjektivierende Reproduktion der Arbeitskraft, so kann die Krise zunächst aus der Perspektive der Subjekte als mangelnde alltägliche und/oder generative Reproduktion bestimmt werden. Dies meint etwa, dass Menschen nicht (ausreichend) in der Lage sind, sich zu erholen und zu regenerieren, weil sie zu wenig Freizeit oder zu viele Sorgeverpflichtungen haben, sich verunsichert fühlen, ihre Arbeit als prekär oder zu belastend empfinden, oder weil sie nicht in der Lage sind, die nötigen Fertigkeiten und Qualifikationen zu erwerben, um einen Job zu bekommen, es zu finanziellen Engpässen kommt oder sie einen Kinderwunsch hegen, diesen jedoch (aufgrund mangelnder Betreuung, Finanzen oder anderer Gründe) nicht realisieren können. Die Krise kann aus der Perspektive der Subjekte jedoch auch als misslingende subjektivierende Reproduktion bestimmt werden. Dies meint, dass Menschen den an sie gestellten Erwartungen nicht entsprechen können oder wollen, etwa weil sie nicht bereit sind, sich fit zu halten oder lebenslang zu qualifizieren und bilden oder ihnen die finanziellen oder zeitlichen Ressourcen dafür fehlen, sie keine Lust auf die Pflege von Angehörigen oder Kindern in Eigenverantwortung oder keine Lust auf Kinder haben.

Aus der Perspektive der Subjekte können die *individuellen* Krisen der sozialen Reproduktion also vielfältig sein: Sie können in fehlender (Frei- oder Sorge-)Zeit, in steigenden Belastungen, in einem Mangel an Versorgung, im Konkurrenzdruck um Qualifikationen oder darin liegen, dass die an sie gestellten Ansprüche von ihnen nicht erfüllt werden können oder wollen. Solange es sich lediglich um individuelle Krisen der Subjekte handelt, spreche ich jedoch nicht von Krisen der sozialen Reproduktion. Kann jedoch ein struktureller Zusammenhang für die individuellen Krisen der Subjekte ausgemacht werden, treten diese Krisen also nicht nur vereinzelt, sondern gehäuft auf, möchte ich den Begriff der Krise verwenden. Dann verweist der Krisenbegriff, wie bereits jener der sozialen Reproduktion, auf den gesellschaftlichen Gesamtzusammenhang sowie darauf, dass ebendieser Zusammenhang Infrage steht – und dies verweist somit auf eine Verschiebung der gesellschaftlichen (und nicht der nur individuellen) Verhältnisse.

Im Kontext des vergeschlechtlichten und kohärenten Zusammenhangs von Produktions-, Lebens- und Seins-Weise macht Gramsci auf zwei mögliche Krisenprozesse aufmerksam: Einerseits können Krisen der Gewohnheiten, d.h. eine Infragestellung von *bestimmten* vergeschlechtlichten Lebensweisen und Subjektivitäten, etwa dann entstehen, wenn sich die zuvor bestehende Produktionsweise wandelt und neue Anforderungen an die Subjekte stellt, aber auch neue (Reproduktions-)Bedingungen schafft. Hier verweisen die Krisen darauf, dass der zuvor kohärente Zusammenhang von bestimmten Produktionsweisen und bestimmten Lebensweisen und Subjektivitäten ins Wanken gerät, weil alte Gewohnheiten, Routinen und Alltagspraxen der vergeschlechtlichten Subjekte zu Hemmnissen und daher zur Veränderung gedrängt werden. Andererseits können Krisen der Gewohnheiten auch durch das Aufbrechen von Repräsentationsbeziehungen zwischen Regierenden und Regierten entstehen und auf (verstärkte) Instabilitäten der Hegemonie verweisen. Sie stellen die zuvor hegemonialen Denk-, Fühl- und Handlungsweisen, also die historisch spezifischen Lebensweisen und Subjektivitäten in Frage.

Um die Ursachen der Krisenprozesse begrifflich unterscheidbar zu machen, bezeichne ich die Krisen im ersten Fall als *Anpassungskrisen* der sozialen Reproduktion, im zweiten als Krisen der *Führung* oder der *Erziehung*. Letztere deuten auf Veränderungen hin, die aus einer Veränderung der politischen Regulierung und Führung herrühren. Erstere verweisen auf Krisen, die im Prozess der Anpassung und der (Neu-)Herausbildung von veränderten Gewohnheiten, Praxen und Subjektivitäten entstehen (können), weil die zuvor bestehende Kohärenz erodiert. Anpassungskrisen resultieren also daraus, dass sich die Bedingungen sowie die Anforderungen (der Arbeit ebenso wie der Reproduktion) an die Subjekte verändert haben und dies zu Krisen der Gewohnheiten führt. Dadurch entsteht ein Anpassungsdruck auf die Lebensweisen der Subjekte, also ein Druck, ihre Gewohnheiten, Routinen und Subjektivitäten zu verändern. Dieser krisenhafte Prozess führt in der Folge zur Herausbildung neuer Gewohnheiten, also zur Anpassung der Subjekte – oder aber es kommt zu Widerstand und Kämpfen, das heißt zu Verweigerungen der Subjekte gegen ihre Zurichtung. Die Fragen danach, ob, wodurch und welche Krisen der sozialen Reproduktion in gesellschaftlichen Transformationen entstehen und wie die Subjekte damit umgehen, sind empirische Fragen, die in den nachfolgenden Fallkapiteln am Beispiel der Krankenpflege und der frühkindlichen Erziehung, Betreuung und Bildung bearbeitet werden.

Teil III: Krisen der sozialen Reproduktion in Krankenpflege und der institutionellen Kinderbetreuung

7. Krisen der sozialen Reproduktion empirisch untersuchen: Bemerkungen zum methodischen Vorgehen

Die vorherigen theoretischen Kapitel haben die Wichtigkeit betont, soziale Reproduktion im gesellschaftlichen Zusammenhang und somit im Kontext von historisch spezifischen Produktionsweisen einerseits sowie staatlicher und zivilgesellschaftlicher Regulierungen andererseits zu untersuchen. Dabei gilt es weiterhin soziale Reproduktion als bestimmte, vergeschlechtlichte Lebensweisen und Subjektivitäten zu verstehen, die in konkreten, Alltagsgewohnheiten, Routinen, aber auch Denk-, Fühl- und Handlungsweisen der Subjekte zum Ausdruck kommen. Historisch spezifische Produktionsweise(n), staatliche Regulierungen und die Vergeschlechtlichung bilden demnach hier die analytischen Schritte eines krisentheoretischen Konzeptes der sozialen Reproduktion. Diese müssen nun in ein methodisches Design übersetzt werden, um die Krisen empirisch untersuchen zu können. Weil Krisen der sozialen Reproduktion mit Orientierung auf die Akteure und ihre vergeschlechtlichten Denk-, Fühl- und Handlungsweisen betrachtet werden sollen, ist es angebracht, sie aus der Perspektive *qualitativer* Sozialforschung in den Blick zu nehmen (vgl. Pzyborski/Wohlrab-Sahr 2008, S. 193). Schließlich geht es im Wesentlichen darum, die Krisenwahrnehmungen der Beschäftigten in all ihrer Vielschichtigkeit und Unterschiedlichkeit zu identifizieren, zu verstehen und zu analysieren. Um der bereits erläuterten Komplexität der Krisenprozesse in Interviews mit Sorgearbeitenden gerecht zu werden sowie die Begrifflichkeit der sozialen Reproduktion und ihrer Krise weiterzuentwickeln und zu schärfen, bieten sich qualitative Interviewmethoden mit ihrer dialogischen Offenheit und der Möglichkeit des gründlichen Explorierens verschiedener, auch nicht vorhergesehener, Themenfelder und Fragenkomplexe an. Die Durchführung und Auswertung qualitativer Interviews im Sinne der Grounded Theory (vgl. Strauss/Glasser 1965) mit ihrem iterativen Wechsel zwischen Datenerhebung, Auswertung und Analyse eignet sich auch deswegen, da diese ihren Fokus stark auf die Generierung von Theorie legt, was ein wesentlicher Bestandteil dieser Arbeit ist. Im folgenden Kapitel werden die Wahl der Erhebungsfelder, das methodische Design sowie Sample, Erhebungsmethoden und die Auswertung vorstellt.

7.1 Zur Wahl der Felder: Warum Krankenpflege und frühkindliche Betreuung?

Als menschliche Seite der gesellschaftlichen Reproduktion wird soziale Reproduktion in diesem Buch als physische, generative und subjektivierende Reproduktion verstanden. Sie umfasst somit sowohl die stoffliche Reproduktion im Alltag und auf der Ebene von Generationen als auch die soziale Konstitution (d. h. Erziehung) der Subjekte. Krankenhäuser und Kitas sind dieser Perspektive folgend zentrale Felder für die Sicherstellung der sozialen Reproduktion. Sie tragen zur körperlichen Regeneration von Menschen sowie zur (Wieder-)Herstellung zukünftiger Arbeitskräfte bei. Dies zeigt sich auch in der gesellschaftlichen Bedeutung beider Felder. So liegt die Betreuungsquote für Kinder im Alter von 3–5 Jahren, die in einer Kindertageseinrichtung betreut werden, bei 93 % und für 0–2jährige Kinder bei 34,3 % – mit jährlich steigender Tendenz für beide Altersgruppen (Destatis 2019). Die gesundheitliche Versorgung wiederum gliedert sich in der Bundesrepublik in drei wesentliche Bereiche – nämlich die Primärversorgung (ambulante Behandlung durch niedergelassene Ärzt*innen), die Akutversorgung (stationäre Versorgung im Krankenhaus) und die Rehabilitation. Krankenhäuser haben im bundesdeutschen Gesundheitssystem also die Aufgabe, die stationäre Versorgung flächendeckend sicherzustellen. Als Bereiche, die wesentlich dazu beitragen, Prozesse der physischen, generativen und subjektivierenden Reproduktion von Arbeitskraft sicherzustellen, ist der Blick auf die Felder Krankenhäuser und Kitas für eine krisentheoretische Betrachtung von Veränderungen der sozialen Reproduktionsverhältnisse also höchst einschlägig. Darüber hinaus handelt es sich um Felder, die, wie einleitend beschrieben, in den letzten Jahren der Ort relevanter gesellschaftlicher und tariflicher Auseinandersetzungen waren.

Dennoch stellen sich in Bezug auf die Auswahl der Untersuchungsfelder zwei weitere Fragen: Erstens wird der Blick auf die Krankenpflege und die frühkindliche Betreuung und auf die darin tätigen Fachkräfte und *ihre* Krisen gelenkt. Wieso also richtet sich der Fokus – vereinfacht gesprochen – nicht auf die Krisen der Versorgten, sondern auf jene der Sorgenden? Zweitens ist zu begründen, warum die Auswahl auf Bereiche fiel, welche in Form bezahlter (und professioneller) (Sorge-)Arbeit zur Sicherstellung der sozialen Reproduktion beitragen. Zunächst soll auf den ersten der genannten Punkte eingegangen werden.

Veränderungen in den sozialen Reproduktionsverhältnissen werden im vorliegenden Buch im Kontext eines Wandels von historisch spezifischen Produktionsweisen sowie der politischen Regulierung betrachtet. Was dies in beiden Feldern konkret bedeutet, ist zwar Gegenstand der nachfolgenden Kapitel. Dennoch kann hier bereits darauf verwiesen werden, dass in diesen Umbrüchen Pflegende bzw. Erzieher*innen zentral betroffen sind. So zeigt sich, dass die Umstellung des Finanzierungsmodells in den Krankenhäusern auf das diagnosebezogene System der Fallpauschalen (DRG-System), das als zentrale Veränderung in der Gesundheitsversorgung der letzten Jahre in diesem Buch den Fokus bildet, sich wesentlich auf die (Kranken-)Pflege auswirkt – nämlich in einem Abbau von Pflegepersonal, aber auch durch zunehmende Arbeitsverdichtung in diesem Bereich. (vgl. Braun et al. 2011, S. 16) Auch in den Kitas sind es vor allem die pädagogischen Fachkräfte, welche die Kita-Reformen am stärksten zu spüren bekommen und diesen zugleich gestalten sollen. Erzieher*innen wird eine entscheidende Rolle für eine gute Qualität der Bildungsangebote zugeschrieben. (vgl. vbw – Vereinigung der Bayerischen Wirtschaft 2012, S. 7) Angesichts des umfassenden Drucks, der in Folge der Veränderungen auf beide Beschäftigtengruppen wirkt, berichten Erzieher*innen ebenso wie Pflegekräfte davon, dass sie den fachlichen Ansprüchen ihres Berufs nicht (mehr) entsprechen können und sich zu Abstrichen bei der Qualität der Arbeit gezwungen sehen. (vgl. für Kitas: DGB-Index Gute Arbeit 2015, S. 3; für Krankenpflege: DGB-Index Gute Arbeit 2018, S. 16)

Der Fokus im vorliegenden Buch richtet sich daher auf (mögliche) Krisen der Sorgenden, weil diese als Schlüsselfiguren in der gesellschaftlichen Sicherstellung von sozialer Reproduktion sowie ihren Widersprüchen und Krisen betrachtet werden. Über den Qualitätsverlust der Versorgung können die Krisen der Sorgenden darüber hinaus auch dazu führen, dass ebenso Krisen der Versorgten entstehen.

Wie eingangs aufgeworfen wurde, wird in den letzten Jahren überdies ein zunehmender Anstieg von „Sorge-Kämpfen“ konstatiert (vgl. Artus et al. 2017), der nicht zuletzt auf zunehmende Konflikte in der Pflege sowie der Kinderbetreuung zurückzuführen ist. Die Veränderungen der Sorge scheinen in beiden Bereichen demnach auf Widerstand der jeweiligen Fachkräfte zu treffen. Sollen Veränderungen und Krisen der sozialen Reproduktion empirisch betrachtet werden, lohnt dies folglich besonders dort, wo sich auch Kämpfe ereignen. Hier ist zu vermuten, dass zuvor (relativ) stabile Verhältnisse ins Wanken geraten und es zu „Krisen der Gewohnheiten“ (vgl. GH, S. 2084) in Folge von Transformationen kommt.

Schließlich bleibt noch zu klären, warum dieses Buch nicht die Veränderungen in den häuslichen und familiären Verhältnissen zum zentralen Fokus macht. Auch in Familien und im Haushalt werden Prozesse der sozialen Reproduktion sichergestellt, etwa wenn Kinder betreut, Haushaltsmitglieder in ihrer Bildung oder Weiterqualifizierung unterstützt oder für die leibliche und/oder geistige Regeneration von Menschen Sorge getragen wird. Auch die gesundheitliche Versorgung wird in vielen Fällen nicht unwesentlich im familiären Kontext geleistet, etwa bei kleineren Krankheiten, die ohne ärztliche Hilfe durchgestanden werden. Wieso also richtet sich der Fokus auf zwei Bereiche bezahlter und professioneller Sorge?

Erstens nimmt im Zuge des Wandels vom modernisierten Versorgermodell hin zum Adult Worker Model mit zwei (Vollzeit-)Erwerbstätigen (vgl. Leitner/Ostner/Schratzenstaller 2004; Auth/Leitner/Klenner 2015) die Bedeutung der unbezahlten, bisher privat verrichteten Sorgeverantwortung in vielen Bereichen wie etwa der Kinderbetreuung ab[20] – auch wenn es teilweise gegenläufige Prozesse der Re-Privatisierung bzw. Re-Familiarisierung gibt (etwa in der Nachsorge nach operativen Eingriffen, wo das Weiterpflegen teils in die private häusliche Sphäre zurückverlagert wird). Zugleich steht im Rahmen der Social Investment Policy seit Ende der 1990er Jahre und der Demografiepolitiken seit den 2000er Jahren im Gegenzug die Förderung der Erwerbstätigkeit von Frauen*, Müttern* und zukünftigen Arbeitskräften im Zentrum (vgl. Schultz 2018; Hajek 2019; Kerber-Clasen 2017) – und dies geschieht nicht zuletzt durch den Ausbau der Kinderbetreuung (für unter Dreijährige) sowie von Ganztagsschulen (Auth/Rudolph 2017, S. 9). Folglich werden Tätigkeiten der (Selbst- und Für-)Sorge, die zuvor primär in Familien und Haushalten stattfanden, zunehmend in die professionelle und bezahlte Sorgearbeit verschoben.

Zweitens liegt dem Fokus auf bezahlte und professionelle Sorgearbeit auch ein theoretisches Interesse zu Grunde. So wird aus feministischer Perspektive darauf verwiesen, dass die Durchsetzung kapitalistischer Produktionsweise mit hierarchisierenden Trennungen, ihrer komplementären Verwiesenheit sowie ihrer Vergeschlechtlichung einhergegangen ist – sowie, dass sich dies stets reproduziert und erneuert. In der Care-Forschung wird überdies argumentiert, dass sich Care als das Andere durch die Besonderheit auszeichne, nicht profitförmig organisierbar zu sein – jedenfalls nicht, ohne dass die Qualität der Versorgung leide. Mit Blick auf zwei Felder bezahlter Sorge können diese Annahmen in den Blick genommen werden. Bezogen auf Krankenhäuser und Kitas wirft dies die Frage auf, ob und wie die (Wieder-)Herstellung von menschlichem Leben und von Arbeitskraft nach Prinzipien kapitalistischer Profitabilität und Rentabilität organisiert wird, sowie, ob es darin zu einer Abspaltung von Care kommt. Und schließlich: ob dies in der Folge zu Krisen führt. Da mit der (Kranken-)Pflege und der Kinderbetreuung zwei unterschiedliche Bereiche in den Blick geraten, werden überdies Unterschiede und Gemeinsamkeiten bezahlter Sorgearbeit diskutierbar.

Die Bereiche der Krankenpflege sowie der (frühkindlichen) Kinderbetreuung werden also exemplarisch gewählt und decken zugleich unterschiedliche

---

20 Dies bezieht sich in erster Linie auf die Entwicklungen in der BRD. In Ostdeutschland haben sich die Veränderungen anders vollzogen, weil ostdeutsche Frauen* schon zuvor oftmals erwerbstätig waren bzw. das Alleinernährer Modell hier nicht prägend war.

Zuschnitte der Sorgearbeit ab. Darüber hinaus handelt es sich um zwei Bereiche, die zentral zur sozialen Reproduktion beitragen und gerade in jüngerer Zeit im Zentrum gesellschaftlicher Transformationsprozesse stehen und deren Untersuchung daher besonders geeignet erscheint.

7.2 Methodisches Design

Unter Krise(n) der sozialen Reproduktion wird in der vorliegenden Untersuchung zunächst die mangelnde alltägliche und generative oder misslingende subjektivierende Reproduktion verstanden. Dies meint etwa einen Mangel an Erholung und Regeneration, der Qualifizierung und Bildung, an (früh-)kindlicher oder gesundheitlicher Betreuung und Versorgung oder Situationen, in denen Beschäftigte nicht in der Lage oder gewillt sind, die an sie gestellten Anforderungen zu erfüllen. Bezogen auf die (Kranken-)Pflege und Kinderbetreuung wird empirisch also nach Erfahrungen von Erschöpfung, Überlastungen, Überforderungen, nach fehlender, falscher oder mangelhafter Versorgung oder nach Situationen gesucht, in der die pflegerischen und pädagogischen Fachkräfte ihren und/oder den an sie gestellten beruflichen Ansprüche nicht (mehr) gerecht werden können. Zugleich wird im Anschluss an den theoretisch-analytischen Rahmen von Krisen der sozialen Reproduktion erst dann gesprochen, wenn es sich hierbei nicht lediglich um individuelle Krisen handelt, sondern diese gehäuft auftreten. So verstanden verweisen Krisen der sozialen Reproduktion auf eine Infragestellung des vergeschlechtlichten und kohärenten Zusammenhangs von Produktions-, Lebens- und Seins-Weise.

Mit Blick auf die Untersuchungsfelder der stationären Krankenpflege sowie der Kinderbetreuung und Erziehung in Kitas stellen sich damit zwei zentrale Fragen. *Erstens* muss gefragt werden, ob und wie sich die historisch je spezifischen ‚Produktions'weisen und somit auch die Anforderungen und (Arbeits-)Bedingungen in der Pflege bzw. der Kinderbetreuung wandeln; und/oder es zu Veränderungen in der politischen Regulierung dieser Bereiche kommt. Hieran anschließend stellt sich *zweitens* die Frage, ob und inwiefern in diesen Transformationsprozessen Widersprüche und Krisen entstehen.

Dem ersten Fragenkomplex nähert sich das Buch auf Basis der einschlägigen Forschungsliteratur und vorliegenden empirischen Studien in beiden Bereichen. Hierbei wird auf der einen Seite nach Veränderungen in den Arbeits- und Produktionsmethoden sowie einem Wandel der politischen Regulierung auf der anderen Seite gesucht. Da es sich bei beiden Feldern um soziale Dienstleistungen und nicht etwa um güterproduzierendes Gewerbe handelt, wird jedoch nicht von Produktions-, sondern von *Rahmenbedingungen* gesprochen. Für das Feld der (Kranken-)Pflege richtet sich der Fokus vor allem auf die Umstellung des Finanzierungsmodells in den Krankenhäusern zu Beginn der 2000er

Jahre, da diese Veränderung in der Forschungsliteratur als bisher wichtigste Entwicklung der seit den 1990er Jahren stattfindenden Reformen gilt (vgl. Simon 2001; Gerliner/Mosebach 2009; Kühn/Klinke 2006; Braun 2014.). In der Kinderbetreuung sind es ebenfalls Reformprozesse zu Beginn der 2000er Jahre. Hier werden der Kita-Ausbau sowie die Einführung frühkindlicher Bildung betrachtet, da insbesondere letztere zu einem weitreichenden Wandel von Kitas weg von Institutionen der Betreuung hin zu jenen der *Bildung* beiträgt (vgl. Viernickel et al. 2013). Die staatlichen und zivilgesellschaftlichen Regulierungen der Felder (Kranken-)Pflege und Kinderbetreuung werden mithilfe der (Veränderungen der) beruflichen Leitbilder sowie der Ausbildungsinhalte sekundäranalytisch untersucht. Die Erziehung der Fachkräfte, so die Annahme, findet wesentlich über Ausbildungen sowie die darin vermittelten beruflichen (Selbst-)Verständnisse statt – wenngleich die berufliche Sozialisation etwa in der alltäglichen Arbeit oder durch gesellschaftliche Wertevorstellungen ebenfalls sehr bedeutsam ist. Da die berufliche Sozialisation jedoch ein wichtiger Aspekt der qualitativen Interviews im vorliegenden Buch ist, konzentriert sich die sekundäranalytische Auswertung der Forschungsliteratur primär auf ersteren Aspekt, nämlich die beruflichen Leitbilder.

Dem zweiten Fragenkomplex, nämlich jenem nach Widersprüchen und Krisen, nähert sich dieses Buch mithilfe von leitfadengestützten problemzentrierten Interviews mit Beschäftigten und gewerkschaftlichen Expert*innen. Ausgehend von einer Analyse der Forschungsliteratur ist das Ziel, anhand des qualitativen Datenmaterials zu untersuchen, ob die Veränderungen in beiden Bereichen tradierte Arbeitspraxen und berufliche Selbstverständnisse unter Druck gesetzt sowie in der Folge Krisen hervorgerufen hat. Im Sinne qualitativer Forschung geht es dabei um eine empirisch gestützte Rekonstruktion der subjektiven Sinnstrukturen der Befragten (vgl. Pzyborski/Wohlraab-Sahr 2008, S. 183). Denn Krisen werden im vorliegenden Buch nicht objektivistisch (miss-)verstanden, sondern als Krisen der Gewohnheiten ausgehend von den Subjekten betrachtet. Die Perspektive jener Akteure soll also nicht lediglich in ein übergeordnetes Theorieschema integriert werden. Sie ist vielmehr zentral für die Frage, ob, welche und warum Krisen entstehen und wie die Befragten die Veränderungen erfahren.

Dabei schließt das Grundanliegen der vorliegenden Untersuchung an die Methodologie der Grounded Theory an, insofern es auf eine enge Verschränkung von empirischer Forschung und Theoriebildung zielt (vgl. Glaser/Strauss 1965). Die empirische Erhebung basiert hier daher nicht auf der einfachen Vorstellung, theoretisch erarbeitete Thesen zu testen und zu verifizieren (oder zu falsifizieren). Vielmehr geht es darum, mithilfe des empirischen Materials zur Theoriegenerierung beizutragen. Es geht folglich um die Entwicklung von Theorie mithilfe der empirischen Forschung und somit darum, die Theorie nicht einfach „von oben her" zu entfalten (vgl. Pzyborski/Wohlraab-Sahr 2008,

S. 186). Zugleich besteht in der Grounded Theory jedoch Uneinigkeit darüber, welchen Stellenwert die Theorie in ihrer Methodologie einnehmen kann. Aus den gemeinsamen Anfängen und wechselseitigen Bezugnahmen von Glaser und Strauss gingen zwei Hauptrichtungen hervor, die für eine je spezifische Position mit Blick auf die Bedeutung von Theorie(genese) stehen. Darin vertritt Glaser den Standpunkt, dass es anzustreben sei, möglichst ohne breites Vorwissen zum Forschungsgegenstand in den Erkenntnisprozess einzutreten (vgl. Glaser 2002). Demgegenüber sind Vorwissen und theoretische Analysen im Sinne von Strauss und Corbin durchaus zulässig (vgl. Strauss/Corbin 1996). Der Forschungsprozess muss jedoch als ein Lernprozess verstanden werden, in dem Modifikationen der heuristischen Vorannahmen möglich sind.

In diesem Buch ist ein umfassender Theorieteil als notwendig erachtet worden, da es sich bei dem hier untersuchten Themenkomplex, nämlich der (Krise der) sozialen Reproduktion bzw. Care- oder Sorgekrise, um ein Feld handelt, das bereits stark (theoretisch und empirisch) bearbeitet wurde. Da in der Auseinandersetzung mit den vorherrschenden theoretischen Erklärungen jedoch der Eindruck entstand, dass einige Fragen und Phänomene in Bezug auf die Krise der sozialen Reproduktion nicht befriedigend beantwortet werden können, ist hier ein eigener theoretisch-analytischer Rahmen entwickelt worden, um die identifizierten theoretischen Leerstellen und offenen Fragen mithilfe der empirischen Befunde schließen zu können. In diesem Sinne schließt das Vorgehen des Buches nicht an die von Glaser vertretene Interpretation der Grounded Theory an. Im Anschluss hieran entwickelt das Buch jedoch ein offenes empirisches Forschungsdesiderat, das im zweiten Teil adressiert wird. Hierbei werden die Erkenntnisse der empirischen Forschung zunächst offen codiert, jedoch in den weiteren Schritten auf die Theorie bezogen und vor diesem Hintergrund die nächsten Forschungs- und Auswertungsschritte erarbeitet. Auf Basis der empirischen Untersuchung werden schließlich Rückschlüsse für Theorien zur Krise der sozialen Reproduktion diskutiert und gezogen. Die Ergebnisse dieser empirischen Untersuchung sind wiederum für die Theoriebildung relevant, wie abschließend gezeigt wird.

7.3 Sampling: Sorge-Kämpfende und ihre gewerkschaftliche Vertretung

Insofern ein Erkenntnisinteresse der empirischen Untersuchung sich auf die Frage richtet, ob die Veränderungen in den Bereichen (Kranken-)Pflege und Kinderbetreuung zu Krisen und/oder zu Verweigerungen und Kämpfen führen, kommen in beiden Feldern vor allem diejenigen zu Wort, welche die gegenwärtigen Sorge-Konflikte in Krankenhäusern und Kitas austragen. Der Fokus für die Auswahl des Untersuchungssamples liegt daher auf nicht nur auf

Sorgearbeitenden, sondern auf Sorge*kämpfenden*. In der Krankenpflege werden dabei die Auseinandersetzungen am Berliner Universitätsklinikum Charité zum Ausgangspunkt genommen, um in den Streiks aktiv beteiligte Pflegekräfte zu befragen. In der frühkindlichen Betreuung stellen die tariflichen Auseinandersetzungen im Sozial- und Erziehungsdienst im Jahr 2015 im Raum Stuttgart den Referenzpunkt dar. In der Krankenpflege sind sechs Pflegekräfte, in der Kinderbetreuung drei Erzieherinnen befragt worden. Die unterschiedliche Fallzahl in den beiden untersuchten Bereichen ist vor allem auf zwei Gründe zurückzuführen: Die empirische Untersuchung hat im Feld der (Kranken-)Pflege begonnen. Folglich konnte anhand der hier gewonnenen Befunde der problemzentrierte Blick ins Feld der frühkindlichen Betreuung stärker vorstrukturiert werden. Zugleich hat sich bei der anschließenden Durchsicht des empirischen Forschungsstandes im Bereich der Kinderbetreuung überdies ergeben, dass hier bereits Ergebnisse vorliegender Untersuchungen bestehen. Eine theoretische Sättigung des Sample konnte im Feld der frühkindlichen Betreuung daher schon mit einer relativ kleinen Fallzahl erreicht werden.

Die Auswahl der Untersuchungssamples ist neben den problemorientierten Interviews mit Beschäftigten um solche mit gewerkschaftlichen Expert*innen ergänzt worden. Zusammengenommen mit den Expert*innen ergibt sich daher eine Fallzahl von insgesamt elf Interviews. Eine detaillierte Darstellung der Auswahl der Befragten und ihre persönliche Vorstellung erfolgt in den empirischen Kapiteln der Krankenpflege bzw. der frühkindlichen Betreuung, Erziehung und Bildung. Erst nach der Ausarbeitung der Forschungsliteratur und des empirischen Forschungsstandes kann das Sampling zielorientierter vorgestellt werden.

7.4 Datenerhebung und Aufbereitung

Die Wahl des Erhebungsverfahrens fiel bei der Befragung der Sorgekämpfenden auf das leitfadengestützte problemzentrierte Interview (Witzel 1982, 1989, 1996). Das Interviewformat der problemzentrierten Befragung dient meist einem deduktiv-induktiven Wechselspiel, das einen dynamischen Prozess der Theoriegenese und -entwicklung ermöglichen soll und dabei trotzdem, wie Witzel schreibt, darauf zielt, „eine möglichst unvoreingenommene Erfassung individueller Handlungen sowie subjektiver Wahrnehmungen und Verarbeitungsweisen gesellschaftlicher Realität" (Witzel 2000, n.p.) zu gewährleisten. In diesem Sinne leitet sich die Entscheidung, problemzentrierte Interviews zu führen, aus dem spezifischen Erkenntnisinteresse ab, Veränderungen und mögliche Krisen in der Sorgearbeit mit Blick auf die Gewohnheiten und Subjektivitäten zu untersuchen und damit die subjektiven Sinnstrukturen der Befragten zu erfassen, dies aber sowohl theoriegeleitet wie ebenso theoriegenerierend zu untersuchen.

Neben einer kurzen Erhebung demografischer Daten ist ein Leitfaden das zentrale Instrument des problemzentrierten Interviews. Für beide Untersuchungsfelder ist ein separater Leitfaden erstellt worden, der sich im Aufbau jedoch ähnelt. So gliedern sich beide Leitfäden in drei vergleichbare Themenblöcke, welche den hier interessierenden Fragen folgen. Themenblock A dient sowohl als offener erzählstimulierender Einstieg als auch der Erfragung nach dem subjektiven Erleben der Veränderungen in den Krankenhäusern bzw. den Kitas. Wird hierbei zunächst allgemein nach den Veränderungen im Feld gefragt, so wird im Verlauf des ersten Themenblocks sodann spezifischer nach den gewandelten beruflichen Anforderungen durch jene Verschiebungen gesucht. Der zweite spezifischere Block B zielt anschließend auf die Beschreibung der derzeitigen pflegerischen bzw. erzieherischen Tätigkeiten ab. Hierbei sollen vor allem Veränderungen der eigenen beruflichen Praxis erfragt werden, um Hinweise darauf zu bekommen, ob und wie sich die Gewohnheiten und beruflichen (Selbst-)Verständnisse der Befragten vor dem Hintergrund der von ihnen beschriebenen Veränderungen gewandelt haben. Der dritte und letzte Themenblock C zielt schließlich auf die Motivationen und Handlungsgründe der Interviewpartnerinnen ab und beinhaltet Fragen zu Arbeitsmotivation, -zufriedenheit und -belastung sowie zu Beweggründen nach der Beteiligung an den gewerkschaftlichen Auseinandersetzungen. Schilderungen möglicher Leiderfahrungen können hier als subjektives Krisenerleben und -deuten erfasst sowie Gründe für die Beteiligung an den Kämpfen erforscht werden.

Die Experteninterviews (vgl. Meuser/Nagel 2009) mit Gewerkschaftssekretären dienen primär dem Zweck, die wiedergegebenen Erfahrungen um Einschätzungen über das individuelle Erleben hinaus anzureichern, also die Beschäftigungssituation der – zumindest gewerkschaftlich organisierten Beschäftigten – breiter zu erfassen. Dies soll nun keinesfalls implizieren, dass die Beschäftigten nicht als Expert*innen für die jeweiligen Felder zu verstehen sind. Wissenssoziologisch – und oft auch forschungspraktisch – bezieht sich der Begriff des Experten/der Expertin jedoch oft auf die „sozial institutionalisierte Expertise" (Sprondel 1979, S. 141), d. h. zumeist auf den Beruf bezogen. Expertenstatuts, der immer eine – auch durch die forschende Person vorgenommene – Zuschreibung ist, basiert neben der institutionellen Rolle dieser Personen auf dem, oft damit verbundenen, privilegierten Zugang zu Informationen, zu Personengruppen, Soziallagen, Entscheidungsprozessen, Politikfeldern und Ähnlichem (Meuser/Nagel 2009, S. 470). Konkret zielen die Interviews mit den Gewerkschaftssekretären also auf deren langjährige Berufserfahrungen in den beiden Untersuchungsfeldern, die sowohl zahlreiche Interaktionen mit einer großen Zahl an Beschäftigten als auch Wissen über die Rahmenbedingungen und konkreten Arbeitsauseinandersetzungen der letzten Jahre beinhalten. Inhaltlich zielen die Experteninterviews erstens auf Betriebswissen (im Sinne einer Reflexion der Gewerkschaftssekretäre über ihre und die Rolle der Gewerkschaft in den

Auseinandersetzungen) als auch, zweitens und primär, auf *Kontextwissen* (im Sinne des Wissens der Sekretäre über Entwicklungen in den Feldern und ihre Kenntnis zahlreicher Beschäftigter) (Bogner/Littig/Menz 2002). Zeitlich fanden die Experteninterviews nach den Interviews mit den Beschäftigten statt, um eine Diskussion, Konsolidierung, Entwicklung und gegebenenfalls eine Modifikation der Erkenntnisse aus den Interviews mit den Beschäftigten zu ermöglichen. Um die Diskussion der empirischen Ergebnisse und der vorläufigen analytischen und theoretischen Ergebnisse mit den Experten gezielt zu ermöglichen, wurden die Experteninterviews ebenfalls in drei Themenblöcke mit gleicher thematischer Struktur gegliedert.

7.5 Auswertung des Materials

Die Auswertung des Datenmaterials erfolgt auf der Grundlage der digital aufgezeichneten und transkribierten Interviews, wobei die Transkriptionsregeln im Wesentlichen den Standards der qualitativen Evaluation nach Dresing und Pehl (2015, S. 20 ff.) sowie der Erweiterung von Kuckartz (2016, S. 166 ff.) folgen. Demnach wurde ein einfaches System für die Transkription der geführten Interviews gewählt, das den Fokus auf den Inhalt der Aussagen legt. Die Codierung zielte, wie in der Grounded Theory üblich, auf ein deduktiv-induktives Wechselspiel und erfolgte daher in mehreren Schritten (vgl. Strauss/Corbin 1990). Die einzelnen Codier- und Auswertungsschritte wurden im Wesentlichen analog für beide Felder vollzogen, wobei die Achsencodes des ersten Feldes (Krankenpflege) für die Auswertungsschritte des zeitlich später untersuchten zweiten Feldes (frühkindliche Betreuung) relevant waren. Sie boten, neben der Sekundäranalyse zu den Rahmenbedingungen und beruflichen Leitbildern auch die Grundlage für den folgenden Vergleich zwischen den Feldern. Die theoretische Deutung der Ergebnisse sowie die Implikationen für die Theorieentwicklung ergeben sich ebenfalls aus der beschriebenen Analyse der jeweils einzelnen Felder sowie in ihrer gemeinsamen Interpretation.

8. Fallpauschalen, Professionalisierung und der Abschied vom fürsorglichen Ethos – Umbau der Gesundheitsversorgung in Krankenhäusern

Das deutsche Gesundheitssystem befindet sich seit der ersten Hälfte der 1990er Jahre in einem tiefgreifenden Umbruch. In seinem Zentrum stehen die Implementierung wettbewerbsorientierter Strukturreformen, Kostensenkungen sowie fortschreitende Privatisierungen in der Gesundheitsversorgung (Gerlinger 2014, S. 35). Vor dem Hintergrund von Diskussionen um (vermeintliche) Kostenexplosionen im Gesundheitssystem seit dem Ende der 1980er Jahre wird darüber nachgedacht, wie dieses an die wahrgenommenen Erfordernisse einer globalisierten Ökonomie anzupassen ist. Das Bundesgesundheitsministerium vertritt die Auffassung, dass „[m]ehr Wettbewerb im Gesundheitswesen (…) vor allem mehr Bedarfsgerechtigkeit, eine bessere Qualität, mehr Effizienz, geringere Kosten sowie weniger Bürokratie" bringt und sich daher „der Wettbewerbsgedanke in allen Bereichen des Gesundheitswesens stärker durchsetzen" muss (Bundesministerium für Gesundheit 2010). Eine der wichtigsten Entwicklungen, die in diese Richtung weist, ist die Umstellung der Krankenhausfinanzierung von Tagessätzen auf ein System der Fallpauschalen (Diagnosis Related Groups / DRG) zu Beginn der 2000er Jahre. Sie wird als ein Anreizsystem gesehen, um Maßnahmen zur Kostensenkung und Rationalisierung in der Organisation der Gesundheitsversorgung anzuregen (vgl. Gerlinger/Mosebach 2009). Dies verändert jedoch nicht nur die Wettbewerbsbedingungen zwischen den Kliniken. Auch die (Arbeits-)Bedingungen der Krankenpflege werden wesentlich durch diese Umstellung geprägt. Neben dem Wandel des Finanzierungsmodells wird die Pflegearbeit seit einigen Jahren jedoch ebenso durch Veränderungen beeinflusst, die mit dem Schlagwort Professionalisierung beschrieben werden können. Dies lässt sich einerseits an der Akademisierung der Pflegearbeit ablesen, die dazu führt, dass sich seit einiger Zeit eine pflegewissenschaftliche Wissensproduktion an den Hochschulen etabliert (vgl. Dörge 2009). Andererseits schlägt sich die Professionalisierung der Pflege in einem Wandel der professionellen Orientierungen nieder. Das Bild einer am christlichen „Liebesdienst" orientierten Berufung (vgl. Senghaas-Knobloch/Kumbruck 2006) wird schon seit längerer Zeit nunmehr verstärkt abgelehnt zugunsten eines Strebens nach einer Verselbstständigung des Berufsstandes und einer professionellen Orientierung. In den letzten Jahren lassen sich folglich vor allem zwei Tendenzen aufzeigen, die zu einer Transformation in der Krankenpflege führen: eine weitgehende Ökonomisierung dieses Bereichs einerseits sowie die Professionalisierung der Pflegearbeit andererseits (vgl. Becker/Lenz/Thiel 2017).

Beide Entwicklungen werden nachfolgend beleuchtet. Denn es handelt sich um Veränderungen der Arbeits- und ‚Produktionsweisen' im Krankenhaus auf der einen sowie um einen Wandel der politischen Regulierungen der Pflege auf der anderen Seite. Das vorliegende Kapitel geht daher Fragen danach nach, ob und wie die Anforderungen in der (Kranken-)Pflege sich verändert und einen Anpassungsdruck auf die Subjekte erzeugt haben.

8.1 Umstellung des Finanzierungsmodells im Krankenhaus: Fallpauschalen und die Veränderung von Arbeitsbedingungen in der Pflege

Die Umstellung der Krankenhausfinanzierung von Tagessätzen auf Fallpauschalen, die mit der Einführungen des DRG-Systems im Jahr 2003 abgeschlossen wurde, gilt als bisher wichtigste Entwicklung der seit den 1990er Jahren stattfindenden Reformen (vgl. Simon 2001; Gerliner/Mosebach 2009; Kühn/Klinke 2006; Braun 2014.). Mit ihr werden einerseits Wettbewerbsbedingungen in das Krankenhauswesen eingeführt, zugleich verändern sich dadurch auch die Arbeitsbedingungen. Aus Sicht der Krankenpflege stellt der Wandel des Finanzierungsmodells folglich einen zentralen Hintergrund für Veränderungen in der Pflege dar. Nachfolgend werden daher sowohl die Einführung des DRG-Systems und seine Funktionsweise als auch die Folgen für die Arbeitsbedingungen in der Pflege herausgearbeitet.

8.1.1 Kliniken zwischen Kostendruck, Wettbewerb und Vermarktlichung

Anfang der 1990er Jahre wurde ein fundamentaler Wandel in der Gesundheitspolitik eingeleitet, der mit dem Gesundheitsstrukturgesetz (GSG) von 1993 begonnen und seither eine Reihe weiterer Reformen nach sich gezogen hat. In verschiedenen Stufen wurden hierbei marktwirtschaftliche Regulierungsmechanismen im Gesundheitswesen etabliert. Ihr Ziel war es, die als ineffizient geltenden Strukturen der medizinischen Versorgung zu modernisieren und die Kosten der Gesetzlichen Krankenversicherungen (GKV) zu senken[21], aber auch

21 Der drastische Anstieg der Arbeitslosigkeit seit Mitte der 1970er Jahre und das hinter der ökonomischen Dynamik der Nachkriegsjahrzehnte zurückbleibende Wirtschaftswachstum veranlassten die politischen Entscheidungsträger*innen in Parteien und Verwaltungen dazu, die Kostendämpfung zum vordringlichen Ziel der Gesundheitspolitik zu machen (Rosewitz/Webber 1990). Demnach sollte von den Ausgaben der Krankenversicherung

einen regulierten Markt im Gesundheitswesen zu etablieren (vgl. Gerlinger 2014; Hartmann/Becker 2014). Der Paradigmenwechsel in der Gesundheitspolitik zielte folglich auf eine Rationalisierung der medizinischen Leistungserbringung, eine Verschiebung der finanziellen Lasten von der Solidargemeinschaft auf die einzelnen Patient*innen und Versicherten sowie auf eine Implementierung wettbewerbszentrierter Strukturreformen. Der gesundheitspolitische Strategiewechsel geht auf das Bestreben zurück, das Gesundheitswesen an veränderte ökonomische Rahmenbedingungen anzupassen[22] (Gerlinger 2014, S. 64). Die Umstellung des Finanzierungsmodells von Tagessätzen auf Fallpauschalen ist im Rahmen dieser Entwicklungen zu sehen. Betriebswirtschaftliche Logiken sowie wettbewerbliche Regulierungen sollten hierdurch gestärkt und eine wachsende ökonomische Orientierung der Akteure in den Krankenhäusern durchgesetzt werden.

Die Durchsetzung *betriebswirtschaftlicher Orientierungen* gelang, indem mit der Etablierung der Fallpauschalen zugleich auch ein struktureller Kosten- und Konkurrenzdruck implementiert wurde. Mit dem Wandel des Finanzierungsmodells wurde die Finanzierung der Krankenhäuser von bedarfsdeckenden, tagesgleichen Pflegesätzen auf diagnosebezogene Fallpauschalen, d. h. von einer *kostendeckenden* auf eine Finanzierung nach *Pauschalen* pro Behandlungsfall umgestellt. Damit entsteht für die Kliniken nunmehr das Risiko, dass die Kosten des einzelnen Krankenhauses pro Fall möglicherweise nicht vollständig gedeckt werden, da eine Fallpauschale unter den tatsächlich entstandenen Kosten der jeweiligen Behandlung liegen kann (vgl. Gerlinger/Mosebach 2009). Während nach dem Selbstkostendeckungsprinzip die anfallenden Tätigkeiten weitestgehend kostendeckend vergütet wurden, decken die Pauschalen nur die *durchschnittlichen* und nicht die real entstehenden Kosten für einen bestimmten Fall ab. Im Fallpauschalensystem wird folglich eine Pauschale pro Behandlungsfall erstattet – dies jedoch unabhängig davon, ob die tatsächlichen Kosten über oder unter der Höhe der Pauschale liegen. Die Umstellung des Finanzierungsmodells führte also dazu, dass die Behandlungen fortan nicht mehr kostendeckend, sondern über standardisierte, diagnosebezogene Kennziffern erstattet werden (vgl. Simon 2001). Dadurch entsteht ein permanenten Druck auf

kein weiterer Druck zur Erhöhung der Lohnkosten ausgehen, um die Position Deutschlands in der internationalen Standortkonkurrenz nicht zu schwächen. (Gerlinger 2014, S. 38)

22 So war das primäre Ziel der Einführung des neuen Entgeltsystems die Verbesserung der Wirtschaftlichkeit der Krankenhausversorgung, wie es in der GKV-Gesundheitsreform 2000 beschlossen wurde (Klinke/Müller 2008, S. 10). Obwohl eines der Hauptziele der Fallpauschalen also war, die Ausgaben bzw. den Anteil der Krankenhausausgaben an den gesamten Leistungsausgaben der Gesetzlichen Krankenversicherung (GKV) spürbar zu senken, stiegen diese Ausgaben zwischen 2004 und 2011 um 28 % von 45 auf 57 Milliarden Euro an (Braun 2014, S. 93).

die Krankenhäuser, die erlösträchtigsten Behandlungen mit möglichst wenig Ressourcen durchzuführen.

Darüber hinaus sind mit der Einführung von Pauschalen die DRG zu Bezugspunkten für ein internes Benchmarking, also zu Bezugspunkten von internen Vermarktlichungsprozessen geworden. Durch das System der Fallpauschalen werden Gesundheitsleistungen im Krankenhaus nunmehr entlang von Diagnosen klassifiziert und kategorisiert – und damit zugleich mess- und vergleichbar gemacht. Dies hat in der Folge dazu geführt, dass die Prozesse der Gesundheitsversorgung im Krankenhaus einerseits ‚optimiert', d.h. meist standardisiert und damit (zeit-)effizienter gestaltet werden können, sie andererseits zum Bezugspunkt für interne Steuerungsmechanismen werden. Entsprechend sind mit der Herausbildung der DRG klinische Behandlungspfade[23] sowie ein Case-Management als Prozessorientierung durchgesetzt worden. Diese geben ein standardisiertes Vorgehen für die Diagnose und Therapie häufiger Krankheiten sowie die Optimierung von Abläufen vor. Damit sollen die Verweildauern von Patient*innen reduziert, die Fallzahlen erhöht, Kosten gesenkt sowie die Effizienz gesteigert werden (Sauer 2007, S. 4). Denn ein Fall wird nicht mehr jeweils spezifisch, sondern standardisiert bearbeitet. Zudem wurden die Fallpauschalen in neue interne Steuerungsmechanismen übersetzt, bei denen der Kosten- und Erlösdruck über Budgetvorgaben auf die einzelnen Teilbereiche der Kliniken heruntergebrochen und schließlich an die Beschäftigten weitergegeben werden kann. Die einzelnen Stationen im Krankenhaus sowie die Behandlungsphasen sind nunmehr einem umfassenden Controlling zugänglich. Sie können hinsichtlich ihrer Effizienz und bezüglich der Kosten von Leistungen analysiert, verglichen und auf Basis dessen auch optimiert und effizienter gestaltet werden (Kühn/Klinke 2006: 6; Marrs 2007, S. 503). Dadurch ist aber nicht nur eine nahezu lückenlose Kontrolle des Tätigkeits- und Ausgabenprofils der Stationen möglich. Es lassen sich auf diese Weise auch Entscheidungen, die früher vom Management getroffen wurden (wie etwa Personalentscheidungen oder Fragen der Effizienz und Kostendeckung von Tätigkeiten) auf die Beschäftigen verlagern (Manzei 2014, S. 231). Verschärfend kommt hinzu, dass über die DRG ein permanentes bundesweites Benchmarking der Kostenstrukturen der Krankenhäuser organisiert wird. Da pflegerische Tätigkeiten im DRG-System kaum unmittelbar erlösrelevant sind, konnten die Krankenhäuser in diesem Kostenblock einsparen, ohne ihre Erlöse zu gefährden. Über die bundesweiten Vergleiche

23 Für die Steuerung in der klinischen Routine wird ein klinischer Behandlungspfad in der Regel als Muster erstellt und für die Behandlung im einzelnen Fall dann für die*den jeweilige*n Patientin*en als individueller Ablaufplan konkretisiert. Mit Beginn des Ablaufs werden den einzelnen Aktionen vorab Termine und Ressourcen zugeordnet, die sich aus den standardisierten Mindestlaufzeiten für die einzelnen Aktionen ergeben. Welche der alternativ im Ablaufplan enthaltenen Aktionen tatsächlich erfolgen, entscheidet der behandelnde Arzt im weiteren Ablauf.

setzte dies ein „race to the bottom" im Bereich der Pflegepersonalaustattung in Gang, dem auf seinem Höhepunkt ca. 50.000 Stellen zum Opfer fielen (vgl. Simon 2014).

Mit dem System der Fallpauschalen ist folglich ein Instrument in das Krankenhauswesen implementiert worden, das finanzielle Anreize schafft, die Menge erlösträchtiger Leistungen auszuweiten und zugleich die Ressourcen für die einzelne Leistung zu reduzieren. Überdies werden die Tätigkeiten und Behandlungsschritte durch verschiedene Klassifikationssysteme vergleichbarer. Durch die Verknüpfung von medizinischen und betriebswirtschaftlichen Daten entsteht dabei die informationelle Grundlage für eine betriebswirtschaftliche Steuerung medizinischer und pflegerischer Arbeit, die auf Unternehmensziele hin ausgerichtet werden (kann) (Kühn/Klinke 2006, S. 6). Welche Folgen sich daraus für die Krankenpflege ergeben, ist Gegenstand des nun folgenden Kapitels.

8.1.2 Zunehmende Belastungen in der Pflege und ihre Ursachen

Mit der Einführung einer prospektiven Vergütung von medizinischen Leistungen über das DRG-System wurde ein Anreiz geschaffen, *Maßnahmen der Kostensenkung* und *Rationalisierung* in der Organisation der Gesundheitsversorgung im Krankenhaus zu implementieren. Hierfür können entweder die Kosten pro Patient*in möglichst gering gehalten werden, wodurch ein Anreiz entsteht, die Verweildauer von Patient*innen zu reduzieren und zugleich die Fallzahlen für Behandlungen umgekehrt möglichst zu steigern (vgl. Gerlinger/Mosebach 2009, S. 17). Oder aber die Reduktion von Kosten kann durch einen Abbau von Personal erfolgen, da es sich bei Krankenhausleistungen um sehr personalintensive Dienstleistungen handelt und etwa zwei Drittel der Gesamtkosten im Krankenhaus auf das Personal entfallen (Simon 2014, S. 166). Beide Strategien wurden von den Kliniken in den vergangenen Jahren verfolgt: Während die durchschnittliche Verweildauer im Jahr 1995 noch 12,1 Tage betrug, reduzierte sie sich bis zum Jahr 2016 um knapp 40 Prozent auf 7,3 Tage. Im selben Zeitraum wurde zugleich die Anzahl der Behandlungsfälle um etwa 22 Prozent gesteigert. Gegenläufig zur Verkürzung der Verweildauer und dem Aufbau von Fallzahlen hat sich die Zahl der Krankenhausbeschäftigten jedoch deutlich verringert. (vgl. Destatis 2018a) So wurde die Zahl der Beschäftigten in den Krankenhäusern zwischen 1995 und 2016 insgesamt um ca. 7,0 Prozent reduziert (ebd.). Eine nach Berufsgruppen differenzierte Aufbereitung der Daten zeigt zudem, dass der Personal- und Stellenabbau nicht gleich verteilt ist. Vor allem drei Bereiche hatten die Lasten der Kostensenkungsmaßnahmen zu tragen: das klinische Hauspersonal, der Wirtschafts- und Versorgungsdienst und der Pflegedienst (vgl. Simon 2014, S. 168).

Die starke Reduzierung des klinischen Hauspersonals und des Personals im Wirtschafts- und Versorgungsdienst ist vor allem durch sog. Ausgründungen zu erklären. Die Ausgründungen dienen dabei der Senkung von Personalkosten, denn für das ausgegründete Sub-Unternehmen gelten meist andere Tarifbedingungen mit niedrigeren Lohn- und Gehaltstarifen – wenn überhaupt Tarifverträge bestehen. (Simon 2014, S. 167 f.) Zwar arbeiten die ausgegründeten Beschäftigten zumeist weiterhin in derselben Klinik wie zuvor, sie erscheinen jedoch nicht mehr in der Krankenhausstatistik. Handelt es sich beim Stellenabbau im Wirtschafts- und Versorgungsdienst folglich in erster Linie um eine Verschiebung von Personal, verhält es sich im Falle des Pflegedienstes anders. Hier ist davon auszugehen, dass ein tatsächlicher Personalabbau erfolgt ist. Zusammengenommen mit der zeitgleichen Steigerung der Fallzahlen und einer Reduktion der Verweildauer führt dies zu einer zunehmenden Arbeitsverdichtung. Denn die Anzahl der zu versorgenden Patient*innen pro vollbeschäftigte Pflegekraft stieg stetig an (Braun 2014, S. 93)[24]. Eine „Verringerung der Hände pro Schicht und Station" (Braun et. al. 2011, S. 12) zieht bei gleichbleibenden oder gar wachsenden Anforderungen höhere Belastungen und eine Erhöhung der Arbeitsintensität nach sich. Da der Arbeitsaufwand in den ersten drei Tagen eines Krankenhausaufenthalts aufgrund des Gesundheitszustandes der Patient*innen, aber auch des Verwaltungsaufwands in dieser Zeit überdies vergleichsweise hoch ist, stiegen mit der Abnahme der Verweildauer zudem die besonders arbeitsintensiven Aufnahme- und Entlassungstage und somit die Arbeitsbelastung der Pflegekräfte zusätzlich an (vgl. Marrs 2007, S. 505).[25] Die Verkürzung der Verweildauer steigert demnach nicht nur die (potenziellen) Einsparungen der Kliniken, sondern erhöht zugleich den Druck auf die Beschäftigten.

Da die Krankenhäuser in Folge der Finanzierung nach Pauschalen Überschüsse nur noch erwirtschaften können, wenn die Behandlungskosten die Pauschalvergütung unterschreiten, während sich umgekehrt Verluste durch eine Überschreitung der Pauschalen ergeben (Gerlinger/Mosebach 2009, S. 29),[26]

---

24 In einer internationalen Untersuchung war in OECD-Ländern 2010/11 die Anzahl der von einer ausgebildeten Pflegekraft bzw. einer pflegerisch tätigen Pflegekraft zu versorgenden Patienten an deutschen Krankenhäusern mit 13 bzw. 10,5 am höchsten (Aiken et al. 2012).

25 Hinzu kommen darüber hinaus zahlreiche weitere und für die Entwicklung der Arbeitsbelastung sehr wesentliche Faktoren wie beispielsweise der wachsende Anteil älterer und damit zumeist auch pflegebedürftigerer Patient*innen, die Zunahme der vor-, nach- und teilstationären Behandlungen sowie eine erhebliche Ausweitung des ambulanten Operierens (Simon 2014, S. 169).

26 Zwar können die Krankenhäuser individuell daran arbeiten, die Fallpauschalen zu unterschreiten. Ein erklärtes Ziel der Einführung des DRG-Systems war allerdings von vornherein, einen erheblichen Teil der Krankenhäuser in wirtschaftliche Existenzprobleme zu bringen. Das DRG-System sollte folglich zu einer Marktbereinigung führen, indem Verlierer-Krankenhäuser aufgrund hoher Verluste ihren Betrieb einstellen müssen und Gewinner-Krankenhäuser die frei werdenden Marktanteile – sprich: Patienten*innen – übernehmen.

konzentrieren sich die Kliniken auf betriebswirtschaftliche Kostensenkungen. Dies wiederum hat Konsequenzen besonders für die Krankenpflege. Denn der Anreiz zur Kostensenkung führt vor allem hier zu einem Abbau des Personals, aber auch die Steigerung der Fallzahlen sowie die Verkürzung der Liegezeiten schlagen sich in besonderem Maße in der Krankenpflege nieder.

8.1.3 Neue Formen der Arbeitsteilung in der Krankenpflege

Seit der Einführung der Fallpauschalen gerät die Krankenpflege durch Personalabbau, die Reduzierung der Verweildauer oder steigende Fallzahlen unter Druck. Sie sieht sich aber auch verstärkt Prozessen der Rationalisierung und Zergliederung ausgesetzt. Vor dem Hintergrund der Suche nach einer effizienteren und vor allem kostengünstigeren Gestaltung der Gesundheitsversorgung gehen die entscheidenden Impulse für den Einsatz von hochqualifiziertem Personal von Debatten um Qualifikationsmix und Aufgabenverschiebungen aus (vgl. Kuhlmann/Larsen 2014, S. 238).

Aus ökonomischer Perspektive geht es wesentlich darum, den Personaleinsatz durch die Unterteilung von pflegerischen Zuständigkeiten zu rationalisieren, um durch den optimalen Einsatz von hochspezialisiertem Personal die Effizienz zu steigern (Cassier-Woidasky 2011, S. 169). So fordert etwa die Pflegedirektorin der Charité in einem Interview, dass der Pflegeberuf „von Tätigkeiten befreit werden [muss], für die man keine dreijährige Ausbildung braucht – dazu gehört beispielsweise, Essen zu verteilen oder Schränke abzuwischen" (Heepe 2016). Zugleich merkt sie an, dass „wer mehr Kompetenzen erwirbt und mehr Verantwortung übernimmt, auch mehr verdienen [muss]" (ebd.). Der Kern der Arbeitsteilung zielt also darauf, höher qualifizierte Pflegende von den Arbeiten am Bett zu befreien, um sie für andere Tätigkeiten einsetzen zu können. Zugleich sollen diese Arbeiten sodann an geringer qualifiziertes Personal delegiert werden. Examinierte Fachkräfte und akademisch Ausgebildete werden folglich verstärkt mit Management- und administrativen Aufgaben betraut, während bestimmte Aspekte pflegerischer Arbeit, die häufig als weniger voraussetzungsvoll angesehen werden, wie beispielsweise das Ausgeben von Mahlzeiten oder Hilfestellungen bei der Körperpflege, ausgelagert und an schlechter bezahltes und geringer qualifiziertes Personal oder an „ehrenamtliche" pflegende Angehörige delegiert werden (vgl. Roth 2011). Die Grund- und Körperpflege wird so zunehmend als unqualifizierte Arbeit deklariert,

---

Dabei führte die ausdrückliche Ankündigung, dass die Einführung des DRG-Systems für einen relevanten Teil der Krankenhäuser zu einer Bedrohung ihrer wirtschaftlichen Existenz führen sollte, darüber hinaus dazu, dass bereits im Vorfeld der Einführung des DRG-Systems von Krankenhausleitungen, häufig mit Unterstützung externer Beratungsunternehmen, nach Möglichkeiten der Kostensenkung gesucht und zum Teil massive Kostensenkungsmaßnahmen beschlossen wurden. (Simon 2014, S. 165 f.)

die von Hilfskräfte erledigt werden kann. Zugleich erweitert sich für examinierte und akademisch ausgebildete Pflegekräfte umgekehrt das Leistungsspektrum, da Pflege*fach*kräfte fortan weit mehr als ‚nur' die Grund- und Behandlungspflege erledigen sollen (Marrs 2007, S. 505).

Im Zuge der Neuverteilung von Aufgaben in der Gesundheitsversorgung wird zudem eine Kompetenzerweiterung und stärkere Eigenständigkeit der Pflege in Hinblick auf ärztlich-heilkundliche Tätigkeiten vollzogen. Erstmals sollen heilkundliche Tätigkeiten, die vormals als ausschließlich ärztliche verstanden wurden, auch durch Pflegefachkräfte ausgeübt werden (Darmann-Finck/Friesacher 2009, S. 1). Pflegefachkräfte könnten, so die Argumentation von fachpolitischen Verbänden, die erweiterten Aufgaben mit mindestens ebenso hoher Qualität wie Ärzt*innen durchführen und in einigen Bereichen sogar bessere Arbeit leisten (vgl. DbfK 2010b, S. 8). Da die Übernahme ärztlicher Tätigkeiten als Aufwertung der Pflege gilt, wird sie von einigen Pflegevertreter*innen wie auch den ärztlichen Verfechter*innen neuer Assistenzberufe sowie von Teilen der pflegerisch Tätigen als Fortschritt begrüßt.

Während zeit- und zuwendungsintensive, d. h. stärker pflegerische Aspekte, also als Hilfs- und Zuarbeiten an weniger qualifizierte Assistenz- und Servicekräfte delegiert werden, erhalten patient*innenferne und ärztliche Tätigkeiten ein höheres Gewicht für examinierte Pflegekräfte. Zugleich steht die Delegation ärztlicher Tätigkeiten auch im Zusammenhang mit der durch die DRG etablierten Logik der Profitabilität – denn ärztliche Tätigkeiten werden darin als Möglichkeit zur Steigerung der Fallzahlen und damit zur Steigerung gewinnbringender Tätigkeiten angesehen, pflegerische Arbeiten werden hingegen allein als Kostenfaktor betrachtet. Darüber hinaus wird die Neuordnung meist mit dem Kostenvorteil oder dem sich abzeichnenden Ärzt*innenmangel begründet (Blum et al. 2008; Baierlein et al. 2008; Cassier-Woidasky 2011, S. 167). In Folge der Veränderungen in der Krankenhausversorgung wandelt sich entsprechend nicht nur die Arbeitsorganisation, sondern auch das dahinter liegende Pflegeverständnis. Dieses wird auf seine technischen bzw. instrumentellen und quantifizierbaren Aspekte reduziert. Bezahlt und damit anerkannt werden nur dokumentierbare Pflegeleistungen, nicht aber die affektiven und kommunikativen Dimensionen (Dunkel 2011, S. 197).

Die Bewertung dieser neuen Formen der Arbeitsteilung fällt dabei unterschiedlich aus: Einerseits werden diese begrüßt, weil sie zu einer Ausdifferenzierung und Kooperation zwischen den beteiligten Professionen, zu flachen, vernetzten Teamstrukturen, flexiblen Rollenverteilungen und der Durchführung von Tätigkeiten entsprechend des eigenen Qualifikationsniveaus beitragen (Sachverständigenrat 2008, S. RZ 11). Andererseits regt sich Kritik gegen ebendiese Entwicklungen, da die neuen Arbeitsteilungen im Krankenhaus darauf hinaus laufen, dass die Pflege neue Aufgaben (wie die Steuerung von Prozessen und ausgewählte ärztliche Tätigkeiten) erhält, während Arbeiten wie Körperpflege, Mobilisation, Essen anreichen, Gespräche führen, aber auch zuhören, sich auf den anderen einlassen, trösten oder einfach da sein, also die sog. „Grundpflege“, aus der Pflege ausgelagert und an Hilfskräfte delegiert werden (Friesacher 2015, S. 201). Als problematisch wird dies dort angesehen, wo andere Tätigkeiten – etwa patient*innenferne Tätigkeiten – mehr Gewicht bekommen als die direkte Pflege am Bett (Friesacher 2015). In der kritischen Pflegewissenschaft wird hingegen gerade die komplexe und anspruchsvolle Grundpflege als wichtiger Bestandteil der Pflege begriffen und zudem herausgestellt, dass es eben nicht die medizinisch-technischen Arbeiten der Behandlungspflege sind, welche die Expertise und das Professionelle der Pflege ausmachen. Neue Formen der Arbeitsteilung und eine damit verbundene neue Personalstruktur werden aus dieser Perspektive daher als ein ‚der Pflege zuarbeitender Unterbau‘ verstanden, denn es wird kritisiert, dass Hilfs- und Assistenzkräfte meist nicht über die nötigen Kenntnisse verfügen, um bei den oft mehrfach schwer erkrankten Patient*innen auf Veränderungen schnell und qualifiziert reagieren zu können. Eine scheinbar triviale Tätigkeit wie Essen reichen, so die Kritik, birgt bei bestimmten Patient*innen ein hohes Risiko potenziell tödlicher Folgen und verlangt daher einen geübten Blick (Deutsche Gesellschaft für Neurologie 2005; Cassier-Woidasky 2011, S. 168). Demgegenüber wird die Forderung nach Ausweitung der pflegerischen Arbeiten durch die Übernahme ärztlicher Tätigkeiten, insbesondere in fachpolitischen Verbänden, als Aufwertung des Krankenpflegeberufs und als Voraussetzung zur Realisierung der Forderung nach Professionalisierung angesehen.

Unabhängig davon, ob diese Entwicklungen begrüßt oder abgelehnt werden, kommt es gegenwärtig jedoch zu einer Zergliederung und Delegation einzelner Arbeitsschritte sowie zu ihrer Zuweisung an unterschiedliche Beschäftigtengruppen. Damit vollzieht sich eine Abkehr von der „ganzheitlichen Pflege“ hin zu einer stärkeren Segmentierung. Dies wird durch die Logik der DRGs bekräftigt, da hier Arbeiten wie die Dokumentationspflicht, aber auch ärztliche Tätigkeiten ein stärkeres Gewicht bekommen, die Grund- und Körperpflege hingegen zunehmend als unqualifizierte Arbeit verstanden wird, die von Hilfskräften erledigt werden kann.

8.2 Vom feminisierten Liebesdienst zur professionellen Pflege: Verschiebungen eines Ethos fürsorglicher Praxis?

Parallel zur Bedeutungsverschiebung pflegerischer Tätigkeiten durch die DRG wird die (Kranken-)Pflege seit einigen Jahren durch den Diskurs um die Professionalisierung der Pflege beeinflusst. Damit ist einerseits die zunehmende Akademisierung der Pflege gemeint, die zu einer steigenden pflegewissenschaftlichen Wissensproduktion an den (Fach-)Hochschulen führt. Andererseits ist unter dem Schlagwort der Professionalisierung das Streben nach einer Verselbstständigung des Berufsstandes sowie ein Wandel in der professionellen

Orientierung bezeichnet. Das Berufsbild der stationären Pflege sowie die berufliche Ethik (oder das Care-Ethos) werden gegenwärtig folglich nicht nur durch den Wandel des Finanzierungsmodells in den Krankenhäusern, sondern ebenso durch das Streben nach Professionalisierung geprägt. Um diese Veränderungen nachzuzeichnen, nimmt das vorliegende Kapitel die historische Entstehung der Krankenpflege, ihre gegenwärtige Professionalisierung sowie die sich darin vollziehenden Veränderungen der normativen Orientierungen in den Blick.

8.2.1 Die Entwicklungen des (Kranken-)Pflegeberufs: Vom christlichen Liebesdienst zur Akademisierung

Bereits Ende des 18. Jahrhunderts stieg mit der Auflösung der feudalen Ständeordnung die Nachfrage nach pflegerischer Versorgung stark an. In Hospitälern wurden Arme, Alte und Kranke unterschiedslos untergebracht, weil diese gleichzeitig die Funktion von Irrenanstalten, Gefängnissen, Armen- und Krankenhäusern innehatten (vgl. Cappell 1996). Allerdings ließ die Qualität der dortigen Pflege seit dem späten 19. Jahrhundert immer mehr zu wünschen übrig, da in den Hospitälern vorrangig weibliche* Laien aus den unteren Schichten beschäftigt wurden, die den medizinischen Anforderungen der weisungsbefugten Ärzte[27] nicht gerecht wurden. Der Ruf nach gebildeten Frauen* aus dem Bürgertum als adäquate Pflegekräfte nahm daher zu, denn ihnen wurden bürgerliche Tugenden wie Dienstgesinnung, Sauberkeit und Ordnung zugeschrieben ebenso wie Distanz zu den Insassen, aber Loyalität gegenüber den Ärzten (vgl. Cappell 1996, S. 21). In ihrer Entstehung wurden in der Krankenpflege demnach Eigenschaften eingefordert, die auf Selbstlosigkeit, Selbstverleugnung und Aufopferung der Pflegekräfte sowie auf ihre hilfeleistende Unterordnung unter die Medizin zielten. Dabei hatte die Krankenpflege sich vollkommen auf die Bedürfnisse der Patient*innen einzustellen, sollte für sie da sein, für sie denken, ihre Wünsche erraten und sich selbst in ihrer Freizeit noch mit ihnen beschäftigen. (Bischoff 1992, S. 73 ff.) Mit dem Ruf nach adäquaten Pflegekräften ging folglich auch der Ruf nach bestimmten Charaktereigenschaften und sozialen Verhaltensmustern einher. Umgekehrt führten die Forderung nach mehr Qualität in den Krankenhäusern sowie der seit den 30er Jahren des 19. Jahrhunderts eklatante und vielbeklagte Mangel an Pflegepersonal in den Krankenanstalten zu einer diskursiven Aufwertung des Pflegeberufs. War dieser zuvor als „ekelhaftes und schmutziges Geschäft“ (Wetterer 2002, S. 295) eingestuft worden, so

27 Die Ärzte werden in diesem Abschnitt – soweit es sich um die Zeit der Entstehung der Krankenpflege handelt – nur im generischen Maskulin genannt, da die Berufsausübung als Arzt zu jener Zeit tatsächlich ausschließlich männlichen* Personen zustand. Um dies sichtbar zu machen, wird auf eine andere Schreibweise verzichtet.

entstand mit der Vernaturwissenschaftlichung der Medizin vom ausgehenden 18. Jahrhundert an[28], der beginnenden staatlichen Kontrolle des Gesundheitswesens und der durch die Industrialisierung geschaffenen Verhältnisse, die eine massenhafte Versorgung und Wiederherstellung von Arbeitskraft forderten, ein massiver Bedarf nach einer neuen Art von Krankenhäusern sowie nach besser qualifiziertem (Hilfs-)Personal (Krampe 2013, S. 44; Bischoff 1992, S. 20). Einerseits wurden mit der Entstehung des Pflegeberufs also Eigenschaften gefordert, die eine Unterordnung unter die Medizin sowie eine (Selbst-)Aufopferung des Personals bedeuten. Andererseits wurde die Krankenpflege vor dem Hintergrund des massiven Arbeitskräftemangels diskursiv aufgewertet, um sie sogleich als Arbeitsbereich attraktiv zu machen.

Während dabei zunächst noch geschlechts*unspezifisch* nach Potentialen gesucht wurde, um dieses Leck zu füllen, vollzog sich im weiteren Verlauf eine Feminisierung der Krankenpflege, die zugleich zur Herausbildung einer spezifischen bürgerlichen Weiblichkeit* beitrug. Im Zuge der Suche nach neuen Arbeitskräften verwoben sich die Anforderungen der Pflege mit jenen bürgerlicher Weiblichkeit* zugeordneten Eigenschaften. (Wetterer 2002, S. 311) Dass schließlich in bürgerlichen Frauen* das fehlende Arbeitskräftepotential gesehen wurde, hatte letztlich sowohl mit den Interessen der protestantischen Kirche, dieses Leck zu füllen, als auch mit denjenigen der Ärzte nach Hilfskräften, jedoch ebenso mit den Interessen bürgerlicher Frauen* selbst zu tun. (Wetterer 2002, S. 309 f.) Letztere entdeckten die Krankenpflege als eine Möglichkeit, ihre Erwerbs- und Ausbildungsansprüche sowie (im Falle unverheirateter bürgerlicher Frauen*) den materiellen Versorgungsbedarf zu befriedigen und zugleich die engen Grenzen ihres vermeintlich natürlichen Wirkungsbereichs durchlässiger

---

28 Wie Angelika Wetterer jedoch zeigt, war die „Vernaturwissenschaftlichung" der Medizin verknüpft mit der Herausdrängung von Frauen* aus dem ursprünglich weiblichen* Betätigungsfeld der Heilkunde und Geburtshilfe. In einer historischen Konstruktion weist sie darauf hin, dass die soziale Konstruktion und Etablierung der medizinischen Profession auf das Engste verzahnt war mit einer sozialen Konstruktion der Geschlechter, die sukzessive als Opposition zwischen den Arzt-Experten auf der einen sowie den Frauen* als prototypischen Laien auf der anderen Seite konzipiert wurde. (Wetterer 2002, S. 257 ff.) Am Beispiel der Hebammen arbeitet sie heraus, wie durch die sich im Verlauf des 18. Jahrhunderts einsetzende sukzessive Trennung des „normalen" vom „pathologischen" Geburtsverlauf und der Delegierung der jeweiligen Kompetenzen an verschiedene Berufe auch eine vergeschlechtlichte Umschreibung der Berufe stattgefunden hat: So ist der Zuständigkeitsbereich der Hebammen, denen der Gebrauch der geburtshilflichen Zangen, Sägen und sonstigen Instrumente ebenso untersagt wurde wie die Durchführung des Kaiserschnitts, fortan auf die so genannten „natürlichen Geburten" beschränkt, für die ihr „relativ laienhaftes" Wissen gerade noch ausreichte. Demgegenüber wurden die viel Sachverstand und Geschick voraussetzenden „künstlichen Geburten" nach der Kodifizierung des ärztlichen Einheitsstandes um die Mitte des 19. Jahrhundert den akademisch ausgebildeten Medizinern vorbehalten. (Wetterer 2002, S. 264 ff.)

zu machen.[29] Darüber hinaus traf die Rekrutierung bürgerlicher Frauen* auf die Interessen der Ärzte, die eine Konkurrenz von den (meist männlichen*) Krankenwärter befürchteten und daher weibliche*, als nicht in Konkurrenz stehende, Arbeitskräfte bevorzugten. Auch aus ökonomischen Gründen erschien es lohnenswerter, sich auf Frauen* zu konzentrieren, denn es wurde befürchtet, dass eine bessere Ausbildung der Krankenwärter diese zu materiellen Ansprüchen verleiten könnte (Wetterer 2002, S. 311). Indem die Herausbildung der Institution Krankenhaus unter der Vorherrschaft der Medizin sich als eine Feminisierung der Pflege vollzog, führte sie schließlich nicht nur zur Verdrängung von Männern* aus dem Berufsfeld, sondern erfolgte sogleich als eine *spezifische Verweiblichung*. In der Verzahnung mit bürgerlicher Weiblichkeit* wurde die Krankenpflege schließlich als weiblicher* „Liebesdienst" idealisiert; als Ausdruck eines wesensmäßig weiblichen* Bedürfnisses also, sich anderen liebend zuzuwenden (Bischoff 1992, S. 108).

Die Bezeichnung Schwester implizierte dabei die Vorstellung eines nicht mit dem üblichen Berufsleben vergleichbaren Liebesdienstes, der eine besondere Haltung zur eigenen Tätigkeit beinhaltet – nämlich die Fähigkeit, sich geduldig, einfühlsam und gekonnt auf die wechselhaften Gegebenheiten leibseelischer Bedürfnisse einzustellen (vgl. Ostner 1978). Über lange Zeit wurde die Krankenpflege daher eher als eine Berufung denn als Beruf begriffen. Die spezifischen Subjektivierungsweisen in der Pflege, etwa das Einpassen in betriebliche Hierarchien oder die Identifikation mit den Patient*innen und der eigenen Tätigkeit, wurden zudem nicht nur als Ausdruck des Schwester-Seins, sondern als jener des Frau*-Seins begriffen (Bischoff 1992, S. 20). Da die pflegerischen Fähigkeiten im „Liebesdienst" und in der Berufung gewissermaßen als natürliche Ausstattung von Frauen* erschienen, waren sie einer ökonomischen Bewertung als zu erwerbender und zu honorierender beruflicher Kompetenz entzogen.

Zugleich wird darauf verwiesen, dass die Herausbildung von moderner Medizin und Krankenpflege als gleichursprünglich zu betrachten sind (vgl. Wetterer 2009; Ostner/Beck-Gernsheim 1979). Der Umstand, dass die Krankenpflege als weibliches* Stammterrain gilt, dessen Tätigkeitsprofil sich gerade nicht primär durch erlernte berufsfachliche Kompetenzen, sondern hausarbeitsnahe Qualifikationen, wie Einfühlungsvermögen, Beobachtungsgabe, Empathie oder Mitmenschlichkeit auszeichnete, während sich die Heilkunst schon allein etymologisch von „techne", also „Können", herleitet (vgl. Twenhöfel 2011, S. 16),

29 Im Rahmen der „klassischen" bürgerlichen Differenzkonzeption und Arbeitsteilung gab es für unverheiratete Töchter des Bürgertums nicht nur auf der diskursiven Ebene nichts anderes als eine Leerstelle, sondern auch de facto kaum einen sozialen Ort. Die einzigen Tätigkeitsfelder, die ihnen offenstanden und nicht unmittelbar in die Proletarisierung führten, waren Hauslehrerin, Gouvernante, Elementar- und Mädchenschullehrerin, Gesellschafterin. Im Protestantismus fehlte zudem der Ausweg, der Frauen* in den katholischen Ländern immer offenstand, um der sozialen Ort-Losigkeit ebenso zu entkommen wie der Verarmung – nämlich der Eintritt in ein Kloster. (Wetterer 2002, S. 314 f.)

verweist beide Berufsbilder arbeitsteilig aufeinander. In dieser Tradition stehend erweist sich die Anerkennung der Krankenpflege als Profession schließlich als ein langer und mühsamer Prozess (Bischoff 1992, S. 109). Erst im 20. Jahrhundert entwickelte sie sich zu einem „normalen Frauenberuf", was mit einem Bedeutungsverlust kirchlicher Träger sowie der Regulierung und Verrechtlichung von Arbeitsbeziehungen und -bedingungen einher ging (vgl. Kuhlmann/Larsen 2014, S. 246). In diesem Verlauf löste die Pflegefachkraft das Bild der uneigennützigen und gehorsamen Diakonisse oder Schwester in religiösen Gemeinschaften ab, die gegen ein Taschengeld gewissermaßen rund um die Uhr zur Verfügung steht. Anstatt eines Taschengeldes wurde ein Lohn eingeführt, aber auch Berufszölibat oder Kost- und Logiszwang abgebaut.

Mit der Akademisierung des Frauen*berufs (Kranken-)Pflege Anfang der 1990er Jahre wurde schließlich ein neuer Abschnitt in dessen Entwicklung eingeleitet. Für den erneuten Ruf nach mehr Qualität in den Pflegeberufen spielte dabei der andauernde Pflegenotstand in den 1980er Jahren eine ebenso zentrale Rolle wie die Forderungen pflegerischer Eliten, die deutsche Pflege an die fortschreitende Akademisierung in anderen Ländern anzupassen (vgl. Krampe 2013). Der permanente Mangel an Pflegekräften, insbesondere an hochqualifizierten Berufsangehörigen, wurde gegen Ende der 1980er Jahre so eklatant, dass nach neuen Wegen zur Behebung des Missstands gesucht wurde (Krampe 2013, S. 49). Mit der Etablierung von Hochschulstudiengängen und dem Diskurs um Professionalisierung wurde schließlich die Hoffnung verbunden, die weiblich* konnotierte Pflege von der männlich* dominierten Medizin zu emanzipieren sowie ihr zu einer wirklichen Eigenständigkeit und weitergehenden Professionalisierung zu verhelfen. Das Berufsbild der Pflege soll demnach attraktiver gemacht werden, um damit neues Arbeitskräftepotential zu gewinnen. Das Ziel der Debatten um Professionalisierung war also einerseits, Pflege mittels Akademisierung als „echte Profession" zu etablieren und dem Beruf dadurch zu einer gelingenden Verselbstständigung zu verhelfen (vgl. Cassier-Woidasky 2011, S. 164; Becker/Lenz/Thiel 2017, S. 503). Andererseits wurde so zugleich der Mangel an Arbeitskraft zu beheben versucht.

Kritisiert wird im Zusammenhang der Akademisierung der Krankenpflege jedoch, dass keineswegs beabsichtigt sei, alle in der Pflege Tätigen entsprechend zu qualifizieren. Dies zeige sich beispielsweise darin, dass seit Beginn der Akademisierung der Schwerpunkt der angebotenen Studiengänge auf den Bereichen der Pflegepädagogik und des Pflegemanagements liegt und nicht, wie für die Professionalisierung des gesamten Berufsstandes erforderlich wäre, auf Pflege und Pflegewissenschaft (Dörge 2009, S. 141 f.).[30] Überdies wird darauf verwiesen,

30 So gibt es in Deutschland zwar über 50 Studiengänge, patientennahe Handlungsfelder sind dort aber bisher kaum Gegenstand. (Görres 2009, S. 1) Im Wesentlichen wurden lediglich die früheren Weiterbildungen zur Unterrichtsschwester und zur Pflegeleitung durch diese Fachhochschulstudiengänge ersetzt (Krampe 2014, S. 193).

dass von wenigen Ausnahmen abgesehen Pflegestudiengänge vornehmlich an Fachhochschulen angeboten werden und die dort stattfindende Forschung zumeist auf Anwendungsforschung orientiert sei. Grundlagenforschung der Pflegewissenschaft, die notwendig wäre, um eine wirklich eigene Disziplin zu begründen bzw. um ein theoretisches Fundament für die Pflegearbeit zu legen, sei damit nur begrenzt möglich. (Krampe 2014, S. 189) Trotz aller Anreize zur Erhöhung des Anteils von Pflegenden mit akademischem Abschluss gehe es schließlich überdies nur um einen Teil der Pflegenden, nämlich die akademisch ausgebildete „Pflegeelite", während der Großteil der „am Bett Tätigen" von der Qualifizierung durch akademische Abschlüsse nicht profitieren kann (vgl. Dörge 2009, S. 41; Becker/Lenz/Thiel 2017, S. 503). Angenommen wird daher, dass sich die Bestrebungen zur Professionalisierung auf eine exklusive Teilprofessionalisierung einzelner elitärer Subgruppen (und zudem nur auf bestimmtes Wissen) begrenzen, was zu einer stärkeren Ausdifferenzierung unterschiedlicher Beschäftigtengruppen und darin auch zu einer zunehmenden und kostenreduzierenden Arbeitsteilung führe, anstatt zur Anhebung des Qualifikationsniveaus aller. (Dörge 2009, S. 41) Schließlich wird auch eine inhaltliche Verengung des pflegewissenschaftlichen Wissens im Rahmen der Professionalisierungsprozesse und der Akademisierung der (Kranken-)Pflege befürchtet.

Ob und in welcher Weise sich das fachliche Wissen sowie die professionellen Orientierungen im Zuge der Entwicklungen des Berufsbildes verändern und/oder verengen, wird daher nachfolgend in den Blick genommen.

8.2.2 Zur Veränderung des pflegewissenschaftlichen Wissens und der Ausbildungsliteratur

Mit den Bestrebungen zur Professionalisierung der Krankenpflege wird nicht nur die Akademisierung pflegewissenschaftlichen Wissens verfolgt. Vielmehr verändert sich die Pflege auch in Bezug auf Inhalte der Forschung oder die Methodik.

So wird beispielsweise das Konzept der Evidenzbasierten Praxis (EBP) in Deutschland seit etwa zehn Jahren in der Pflege diskutiert und damit die Idee verfolgt, pflegerisches Handeln auf eine wissenschaftliche Grundlage zu stellen (vgl. Friesacher 2009). Konkret heißt dies, die beste externe Evidenz, also die Erfahrungen Dritter (wissenschaftliche Studienergebnisse) mit der internen Evidenz (persönliche Erfahrungen in der Begegnung mit zu Pflegenden) zu verbinden, um so unter weiterer Berücksichtigung von Rahmenbedingungen und Ressourcen zu den für den individuellen Bedarf von Patient*innen besten Behandlungsergebnissen zu gelangen (vgl. ebd., S. 3). In der Pflege, aber auch in der Medizin wird dies seit vielen Jahren jedoch durchaus kontrovers diskutiert, da sich das pflegerische Handeln, so der Einwand, nicht ohne Weiteres, wie durch die Evidenzbasierung angelegt, in Klassifikationssystemen und Auflistungen von EDV-kompatiblen Diagnose-, Interventions- und Evaluationsbegriffen abbilden lasse (vgl. Friesacher 2008; Remmers 2000). Hinter dem Konzept der EBP stehe demnach nicht lediglich eine Methode, die im Auffinden, Bewerten und Umsetzen von wissenschaftlicher Literatur bestehe. Vielmehr wird zugleich ein Wissenschaftsverständnis transportiert, welches in der Tradition empirisch-analytischer Wissenschaftsauffassungen stehe, darin aber vor allem quantifizierbare, scheinbar objektive Daten berücksichtige (Friesacher 2009, S. 3). Gegen das in der Pflegepraxis diagnostizierte emotionale, intuitive Handeln und die diffusen, kaum beschreibbaren Tätigkeiten sollen also, so eine weitere feministisch inspirierte Kritik, rationale, messbare und transparente Arbeitsabläufe etablieret werden (Krampe 2014, S. 187). In Bezug auf den Professionalisierungsdiskurs verweist etwa Christel Kumbruck daher darauf, dass darin der problematische Versuch unternommen wird, Qualitätsstandards in der Pflege zu entwickeln, diese in der Ausbildung zu vermitteln und ihre Umsetzung in der Praxis per Dokumentationen zu kontrollieren, sich allerdings nicht alle Tätigkeiten gleichermaßen in Standards abbilden ließen, da es viele Tätigkeitselemente in der Pflege gibt, die sich einer Standardisierung entziehen (Kumbruck 2010, S. 193). Der Professionsdiskurs orientiere demnach vor allem auf Konzepte, in denen schlecht messbare Anteile pflegerischer Arbeit nicht abgebildet werden. Zugleich schließen diese Konzepte jedoch an die durch das DRG-System beförderten Diagnose- und Klassifikationssysteme, klinische Behandlungspfade oder Programme für das Qualitätsmanagement an. (vgl. Hülsken-Giesler 2008; Friesacher 2009).

Darüber hinaus korrespondiere, so weiter, die Abspaltung emotionaler Fürsorge mit der Überführung einer körper- und kontextnah agierenden beruflichen Pflege in eine professionelle Dienstleistung. Denn diese zielt darauf, Pflegende in die Lage zu versetzen, sich den Arbeitsgegenstand in emotionslos-distanzierender Wahrnehmung zu erschließen und dadurch rational begründete Problemlösungsstrategien zu entwickeln bzw. zu nutzen. (vgl. Hülsken-Gieser 2009, S. 6) So wird beispielsweise die „Resilienz“ in jüngster Zeit als eines der wichtigsten Konzepte für Mitarbeitende im Gesundheitswesen betrachtet (vgl. McAllister/Lower 2011; Zwack 2013; Richter/Heckemann 2014, S. 10). Die Vermittlung von Resilienz-Kompetenzen soll helfen, „mit den Arbeitsanforderungen im Pflegealltag konstruktiver umzugehen“ (Benfer-Breisacher 2015). Bezogen auf den pflegerischen Alltag bedeutet dies, sich selbst zu regulieren, Verantwortung zu übernehmen, Beziehungen zu gestalten, sich aber auch von emotional überanspruchenden Situationen zu distanzieren und belastende Erlebnisse nicht zu sehr an sich heranzulassen, um so die eigene Belastbarkeit, Widerstandsfähigkeit, Selbstregulation und Gelassenheit zu steigern (vgl. Benfer-Breisacher 2015). Der Rückzug aus einer „nahsinnorientierten“ Beziehungsgestaltung zwischen Hilfesuchenden und Pflegenden wird jedoch umgekehrt auch als Bedrohung für die Dialektik von einfühlender Emotionalität und distanzierender Reflexion gesehen (Hülsken-Gieser 2009, S. 5). Die Existenz umfassenden, heilenden, Anteil nehmenden und fürsorgenden Dimensionen der Pflege würden darin tendenziell vernachlässigt (Darmann-Finck/Friesacher 2009, S. 1). Tätigkeiten und Kompetenzen also, so ließe sich die Kritik zusammenfassen, für die nicht einmal die Berufsgruppe der Pflegenden selbst Worte und Beschreibungen hat, und die sich nur schwer in der an Medizin und Naturwissenschaft orientierten Sprache ausdrücken lassen, sind nicht nur schwer vermittelbar, vielmehr bleibt eine Klassifizierung von Pflege so auch um wichtige Tätigkeitselemente bereinigt.

Ein Wandel des pflegewissenschaftlichen Wissens sowie der berufsethischen Orientierungen in der Krankenpflege werden nicht nur in Bezug auf ihre Methoden, sondern ebenso in Bezug auf einen Wandel der Lehrinhalte in den Lehrbüchern beschrieben. So zeigen Karina Becker, Sarah Lenz und Marcel Thiel mit Blick auf die Lehrinhalte in Pflegelehrbüchern der letzten 30 Jahren, dass sich die Inhalte und Anforderungen an die Pflegearbeit stark gewandelt haben.[31] Der handlungsleitende Bezugspunkt ist ihnen zu Folge nicht mehr ein ganzheitlich gestalteter Pflegeanspruch. Vielmehr gewinnen Aspekte wie standardisierte Informationen und von den individuellen Bedürfnissen der Patient*innen losgelöste Kommunikation, wirtschaftlich rationales Handeln, die Legitimierung veränderter Arbeitsteilungen oder die Externalisierung von emotionaler Fürsorge (an Angehörige ebenso wie an sog. Case Manager*innen) an Bedeutung (vgl. Becker/Lenz/Thiel 2017).

Dies zeigt sich etwa daran, dass ehemals zentrale Aspekte pflegerischer Arbeit wie das Zeitnehmen für Patient*innen und das geduldige Gespräch unter Druck geraten, weil Pflegende insbesondere seit Einführung des DRG-Systems dazu angehalten sind, jegliche Behandlungsschritte nachvollziehbar und abrechenbar zu dokumentieren. Während also etwa das Zeitnehmen für Patient*innen in den Lehrbüchern lange Zeit als Möglichkeit zur Beruhigung bei Angst, Sorge und Heimweh angeführt wurde, erscheint dies gegenwärtig nur noch als Ursachenbekämpfung von Schlafstörungen oder findet gar keine Erwähnung mehr. Patient*innen zu informieren, heißt also nicht mehr, ihnen auch emotionale Fürsorge zukommen zu lassen. Vielmehr soll das beruhigende Gespräch, mit welchem auf die individuellen und akut auftretenden, zum Teil auch situationsgebundenen Probleme der Patient*innen reagiert werden kann, durch standardisierte Prozesse ersetzt werden – so zum Beispiel durch die einfache Weitergabe von Informationsmaterial in Form von Broschüren oder Internethinweisen (Becker/Lenz/Thiel 2017, S. 510).

---

31 Becker/Lenz/Thiel gehen in ihrem Artikel *Pflegearbeit zwischen Fürsorge und Ökonomie* der Frage nach, inwiefern sich eine im Wandel begriffene pflegeberufliche Sozialisation in den Ausbildungsinhalten von Pflegelehrbüchern widerspiegelt. Als empirische Grundlage für eine inhaltsanalytische Rekonstruktion des angenommenen Wandels dient ihnen dabei das Standardwerk *Thiemes Pflege. Das Lehrbuch für Pflegende in Ausbildung* (in den Auflagen von 1973 bis 2012).

Veränderungen in den Ausbildungsinhalten zeigen sich auch etwa in der veränderten Haltung gegenüber neuen Arbeitsteilungen. Tätigkeiten, die keiner ökonomischen (d. h. abrechenbaren) Logik folgen, sollen demnach delegiert oder völlig ausgespart werden. Die Angehörigen werden hierbei als wichtige Bezugspersonen beschrieben, deren Potential sowohl in der krankenhausexternen als auch -internen Pflege noch viel stärker ausgeschöpft werden könnte (Becker/Lenz/Thiel 2017, S. 518). Auch eine interne Verschiebung der begleitenden und fürsorglichen Elemente der Pflege an Hilfskräfte wird jedoch zunehmend befürwortet. Während die veränderte Arbeitsteilung anfänglich noch kritisch reflektiert wurde, lassen sich die Bedingungen, die mit dem Einsatz von Hilfskräften oder anderer Personengruppen in der Pflege formuliert werden, in späteren Ausbildungsinhalten entsprechend nicht mehr auffinden (ebd.). So gibt die Ausgabe von *Thiemes Pflege* aus dem Jahr 1973 noch zu bedenken: Wenn sich die Pflegekraft „vom Krankenbett und den Aufgaben der Grundpflege entfernt [und die] Grundpflege ganz den Helferinnen überlässt, verliert sie den Kontakt zum Patienten und wird eine ihrer wichtigsten Aufgaben – die Bedürfnisse des Patienten richtig zu erkennen und seinen Gemütszustand zu beeinflussen – nur noch schwer erfüllen können" (1973, S. 21) (zit. n. Becker/Lenz/Thiel 2017, S. 509). In späteren Ausgaben ist dieser explizite Verweis auf die Gefahr der Arbeitsteilung nicht mehr zu finden. Stattdessen wird mit dem Case Manager eine neue Funktionsstelle geschaffen, welche die Vermittlung zwischen Patient*in und Krankenhaus und damit Aufgaben übernehmen soll, die zuvor der Pflege selbst zugeschrieben wurden.

Gefühlsarbeit in reduzierter Form, nämlich als Informationsblatt oder Case Manager, wird vor dem Hintergrund einer Suche nach Kostensenkungen im Gesundheitssystem als notwendiges wirtschaftsrationales Handeln legitimiert, um Kosten durch Über-, Unter- und Fehlversorgung sowie unnötige Ausgaben zu vermeiden und die Qualität, Wirksamkeit und Wirtschaftlichkeit der Versorgung zu sichern (Becker/Lenz/Thiel 2017, S. 519 f.). Pflegerisches Handeln als professionalisiertes Handeln impliziert folglich auch, so wird es in den Lehrinhalten vermittelt, individuell eine Korrespondenz zwischen qualitätsbezogenem und ethisch verantwortlichem Denken und ökonomischen Grundsätzen sicherzustellen. So heißt es beispielsweise in der Ausgabe von *Thiemes Pflege* aus dem Jahr 2004: „Ein professionelles Pflegeverständnis kann entscheidend dazu beitragen, sowohl ökonomisch verantwortlich zu handeln als auch die Patienten […] in den Mittelpunkt der Gesundheitsinstitution zu stellen." (2004, S. 41) Und weiter: „Die Gelder im Gesundheitswesen werden immer knapper. Dadurch wird die Pflege immer stärker gezwungen [,] wirtschaftliches Handeln zu einem Bestandteil ihrer Arbeit zu machen" (2004, S. 143; vgl. auch 2012, S. 28). (zit. n. Becker/Lenz/Thiel 2017, S. 514 f.) Becker/Lenz/Thiel kommen daher zu dem Schluss, dass ein traditionell *ganzheitlich* gestalteter Pflegeanspruch gegenwärtig zu Gunsten technisch-funktionaler

Tätigkeiten fragmentiert und um Elemente der Fürsorge beraubt wird, während die Pflege zugleich als für die Wirtschaftlichkeit des Krankenhauses (mit-)verantwortliche beschrieben wird (ebd.).

Zusammenfassend lässt sich feststellen, dass nicht nur die pflegerische Praxis durch zweckrationales Handeln und eine Kosten-Nutzen-optimierte Ausrichtung des wettbewerbsorientierten Krankenhauses prägt ist. Auch in der Ausbildungsliteratur, der akademischen Wissensproduktion und der Methodik spiegeln sich diese Ausrichtungen wider. Inwiefern dadurch (Rück-)Wirkungen auf die soziokulturellen und normativen Orientierungen der Pflegenden entstehen, welche als ein Bestandteil des beruflichen Handelns und des Selbstverständnisses verstanden werden, kommt im folgenden Kapitel in den Blick.

8.2.3 Pflege zwischen Ethos fürsorglicher Praxis und Professionalisierung

Mit der Formalisierung von Arbeitsbeziehungen in der Krankenpflege im Verlauf des 20. Jahrhunderts wurden nach und nach Rahmenbedingungen geschaffen, in denen der Wandel von der Schwester zur Pflegefachkraft möglich war. Im Laufe der Zeit verändern sich damit zugleich auch die normativen Orientierungen in der Krankenpflege sowie die Anforderungen an Pflegende. An die Stelle des weiblich* konnotierten (Selbst-)Verständnisses der am christlichen Liebesdienst orientierten Krankenschwester folgt mit der Verberuflichung der (Kranken-)Pflege die Orientierung an einer fürsorglichen Praxis (Senghaas-Knobloch/Kumbruck 2006). Aber auch die „fürsorgliche Praxis" verändert sich im Zuge der Diskussionen um die Professionalisierung der (Kranken-)Pflege erneut.

Mit dem Begriff des „Ethos fürsorglicher Praxis" (ebd.) sind einerseits (moralisch-ethische) Haltungen und Orientierungen gemeint, die für eine fürsorgliche Praxis als notwendig erachtet werden. Diese Erkenntnisse werden insbesondere durch die Care-Debatte (vor allem in den USA) und ihre Diskussion über Pflegekonzepte und Pflegequalität befruchtet.[32] Andererseits beschreibt der Begriff in einer empirischen Studie zur Alten- und Krankenpflege von Christel Kumbruck, Mechthild Rumpf und Eva Senghaas-Knobloch (2010) Orientierungen, welche die Autor*innen in den Erlebnissen und Reflexionen

32 So entstanden in den USA in den 1980er Jahren eigene Konzepte für eine an weiblichen* Werten orientierten Pflegeethik, die bis dahin in der Regel als Teilgebiet einer männlich* dominierten Medizinethik verstanden wurden. Rezipiert wurden vor allem Ethiken, die von spezifisch weiblichen* Praktiken oder weiblichen* Tugenden ausgehen. In allen stehen der Beziehungsaspekt und eine fürsorgliche Haltung im Mittelpunkt. (Kumbruck/Rumpf/Senghaas-Knobloch 2010, S. 17) Die Pflegepädagogin Marianne Rabe (2000) meint, dass Fürsorglichkeit als ethische Orientierung für die Pflege „vielleicht die professionalisierte Nachfolgerin des alten Liebesideals" ist (ebd., S. 14).

beruflicher Pflegekräfte gegenüber ihrem gelebten Pflegealltag empirisch gefunden haben. Das fürsorgliche Ethos meint folglich sowohl Anforderungen an Pflegende als auch Haltungen von Pflegekräften, die diese für ihre berufliche Praxis benötigen. Arbeitsinhaltlich beschreibt es einen Umgang, der eine lebenserhaltende, heilende oder lindernde Funktion nur dann erfüllen kann, wenn es gelingt, zur bedürftigen Person eine Beziehung zu entwickeln, in der auch ihre emotionalen und sozialen Bedürfnissen beachtet werden (Kumbruck/Rumpf/Senghaas-Knobloch 2010, S. 3). Damit ist auch eine Haltung gemeint, mit der Pflegekräfte auf unabweisbare körperliche Bedürfnisse antworten (sollen), die eine Person für sich allein nicht stillen kann. Pflegenden sollen folglich bewusst und behutsam darauf reagieren, dass pflegebedürftige Menschen abhängig von ihnen sind (Senghaas-Knobloch 2008, S. 227).

Im Begriff des „Ethos fürsorglicher Praxis" bekommen Fähigkeiten, die in der Entstehungsgeschichte der Krankenpflege als weibliche* und daher natürlich gegebene verstanden wurden, folglich einen Platz. Sie werden als wesentlicher Bestandteil pflegerischer Arbeit aufgefasst, ohne dass sie als weibliche* und natürliche vorausgesetzt werden. In Frage steht nach Kumbruck/Rumpf/Senghaas-Knobloch gegenwärtig jedoch, ob oder inwieweit es im Zuge der Professionalisierung gelingt, „die als weiblich konnotierten Empathieanteile fürsorglicher Praxis zu verallgemeinern, also aus ihrer geschlechtsspezifischen Zuordnung herauszuführen und auch unter Bedingungen eines ökonomisierten Gesundheitssektors in Professionskonzepten zum Tragen zu bringen" (Kumbruck/Rumpf/Senghaas-Knobloch 2010, S. 334).

Für die gegenwärtige Situation wird etwa kritisiert, dass eine einheitliche Formalisierung beruflicher Pflegequalifikationen, welche die weiblich* konnotierten Fähigkeiten im Rahmen der Pflegewissenschaft als bedeutende Kompetenz für eine gute Pflege werten und in die Pflegestandards integrieren, bis heute nicht (ausreichend) erfolgt ist. Demnach hat die Care-Debatte die Diskussion über Pflegekonzepte und Pflegequalität zwar bereichert. Allerdings ist sie in den derzeitigen Debatten um Professionalisierung kaum berücksichtigt worden (Kumbruck/Rumpf/Senghaas-Knobloch 2010, S. 17). Die Etablierung der Pflege als Beruf hat sich folglich ohne die Sichtbarmachung der dafür notwendigen Qualifikationen, Tätigkeiten und Abläufe sowie ihrer Befreiung aus der geschlechtsbezogenen Zuschreibung vollzogen. Im gegenwärtigen Professionalisierungsdiskurs sollen die als „weiblich" identifizierten, negativ konnotierten Seiten im Gegenteil gar ersetzt sowie die körpernahen, kommunikativen Anteile der Pflege weiterhin nicht als Bestandteil professionell erworbener Kompetenzen, sondern als weniger wertvolle und natürliche Ausstattung betrachtet werden (Senghaas-Knobloch 2010, S. 100).

Wenngleich nicht aus einer feministisch inspirierten Perspektive werden diese Einwände auch von Kritiker*innen des Professionalisierungsdiskurses geteilt. Wie auch im Konzept des Ethos fürsorglicher Praxis wird das Ansetzen an der Leiblichkeit (und nicht nur am Körper) und eine die Existenz umfassende, heilende, Anteil nehmende und fürsorgende Hilfe und Unterstützung in krisenhaften, oftmals sehr verletzlichen Situationen hier ebenfalls als wesentlicher Aspekt der Pflege verstanden. Bemängelt wird für den Professionalisierungsdiskurs hingegen, dass ebendiese Elemente der Pflege in den aktuellen Debatten eine untergeordnete Rolle spielen. (vgl. Friesacher 2008) Demgegenüber wird betont, dass für die Qualität der Pflege gerade die oft unsichtbar bleibenden Dimensionen wie die Aushandlungsarbeit, die Schaffung einer Situation des Wohlbefindens und die Gefühls- und Biografiearbeit entscheidend sind (Friesacher 2015, S. 202) – wenngleich die geschlechtsspezifische Konnotation dieser Tätigkeiten nicht benannt wird. Damit aber stehe pflegekundliches und nicht (ärztliches) heilkundliches Handeln im Zentrum dessen, wo professionstheoretisch und -praktisch anzusetzen wäre (Darmann-Finck/Friesacher 2009, S. 1).

Eine einheitliche Formalisierung beruflicher Pflegequalifikationen muss aktuell daher, so betont etwa Senghaas-Knobloch, kommunikative und beziehungsorientierte Fähigkeiten in der Pflegewissenschaft als bedeutende Kompetenz für eine gute Pflege werten. Sie muss bewusst auch mit der geschlechterhierarchisch entwertenden Zuschreibungstradition brechen und die bisher weiblich* konnotierten Fähigkeiten in die Pflegestandards aufnehmen (Senghaas-Knobloch 2010, S. 100). Der Wandel der Pflege zu einem professionellen Dienstleistungsberuf geht gegenwärtig jedoch mit einer Verschiebung „von primär fürsorglichen, an der Leiblichkeit ansetzenden Handlungen hin zu Tätigkeiten [einher], die im Hinblick auf den Nachweis professionellen Tuns aussagekräftiger sind" (Kumbruck 2010, S. 199). Mit den Debatten um Professionalisierung und im Zuge der Einführung der DRG wird also nicht ein Ethos fürsorglicher Praxis, sondern ein ‚professionalisiertes' oder ‚medizinisch-orientiertes Ethos' für das Berufsbild der Pflege prägend. Dieses ist charakterisiert durch Aspekte wie quantifizierbare, scheinbar objektive Daten, eine emotionslos-distanzierende Wahrnehmung oder standardisierte Informationen und Kommunikation. Pflegerisches Handeln als professionalisiertes impliziert also, dass nicht ein *ganzheitlich* gestalteter Pflegeanspruch verfolgt, sondern die Pflege um Elemente der Fürsorge beraubt wird.

8.3 Zwischenfazit

Die Reorganisation der Gesundheitsversorgung seit der ersten Hälfte der 1990er Jahre führt zu einem Umbruch im deutschen Krankenhauswesen vor allem durch die Einführung des DRG-Finanzierungsmodells als wettbewerbsorientierte Strukturreform. Dies führt in der Folge zu einem strukturellen Konkurrenz- und Kostendruck. Über Sparmaßnahmen, aber auch durch den Anstieg der

Fallzahlen sowie die Reduzierung der Verweildauer wird der Druck vor allem an die Krankenpflege weitergeleitet, denn diese Maßnahmen ziehen Personalabbau sowie eine Verdichtung und Intensivierung der Arbeit nach sich. Auch die Organisation der Arbeit im Krankenhaus wird jedoch im Zuge des DRG-Systems durch Formen des internen Benchmarkings und Controllings sowie neue Arbeitsteilungen in der Krankenpflege restrukturiert. Parallel zu den Veränderungen der Rahmenbedingungen in den Krankenhäusern verschieben sich in den letzten Jahren darüber hinaus auch inhaltliche und methodische Sichtweisen in der Pflege. Diese sind einerseits durch weitgehende Prozesse der Ökonomisierung, andererseits durch den Diskurs um Professionalisierung in der Pflege geprägt. In den Ausbildungsinhalten der Krankenpflege treten Verschiebungen auf, die sich als Legitimierung der neuen Arbeitsteilungen sowie des Gebots der Wirtschaftlichkeit lesen. Das methodische Wissen weist auf Veränderungen hin, die jenen Wissensformen ein stärkeres Gewicht verleihen, die sich in Klassifikationssystemen und Auflistungen von EDV-kompatiblen Diagnose-, Interventions- und Evaluationsbegriffen abbilden und daher als quantifizierbare und scheinbar objektive Daten besser verarbeiten lassen. Dies geschieht zu Lasten von schlechter messbaren Anteilen pflegerischer Arbeit. Zudem werden Tätigkeiten der sog. Grundpflege wie Körperpflege, Mobilisation, Essen anreichen oder etwa Gespräche führen, zuhören, sich einlassen, trösten oder einfach da sein im Zuge neuer Formen der Arbeitsteilung aus der Pflege ausgelagert und an Dritte (wie Hilfskräfte, Angehörige oder standardisierte Informationsbroschüren) delegiert. Im Verlauf der vergangenen Jahre wandeln sich somit das Berufsbild und die normativen Anforderungen und Subjektivierungsweisen in der Pflege. Das Ethos fürsorglicher Praxis gerät materiell und ideologisch zu Gunsten eines professionellen oder medizinisch-orientierten Ethos unter Druck.

Inwiefern sich die Veränderungen der (Arbeits-)Bedingungen sowie die Re-Formulierung des Verständnisses guter Pflege in der Folge auf die (beruflichen) Denk-, Fühl- und Handlungsweisen von Pflegenden auswirken und wo in diesem Prozess Krisen entstehen, ist Gegenstand der nachfolgenden empirischen Untersuchung.

9. Pflegekräfte zwischen Erschöpfung und Widerstand: Krisen der sozialen Reproduktion in den Krankenhäusern?

In der (Kranken-)Pflege ist in den letzten Jahren immer wieder von zunehmenden Arbeitsbelastungen die Rede. So geben fast 50 % der Pflegekräfte im Krankenhaus an, ihre Arbeit nicht mehr entsprechend der fachlichen Erfordernisse erledigen zu können, 80 % leiden unter steigendem Zeitdruck und nur knapp 22 % der Pflegekräfte können sich vorstellen, unter den derzeitigen Arbeitsbedingungen bis zur Rente zu arbeiten (vgl. DGB-Index Gute Arbeit 2018, S. 16). Seit einigen Jahren sind daher vermehrt gewerkschaftliche (Tarif-)Kämpfe um Entlastung in den Kliniken zu verzeichnen. Sie fordern vor allem mehr Personal und bessere Arbeitsbedingungen ein, um die Gesundheit und Arbeitsfähigkeit der Pflegenden zu schützen, aber auch Patient*innen gut versorgen zu können (vgl. Windisch 2017, S. 130). Die aktuelle Situation in der Krankenpflege scheint also nicht nur angespannt. Es regt sich zusehends auch Widerstand gegen die als belastend empfundenen Arbeitsbedingungen.

Wie im vorangehenden Kapitel nachgezeichnet werden konnte, haben sich in den letzten Jahren Veränderungen der (Arbeits-)Bedingungen insbesondere durch die Einführung des DRG-Systems sowie Verschiebungen durch den Diskurs um professionelle Pflege vollzogen. Es liegt daher nahe, die Arbeitsbelastungen in der Krankenpflege sowie gewerkschaftliche Auseinandersetzungen um Entlastung vor dem Hintergrund dieser Verhältnisse zu deuten. Die Veränderungen der letzten Jahre, so ist zu vermuten, üben Druck auf die pflegerische Praxis aus und dies führt sowohl zu steigenden Belastungen als auch zu Widerstand gegen ebendiese Entwicklungen. In Studien, welche die Effekte des DRG-Systems auf die Arbeitsbedingungen und das praktische Handeln in der Pflege untersuchen, wird diese These gestützt (vgl. Braun et al. 2011; Braun/Klinke/Müller 2010; Kumbruck/Rumpf/Senghaas-Knobloch 2010). Die Verknappung der Mittel, aber auch der Anstieg der Fallzahlen haben demzufolge Auswirkungen auf die pflegerischen Tätigkeiten und die Versorgungsqualität.

Nachfolgend wird daher zunächst auf den empirischen Forschungsstand zu den Arbeitsbedingungen, Selbstverständnissen und zum praktischen Handeln von (Kranken-)Pflegekräften eingegangen. Hieran anschließend werden das Sample und die Ergebnisse der eigenen empirischen Untersuchung vorgestellt und diskutiert.

9.1 Wandel des Handelns und der Selbstverständnisse in der Pflege: Empirischer Forschungsstand

Auch wenn darauf verwiesen wird, dass die Arbeitssituation von Pflegenden, ihr berufliches Selbstverständnis sowie das pflegerische Handeln als Resultat verschiedener Entwicklungen und nicht allein als direkte oder lineare Wirkung von DRG-Anreizen zu verstehen sind (vgl. auch Braun/Klinke/Müller 2010), verschafft eine Reihe wissenschaftlicher Studien dennoch Einblicke zu den Auswirkungen der DRG auf die Arbeitsbedingungen sowie die Verschiebungen im praktischen Alltag der Pflege.

Erste Ergebnisse kurz nach der Einführung der DRG weisen etwa auf eine Zunahme der Mithilfe bei ärztlichen sowie die Abnahme patient*innennaher Tätigkeiten hin. Überdies wird beschrieben, dass der Anteil von administrativen Handlungen an der Arbeitszeit steigt, während die Anleitung, Beratung oder Unterstützung beim Essen oder der Mobilisation im Umgang mit Patient*innen zugleich sinkt (vgl. Bartholomeyczik 2007). Innerhalb der pflegerischen Aufgaben hat also, so die Beobachtungen der Studie, insbesondere die Kommunikation abgenommen, die nicht während einer anderen Pflegetätigkeit nebenherläuft. Das fürsorgliche Gespräch begrenzt sich demnach vor allem auf spezielle Informationen, Krankheitsanfragen oder organisatorische Fragen – und dies, obwohl die Patient*innen im Durchschnitt kränker sind und daher mehr direkte Unterstützung benötigen. Zudem wäre zu erwarten gewesen, dass Patient*innen bei abnehmender Verweildauer besser informiert und angeleitet werden müssten, um das Krankenhaus schneller verlassen und die Nachversorgung gut bewerkstelligen zu können. Die Ergebnisse der Studie zeigen jedoch, dass Pflegekräfte in den letzten Jahren relativ gesehen weniger Zeit im direkten Kontakt mit den Patient*innen verbringen. (Bartholomeyczik 2007) Der Anteil patient*innennaher Tätigkeiten in der Pflege ist demzufolge sukzessive zurückgegangen; und dieser Rückgang basiert dabei vor allem auf einer Abnahme von Tätigkeiten der direkten Pflege.

In einer Untersuchung von Forscher*innen der Universitäten Witten-Herdecke und Freiburg zeigt sich ebenfalls, dass Pflegende „zusätzliche Tätigkeiten häufig von den Ärzten übernehmen müssen und ihre ursächlichen pflegerischen Tätigkeiten vernachlässigen“ sowie, dass quantitative Anforderungen „nach Ansicht der Pflegenden ebenfalls in den vergangenen zwei Jahren gestiegen“ sind (Bartholomeyczik et al. 2008, S. 115 f.). Dies wird auch in den Gesundheitsreports von DAK und BGW bestätitgt (Grabbe/Nolting/Loos 2005, S. 52 ff.). Darüber hinaus wird darin gezeigt, dass fast die Hälfte der Befragten eine Zunahme des Leistungsdrucks durch die Einführung der DRG erwartet (ebd., S. 66). Diese Erwartung scheint sich, wie die jährliche Erhebung *Gute Arbeit* des DGB zeigt, durchaus bestätigt zu haben. Wie bereits erwähnt, kommt diese zu dem Ergebnis, dass ein Großteil der Beschäftigten in der Krankenpflege die eigene Arbeit als Hetze sowie als gesundheitlich belastend empfindet (vgl. DGB-Index Gute Arbeit 2018, S. 16 ff.).

Insgesamt lassen folglich einige Studien darauf schließen, dass sich Aufgaben und Belastungen von Pflegenden in den letzten Jahren verändert haben. Die Vermutung, dass die Veränderungen der letzten Jahre Druck auf die pflegerische Praxis ausüben, wird demnach zunächst bestärkt. In allen Studien zeigen sich eine Abnahme der psychosozialen Versorgung, Aspekte von Wirtschaftlichkeit und Kostendruck sowie steigende Belastungen im pflegerischen Alltag. Offen bleibt indes, ob sich auch eine Veränderung der pflegerischen Selbstverständnisse und normativen Orientierungen vollzieht. Hier finden sich widersprüchliche Aussagen in bereits vorliegenden Studien.

Die Untersuchung von Kumbruck/Rumpf/Senghaas-Knobloch (2010) basiert auf qualitativen Befragungen von Beschäftigten in der Alten- und Krankenpflege und wirft einen detaillierten Blick auf die subjektiven Deutungen der Befragten. Auf der Grundlage des Konzeptes eines „Ethos fürsorglicher Praxis" wir hier gezeigt, dass ebendiese normativen Orientierungen der Pflegenden aufgrund der gegenwärtigen Arbeitsbedingungen unter Druck geraten sind (vgl. Kumbruck/Rumpf/Senghaas-Knobloch 2010, S. 35). Folglich argumentieren die Autor*innen, dass Pflegende sich *entgegen* ihrer Orientierung an einer fürsorglichen Praxis zu einer Veränderung ihrer Handlungsweisen gezwungen sehen. Demgegenüber formulieren Braun et al. in ihrer quantitativ angelegten, mehrjährigen Befragung von Pflegekräften in den Krankenhäusern die Annahme, dass Pflegende durch eine Verschlechterung der Arbeitsbedingungen sowie neue Handlungsimperative in Bedrängnis geraten seien und ihr pflegerische Selbstverständnis daher in Veränderung begriffen sei (vgl. Braun et al. 2010). Da die realisierbare pflegerische Praxis zunehmend in Widerspruch zu den traditionellen Überzeugungen gerate, könne dieser Konflikt nur durch eine Anpassung der Realität an die Überzeugung (etwa durch das Verlassen des Berufs oder durch Widerstand und Kämpfe) integriert werden; oder über die Anpassung der Überzeugung an die Realität gelöst werden (ebd., S. 10).[33] Folglich gehen die Autor*innen davon aus, dass unter DRG-Bedingungen die Herausbildung eines neuen beruflichen Selbstverständnisses befördert werde, welches zwischen betriebswirtschaftlichen und pflegerischen Handlungsimperativen abwägen müsse. Hierauf verweisen Braun et al. zufolge besonders diejenigen Ergebnisse der (standardisierten) Befragungen, die eine abnehmende Zustimmung zur Bedeutung der psychosozialen Versorgung (sowie darin einen generationellen Unterschied) aufweisen.

33 Braun et al. (2011) nehmen an, dass ein zu großes Auseinanderdriften von Norm und Praxis zu kognitiven bzw. moralischen Dissonanzen führt, die entweder über Anpassung an neue Normen oder über Voice (Protest) oder Exit (Arbeitsplatzwechsel) ausgeglichen werden müssen. (ebd., S. 74)

In beiden Studien wird auf einen Wandel der pflegerischen Praxis verwiesen. Ob es jedoch auch zu einem Wandel des pflegerischen Selbstverständnisses kommt, bleibt umstritten. So gehen Kumbruck/Rumpf/Senghaas-Knobloch davon aus, dass das Ethos fürsorglicher Praxis als zerstörbar begriffen werden muss – die Befragten sich normativ jedoch weiterhin an einer fürsorglichen Praxis orientieren. Dass ein fürsorgliches Ethos gelebt werden kann, ist im Anschluss an die Autor*innen aber nicht nur von zuwendungsbereiten, achtsamen und kompetenten Pflegekräften abhängig, sondern ebenso von befähigenden und unterstützenden gesellschaftlichen und institutionellen Rahmenbedingungen (vgl. Kumbruck/Rumpf/Senghaas-Knobloch 2010, S. 35). Da letztere gegenwärtig nicht vorhanden seien, könne eine fürsorgliche Praxis aktuell nicht (mehr) ausgeübt werden. Braun et al. argumentieren demgegenüber nicht mit einem Festhalten, sondern mit einem Wandel der normativen Orientierungen und pflegerischen Selbstverständnisse. Sie beobachten einen Widerspruch zwischen normativen Ansprüchen und real existierenden Arbeitsbedingungen, der aus ihrer Sicht einen Wandel der pflegerischen Selbstverständnisse und eine *Abkehr* von einer fürsorglichen Praxis nach sich zieht. Dies kann von den Autor*innen jedoch nicht näher bestimmt werden, da sie aufgrund ihrer standardisierten Befragungen nicht auf die subjektiven Deutungen der Pflegenden eingehen und/oder das pflegerische Selbstverständnis erfragen können. Kumbruck/Rumpf/Senghaas-Knobloch hingegen sind nicht in der Lage, einen Wandel des Care-Ethos der Beschäftigten wahrzunehmen, da sie in ihrer Theoretisierung lediglich auf die Zerstörbarkeit des – scheinbar ontologischen – Ethos fürsorglicher Praxis verweisen, nicht jedoch seine Wandelbarkeit untersuchen. Sie gehen also der Frage nicht nach, ob es auch ein von Pflegenden verinnerlichtes *anderes* Care-Ethos geben könnte.

Vor dem Hintergrund des dargestellten empirischen Forschungsstandes liegt der Fokus der vorliegenden Untersuchung erstens darauf zu fragen, ob und wie durch die Veränderungen der letzten Jahre – nämlich gewandelter Arbeitsbedingungen durch die DRG sowie eines neuen Verständnisses guter Pflege durch den Professionalisierungsdiskurs – ein *Anpassungsdruck* auf die pflegerischen Praxen und Selbstverständnisse entsteht. Zweitens wird das pflegerische Handeln der Befragten sowie ihr Selbstverständnis untersucht.

9.2 Vorstellung des Samples

Das in diesem Kapitel untersuchte Sample besteht aus einem gewerkschaftlichen Experteninterview sowie fünf problemzentrierten Interviews mit Beschäftigten der Charité. Die Charité besteht heute aus drei Klinikstandorten. Diese sind jedoch erst nach und nach zu einer gemeinsamen Universitätsklinik zusammengeführt worden: Durch die Teilung Berlins nach dem Zweiten Weltkrieg lag die Charité (jetziger Campus Mitte) in Ost-Berlin. In der DDR galt die Charité als führendes Krankenhaus der Hauptstadt der DDR, angegliedert an die Humboldt-Universität (HU). In West-Berlin wurde das städtische Krankenhaus Westend zum Universitätsklinikum Charlottenburg umfunktioniert und außerdem das Universitätsklinikum Benjamin Franklin gebaut. Beide Einrichtungen gehörten zur Freien Universität Berlin (FU) und sind der heutige Campus Benjamin Franklin. In der Zeit von 1946–1989 war die Charité eine Vorzeigeeinrichtung der DDR. 1997 fusionierten die medizinischen Fakultäten Rudolf-Virchow-Klinikum und Charité zur Medizinischen Fakultät Charité der Humboldt-Universität zu Berlin. Ein Jahr später wurden auch die dazugehörigen Kliniken zusammengeführt. Im Jahre 2003 kam das ehemalige Universitätsklinikum Benjamin Franklin der Freien Universität Berlin hinzu. Damit entstand die Charité – Universitätsmedizin Berlin, das größte europäische Universitätsklinikum. Vorher bestanden die einzelnen Häuser als getrennte Kliniken für sich.

Mit dem Streik der Beschäftigten an der Charité im Sommer 2015 ist es zum ersten Mal gelungen, eine tarifliche Personalbemessung an einem deutschen Krankenhaus zu erkämpfen. Dies war das vorläufige Ergebnis langanhaltender Auseinandersetzungen um Personalabbau und Arbeitsverdichtung in der Pflege. Ziel war es, einen Tarifvertrag zu erstreiten, der eine Personalbemessung, d.h. die Anzahl der erforderlichen Pflegekräfte pro Station, tariflich festlegt. Der Slogan *Mehr von uns ist besser für alle* prägte daher die Auseinandersetzungen. Auch hinsichtlich seines Ausmaßes war der Streik an der Charité neu. Ebenfalls zum ersten Mal ist es hier in einem deutschen Krankenhaus gelungen, dass Beschäftigte über zehn Tage die Arbeit niedergelegt haben und Operationen verschoben werden mussten. Rund 1200 Betten und 20 Stationen wurden in diesen Auseinandersetzungen gesperrt. Seitdem sieht der Tarifvertrag *Gesundheitsschutz* an der Charité vor, den Personalbedarf entsprechend des Pflegeaufwands und nicht mehr entlang des zur Verfügung stehenden finanziellen Budgets zu bestimmen (vgl. Kunkel 2015). Die Auseinandersetzungen an der Charité bilden den Ausgangspunkt für das Sample.

Eine Befragung von darin aktiv kämpfenden Pflegekräften erscheint aus zwei Gründen interessant: Erstens wird angenommen, dass kämpfende Beschäftigter sich mit den Veränderungen in den Krankenhäusern bewusster auseinandersetzen. Zweitens ist zudem eine größere Unzufriedenheit mit den (strukturellen) Rahmenbedingungen und/oder den Veränderungen der beruflichen Anforderungen dort zu vermuten, wo Beschäftigte sich wehren. Eine Befragung zu den Krisen, dem Anpassungsdruck sowie zu den Umgangsweisen, sich verändernden Praxen und (Selbst-)Verständnissen der Pflegekräfte erscheint hier also besonders ergiebig.

Insgesamt wurden sechs Pflegekräfte befragt, die sich alle als weiblich* bezeichnen, wobei eines der Interviews mit zwei Pflegenden stattgefunden hat.[34] Fünf der Befragten sind examinierte Pflegekräfte, d.h. sie haben eine dreijährige Pflegeausbildung zur Fachkraft absolviert. Eine Person ist als Pflegehilfskraft tätig und hat eine mehrmonatige Weiterbildung beendet.

Um den Einfluss auf das pflegerische Selbstverständnis durch Ausbildungsinhalte und gesellschaftliche Diskurse untersuchen zu können, sollte vor dem Hintergrund der Befunde über die Veränderungen in den Ausbildungsinhalten (vgl. Becker/Lenz/Thiel 2017) sowie dem Diskurs um Professionalisierung sichergestellt werden, dass Pflegende aus unterschiedlichen Ausbildungskohorten befragt werden. Die Altersstruktur des Samples ist daher so gewählt worden, dass möglichst unterschiedliche Generationen und verschiedene inhaltliche Ausbildungskonjunkturen vertreten sind. Da dieses Auswahlkriterium auf Pflegehilfskräfte aufgrund der anderen Ausbildungsbiografie nicht in gleichem Maße zutrifft, war das Alter der befragten Hilfskraft nicht entscheidend für das Sample. Ihre Aussagen wurden in der Auswertung nur dort berücksichtigt, wo sie die Veränderungen der Arbeitsbedingungen und Abläufe im Krankenhausalltag betreffen.

Stefanie ist zum Zeitpunkt des Interviews 58 Jahre alt und arbeitet auf einer chirurgischen Station, auf einer Urologie. Ihre Pflegeausbildung hat sie im Jahr 1984 am Campus Benjamin Franklin (CBF) absolviert und ist seitdem, d.h. seit über 30 Jahren am CBF beschäftigt. Stefanie wurde zur examinierten Pflegekraft folglich vor der Diskussion um Professionalisierung und noch lange vor der Einführung des DRG-Finanzierungssystems im Jahr 2003 ausgebildet. Da sie schon von Beginn ihrer beruflichen Tätigkeit an am Campus Benjamin Franklin (der jetzigen Charité) angestellt ist, hat sie die Veränderungen der Arbeitsbedingungen an der Charité kontinuierlich mitverfolgt.

Manuela ist zum Zeitpunkt des Interviews 59 Jahre alt und arbeitet auf einer unfallchirurgischen Station. Ihre Ausbildung zur examinierten Pflegefachkraft hat sie 1986 gemacht. Seitdem arbeitet sie in der Pflege. Nach fünf Jahren in der Neurochirurgie ist sie allerdings in die Unfallchirurgie gewechselt, wo sie nunmehr seit 1995 beschäftigt ist. Auch Manuela arbeitet bereits seit vielen Jahren an der Charité.

Helga ist zum Zeitpunkt des Interviews 48 Jahre alt und arbeitet auf einer Station für akute Schlaganfälle (Stroke Unite). Bevor sie auf der Station für Schlaganfälle angefangen hat, hat Helga jahrelang auf einer sog. Normalstation gearbeitet. Da der Arbeitsdruck für sie dort zu groß geworden ist, weil die Anzahl

34 Dies hat den Hintergrund, dass es für das Sample wichtig erschien, eine junge Pflegekraft zu befragen. Es erwies sich jedoch als äußerst schwierig, unter den jüngeren Pflegekräften eine Person zu finden, die sich für ein Interview bereit erklären wollte. Dies war schließlich nur als gemeinsames Interview in Begleitung einer Kollegin möglich.

der zu betreuenden Patient*innen stetig gestiegen ist, hat sie vor ein paar Jahren eine Weiterbildung gemacht, mit der sie sich zur Intensivpflegerin qualifiziert hat. Dadurch hat sie sich nicht nur zusätzliche Kompetenzen angeeignet, sondern während der Weiterbildung auch den Diskurs um die Professionalisierung der Pflege mitbekommen. Helga hat demnach zwei unterschiedliche Ausbildungskohorten kennengelernt.

Bettina hat ihre Ausbildung zur examinierten Pflegekraft ebenfalls an der Charité absolviert. Anders als die anderen Befragten hat sie diese jedoch in der ehemaligen DDR beendet, da sie bereits seit der Ausbildung am Campus Mitte gearbeitet hat, welcher zum damaligen Zeitpunkt im Osten Berlins lag.[35] Sie ist zum Zeitpunkt des Interviews 52 Jahre alt. Da Bettina seit ihrer Ausbildung an der Charité beschäftigt ist, hat sie die Veränderungen der Arbeitsbedingungen hier kontinuierlich mitverfolgt. Anders als bei den anderen Befragten kommt bei ihr jedoch hinzu, dass sie nicht nur den Umbruch der Arbeitssituation durch die Einführung der DRGs, sondern ebenso jenen nach der deutschen Wiedervereinigung erlebt hat. Im Interview spielt die Umstellung des Finanzierungsmodells eine wichtige Rolle, die Wiedervereinigung hingegen wird hinsichtlich der Veränderungen in den Arbeitsbedingungen nicht ausführlich beschrieben.

Louisa ist zum Zeitpunkt des Interviews 28 Jahre alt und arbeitet auf einer privaten Station der Kardiologie und Unfallchirurgie. Auch sie hat ihre Ausbildung an der Charité absolviert und ist seitdem hier beschäftigt. Im Unterschied zu den restlichen Befragten hat sie ihre Ausbildung bereits mitten in der Vorbereitung und dann der Umstellung auf das DRG-System absolviert. Auch der Diskurs um die Professionalisierung in der Pflege hat während ihrer Ausbildungszeit schon eine bedeutende Rolle gespielt. Louisa beschreibt in dem geführten Interview dennoch einen Wandel der Arbeitsbedingungen, den sie daran festmacht, dass sich die Zahl der zu betreuenden Patient*innen in den letzten Jahren auf ihrer Station deutlich erhöht hat.

Tamara ist zum Zeitpunkt des Interviews 48 Jahre alt. Als Hilfskraft hat sie keine Ausbildung zur examinierten Pflegekraft absolviert, jedoch vor fünf Jahren eine mehrmonatige Weiterbildung zur Hilfskraft beendet. Zuvor hat sie

---

35 In der DDR erfolgte die fachpflegerische Ausbildung seit 1974 als „Fachschul"-Ausbildung. Sie wurde dabei abgegrenzt gegenüber der Ausbildung zum „Facharbeiter für Krankenpflege". Letztere bedurfte zwar ebenfalls einer dreijährigen Ausbildung, wies allerdings geringere Zugangsvoraussetzungen auf. Die Ausbildung zum „Facharbeiter für Krankenpflege" ist mit der Ausbildung von Pflegehilfskräften vergleichbar (vgl. Thiekötter 2006, S. 124ff.). Die Fachpflege hingegen sollte gegenüber dem „Facharbeiter" gesellschaftlich aufgewertet werden (ebd., S. 225). Inhaltlich zeichnete sich die Ausbildung neben einer starken Praxisorientierung gegenüber der Ausbildung in der BRD vor allem durch die „Orientierung an ärztlichen Assistenz- und Verordnungstätigkeiten" (ebd., S. 200) aus.

allerdings bereits seit 10 Jahren als Servicekraft an der Charité gearbeitet. Auch sie ist daher schon lange am Uniklinikum beschäftigt und kennt die Arbeitsbedingungen unterschiedlicher Beschäftigtengruppen aus eigener Erfahrung.

Zusätzlich zu den Befragungen von Pflegekräften wurde überdies ein gewerkschaftliches Experteninterview mit dem für die Auseinandersetzungen an der Charité zu diesem Zeitpunkt zuständigen Gewerkschaftssekretär bei der Vereinten Dienstleistungsgewerkschaft Ver.di, Kalle Kunkel, geführt. Dieses wird einerseits genutzt, um die geschilderten Erfahrungen der Pflegekräfte durch das Wissen über die Situation einer Vielzahl von (gewerkschaftlich organisierten) Kolleg*innen anzureichern. Andererseits dient es als vertiefender Kenntnisstand über die Veränderungen der (Arbeits-)Bedingungen an der Charité.

9.3 Zeitdruck, Personalmangel und veränderte Anforderungen: Alltäglicher Anpassungsdruck in der Krankenpflege

Mithilfe des empirischen Forschungsstandes konnte bereits herausgearbeitet werden, dass in der Krankenpflege ein Wandel der pflegerischen Praxis eingesetzt hat. Dieser äußert sich beispielsweise in einer Zunahme administrativer und ärztlicher Tätigkeiten, der Abnahme psychosozialer Versorgung von Patient*innen, Zeitdruck und Überlastungen oder vermehrten Wirtschaftlichkeitserwägungen. Die Veränderungen der Pflegepraxis wurden auf die Verschärfung der Arbeitsbedingungen zurückgeführt und – etwa im Kontext der Debatten zur Care-Krise – die These vertreten, dass ein fürsorgliches Care-Ethos in die Krise geraten sei. Die Veränderungen der pflegerischen Routinen und Selbstverständnisse sind auch Gegenstand der nachfolgenden Untersuchung. Allerdings werden diese unter hegemonie- und krisentheoretischen Gesichtspunkten in den Blick genommen. Der Fokus liegt darin nicht so sehr darauf, wie sich die Handlungsweisen in der Krankenpflege verändern, sondern auf der Frage, wie und wodurch ein Anpassungsdruck auf die Denk-, Fühl- und Handlungsweisen von Pflegenden entsteht, sowie, ob und in welcher Weise ein Wandel der Arbeitsroutinen erfolgt. Den theoretischen Erkenntnissen folgend stehen sowohl strukturelle Handlungsbedingungen als auch subjektivierende Anforderungen und Regulierungen im Fokus. Dies wird an vier Beispielen untersucht: Erstens wird die Rolle der Körperpflege, zweitens jene der Arbeitsteilung sowie drittens die Bedeutung psychosozialer und kommunikativer Tätigkeiten in der Pflege und viertens die Orientierung an Wirtschaftlichkeit untersucht. Die ausgewählten Alltagssituationen stehen beispielhaft für je unterschiedliche Verschiebungen in den Gewohnheiten und Routinen der Pflegenden.

9.3.1 Der Krankenhausalltag am Beispiel der Körperpflege – Notwendige Priorisierungen unter Bedingungen des Mangels

Die Körperpflege zählt zu den Tätigkeiten der sog. Grundpflege und ist somit ein wesentlicher Bestandteil der pflegerischen Arbeit. Denn die Grundpflege gilt als jener Teil der Pflegepraxis, der an der Leiblichkeit (und nicht nur am Körper) ansetzt und eine die Existenz umfassende, heilende, Anteil nehmende und fürsorgende Hilfe und Unterstützung leistet (vgl. Friesacher 2008). So hat die Körperpflege etwa die Funktion, zur bedürftigen Person eine Beziehung zu entwickeln und dadurch Vertrauen und Wohlbefinden aufzubauen. Gerade in krisenhaften, oftmals verletzlichen Situationen kann und soll die Pflege des Körpers demnach dazu beitragen, bewusst und behutsam darauf zu reagieren, dass pflegebedürftige Menschen abhängig von den Pflegenden sind (vgl. Senghaas-Knobloch 2008, S. 227). Umgekehrt kann sie, so wird kritisch gegenüber einer Delegierung dieser Tätigkeiten an nicht (ausreichend) qualifizierte Arbeitskräfte eingewandt, Unwohlsein auslösen, Vertrauen zerstören oder als Tortur wahrgenommen werden, wenn sie als vermeintlich weniger anspruchsvolle Arbeit verstanden wird (vgl. Roth 2011; Marrs 2007). Im Zuge der Etablierung neuer Arbeitsteilungen wurde die körperliche Pflege jedoch in ihrer Bedeutung herabgestuft und zu ebenjenen Aspekten pflegerischer Arbeit erklärt, die aus dem Aufgabenkatalog examinierter Pflegefachkräfte tendenziell verabschiedet wird. In diesem Sinne kann der Umgang mit Aufgaben der Körperpflege als Indikator dafür verstanden werden, in welche Richtung sich die pflegerische Praxis entwickelt.

In den Interviews mit den Pflegekräften der Charité wird schnell deutlich, dass die Körperpflege hier zu jenen Tätigkeiten gezählt wird, die vernachlässigt werden sollen, wenn angesichts von Zeitdruck Abwägungen darüber getroffen werden müssen, welche Arbeiten dringend notwendig sind und welche als weniger wichtig erscheinen, denn

> „Sachen, die wir früher gemacht haben, die sind jetzt einfach nicht mehr möglich vom Zeitaufwand her. Früher haben die Leute alle drei Tage ein Fußbad gekriegt. Das kann man heute, wenn man nicht irgendwie Praktikanten oder Schüler oder so etwas hat, dann werden einfach mal die Füße so gewaschen und dann hat sich die Sache. Da ist gar nicht mehr die Zeit dafür da" (Interview Manuela, Z. 11–16).

Die Körperpflege wird folglich als erstes eingespart. Zugleich wird deutlich, dass dies auch den (gewandelten) Erwartungen seitens der Pflegedienst- und Stationsleitungen entspricht. So wird die Körperpflege von diesen als Tätigkeit angesehen, die reduziert werden kann:

„Im Augenblick ist es so, wir versuchen, ungefähr den Standard auf Arbeit einzuhalten wie vor zehn Jahren, wo wir noch mehr Personal hatten. Zum Beispiel einfach einen pflegebedürftigen Patienten jeden Tag waschen. (…) Dann wird aber von unserer obersten Leitung gesagt, man braucht einen Patienten nicht jeden Tag zu waschen, es reicht, wenn man das jeden dritten Tag tut“ (Interview Stefanie, Z. 135–143).

Vor dem Hintergrund von Zeitdruck und Personalmangel wird die Priorität von den Pflegedienstleitungen nicht (mehr) im körperlichen Wohlbefinden gesehen, sondern in ärztlichen Tätigkeiten. Denn diese formulieren es nach Aussage der Pflegekräfte so: „Wenn ihr jetzt nicht jeden Tag wascht, dann schafft ihr den Rest der Arbeit ja. Die Verbände et cetera, was eigentlich ärztliche Tätigkeit ist, Drainagen ziehen oder sonst was, Katheter legen. Dann schafft ihr das ja besser“ (Interview Stefanie, Z. 149–151). Die Anforderungen der Leitungen entsprechen folglich ebenjenen Vorstellungen, die auch von Befürworter*innen neuer Formen von Arbeitsteilung formuliert werden. Ärztliche Tätigkeiten bekommen gegenüber Tätigkeiten der Grundpflege wie etwa dem Waschen Priorität. Zugleich wird deutlich, dass der bestehende Zeitdruck in der Pflege durch eine Hierarchisierung der Tätigkeiten bearbeitet werden soll. Dies folgt der Logik der Profitabilität, die mit den DRGs implementiert wurde – denn während ärztliche Tätigkeiten darin als Steigerungen der Fallzahlen und damit als gewinnbringende Tätigkeiten konzipiert werden, sind pflegerische Arbeiten allein als Kostenfaktor enthalten (vgl. Böhm 2009). Die Neuverteilung der Arbeiten im Krankenhaus folgt also dem Argument von Kostenvorteilen (vgl. Blum et al. 2008; Baierlein et al. 2008).

Für die Pflegekräfte entsteht dadurch eine Situation, in der sie Prioritäten für ihre Praxis treffen müssen. Vor dem Hintergrund von Personalmangel und Zeitdruck sowie als Konsequenz aus den Anforderungen der Leitungen

„muss ich mich ja fragen, was ist wichtiger. Ist es wichtiger, dass der Patient seine Flüssigkeit bekommt oder ist es wichtiger, dass sein Gesicht gewaschen ist, sage ich mal. (…) Und ich für meine Person denke, da ist es wichtiger, dass die medizinischen Sachen laufen, dass der Patient quasi gesund ist“ (Interview Helga, Z. 376–380).

Es entsteht also ein struktureller Handlungsdruck. Da viele ärztliche Tätigkeiten an die Pflege delegiert werden, geraten lebenserhaltende Arbeiten in Konkurrenz zu den vermeintlich weniger wichtigen Aspekten pflegerischer Arbeit. Die Pflegekräfte sehen sich gezwungen, zu entscheiden, welche Tätigkeiten sie angesichts zu knapper Ressourcen für notwendig erachten, da die Ärzt*innen sich weigern, die einmal delegierten Tätigkeiten wieder zu übernehmen:

„Und jetzt ist man quasi in der Bredouille zu sagen, wir haben sehr viele medizinische Tätigkeiten übernommen. Sehr viele Tätigkeiten, die ursprünglich mal dem Arztberuf vorbehalten waren. (…) Jetzt macht man diese Tätigkeiten. Man hat sie ja auch nicht ungern gemacht, darum geht es gar nicht. Aber jetzt muss man überlegen, was ist gerade WICHTIGER für den Patienten? Und da stellt sich die Frage, wir können nicht sagen: ,Du, Arzt, hier, pass auf, ich kann heute die Infusionslösung nicht anhängen, weil, ich habe vier Leute, die ich komplett waschen muss'. Könnte ich theoretisch machen. Aber da zeigt der Arzt mir einen Vogel und sagt, er hat auch keine Zeit" (Interview Helga, Z. 367–376).

Im Experteninterview mit dem zuständigen Gewerkschaftssekretär Kalle Kunkel wird dies als Form der „indirekten Steuerung" bezeichnet (vgl. Interview Kunkel). Der Druck wird an die Beschäftigten weitergegeben und ihnen zugleich überlassen, wie sie mit dieser Situation umgehen. Insofern etwa eine Infusion für die lebenserhaltenden Funktionen von Patient*innen dringlicher erscheint als die tägliche Körperpflege, sehen sich die Beschäftigten in der Bredouille, tradierte Kernelemente ihrer pflegerischen Praxis zu vernachlässigen.

Dies passiert, obwohl die Pflegenden es als Verlust des eigenen Aufgabenbereichs wahrnehmen, denn „nur ärztliche Tätigkeiten machen, so dass ich meine Sachen kaum noch schaffe, das ist dann nicht gut" (Interview Stefanie, Z. 155–156). Obwohl die Körperpflege von vielen Pflegenden als wichtiger Baustein der Pflege begriffen wird, etwa weil sie eine aktivierende Funktion einnimmt, die den Patient*innen helfen soll, ihre körperlichen Fähigkeiten zu erhalten, sehen sie sich also zu einer Veränderung der eigenen Praxis gezwungen:

> „Ja, dass man denen das also nicht aus der Hand nimmt, sondern auch wenn es mal schnell gehen muss, dass ich denen dann einen Lappen in die Hand drücke und die dann selber sich das Gesicht waschen oder das machen, was sie selber noch alleine können. (…) Und manchmal sehe ich ja jetzt bei uns, dass die teilweise ein bisschen länger brauchen. Dann setze ich die zwar ans Waschbecken, wasche dann halt den Rücken und wo sie nicht drankommen gleich und dann lasse ich die puzzeln" (Interview Manuela, Z. 387–399).

Hier scheint sich zu verwirklichen, was auch Becker/Lenz/Thiel (2017) beschreiben: Mit dem Bedeutungsgewinn betriebswirtschaftlicher Anforderungen und Orientierung vollzieht sich zwar (zunächst) kein abrupter Wechsel, aber es deutet sich an, dass sich das konstatierte Dilemma zwischen Qualität und Effizienz aus der Pflegepraxis zu einem Intra-Rollen-Konflikt der Beschäftigten entwickelt (ebd., S. 592). Die Pflegenden werden vor eine Situation gestellt, in der sie entscheiden müssen, wie sie angesichts des Personalmangels agieren (wollen).

Ein weiterer Punkt, der von den Autor*innen aufgezeigt wird, zeigt sich ebenfalls in den Interviews. So werden bereits in der Ausbildung Prioritäten pflegerischen Handelns vermittelt, die schließlich auch im betrieblichen Alltag eingefordert werden – so etwa, wenn die Pflegeschüler*innen den Aussagen der befragten Beschäftigten zufolge lernen, dass das Waschen nur alle drei

Tage notwendig sei. Die Verschiebung der Bedeutung von Körperpflege für die Pflege ist den Befragten also durchaus bewusst. Sie verweisen darauf, dass die Priorisierung ärztlicher Arbeiten nicht nur als Resultat der Arbeitsbedingungen im Krankenhaus entsteht, sondern bereits in der Ausbildung vermittelt wird, „weil die Auszubildenden es zum Teil lernen, man muss den Patienten nicht jeden Tag waschen, es reicht, wenn er jeden dritten Tag gewaschen wird" (Interview Stefanie, Z. 528–529).

9.3.2 Mangelnde Aufsicht über Patient*innen im Pflegealltag – Zur Legitimierung neuer Formen von Arbeitsteilung

Ist am Beispiel der Körperpflege bereits aufgezeigt worden, dass und wie es gegenwärtig zu einer Hierarchisierung von Pflegetätigkeiten und einer Verschiebung von Prioritäten im pflegerischen Alltag kommt, so soll dies mithilfe eines Blicks auf die Betreuungssituation von Patient*innen nunmehr vertieft werden. Auch hier werden durch Personalreduktion und Zeitdruck Situationen geschaffen, die in der Konsequenz dazu führen, dass Pflegende „von Tätigkeiten befreit werden, für die man keine dreijährige Ausbildung braucht" (Heepe 2016) – wie es auch von der Pflegedirektion der Charité formuliert wird. Insbesondere Arbeiten am Bett für höher qualifizierte Pflegende zu reduzieren, ist demnach keine lediglich nicht intendierte Folge, sondern erklärtes Ziel neuer Formen der Arbeitsteilung. In welcher Weise Druck auf die Pflegepraxis ausgeübt und neue Handlungsweisen legitimiert werden, soll nun deutlich gemacht werden.

Aufgrund ihres spezifischen Krankheitsbildes bedürfen demenzkranke Patient*innen besonderer Beaufsichtigung. In ungewohnter Umgebung und außerhalb ihres routinierten Alltags haben sie besondere Schwierigkeiten, sich zu orientieren und zu verstehen, was mit ihnen geschieht. Sie benötigen daher (oftmals) eine lückenlose Aufsicht. Dabei muss sichergestellt werden, dass sie das Krankenhaus, ihr Zimmer oder auch das Bett nicht verlassen, stürzen oder sich anderweitig gefährden. „Aber die Zeit hat man als normale Pflegekraft auf einer Station nicht, sich darum zu kümmern" (Interview Helga, Z. 157–158), so beklagen die Befragten in den Interviews. Deutlich wird also, dass durch Zeitdruck und Personalmangel Situationen entstehen, die andere Lösungen verlangen. In Folge dessen kommt es daher dazu, dass „wir Sitzwachen bestellen, die auch Geld kosten. Und wenn die nicht da sind: Wie oft wir Patienten haben, die aus dem Bett fallen oder weglaufen. Das ist schon also fraglich, ob das so richtig ist" (Interview Helga, Z. 158–160). Letztlich scheitert die Versorgung also schlicht an der ausreichenden Zeit für die Beaufsichtigung von (dementen) Patient*innen – insbesondere wenn sie nicht verstehen, was im Krankenhaus mit ihnen geschieht. Bei knapper Personaldecke oder fehlenden Mitteln wird es „gefährlich hier eine Pflege hochzuziehen" (Interview Louisa, Z. 149). Daher wird versucht, die als notwendig erachtete Betreuungs- und Aufsichtspflicht über Patient*innen von anderen Arbeitskräften übernehmen zu lassen – beispielsweise indem Sitzwachen installiert werden. Gelingt dies nicht, sehen sich die Pflegekräfte gezwungen, auf Behandlungsmethoden zurückzugreifen, die sie trotz besseren Wissens und entgegen ihrer Qualifikationen anwenden müssen:

> „Und weißt du noch, was wir dann machen? Wir parken den Patienten auf dem Gang vor dem Schwesternzimmer, egal wie, dass wir den im Auge haben. Du musst immer wieder rennen. (…) Trotzdem, weil ist ja unser Patient. Du willst ja nicht, dass da was passiert. (…) Da blutet mir mein Herz. Weißt du, wenn ich nicht gerecht werde und einfach den Patienten nicht richtig versorgen kann. (…) Ich kann das nicht und mir tut das manchmal in der Seele weh" (Interview Tamara, Z. 165–183).

Trotz des Wissens, dass diese Form der Betreuung nicht den fachlichen Ansprüchen genügt, sehen sich die Pflegekräfte nicht in der Lage, die Situation anders zu meistern. Bevor sie Gefahr laufen, die Patient*innen zu gefährden, greifen sie folglich zu Methoden, die ihren eigenen Ansprüchen widersprechen:

> „Ja, teilweise kommt es dann auch zur Fünf-Punkt-Fixierung. Hatten wir auch schon. Aber trotzdem, weil er sich auch nicht mehr zugetraut hat, den Patienten zu betreuen. (…) Also wir können das, was wir gelernt haben, können wir überhaupt nicht irgendwie umsetzen" (Interview Louisa, Z. 173–184).

Der Anpassungsdruck im pflegerischen Alltag zeigt sich auch am Beispiel der Aufsicht und Betreuung von Patient*innen einerseits als struktureller Druck. So sind es erneut vor allem Zeitdruck und Personalmangel, welche Situationen kreieren, in denen die Pflegekräfte – oftmals gegen ihr pflegerisches Selbstverständnis – entscheiden müssen, wie sie agieren. In eine Situation gezwungen, in der die Pflegenden zwischen der Fixierung am Bett, der Lagerung im Krankenhausflur oder einer drohenden Gefährdung der Patient*innen entscheiden müssen, erscheint eine Betreuung durch Sitzwachen als legitimes Mittel. Denn Sitzwachen vermeiden wenigstens Lösungen, die von den Befragten als noch weniger angemessen angesehen werden. Dadurch verschiebt sich jedoch nicht nur der Anspruch an die eigene Arbeit, sondern auch die Beurteilung darüber, was angesichts knapper Ressourcen als gute Versorgung noch angestrebt werden kann: Obwohl die Bedürfnisse dementer Patient*innen besondere Qualifikationen ausgebildeter Pfleger*innen erfordern und Sitzwachen lediglich die körperliche Unversehrtheit gewährleisten können, wird schon der Kampf um ihre Bereitstellung – vor dem Hintergrund (noch größerer) körperlicher und psychischer Gefährdungen – als Fortschritt gewertet. Angesichts des Mangels an ausgebildetem Pflegepersonal erscheint also die Delegation von Tätigkeiten der Betreuung an (nicht qualifizierte) Hilfskräfte wünschenswert. Zeitdruck und Personalmangel schaffen folglich nicht nur neue Handlungsimperative. Sie tragen auch zur Legitimierung von neuen Formen der Arbeitsteilung bei.

Zugleich wird auch ein subjektivierender Druck auf die pflegerische Praxis seitens der Pflegedienst- und Stationsleitungen[36] ausgeübt verstärkt. Im Krankheitsfall sorgen diese nicht für Ersatz, sondern erwarten stattdessen, dass die Pflegenden der Station für den Ausfall einspringen oder die Diensthabenden die entstehende Lücke selbst kompensieren:

> „Das heißt, wenn bei uns jetzt ad hoc jemand fehlt oder so, müssen wir sehen aus den eigenen Reihen, wie wir die Sache wieder irgendwo in Ordnung bringen" (Interview Stefanie, Z. 165–166). Das Einspringen ‚aus dem Frei', d.h. die Übernahme eines Dienstes außerhalb der eigentlich vorgesehenen Arbeitszeiten, wird von den Leitungen erwartet: „Und es dankt dir keiner mehr was, wenn du einspringst. Du wirst nur noch schräg angeguckt, wenn du das nicht machst. Und teilweise sogar verpflichtet" (Interview Louisa, Z. 634–635).

Dass Mehrarbeit darüber hinaus auch durch Überstunden geleistet wird, scheint dabei von allen Beteiligten stillschweigend vorausgesetzt zu werden. Es scheint sich so sehr in die Normalität des Alltags eingeschrieben zu haben, dass es von den meisten Befragten gar nicht erwähnt, nur in einem Nebensatz formuliert oder erst auf Nachfrage angesprochen wird: „Ja, Überstunden sind es ja sowieso eigentlich jeden Tag. Weil, wie gesagt, eine Pause machen wir ja nicht unbedingt. Und meistens bleibt man doch 20 Minuten länger, um dann den Papierkram noch zu machen" (Interview Helga, Z. 758–760).

9.3.3 Psychosoziale Versorgung unter Zeitdruck – Fürsorgliche Praxis in Bedrängnis

In der (kritischen) Pflegewissenschaft wird betont, dass für die Qualität der Pflege die oft unsichtbar bleibenden Dimensionen entscheidend sind (vgl.

---

36 Die Pflegedienstleitungen sind den Stationsleitungen hierarchisch übergeordnet. Bei ersteren liegt demnach die Budgetverantwortung für die ihnen zugeordneten Stationen. Folglich sind sie es auch, die den Kostendruck durch die Personalplanung oder die formulierten Anforderungen an die Pflegekräfte weitergeben. Allerdings berichten alle befragten Pflegekräfte, dass die Stationsleitungen – obwohl sie dem Stationsteam eigentlich wohlwollend gegenübertreten – den Druck dennoch an die Pflegekräfte weitergeben. Insofern es mir in den nachfolgenden Ausführungen darum geht, nachzuzeichnen, inwiefern der Anpassungsdruck durch die Pflegedienst- und Stationsleitungen nicht abgemildert wird, werden die verschiedenen Funktionen durch die Benutzung des Begriffs Leitung verdeckt. Für die mir wichtig erscheinende Erkenntnis, ist dies jedoch nicht relevant und entspricht auch der Art, in der die befragten Pflegekräfte über die Leitungen sprechen, indem sie keinen Unterschied zwischen Pflegedienst- und Stationsleitungen markieren.

Friesacher 2015). Um eine Situation des Wohlbefindens zu schaffen, Aushandlungsarbeit, aber auch Gefühls- und Biografiearbeit leisten zu können, braucht es etwa kommunikative sowie leibliche Fähigkeiten in der Pflege. Dies zum Beispiel, indem mithilfe des beruhigenden Gesprächs auf individuelle und akut auftretende, zum Teil auch situationsgebundene Probleme der Patient*innen reagiert oder zur Beruhigung bei Angst, Sorge und Heimweh beigetragen werden kann. Dennoch werden diese als weiblich* konnotierten Anteile pflegerischer Arbeit meist nicht als professionell erworbene Kompetenzen anerkannt, sondern als weniger wertvolle, quasi natürliche Ausstattung von Pflegekräften verstanden (vgl. Senghaas-Knobloch 2010). Wie sich in den Gesprächen mit den Fachkräften an der Charité herausstellt, geraten sie auch hier in Folge von Zeitdruck sowie den Erwartungen von Pflegedienst- und Stationsleitungen unter Druck.

Selbst da, wo eine ruhige Atmosphäre sowie ein geregelter und strukturierter Ablauf nicht nur wünschenswert, sondern auch unabdingbar sind, wird es als nahezu unmögliche Aufgabe geschildert, eine Situation des Wohlbefindens zu schaffen:

> „Demente haben wir da. Die bringst du durcheinander, wenn du da reinstürzt. Die sind den ganzen Tag einfach unruhig. Das glaubt man nicht. Man muss einfach ruhig bleiben. Jetzt waschen wir uns, dann ist Frühstück. Du musst einen Plan drin haben. (…) Wenn der rote Faden nicht und wenn die Leute dann, weißt du, zu wenige sind, wir haben die Zeit einfach nicht. Da wird aufgewurschtelt" (Interview Tamara, Z. 276–281).

Anstatt zur Beruhigung der Patient*innen beizutragen und ihnen das Gefühl zu vermitteln, dass sie gut aufgehoben sind, überträgt sich der Zeitdruck von der Pflege auf die Betreuten und leistet in diesem Sinne keine Unterstützung. Ruhe zu bewahren, erweist sich angesichts der Überlastung jedoch als enorme Kraftaufwendung, die gegen den Impuls ankommen muss, die Arbeit möglichst schnell und effizient zu erledigen. Kommunikative und empathische Zuwendungen sowie die psychosoziale Versorgung von Patient*innen geraten demnach unter Druck. Es fehlt schlichtweg die Zeit damit

> „du dich wirklich explizit auf den Patienten einlassen kannst, der Patient auf dich. Geht gar nicht. Geht nicht, weil du musst ja fließbandarbeit-mäßig die Patienten abfertigen. Du hast keine Zeit für Gespräche. Obwohl die Patienten überwiegend so viel Bedarf haben mal mit jemand anderen darüber zu sprechen über ihr Krankheitsgeschehen" (Interview Louisa, Z. 250–254).

Obwohl die psychosoziale und kommunikative Zuwendung von den Pflegekräften als ein zentraler Aspekt ihrer Arbeit verstanden wird, zeigt sich deutlich, dass sie unter Personalmangel kaum bewältigt werden kann. Insbesondere bei zwischenmenschlich schwer zugänglichen Patient*innen entstehen Situationen, die von den Pflegekräften aufgrund eigener Belastungsgrenzen nicht (mehr) abgefedert werden können.

> „Wenn ich jetzt einen 55-jährigen, ganz normalen Patienten habe, der nur in einem unverschämten Tonfall und einer unverschämten Art und Weise mit mir redet, um den brauche ich mich nicht mehr kümmern. Also jedenfalls nicht zwischenmenschlich, ja. Fachlich ja. Fachlich gebe ich ihm seine Infusionen, wird alles geregelt, wird alles gemacht. Aber ich habe es nicht mehr nötig und ich will es auch nicht. Und dafür bin ich auch eine Spur zu müde" (Interview Stefanie, Z. 496–500).

In Folge der dauerhaften Überlastung leidet die Empathiefähigkeit und nimmt mit der Zeit schließlich ab. Die Fähigkeit also, sich auch auf sozial schwierige Situationen einstellen zu können und auch hier den professionellen Anspruch aufrecht zu erhalten, wird vom beruflichen Druck im Alltag beeinträchtigt und schwindet auf Dauer: „Weil ich früher, denke ich, versucht habe, noch irgendwie sozusagen da wieder Frieden und Harmonie reinzukriegen und mir heute einfach auch sage, nein, dafür bin ich schon zu fertig" (Interview Stefanie, Z. 492–493).

Erstaunlich ist überdies, dass nicht nur der Anspruch der Pflegenden an die eigene Arbeit unter Druck gerät, sondern auch die Erwartungen der Patient*innen sich an die gegebenen Bedingungen anzupassen scheinen. So berichten die befragten Pflegekräfte davon, dass (oftmals gerade ruhigere) Patient*innen aus Empathie den Pflegenden gegenüber eigene Bedürfnisse zurückstellen, wenn die Beschäftigten es nicht schaffen, alle gut zu versorgen, weil im Trubel des Alltags einige Patient*innen aus dem Blick geraten:

> „Da ist er untergegangen, der ist untergegangen, da hatte ich was versprochen heute früh, was mir dann vollkommen wieder entfallen ist. Der Patient hatte mich auch nicht daran erinnert, dass ich doch so nett das machen wollte, weil er will mich auch nicht stören. Die sehen ja auch, wie wir rumrennen" (Interview Stefanie, Z. 82–85).

Um die Pflegekräfte nicht zusätzlich zu belasten, artikulieren die Patient*innen ihre Bedürfnisse nicht oder versuchen sich dort, wo es möglich ist, gegenseitig zu unterstützen:

> „Die trauen sich teilweise nicht zu klingeln, weil sie denken: ‚Gott nein, andere haben es vielleicht notwendiger.' Wir hatten einen neulich, okay, lieber netter Mann, 50 Jahre war der, auch frisch operiert. Lag im Zimmer, abends wo es jetzt immer so kalt da war, hat er sich nicht gemeldet und hat da im Bett gesessen und ‚Brrrrrr' gefroren. Er konnte ja nicht aufstehen wegen der OP. Und wollte nicht klingeln, dass das Fenster zugemacht wird. Weil wir halt zu unterbesetzt sind. Und das kann nicht sein" (Interview Louisa, Z. 994–1000).

Angesichts von Personalmangel und Zeitdruck geraten folglich nicht nur die Ansprüche der Pflegekräfte, sondern auch diejenigen der Patient*innen unter Druck: Aus Angst, die Pflegenden zusätzlich zu belasten oder sie zu beanspruchen, obwohl andere Patient*innen ihre Hilfe möglicherweise dringender bräuchten, stellen sie ihre Bedürfnisse zurück. Sie antizipieren also den Mangel an Ressourcen und passen ihre Ansprüche entsprechend an.

Für die Pflegedienst- und Stationsleitungen aber zählen kommunikative und psychosoziale Tätigkeiten ohnehin zu ebenjenen Aspekten pflegerischer Arbeit, von denen sich examinierte Pflegefachkräfte tendenziell verabschieden sollten. In diesem Sinne wirken sie darauf hin, dass psychosoziale Unterstützungen der Patient*innen sich auf Krisensituationen beschränken. So gehören ihnen zufolge kommunikative und emotionale Bedürfnisse von Patient*innen nicht zu den pflegerischen Aufgaben; jedenfalls nicht zu denjenigen Tätigkeiten, die alltäglich notwendig sind:

> „Und, ja, ich habe das Gefühl, so für die Leitung ist es wichtig, dass der Patient so, wie, weiß ich nicht, vor 50 Jahren noch die Elternerziehung war-, Kind sauber und satt, das ist wichtig. Und alles andere ist dann erst mal-, wenn es sauber und satt ist, dann geht es dem Kind gut. Ob es jetzt Bedürfnisse noch hat andere oder gefördert werden will oder jemandem zum Spielen haben möchte, spielt keine Rolle (…) Der Patient-, dem geht es jetzt einigermaßen gut" (Interview Stefanie, Z. 261–267).

Im Expertengespräch mit dem Gewerkschaftssekretär Kalle Kunkel stellt sich zudem heraus, dass die Anforderungen der Leitungen zum Teil gar in sog. Prioritätenlisten festgehalten und systematisiert sind. In diesen Listen wird festgehalten, was unter Bedingungen des Mangels als erstes weggelassen werden kann. Zwar sind

> „diese Prioritätenlisten (…) eigentlich Listen für den Notfall. Wenn aber der Notfall im Prinzip der Standardzustand ist, dann entwickelt sich über so diese Priorisierung eigentlich schon ein kollektives Verständnis, eigentlich wird darüber das erste Mal aufgeschrieben, was eigentlich das Pflegeverständnis sein könnte unter den Bedingungen des Mangels" (Interview Kunkel, Z. 527–531).

Der Effekt hiervon ist ebenjener, wie er auch in den Interviews mit den Pflegenden deutlich wird – nämlich, dass „Tätigkeiten, die ohnehin quasi auf der Abschussliste stehen für die dreijährig Ausgebildeten und die man ohnehin gerne abgeben möchte, dass natürlich die Sachen, die als erstes auf der Prioritätenliste dann runterfallen", also Tätigkeiten wie das Waschen oder die Mobilisation, und „dass man sich eigentlich konzentriert auf das, was, sagen wir mal, medizinisch, physisch notwendig ist, um den Patienten noch (…) rauszukriegen und dass er überlebt" (Interview Kunkel, Z. 425–431).

9.3.4 Neue Handlungsimperative durch betriebswirtschaftliche Orientierung

Durch das System der Fallpauschalen werden die Gesundheitsleistungen im Krankenhaus nicht nur entlang von Diagnosen klassifiziert und kategorisiert, sie sollen vielmehr auch optimiert und (zeit-)effizienter gestaltet werden. Kostenargumente stehen im Vordergrund, wenn es um Entscheidungen über Behandlungsmethoden geht. Entsprechend sind mit der Herausbildung der DRG etwa klinische Behandlungspfade sowie ein Case-Management als Prozessorientierung durchgesetzt worden, um für die Diagnose und die Therapie häufiger Krankheiten ein standardisiertes Vorgehen vorzugeben (vgl. Sauer 2007). Wie in empirischen Studien herausgearbeitet wird, entstehen so neue betriebswirtschaftliche Handlungsimperative, die auch in der Pflege umgesetzt werden sollen (vgl. Braun et al. 2010; 2011). Dass sich dieser Wandel auch an der Charité vollzieht, wird in den Interviews deutlich. Im Folgenden liegt der Fokus jedoch auf der Frage, wie die betriebswirtschaftliche Orientierung von den Befragten wahrgenommen und wie sie erzeugt wird.

Zunächst kann festgestellt werden, dass die befragten Pflegekräfte an der Charité die Einführung standardisierter Behandlungsmethoden sowie Fehlversorgungen in Folge von betriebswirtschaftlichen Orientierungen thematisieren. Dies wird zugleich dafür kritisiert, dass standardisiertes Vorgehen die Wahrnehmung und Berücksichtigung individueller Bedürfnisse von Patient*innen erschwert, also eine spezifisch angepasste Behandlung tendenziell verhindert:

> „Jeder Mensch ist ein Individuum und braucht verschiedene Anreize. (...) Was ist auch für den Menschen wichtig, damit der gesund wird. Oder vielleicht nicht mal gesund wird, sondern was braucht der wirklich, um diese Krise in seinem Leben zu überwinden. Und da sehe ich oft ein ganz großes Problem" (Interview Helga, Z. 968–986)

Denn das DRG-System ordne die Patient*innen in Erkrankungen und letzteren spezifische Behandlungsmethoden zu, „aber so, es braucht halt nicht jeder das gleiche. Und ich glaube, da müssen wir von wegkommen" (ebd.). Für das Krankenhaus als betriebswirtschaftlich agierende Organisation zählt, so berichten es die Befragten, letztendlich nur der durch die Patient*innen erwirtschaftete Erlös. Dies führt aus Sicht der befragten Pflegekräfte in der Folge auch zu Fehlversorgungen.

So müssten beispielsweise demente Patient*innen mit Schlaganfall nicht notwendigerweise im Krankenhaus untergebracht und versorgt werden. Dies schade ihnen oftmals mehr als es ihnen nütze:

„Ja, am besten wäre es, die würden gar nicht erst ins Krankenhaus kommen. (...) Ja, sie sind, ich meine, ja nicht so schwer betroffen oder mal, die sind schon, na, 24 Stunden könnte man, sagt man, ist diese Erstbehandlung ja eigentlich abgeschlossen. Und da ist es ein echt finanzielles Ding. Weil, wenn man 72 Stunden in der Stroke Unit liegt, das ist mehr Geld. (...) Für die dementen Patienten ist es, glaube ich, viel wichtiger, dass sie zu Hause bleiben. Und es muss ja, es gibt ja auch nur wenig Möglichkeiten, einen Schlaganfall zu behandeln. (...) Und sie profitieren ja nicht davon. Die regen sich auf. Meistens sind sie delir, müssen dann Medikamente bekommen, dass sie nachts ruhig sind und nicht alle anderen Patienten stören. Deshalb ist die Frage, sind die nicht besser woanders aufgehoben" (Interview Helga, Z. 121–142).

Wie in dieser Aussage deutlich wird, kommt es zu Fehlversorgungen von Patient*innen, weil es sich wirtschaftlich rentiert. Dass dies kein Einzelfall ist, zeigt sich auch an anderen Beispielen. So werden invasive Operationen etwa selbst dann durchgeführt, wenn sie aus Sicht der Pflegekräfte (z. B. aufgrund des hohen Alters) für die Patient*innen nicht sinnvoll erscheinen, diese vielmehr anders besser hätten versorgt werden können:

„Nur mal als Beispiel, ein 102-Jähriger kommt mit einem Schlaganfall in die Stroke Unit, also in die Schlaganfall-Intensiveinheit. Ich frage mich, was hat ein 102-Jähriger noch auf einer Intensivstation zu tun, der gar nicht versteht, was mit ihm passiert, der nach zwei Tagen stirbt. (...) Man hätte ihn nicht so intensivmäßig behandeln müssen. Mit Monitor anschließen und hier Infusion, da Untersuchungen, da wird ihm irgendwo was reingeschoben, dann wird ihm da eine Sonde reingeschoben. Sowas finde ich menschenunwürdig, ja" (Interview Stefanie, Z. 34–44).

Anhand dieser Beispiele zeigen die Pflegekräfte folglich, dass nicht immer die medizinische oder pflegerische Einschätzung im Vordergrund von Behandlungsentscheidungen steht, sondern wirtschaftliche Erwägung ebenso mitberücksichtigt werden.

Überdies vermuten die Befragten, dass die Pflegeleitungen für das Erfüllen betriebswirtschaftlicher Vorgaben eine Prämie erhalten, es also in ihrem unmittelbaren Interesse liegt, Kosten einzusparen:

„Wir haben manchmal den Eindruck, dass die obersten Pflegedienstleitungen nur auf eine Sache aus sind, nämlich am Ende des Jahres ihre Prämie zu bekommen. Die kriegen alle eine Prämie, das wissen wir. (...) Aber wir haben das Gefühl, umso mehr sie einsparen, umso höher ist ihre Prämie, ja. Wie es halt so im Kaufmännischen so im Allgemeinen üblich ist. (...) Teilweise [haben sie] gar keine Ahnung von Pflege, sondern rein weg kaufmännisch." (Interview Stefanie, Z. 345–352).

Dass die Leitungen finanziell für das Einsparen von Kosten belohnt werden, ist zunächst zwar nur eine Vermutung der Befragten. Im Interview mit dem Gewerkschaftssekretär Kalle Kunkel wird jedoch deutlich, die sich die betriebswirtschaftliche Orientierung auch unabhängig von dieser Vermutung im Denken von Führungspositionen im Krankenhaus einschreibt:

> „In Führungskräfterunden, über was da gesprochen wird, wenn es da drum geht, wie läuft das hier. Dann wird eben auch mal über ein Patientenfeedback geredet. Aber das Wesentliche, was dort irgendwie präsentiert wird, ist ein sehr spezifisches Wissen, (...) nämlich wie sind die Erlöszahlen für diesen Bereich? Wie ist die Case Mix-Entwicklung? Wie ist die Fallzahlentwicklung insgesamt? Liegedauer? (...) Und daraus ergeben sich dann natürlich auch immer Zielgrößen. (...) Also jeder wird immer damit konfrontiert, inwieweit seine Tätigkeit eigentlich der dezentralen/ also sozusagen, ob er in seinem dezentralen Bereich seinen Anteil dazu leistet, dass insgesamt der Laden in den schwarzen Zahlen bleibt" (Interview Kunkel, Z. 64–84).

Aufgrund ihrer Budget-Verantwortung für ihnen zugeordnete Stationen werden die Leitungen folglich in eine Situation gezwungen, in der sie vornehmlich betriebswirtschaftlich und nicht pflegerisch denken müssen.

> „[D]ie ganze Art und Weise, wie über den Ablauf in dem Krankenhaus geredet wird und was sozusagen relevantes Wissen, das, woran ich gemessen werde als Führungskraft, aber auch als Kraft vor Ort, (...) drückt sich immer wieder in diesen Kennziffern aus" (Interview Kunkel, Z. 125–129).

Die betriebswirtschaftliche Orientierung zeigt sich in den Interviews also einerseits darin, dass die gesundheitliche Versorgung sowie die psychosozialen Bedürfnisse der Patient*innen bei Entscheidungen über Behandlungsmethoden nicht (mehr) an erster Stelle stehen. Andererseits zeigt sich das Kostenargument in der Standardisierung von Behandlungsmethoden. Mit der Orientierung auf Wirtschaftlichkeit wird die Einschätzung der Pflege demnach abgewertet, da ihre Perspektiven hinter medizinische und ökonomische Interessen zurücktreten. Sie findet sich wieder in einer Situation, in der es kein pflegerisches Mitspracherecht über Behandlungsmöglichkeiten (mehr) gibt.

9.4 Krisen einer Pflege im Wandel: Drei Fallbeispiele

Im Folgenden werden in vier Fallbeispielen das berufliche Selbstverständnis sowie die subjektiven Krisenerfahrungen dargestellt. Sie veranschaulichen jeweils unterschiedliche, kontrastierende, aber auch komplementäre Umgangsweisen mit dem pflegerischen Alltag im Krankenhaus. Allgemein gilt: Die Pflegenden reagieren auf den Anpassungsdruck, indem sie Erschöpfungen artikulieren und ihre pflegerische Praxis verändern. Die nachfolgenden Fallstudien zeigen jedoch, dass sich die beruflichen Selbstverständnisse und normativen Ansprüche ungleichzeitig verändern. Entsprechend entwickeln die befragten Pflegekräfte verschiedene Strategien angesichts des personellen und zeitlichen Mangels und erzählen von ihren je spezifischen Erfahrungen mit Erschöpfung, Krise und Motivationen für die Kämpfe. In den Interviews werden folglich unterschiedliche Krisenwahrnehmungen sichtbar, die wiederum verschiedene Perspektiven in den Kämpfen für bessere Arbeitsbedingungen nach sich ziehen.

9.4.1 „Ich weiß was ich tue“: Beharrlichkeit als Dienst an den Patient*innen – Stefanie

Stefanie ist zum Zeitpunkt des Interviews 58 Jahre alt und arbeitet auf einer chirurgischen Station, auf einer Urologie. Bereits ihre Pflegeausbildung hat sie am Campus Benjamin Franklin (CBF) absolviert und ist demnach seit über 30 Jahren dort beschäftigt. Schon im Alter von 3 Jahren hat sie den Wunsch gefasst, Krankenschwester zu werden und hat ihn letztlich realisiert.

Das Festhalten am fürsorglichen Ethos trotz Anpassungsdruck

Stefanies pflegerisches Selbstverständnis entspricht am ehesten dem Leitbild eines Ethos fürsorglicher Praxis. Für sie stellt etwa die Körperpflege einen wichtigen Aspekt der pflegerischen Arbeit dar, aber auch die Orientierung an den emotionalen und sozialen Bedürfnissen von Patient*innen beschreibt sie als wesentliche Leitlinien ihrer Arbeit. Entgegen der im Professionalisierungsdiskurs vertretenen Auffassung, dass die Grundpflege sowie die psychosoziale Versorgung an Hilfskräfte oder Angehörige delegiert werden können (vgl. DbfK 2010b; Sachverständigenrat 2007), verteidigt Stefanie diese Tätigkeiten als relevante Elemente der Pflege: „Und da sage ich mir einfach, das gehört auch mit zu meinen Aufgaben, mich darum zu kümmern. Und wenn derjenige einfach sich mal seinen Kummer von der Seele redet, ja. Auch wenn er weiß, ich kann ihm nicht dabei helfen, aber ich kann wenigstens zuhören.“ (Z. 270–273) Stattdessen ist sie stolz auf ihren Beruf und die in ihrer Ausbildung erworbenen Qualifikationen. Daher formuliert Stefanie den Anspruch, selbstständig arbeiten und eigene Entscheidungen treffen zu können:

> „Wenn ich nachts ein Problem habe mit einem Patienten, der starke Schmerzen oder sonst was-, dann gebe ich dem Schmerzmittel und weiß, wenn es nicht besser wird, dann mache ich das und das. Und am nächsten Morgen treffe ich dann den diensthabenden Arzt (…) und sage dem einfach, ‚Du, bei dem war das und das. Und ich

> habe das und das gemacht.' Und dann sagt er, ‚Ja, ist in Ordnung.' (…) weil ich einfach mir auch sage, ich habe eine hervorragende Ausbildung. Ich weiß, was ich tue. (…) Und dementsprechend möchte ich auch arbeiten. Ja, und nicht Bescheid wissen – aber mir sind die Hände gefesselt und ich kann dem nicht helfen, nur weil Doktore im OP steht, wo ich auch nicht an den rankomme." (Z. 584–598)

Ihrer Auffassung von Pflege zufolge sind aber nicht nur die psychosoziale Versorgung, sondern ebenso Aspekte der sogenannten Grundpflege, etwa die Körperpflege oder die Essensausgabe, wichtige Dimensionen einer qualitativen Versorgung. Der Möglichkeit, den Personalmangel durch Hilfskräfte zu begegnen, steht Stefanie daher kritisch gegenüber. Sie verbindet damit die Befürchtung, dass dadurch ein Teil des für die Pflege notwendigen Wissens über die Patient*innen verloren geht:

> „Wir haben Servicekräfte, deren Aufgabe ist zum Beispiel die Essensabfrage. Da muss ich mich nicht drum kümmern. Essen verteilen. Auf der anderen Seite da gibt es dann auch schon-, beim Essen verteilen gibt es schon Diskussionen innerhalb des Pflegepersonals, weil nicht jeder darf alles essen. (…) Und das Austeilen, das ginge ja noch. Aber wo viele Pflegeleute auch es zwar hassen das Essen einzusammeln, aber man sieht sofort, was hat der Patient gegessen. Die Servicekraft, die achtet nicht da drauf. (…) Das ist eine Sache, wir sehen es, wir registrieren es. Wir können es dann gleich weiter in die Sache reinnehmen. Weil wenn er den zweiten Tag schon nicht gegessen hat, warum isst er nicht." (Z. 700–711)

Wenn also durch die Delegation von Tätigkeiten an Hilfskräfte Hinweise auf den Zustand der Patient*innen verloren gehen, beurteilt Stefanie diese Form der Arbeitsteilung als nicht wünschenswert. Notwendige Rückschlüsse auf das Wohlergehen der Patient*innen und ihre umfassende Versorgung werden so gefährdet.

Auch die Erweiterung des Aufgabenbereichs um medizinisch-heilkundliche Aspekte empfindet Stefanie zwar als Bereicherung. Allerdings ist sie nicht der Ansicht, dass pflegerische Aufgaben oder Tätigkeiten der Grundpflege dadurch weniger Bedeutung bekommen sollten. Dies vertritt sie in expliziter Abgrenzung gegen die Anforderungen der Pflegeleitungen:

> „Dann wird aber von unserer obersten Leitung gesagt, man braucht einen Patienten nicht jeden Tag zu waschen, es reicht, wenn man das jeden dritten Tag tut. Dann stehe ich wiederum als Pflegekraft da und denke mir: Nein, was soll das? (…) So geht man nicht mit Patienten um, (…) so geht man nicht mit Menschen um einfach. (…) Nur, damit dann gesagt wird, na ja, wenn ihr jetzt nicht jeden Tag wascht, dann schafft ihr den Rest der Arbeit ja. Die Verbände et cetera, was eigentlich ärztliche Tätigkeit ist, Drainagen ziehen oder sonst was, Katheter legen. Dann schafft ihr das ja besser. Nein.

(...) Klar, ohne Verbände machen oder so wäre es langweilig, aber nur ärztliche Tätigkeiten machen, so dass ich meine Sachen kaum noch schaffe, das ist dann nicht gut." (Z. 142–156)

Entsprechend sieht sie es als Aufgabe an, ihre Arbeitsweise nicht zu verändern und bleibt ihrem beruflichen Selbstverständnis trotz des (subjektivierenden) Drucks der Leitungen, aber auch gegen den Druck, der durch Personalmangel und knappe zeitliche Ressourcen entsteht, treu und einem Ethos fürsorglicher Praxis verpflichtet. Sie sieht sich dabei als Beschützerin der Patient*innen und ihrer Bedürfnisse: „Und das sind so Sachen von den ganzen Obersten, wo ich sage, ich verstehe es nicht. (...) Und vor dem ich sozusagen meine Patienten schützen muss, ja, indem ich meine Arbeitsweise nicht ändere." (Z. 420–425) Die Verschiebung der pflegerischen Prioritäten und den Druck zur Herausbildung neuer Gewohnheiten empfindet sie als Abwertung der eigenen Arbeit. Dies wird nicht nur darin deutlich, dass sie die Pflegeleitungen als Feinde beschreibt, sondern auch darin, dass sie ein Unverständnis gegenüber den Neuerungen der Berufsbezeichnung und jüngeren Kolleg*innen formuliert:

> „Und mir ist schon des Öfteren aufgefallen, dass die Schüler sich gar nicht als Krankenschwester vorstellen. So nach dem Motto irgendwie, ja Krankenschwester ist was aus der Zopfzeit oder so, ja. Wir sind jetzt moderner, toller. Sie wischen zwar genauso wie ich den Hintern und füttern und machen die gleichen Arbeiten, aber irgendwie ist das-, ja, das Bewusstsein irgendwie mit dem Beruf an sich scheint irgendwie anders zu sein als, weiß ich nicht, noch zu unserer Zeit. (...) Also so, dass ich sogar darauf angesprochen wurde, na ja, guck mal, das kostet doch nur 20 oder 30 Euro und dann kannst Du Dich richtig nennen, ja. Wo ich auch sage, wieso? Ich bin eine richtige Krankenschwester. Ich bin stolz darauf, Krankenschwester zu sein. Ich brauche nicht Gesundheits- und bla bla bla bla bla zu sein. Also da ist schon irgendwie so diese Denkensweise irgendwie anders." (Z. 553–562)

Warum sich Pflegerschüler*innen nicht mehr als Kranken*schwester* bezeichnen wollen, ist für Stefanie nicht nachvollziehbar. Die Abgrenzung empfindet sie als Abwertung der eigenen fürsorglichen Haltung, da sie keine Veränderung im Berufsbild und keine Verbesserung im Begriffswechsel erkennen kann.

Erschöpfung und Verunsicherung – Oder: Beten und hoffen, dass nichts passiert

Das (Selbst-)Verständnis der fürsorglichen Pflege verteidigt Stefanie zwar gegen Neuerungen. In ihren Schilderungen über den Pflegealltag wird aber deutlich, dass sie sich dennoch zu Veränderungen ihrer pflegerischen Praxis gezwungen sieht.

Sie fühlt sich etwa hilflos angesichts knapper zeitlicher, vor allem aber personeller Ressourcen, da sie um die Gefährdung der Patient*innen durch den Personalmangel weiß. Sie fürchtet, eine brenzlige Situation nicht meistern zu können – und das nicht, weil sie dazu grundsätzlich nicht in der Lage wäre, sondern schlicht aus Ressourcenmangel:

> „Wenn der Kollege nachts in den OP muss oder im Aufwachraum jemanden abholen, bin ich für 64 Patienten alleine zuständig. Wenn da irgendjemand einen Herzinfarkt kriegt, ich brauche noch nicht mal den Alarmknopf drücken, weil es kommt ja eh keiner, ja. Ich könnte dem gar nicht helfen. Ich müsste irgendwie ein Telefon suchen, müsste versuchen den Arzt zu kriegen. Gleichzeitig müsste ich versuchen, auf den draufzuspringen. (…) Aber solange alles noch gutgeht, dürfen wir unter den Umständen einfach weiterarbeiten. Und das macht kein gutes Gefühl. Das macht so ein bisschen hilflos sozusagen, ja. Hilflos vor einer Situation, vor der man eigentlich ansonsten nicht hilflos ist, ja. Aber so kann man einfach nur hoffen, hoffen, hoffen." (Z. 532–542)

Da für Stefanie selbstständiges Arbeiten und ihre beruflichen Qualifikationen wesentliche Bezugspunkte ihres Selbstvertrauens sowie ihres beruflichen Stolzes sind, empfindet sie die beschriebene Situation als Verunsicherung. Sie fühlt sich um ihre Handlungsmöglichkeiten beraubt und daher überfordert, aber auch frustriert. Ihr mangelt es zwar nicht an den nötigen Fähigkeiten, da es aber an Ressourcen fehlt, bleibt ihr allein die Hoffnung darauf, dass nichts passiert.

Diese Resignation, die sich in Bezug auf eine Situation des dauerhaften Personalmangels bei ihr eingestellt hat, zeigt sich auch im Umgang mit (schwierigen) Patient*innen. Obwohl Stefanie versucht, alle Patient*innen im Blick zu behalten, berichtet sie davon, dass sie ihren Ansprüchen über die Jahre nicht mehr gerecht werden kann:

> „Aber das ist ja auch gerade das Schöne in dem Beruf, ja. Dass man feststellt, jeder Mensch ist anders, ja. Sogar Zwillingspärchen haben Unterschiede, ja. Und diese Unterschiede einfach rauszusehen, also das ist das Schöne. Wobei in den letzten Jahren sich eine Sache auch bei mir verstärkt hat, ist, wenn Patienten mir gegenüber unverschämt, aggressiv, sonst was sind, ich sie nicht auf ein normales Miteinander-Maß runterbringen kann, dann, und das habe ich früher nicht gemacht, zeige ich ihnen auch, dass sie mir im Grunde genommen egal sind." (Z. 482–487)

Stefanie schätzt ihren Beruf zwar gerade wegen der menschlichen Interaktionen, sie kann diesen aber nicht mehr so viel Raum geben. Sie fühlt sich dafür bereits zu belastet. Daher versucht sie einen Umgang zu finden, in welchem sie zwar die fachlichen Anforderungen erfüllt, jedoch die zwischenmenschlichen Interaktionen aus Selbstschutz von überfordernden Situationen reduziert:

> „Ich mache jetzt hier nur meine Pflicht und bin dann sofort wieder draußen. Da wird nicht ein Wort unnötig gesprochen. Wenn es nach mir geht, wird am besten gar kein Wort gesprochen, ja. Ich informiere nur, was ich mache. (…) Weil ich früher, denke ich, versucht habe, noch irgendwie sozusagen da wieder Frieden und Harmonie reinzukriegen und mir heute einfach auch sage, nein, dafür bin ich schon zu fertig." (Z, 487–493)

Auch wenn Stefanie die veränderten pflegerischen Anforderungen der Pflegedienstleitung im Alltag ignoriert, stellt sie folglich fest, dass sie nicht immer die Rolle der „Beschützerin von Patienten" einnehmen kann. Dies führt jedoch zu einem enormen Leidensdruck. Dass sie ihren beruflichen Ansprüchen nicht gerecht werden kann und ihre Handlungsweisen anpassen muss, löst Frustrationen aus.

Weil Stefanie letztlich keine individuellen Handlungsoptionen (mehr) sieht, fühlt sie sich in die Tarifauseinandersetzungen um mehr Personal hineingezwungen – und dies, obwohl sie sich nie gewerkschaftlich organisieren wollte:

> „Also ich bin jetzt auch erst seit zwei Jahren, seit dem letzten großen Streik bin ich erst bei Ver.di in der Gewerkschaft. Ich wollte nie in irgendeine Gewerkschaft eintreten. Ich muss sagen, mein Arbeitgeber hat mich gezwungen in eine Gewerkschaft einzutreten und das finde ich traurig." (Z. 729–732)

Dass sie die Notwendigkeit zu gewerkschaftlichen Auseinandersetzungen als traurig bezeichnet, macht deutlich, dass dies für sie ein notwendiger Schritt ist, um aus einer verzweifelten Situation zu entkommen. Es entspricht nicht ihrem beruflichen Selbstverständnis, sich gewerkschaftlich zu organisieren, sondern resultiert aus einer erlebten Hilflosigkeit. Das gewerkschaftliche Engagement und den Streik versteht sie demnach lediglich als eine Möglichkeit, diese Situation umzukehren und wünscht sich Rahmenbedingungen zurück, unter denen sie ihre Arbeit wie gewohnt (und wie früher) erfüllen kann. Im Tarifkonflikt liegt ihr Augenmerk daher auf der Forderung nach mehr Personal gegen Situationen der Überforderung und Erschöpfung:

> „Wir brauchen Leute. Leute, die uns unterstützen, dass wir nicht mehr auf dem Zahnfleisch sozusagen laufen, sondern auch ganz entspannt (…) arbeiten. Wir konnten lachen, wir konnten scherzen. Wir konnten ohne Probleme hier mal einen Plausch halten ohne Angst haben zu müssen, wir schaffen das und das und das nicht." (Z. 747–752)

Der Tarifkonflikt ist für Stefanie die letzte Chance, um an ihrer bisherigen Praxis festzuhalten.

9.4.2 „... dass wir mit hochpotenten Medikamenten umgehen“: Zerrissen zwischen alten und neuen Ansprüchen – Helga

Helga ist zum Zeitpunkt des Interviews 48 Jahre alt und arbeitet auf einer Station für akute Schlaganfälle (Stroke Unite). Ursprünglich hat sie den Beruf der Krankenpflege gerne gemacht. Inzwischen ist sie jedoch zusehends unzufrieden und frustriert, weil sie der Zeitdruck und Personalmangel zermürbt. Um ihre Situation zu verbessern, hat Helga vor einigen Jahren eine Weiterbildung zur Intensivpflegerin absolviert.

Hin- und hergerissen zwischen verschiedenen Anforderungen

Helgas pflegerisches Selbstverständnis ist nicht eindeutig zu erfassen: Auf der einen Seite formuliert sie eine Haltung, die sich klar einem Verständnis professionalisierter Pflege zuordnen lässt. Auf der anderen Seite wird deutlich, dass ihr die Abgrenzung von den sozialen, körperlichen und kommunikativen Bedürfnissen der Patient*innen nicht wirklich gelingt, sie diese vielmehr weiterhin für einen zentralen Aspekt ihrer Arbeit hält.

Entsprechend des professionellen beruflichen (Selbst-)Verständnisses genießen medizinisch-heilkundliche und medikamentöse Aspekte der pflegerischen Arbeit für sie hohe Priorität. Aus diesem Grund grenzt sie sich von einem Bild der Krankenpflege ab, demzufolge Pflegekräfte die Patient*innen verhätscheln oder sich für sie aufopfern:

> „Es hat nichts [zu tun] mit, ich bin 24 Stunden für irgendjemanden da. Das bin ich nicht. Das ist eine Arbeit und sicherlich auch teilweise eine Profession. Aber es ist nicht mein Lebenssinn, da 24 Stunden hinzugehen oder so. (...) Ich habe aber diesen Beruf und die Erfahrung nicht gemacht, wie gesagt, um zu waschen und Windeln zu wechseln“ (Z. 326–346).

Helga ist daher der Meinung, dass das „Bild, das von einer Krankenschwester, (...) reformiert werden [muss]. (...) Das ist eine Arbeit wie andere auch, mit einer hohen Verantwortung. Und nicht Kaffee trinken und die Patienten verhätscheln. Also ich finde immer, man vergisst es sehr schnell“ (Z. 325–331). In diesem Sinne orientiert sie sich nicht am Ethos fürsorglicher Praxis, welches den Schwerpunkt der Arbeit in den leibseelischen Dimensionen der Pflege sieht. Sie bezeichnet diese Aspekte vielmehr als „verhätscheln“ und ist der Meinung, dass Tätigkeiten der sog. Grundpflege wie das Waschen oder die Hygiene delegiert werden können. Ihr Verständnis von Pflege orientiert sich stärker an medizinisch-ärztlichen Tätigkeiten:

> „Ich glaube, dass viele schon nicht so genau wissen, was wir eigentlich machen. Dass es da nicht nur um Windelhosen wechseln geht oder Patienten zur Toilette begleiten. Sondern dass wir mit hochpotenten Medikamenten umgehen. Dass wir alle Medikamente stellen und verabreichen. Und dass ich schon finde, dass es oft verkannt wird, ja. Der Beruf" (Z. 293–298).

Konsequenterweise fordert sie daher eine stärkere Arbeitsteilung, in welcher vermeintlich weniger qualifizierte Tätigkeiten an Hilfs- und Servicekräfte delegiert werden. Sie verspricht sich davon auch eine Entlastung in der Arbeit:

> „Als erstes Mal müsste die Pflege völlig entlastet werden von den ganzen Zusatztätigkeiten, die wir machen. (...) Alles, was mit Servicetätigkeiten zu tun hat und mit/ Ich sage es einfach, es ist egal, also ich finde, Körperpflege, Patienten auf die Toilette begleiten, das muss nicht eine fachlich gut ausgebildete Krankenschwester mit 30 Jahren Berufserfahrung machen." (Z. 80–88) „Das gab es früher schon mal. (...) Dass quasi die Krankenschwestern, die dreijährig Examen hatten, die haben quasi für, sagen wir mal, alles Medikamentöse gesorgt und für Entlassungen und Verlegungen und alles, was da so ansteht. Und für Verbandswechsel. Und die Pflegehelferinnen haben quasi diese ewige Rennerei zur Patientenklingel oder die Windel wechseln oder das Waschen abgenommen. So hatte man den Kopf schon freier" (Z. 347–358).

Zugleich wird ebenfalls deutlich, dass es Helga Unbehagen bereitet, die emotional-fürsorglichen Aspekte ihrer Arbeit abzuspalten. So grenzt sie sich zwar von einem Ethos fürsorglicher Praxis ab, artikuliert gleichzeitig aber eine Verunsicherung hinsichtlich der Vernachlässigung von Tätigkeiten, über die „man zu wenig nachdenkt". Zudem formuliert sie eine deutliche Kritik daran, den Patient*innen nicht gerecht werden zu können – beispielsweise dann, wenn sie „in die Windeln pullern" sollen, der Aufenthalt dementer Patient*innen verlängert wird, obwohl sie nicht davon profitieren, oder sturzgefährdete Patient*innen nicht genug beobachtet werden können. Für das Wohlergehen der Patient*innen fühlt sie sich weiterhin verantwortlich und verabschiedet sich in diesem Sinne nicht insgesamt von einer fürsorglichen Haltung:

> „Aber ich habe schon mitbekommen, dass andere Leute sagen, der Patient soll lieber in die Windel pullern, damit man ihn nicht immer zur Toilette bringen muss. Und da fängt es dann bei mir an, kritisch zu werden. Also ernsthaft, da habe ich dann, ich persönlich sehe es halt immer so, je mehr der Patient sich bewegt, egal wie alt er ist, je mehr er läuft und je mehr er tut, um so besser ist es für ihn. Also ist alles, was mit Mobilisation, Beweglichkeit ist für mich eigentlich das Nonplusultra. Plus eben die Medikamente. Weil, wenn ich einen Patienten, der alt ist und drei Tage im Bett

liegt, eh der wieder auf die Beine kommt, na ja, wahrscheinlich bleibt er da gleich im Krankenhaus" (Z. 413–421).

Zwar legt sie den Fokus in der Beschreibung ihrer Arbeit auf die Mobilisation, da sie darin eine Möglichkeit sieht, die Fähigkeiten der Patient*innen so gut wie möglich zu erhalten und zu erweitern. Dennoch wird deutlich, dass auch die Einschränkung der Körperpflege für sie Grenzen hat. Diese benennt sie zwar nicht explizit, zwischen den Zeilen zeigt sich aber, dass hier eine innere Grenze überschritten wird, bei der es für sie kritisch wird. Helga scheint unentschieden hinsichtlich der moralisch-ethischen Bewertung einer Reduktion der Körperpflege zu sein. Obwohl sie die Delegation dieser Arbeiten befürwortet sowie ärztlich-heilkundliche Tätigkeiten priorisiert, formuliert sie ein Unbehagen in Bezug auf das Weglassen oder die erzwungene Priorisierung von Tätigkeiten.

Aber auch die Vorstellung, dass Servicekräfte für die Übernahme pflegerischer Tätigkeiten nicht genügend ausgebildet sind, bereitet ihr Kopfzerbrechen. Trotz ihres Wunsches, von diesen Aufgaben befreit zu werden, fühlt Helga sich offensichtlich weiterhin für diese verantwortlich und möchte sichergestellt wissen, dass Hilfskräfte für die Begleitung der Patient*innen, das Anreichen von Essen oder das Waschen entsprechend ausgebildet sind:

> „Aber eine Servicekraft, die nicht in der Lage ist, einen Menschen zu waschen oder einen zur Toilette zu bringen, also jetzt nicht nur einen begleiten, der ein bisschen wackelig ist. Sondern jetzt auch mal was bisschen Schwereres, na ja, dann nützt mir das gar nichts. (…) Und da muss halt auch die Anforderung an die Servicekräfte steigen. Also die Qualifikation, dass man sich auch drauf verlassen kann, dass sie es richtig machen. Ich kann ja nicht jemanden, bei uns haben ja die Patienten oft eine Schluckstörung, ich kann auch niemanden Essen anreichen lassen, wo ich nicht weiß, dass der dafür die nötige Kompetenz hat. Ist mir persönlich nicht wohl. Und da müsste man halt gucken" (Z. 502–510).

In diesem Sinne ist das Weglassen von Tätigkeiten und die Anpassung der eigenen pflegerischen Praxen an die vorgefundenen zeitlichen und personellen Verknappungen zwar eine Reaktion, die Helga als unausweichliche Konsequenz benennt. Zugleich wird deutlich, dass sie mit dieser Situation hadert:

> „Ich meine, ich weiß manchmal selber nicht, was man eigentlich weniger macht. Also ich überlege schon oft, bestimmt fallen einige Sachen weg, die man vielleicht machen müsste. Aber ich kann das gar nicht so sagen. Weil, ich glaube, man beschäftigt sich damit viel zu wenig. (…) Also ich glaube, man bräuchte schon mehr Zeit, die Patienten öfters in den Sessel zu mobilisieren oder sonst was. Und vor allen die Ansprache für Getränke zu sich zu nehmen. Weil, ist natürlich einfacher, man kann/ Oder Essen anreichen. Das sind so Sachen, jemand, der nicht essen kann, wie soll der

> in einer Viertelstunde mit Getränken und Nachtisch, das ist doch völlig/ Also das, klar, vielleicht wird das vernachlässigt. Weiß ich nicht. Aber man gibt sich ja die größte Mühe" (Z. 243–257).

Gegen ein Verständnis professioneller Pflege nimmt Helga folglich den Zeitdruck und die damit verbundene Reduktion von pflegerischen Tätigkeiten sowie die Priorisierung ärztlicher Aspekte als Problem wahr. Die komplette Zurückdrängung empathischer Zuwendung löst bei ihr Unbehagen aus.

Obwohl sie im Gegensatz zu Stefanie beispielsweise die Körperpflege oder die Beziehungsarbeit mit den Patient*innen nicht zu den Kernelementen pflegerischer Arbeit zählt und diese Aspekte für sie nicht diejenigen sind, die sinnstiftend sind und aus denen sie ihre Anerkennung zieht, spricht sie sich auch nicht eindeutig für ein Pflegeverständnis aus, welches lediglich auf ärztlichen, medikamentösen und arbeitsteilig organisierten Tätigkeiten basiert. Vielmehr scheint sie zwischen unterschiedlichen Anforderungen und moralischen Orientierungen zerrissen.

Verunsicherung, Erschöpfung und Frustration – Oder: Verlust der eigenen Orientierung

Entsprechend ihres nicht eindeutig zuzuordnenden Berufsverständnis scheint es, als hätte Helga auch die Orientierung dafür verloren, was sie für eine richtige, pflegerische Haltung hält. So versucht sie angesichts der steigenden Belastungen und der vielfältigen Anforderungen pragmatisch zu agieren, indem sie sich von ihren eigenen Ansprüchen loszusagen und Abstriche zu machen versucht – beispielsweise indem sie die Körperpflege und Hygiene reduziert oder angibt, grundsätzlich nicht mehr ‚aus dem Frei' einzuspringen. Zugleich stellt sie jedoch ihre eigene Arbeit in Frage, da sie mehrfach hinterfragt, ob ihre Arbeit angesichts mangelnder Ressourcen und dem ständigen Ungenügen überhaupt Sinn macht und „ob das so richtig ist". Sie scheint nicht nur die Orientierung, sondern auch den Glauben an ihren Beruf zu verlieren. In der Folge kann sie keine Befriedigung mehr aus ihrem Beruf ziehen und fühlt sich körperlich am Ende ihrer Kräfte.

Die körperliche Erschöpfung artikuliert sie als eine Situation, die sich permanent verschlechtert:

> „Aber je älter man wird, da sage, es gibt oft Dienste, wo man mittags oder nachmittags dann nach Hause kommt. Und eigentlich sagt, man kann/ Ist so kaputt, man möchte eigentlich nur noch sich irgendwo hinsetzen und eigentlich gar nichts mehr machen. Und es wird zusehends schwerer, sich zu motivieren, dann was zu machen. Also das merke ich eigentlich, dass es immer, also immer schlimmer wird" (Z. 776–781).

Zugleich leidet Helga nicht nur körperlich, sondern auch psychisch:

> „Und ich weiß für mich, ich bin ziemlich frustriert, weil, ich habe den Beruf mal wirklich, wirklich sehr gerne gemacht. Und mittlerweile ist es für mich wirklich nur noch ein Beruf, wo ich Geld verdiene. Ist ein Job (…), wo ich hingehe, wo ich meine acht Stunden arbeiten muss, um hinterher meine Miete bezahlen zu können. Und vielleicht, wenn ich Glück habe, einmal im Jahr zu verreisen. Also und was es mir gibt, im Moment also wenig" (Z. 935–941).

Vor dem Hintergrund sich wandelnder Bedingungen und Anforderungen erfährt Helga eine tiefgreifende Verunsicherung, in der sie nicht nur die Orientierung für ein angemessenes pflegerisches Selbstverständnis, sondern auch jegliche Motivation verliert. Sie fühlt sich überfordert, ist frustriert und sieht keinen Ausweg aus dieser Situation. Ähnlich wie Stefanie formuliert sie eine Hilflosigkeit, die sie stark belastet. Bei Helga führt dies jedoch nicht zu einem Aufbegehren, beispielsweise indem sie an ihrer eigenen Praxis festhält. Vielmehr scheint sich die Situation für sie in Sinnfragen zuzuspitzen:

> „Tja, wie geht man damit um. Man betet eigentlich immer, dass nichts passiert in der Zeit. (…) Also man springt dann von Bett zu Bett vielleicht. Manchmal hat man Glück und es ist ein Kollege, der vielleicht gerade Zeit hat. Ist aber auch unwahrscheinlich, weil, die haben ja selber viel Patienten zu betreuen. Manchmal ist ein Arzt mit da, der dann vielleicht mal hilfreich eingreift. Wobei das auch eher selten ist. Ja, man kann eigentlich gar nicht, also irgendwie geht es halt noch immer irgendwie. Aber wie weiß man nicht. Also zumindest nicht so, dass man den Leuten gerecht wird. Und da stellt sich dann für mich immer die Frage: Macht das Sinn, die Arbeit, die ich da überhaupt mache? Oder finde ich das sinnvoll oder nicht? Das stellt sich schon öfters" (Z. 67–75).

Die von Helga empfundene Ausweglosigkeit findet sich in ihren Beschreibungen deutlich wieder: So beschreibt Helga, dass sie den gestellten Anforderungen nicht mehr gerecht werden kann und daher versucht, pragmatisch die von ihr als weniger wichtig erachteten Tätigkeiten zu vernachlässigen. Zugleich ist das für sie letztlich keine Lösung, da sie betont, dass die Reduktion der Aufgaben nicht bewusst passiert und sie sich eigentlich mehr damit beschäftigen müsste. Darüber hinaus fühlt sie sich körperlich bereits so erschöpft, dass sie sich nicht in der Lage sieht, die entstehenden personellen Lücken zu kompensieren. Da sie aus ihrer Arbeit keine Motivation (mehr) ziehen kann, trägt das insgesamt zu einem Gefühl der Resignation bei.

Vor dem Hintergrund ihrer Frustration sieht sie die Streikauseinandersetzungen als eine Möglichkeit, um wieder handlungsfähig zu werden. Als ersten Schritt des Konfliktes für bessere Arbeitsbedingungen auf Stationsebene hat sie sich gemeinsam mit ihren Kolleg*innen dafür eingesetzt, das Einspringen für einen ausfallenden Dienst nicht mehr zu übernehmen. Da dieser Konflikt jedoch nicht zu einem Einlenken der Leitungen geführt hat, haben viele Kolleg*innen diese Form der Auseinandersetzung wieder aufgegeben:

> „Und haben gesagt, so, wir werden jetzt alle für die nächsten Monate nicht einen Dienst zusätzlich machen (…) Also der Charité quasi einen Kredit geben oder zu unterstützen, das wollten wir nicht mehr. Ein Großteil hat sich halt auch dran gehalten. Aber es waren halt auch viele, die dann festgestellt haben, na ja, es passiert auch da nichts. Dann waren die Kollegen alleine auf Station. Na ja, und dann hat man sich dann doch immer/ Haben sich viele überlegt, sie gehen doch arbeiten extra. (…) Und das habe ich aber gesagt, mache ich nicht mehr [einspringen für einen Dienst]. Wenn mich ein Kollege fragt, ob ich den Dienst übernehme, ist es was ganz anderes. Aber von der Leitung direkt mache ich, also das machen mehrere bei uns nicht mehr. Aber das, ja, das hat die Charité auch nicht wirklich gekratzt" (Z. 756–768).

Aus Mangel an anderen Formen der Auseinandersetzung und als Schutz gegenüber ihrer eigenen Erschöpfung hält Helga trotz des Einlenkens ihrer Kolleg*innen daran fest, das Einspringen für einen Dienst nicht mehr mitzutragen.

Einerseits also versucht Helga pragmatisch mit der Situation knapper Ressourcen, fehlender Wertschätzung und veränderter Anforderungen umzugehen, indem sie beispielsweise die Körperpflege und Hygiene reduziert oder grundsätzlich nicht mehr ‚aus dem Frei' einspringt. Andererseits nimmt sie die daraus resultierenden Versorgungsengpässe sowie die Missachtung von Bedürfnissen der Patient*innen empathisch wahr, hat permanent ein schlechtes Gewissen, stellt die Sinnhaftigkeit ihrer Arbeit in Frage und fühlt sich allein gelassen und hilflos in dieser Situation. Das führt dazu, dass sie körperlich und seelisch erschöpft ist, zutiefst frustriert und resigniert sowie verunsichert und hilflos erscheint.

9.4.3 „… das, was wir gelernt haben, können wir überhaupt nicht irgendwie umsetzen": Orientiert sich an Pflege als Profession und scheitert an den Bedingungen – Louisa

Louisa ist zum Zeitpunkt des Interviews 28 Jahre alt und arbeitet auf einer privaten Station der Kardiologie und Unfallchirurgie. Weil sie bereits zuvor Erfahrungen auf dieser Station gesammelt hat, war es ihr Wunsch, auch während der Ausbildung auf selbiger eingesetzt zu werden. Inzwischen arbeitet sie dort als examinierte Pflegekraft. In den letzten Jahren hat sich die Personalsituation auf ihrer Station sukzessive verschärft. Louisa nimmt die personelle und zeitliche Situation auf ihrer Station daher als Überforderung wahr. Sie bemängelt vor allem, dass angesichts solcher Bedingungen eine qualitative Versorgung nicht mehr gewährleistet werden kann.

Pflege als Profession und Lohnarbeit

Louisas pflegerisches Selbstverständnis entspricht am ehesten dem Leitbild einer ‚professionellen Krankenpflege'. Zugleich umfasst dies ihrem Verständnis nach sowohl medizinische Aspekte als auch das Zeit nehmen für ein Gespräch. Die Beziehungsarbeit mit Patient*innen und das Einstellen auf ihre individuellen Bedürfnisse formuliert sie als wichtigen Bestandteil ihrer Arbeit, die aufgrund des Zeitdrucks und der „fließbandmäßigen Abfertigung" zu kurz kommen:

> „Einfach, dass man mal ein Ohr hat und dass man die so pflegen kann, wie es auch jedem Patienten hilft. Und nicht nur: ‚So, jetzt haben Sie hier einen Lappen, ich stelle Ihnen eine Schüssel hin, sehen Sie zu, wie Sie zurechtkommen.' (…) Das ist so, ich glaube, das macht echt viel aus. (…) Dass du dich wirklich explizit auf den Patienten einlassen kannst, der Patient auf dich. Aber das geht gar nicht. Geht nicht, weil du musst ja Fließbandarbeit-mäßig die Patienten abfertigen. Du hast keine Zeit für Gespräche. Obwohl die Patienten überwiegend so viel Bedarf haben mal mit jemand anderen darüber zu sprechen über ihr Krankheitsgeschehen" (Z, 970–974; 250–253).

Dennoch scheint Louisa vor allem daran zu leiden, dass sie ihre Fähigkeiten und ihr Wissen nicht angemessen einbringen kann. Nicht die Infragestellung einer fürsorglichen Haltung ruft bei ihr Frustrationen hervor. Vielmehr ist es vor allem der Umstand, dass eine qualitative Pflege unmöglich gemacht wird. So beschreibt Louisa, wie angesichts der personellen Engpässe die Versorgung gefährdet wird – dabei wäre dies aus Louisas Sicht:

> „Wenn du jetzt, wir haben ja sonst in der Regel die ganzen frisch Operierten, die holen wir in der Regel ja am nächsten Tag, am ersten postoperativen Tag raus. Die bleiben liegen, weil wir es nicht schaffen. Du musst noch gucken wegen Kreislauf, du kannst die nicht alleine sitzen lassen, das geht alles nicht. Und dann überwiegend nehmen dann die Lungenentzündungen alle zu, weil Physiotherapie ist genauso begrenzt" (Z. 259–264).

Dass sie ihren eigenen Ansprüchen an die Pflege nicht gerecht werden kann, formuliert Louisa auch als Versagen der Pflegeleitungen. Aus ihrer Sicht ist es das schlechte Management, das wesentlich zur Verschärfung der Situation beiträgt. Dies führt etwa dazu, dass körperliche Belastungen der Pflegekräfte ignoriert werden. Immer wieder erlebt Louisa, wie ihre Bedürfnisse dem Funktionieren des Stationsalltags untergeordnet, wie der Personalmangel also auf ihre Kosten bearbeitet wird – so beispielsweise wenn sie im Urlaub Anrufe bezüglich der Dienstplanung bekommt, gezwungen wird für Krankheitsfälle einzuspringen oder sich trotz Krankheit oder beruflichem Unfall durch den Stationsalltag schleppen muss:

> „Und es dankt dir keiner mehr was, wenn du einspringst. Du wirst nur noch schräg angeguckt, wenn du das nicht machst. (…) Du hast kein Privatleben, du wirst im Urlaub sogar angerufen auf dem AB fünfmal gequatscht, ob du dann nach deinem Urlaub den Dienst machen kannst. Und wir wissen zur Zeit bei uns gar nicht mehr, was wir für Dienste haben, weil wir nur einspringen. Wir springen hin und her (…) Und unsere stellvertretende Leitung will halt, dass die Überstunden explodieren, damit man sieht, was hier los ist. Da habe ich gesagt: ‚Sorry, aber da mache ich nicht mit. Da gehen wir kaputt. Da kannst du zusehen, wie alle krank sind und dann stehst du irgendwann alleine hier.' Ist auch nicht tragbar" (Z, 634–636; 666–669; 674–677).

Obwohl Louisa auch unter Zeitdruck versucht, eine gute Versorgung aufrecht zu erhalten, hat dies dort Grenzen, wo es ihre eigene Gesundheit gefährdet. Sie ist nicht bereit, sich mit den Patient*innen und ihrer beruflichen Tätigkeit so weit zu identifizieren, dass sie im Sinne eines aufopferungsvollen Fürsorgeverständnisses auch ihr Privatleben opfert. Zugleich erfährt sie einen enormen Druck von den Leitungen, genau dies doch zu tun.

Dennoch macht sie eine konkrete Erfahrung, in der ihr deutlich wird, dass sie ihr gesundheitliches Wohlergehen zu Gunsten der Betreuung der Station zurückstellen muss. Sie schildert eine Situation, in der sie aufgrund einer kurzfristigen Krankmeldung im Frühdienst für die gesamte Station alleine zuständig war, zu Schichtbeginn jedoch gestürzt ist und ihr Knie verletzt hat. Anstatt zum Betriebsarzt gehen zu können, wurde sie von der Stationsleitung aufgefordert, ihren Dienst zu beenden und sich erst dann behandeln zu lassen:

> „Und dann musste ich, hatte ich die Info bekommen, ich muss meinen Dienst zu Ende machen und darf nach dem Dienst erst runtergehen zum D-Arzt. Egal wie. Ich habe mich nur mit Schmerzmitteln vollgepumpt und nur gekühlt, hochgelegt und musste trotzdem den Arbeitsablauf da hinkriegen irgendwie den Stationsalltag. (…) Das war ein Montag. Sprich, wo der ganze wieder von vorne losging mit Aufnahmen, also Zugänge, OPs, Herzkatheter et cetera. Hatte vier OPs, sechs Herzkatheter. Hatte sieben Entlassungen und auch sieben oder acht Zugänge, ich alleine. (…) Und dann bin ich danach runter, naja, dann konnte nicht mal ein Röntgen oder irgendwas gemacht werden, weil das Knie so eingespannt war. Dann war ich drei oder vier Wochen krank geschrieben. Muss mich dann dafür auch noch rechtfertigen" (Z. 712–718).

Louisa erfährt die Missachtung ihrer eigenen Gesundheit nicht nur als ungerecht, sondern ist davon auch frustriert. Für sie ist es das beste Beispiel dafür, dass nicht nur Personalmangel vorherrscht, sondern auch die Leitungen keineswegs in der Lage sind, die Personalbesetzungen und die Versorgung auf den Stationen angemessen zu managen.

Verunsichert und frustriert vom schlechten Management

Louisa empfindet besonders den Personalmangel sowie die damit einhergehenden Folgen als belastend. Angesichts der personellen Engpässe nehmen Gefährdungen der Patient*innen, aber auch die gesundheitliche Belastung der Pflegekräfte zu. Obwohl Louisa sich sowohl für die Patient*innen einzusetzen versucht, indem sie beispielsweise für ‚Sitzwachen'[37] kämpft oder sich trotz des Zeitdrucks den Bedürfnissen der Patient*innen zuwendet, als auch eigene Grenzen setzt, weil sie nicht bereit ist, Mehrarbeit zu Lasten eigener gesundheitlicher Gefährdungen zu leisten, muss sie feststellen, dass ihre Bemühungen nicht wirksam sind. Anstatt mit einer Aufstockung des Personals zu reagieren, antworten die Leitungen mit Maßnahmen, die aus Louisas Sicht nicht sinnvoll sind.

So wird von den Leitungen beispielsweise eingefordert, dass die Pflegekräfte gegen die Überforderungen ihre Pausen einnehmen sollen – auch weil dies gesetzlich festgelegt ist:

> „Es ist ja auch genauso wie, wenn unsere stellvertretende Leitung ankommt und sagt: ‚So, jetzt setzen wir uns mal hin und frühstücken.' Ich kann mich nicht hinsetzen und frühstücken, wenn ich weiß, ich versinke in der Arbeit, ich werde nicht fertig. Kann ich nicht. (…) Weil ich kann es ja gar nicht genießen, geht nicht. Ich kann mich nicht hinsetzen und dann 30 Minuten da sitzen, wenn ich weiß, ich muss noch, keine Ahnung, zehn Leute waschen. Das geht nicht. Das ist dann auch keine Pause" (Z. 1008–1018).

Die Leitungen versuchen folglich auf die Erschöpfung der Pflegekräfte zu reagieren, indem sie diese auffordern, sich ihre Pausen zu nehmen. Dass diese Pausen angesichts der anstehenden Aufgaben jedoch nicht zu einer Erholung beitragen, vielmehr den Zeitdruck noch erhöhen, nimmt Louisa als zusätzliche Ignoranz der Leitungen wahr. Denn anstatt mit Personal auszuhelfen, werden Maßnahmen angestrebt, die keine wirkliche Entlastung schaffen. So wird angesichts der Überforderungen beispielsweise auch die Alarm-Funktion der Überwachungsplätze abgestellt. Folglich müssen die Pflegekräfte nicht mehr bei

37 Sitzwachen zur Überwachung und Betreuung von dementen Patient*innen, wie es im vorangehenden Kapitel beschrieben wurde.

jedem Rufton über die Station hetzen, zugleich wird nach außen dennoch von Überwachungsplätzen gesprochen. Auch diese Maßnahmen empfindet Louisa als ignorant; denn einerseits schafft das Abschalten des Alarms keine Entlastung, andererseits wird öffentlich ein Prestige zu wahren versucht, welches den Bedingungen der pflegerischen Versorgung nicht entspricht:

> „Es ist, und wir haben ja auch 16 Telemetrie-Überwachungsplätze. (…) Also die Patienten haben so einen kleinen Monitor dran und da haben wir bei uns im Schwesternzimmer zwei Bildschirme, wo dort dieses EKG abgeleitet ist. Und das war, wo ich da angefangen habe, war es mit einer Rufanlage dran. (…) wenn jemand Kammerflimmern hatte oder irgendwas, dann hat sofort die Telemetrie alarmiert. Und wenn ich dann halt auf der anderen Seite im letzten Zimmer war, habe ich einen Notruf gehört und musste dann vom letzten Zimmer auf die andere Seite in das Schwesterzimmer gucken, was ist. Und das ist jetzt seit einem Dreivierteljahr, haben sie die Telemetrie abgekappt von der Rufanlage und jetzt zählt es nur noch als diagnostisches Mittel. Aber trotzdem wird immer wieder zu uns gesagt, wir haben eine Überwachung. Und dann alleine im Nachtdienst mit 16 Überwachungspatienten" (Z. 73–85).

Dass Louisa vor allem an einer Überlastung sowie an dem schlechten Management der Leitungen leidet, wird auch an anderen Beispielen deutlich.

So beschreibt sie nicht nur Maßnahmen wie das Nehmen von Pausen oder das Abstellen der Alarmfunktion als Problem, sondern darüber hinaus auch die aus ihrer Sicht falsche Nachbesetzung von Stellen. Sowohl den Einsatz von Pflegehelfer*innen anstelle von examinierten Fachkräften im Schichtplan als auch den Einsatz ausländischer, nicht ausreichend angelernter Fachkräfte kritisiert sie:

> „Die Pflegehelfer haben ja nur 360 Stunden Kurse gemacht und die Krankenpflegehelfer glaube ich zwei Jahre. Und die kriegen dann eine 100-Prozent-Stelle auf unserer Station. (…) Die dürfen ja, also die haben mit Medikamenten und Infusionen nichts zu tun. Die machen eigentlich auch nur Essen, Klingel, Pflege, ja und das war es. (…) Sprich, ich bin als eine examinierte Kraft alleine im Spätdienst mit einer Pflegehelferin. (…) Um einzusparen. Billige Arbeitskräfte. Aber wir haben ja nachbesetzt" (Z. 347–359).

Dass Pflegehelfer*innen eine examinierte Fachkraft im Dienstplan ersetzen, ist aus Sicht von Louisa folglich keine Hilfe, denn für viele anfallende Arbeiten bleibt sie dennoch alleine zuständig. In diesem Sinne empfindet Louisa die Nachbesetzung als Hohn, denn sie wird zwar als Ersatz von Pflegenden beschrieben, entlastet ihren pflegerischen Alltag aber nicht oder nur ungenügend. Auch den Einsatz von Krankenpfleger*innen, die aus anderen Ländern rekrutiert werden, empfindet sie teilweise als problematisch, da diese oft nicht ausreichend angelernt werden und daher mit der Situation überfordert sind:

> „Weil die [Pflegekräfte aus Albanien] verstehen es nicht und die haben das ganz anders in ihrem Land gelernt und also durchgeführt, als es jetzt hier der Standard ist. Und das finde ich auch grob fahrlässig, dass man so Leute dann auf die Patienten loslässt und die nicht richtig an die Hand nimmt und fördert und auch schult“ (Z. 508–511).

Den Streik nimmt Louisa folglich als eine Möglichkeit wahr, um ihrer eigenen Überlastung ein Ende zu setzen. Von den Tarifauseinandersetzungen erhofft sie sich, dass diese die Aufstockung von Personal durchzusetzen in der Lage sind, damit die Pflegenden nicht mehr derartig belastet sind:

> „Bei uns wurde ja auch, nach dem letzten Streik, war bei uns da eine Liste auf Station, wo sich jeder eintragen hat, wer nicht mehr zu Hause angerufen werden will oder bei Whatsapp wegen einspringen. Wir haben gesagt: ‚Wir wollen nicht mehr einspringen.‘ Das haben alle unterschrieben, war auch eine Zeit lang, ging das gut. Und Stück für Stück hat es sich eingeschlichen. ‚Schreib mal dem, schreib mal dem, ruf man den an, ruf mal den an.‘ Und das geht halt nicht“ (Z. 661–666).

9.5 Zusammenfassung in fünf Schritten

Im Verlauf der letzten Jahrzehnte haben sich sowohl die Rahmenbedingungen der Gesundheitsversorgung im Krankenhaus als auch das berufliche Leitbild der (Kranken-)Pflege gewandelt. Wie anhand des qualitativen Datenmaterials deutlich geworden ist, sind dadurch pflegerische Praxen, aber auch berufliche Selbstverständnisse unter (Anpassungs-)Druck geraten. Dies hat teilweise zu einem Wandel von Arbeitsweisen und normativen Orientierungen in der Pflege sowie in allen Fällen zu Krisen geführt. Für eine krisentheoretische Betrachtung sozialer Reproduktionsverhältnisse können hieraus vier Einsichten gewonnen werden.

9.5.1 Wandel einer fürsorglichen und weiblich* konnotierten Pflege

Der Wandel der (Kranken-)Pflege hin zu einem professionellen Dienstleistungsberuf geht, wie im vorangehenden Kapitel aufgezeigt, mit einer Verschiebung von fürsorglichen, an der Leiblichkeit ansetzenden Handlungen einher (vgl. Kumbruck 2010, S. 199). Im gegenwärtigen Professionalisierungsdiskurs werden die als weiblich* identifizierten, negativ konnotierten Seiten – also die körpernahen und kommunikativen Anteile der Pflege – nicht als Bestandteil professionell erworbener und daher erlernbarer Fähigkeiten in das

Berufsbild integriert, sondern als weniger wertvolle und quasi natürliche Ausstattung betrachtet (Senghaas-Knobloch 2010, S. 100). Pflegerisches Handeln als professionalisiertes impliziert, dass ein traditionell ganzheitlich gestalteter Pflegeanspruch zu Gunsten technisch-funktionaler Tätigkeiten fragmentiert und Elemente der Fürsorge delegiert werden (vgl. Becker/Lenz/Thiel 2017). Mit den Debatten um Professionalisierung und im Zuge der Einführung der DRG wird folglich nicht mehr ein Ethos fürsorglicher Praxis, sondern ein professionalisiertes oder medizinisch-orientiertes Ethos für das Berufsbild der Pflege prägend.

Das qualitative Datenmaterial zeigt jedoch, dass sich ebendieses Pflegeverständnis gegenwärtig nur teilweise in den beruflichen Selbstverständnissen von Pflegekräften wiederfindet. Mithilfe der Fallbeispiele wird vielmehr sowohl ein Festhalten an Praxen einer fürsorglichen Pflege (wie bei Stefanie) als auch Anpassungen in den Handlungsweisen der Pflegekräfte sichtbar (etwa bei Louisa und Helga). Die Verteidigung tradierter Routinen stellt folglich *eine* Umgangsweise dar. Es zeigen sich jedoch ebenso Anpassungen, welche die Pflege näher an ein professionalisiertes oder medizinisch-orientiertes Pflegeverständnis heranrücken. Es kann demnach weder einseitig von der Zerstörung einer fürsorglichen Praxis (vgl. Kumbruck/Rumpf/Senghaas-Knobloch 2010) noch nur von einem Wandel der beruflichen Selbstverständnisse in der (Kranken-)Pflege (vgl. Braun et al. 2010) gesprochen werden. Vielmehr wird deutlich, dass aktuell umkämpft ist, was sich als ‚neues' Care-Ethos durchsetzen kann. Zugleich wird hierbei jedoch ein generationeller Unterschied in den Umgangsweisen sichtbar.

Stefanie hat ihre Pflegeausbildung bereits vor vielen Jahren absolviert und steht eher am Ende ihres beruflichen Lebens. Louisa hingegen ist nicht nur deutlich jünger, sondern weist auch keine eindeutige Orientierung an einer fürsorglichen Pflege auf. Zwar scheint Helga zunächst eine Ausnahme zu bilden, da sie altersmäßig eher in der Generation von Stefanie zu verorten ist und ihre Ausbildung ebenfalls vor der Einführung des DRG-Systems absolviert hat. Jedoch hat sie erst vor einigen Jahren eine einjährige Weiterbildung beendet und ist dort vermutlich mit veränderten inhaltlichen Ausrichtungen des Pflegeverständnisses in Kontakt gekommen. Dies hat Auswirkungen auf die Art und Weise, wie sich die beruflichen Routinen der Befragten verändern: Während die Umwälzung pflegerischer Routinen sich einerseits als das Resultat eines „mechanischen Drucks" (vgl. GH, S. 2082) gegenüber traditionellen Orientierungen darstellt, könnten die veränderten Anforderungen für einen Teil der Pflegekräfte, und insbesondere die jüngere Generation, andererseits bereits zu einem Bestandteil ihrer Praxen und pflegerischen Selbstverständnisse geworden sein.

Hierauf verweisen nicht nur die unterschiedlichen beruflichen Selbstverständnisse in den Fallbeispielen, sondern auch Aussagen über jüngere Pflegekräfte, die sich in den Interviews finden. So wird etwa beschrieben, dass jüngere Kolleg*innen oder Pflegeschüler*innen weniger an den Veränderungen zu leiden haben und einen anderen Anspruch an ihre Arbeit aufweisen. Das fehlende

Ringen um die Veränderungen der pflegerischen Praxen – wie es sich auch im Fallbeispiel von Louisa zeigt – legt demzufolge die Annahme nahe, dass eine Abgrenzung von einem Ethos fürsorglicher Praxis bereits stattgefunden hat. Die Herausbildung eines professionalisierten Pflegeverständnisses könnte also das Ergebnis (pflege-)beruflicher Ausbildungs- und Sozialisationsprozesse sein. Denn die Ausbildungsinhalte haben sich, wie Becker/Lenz/Thiel (2017) zeigen, in den letzten Jahr(zehnt)en von einem fürsorglichen Pflegeverständnis wegbewegt. Auch die Studie von Braun et al. (2011) legt nahe, dass sich ein professionalisiertes Pflegeverständnis unter Pflegenden ausbreitet. So wird hier argumentiert, dass insbesondere unter jüngeren Pflegekräften eine massive Normerosion gegenüber traditionellen Orientierungen (wie etwa der psychosozialen Versorgung) zu verzeichnen ist (ebd., S. 70).

Die erzieherischen Praxen im Krankenhausalltag sowie in den Ausbildungsinstitutionen tragen langfristig also, so ist zu vermuten, zu einer Veränderung der beruflichen Praxis und einem Wandel der (Selbst-)Verständnisse in der Krankenpflege bei. Ein professionelles Care-Ethos schreibt sich bisher jedoch nicht in die Denk-, Fühl- und Handlungsweisen *aller* Subjekte ein. Die Herausbildung neuer Gewohnheiten vollzieht sich folglich nicht sprunghaft, sondern im Ringen mit alten Routinen – denn diese erscheinen den Menschen als „absolute" und „natürliche" und sind daher zäh, langlebig und schwer veränderbar (vgl. GH, S. 1690).

9.5.2 Krisen der sozialen Reproduktion in den Krankenhäusern

In den Krankenhäusern sind in den letzten Jahren nicht nur weitreichende Veränderungen der Rahmenbedingungen sowie ein Diskurs um die Professionalisierung der (Kranken-)Pflege zu beobachten. Vielmehr lassen sich vermehrt auch gewerkschaftliche Auseinandersetzungen um Entlastung sowie zunehmende Krisen konstatieren. Letztere zeigen sich in den untersuchten Fällen besonders deutlich: Obwohl die befragten Pflegekräfte unterschiedlich mit knappen Ressourcen und neuen Anforderungen an ihre Arbeit umgehen, berichten alle von Erschöpfungen, von Frust und Überlastung, von Krankheit oder Überforderungen. In allen Interviews drücken sich Erfahrungen von Leiden angesichts unzureichender Bedingungen aus. Dennoch lassen sich die beobachteten Krisen der sozialen Reproduktion in den Krankenhäusern hinsichtlich ihrer Ursachen unterscheiden.

Einerseits sind *Anpassungskrisen* in Folge eines Drucks auf tradierte Praxen und pflegerische Selbstverständnisse eines Ethos fürsorglicher Praxis zu beobachten. So führen zum einen, wie das Fallbeispiel von Stefanie verdeutlicht, zeitliche und personelle Engpässe als *stummer Zwang* dazu, dass die Möglichkeiten für eine empathisch-fürsorgliche Pflege eingeschränkt werden und somit schlicht die Zeit für ein Ethos fürsorglicher Praxis fehlt. Zum anderen setzen sich, formuliert insbesondere durch die Pflegeleitungen, neue *subjektivierende Anforderungen* durch, die auf einen Wandel normativer Orientierungen und Handlungsweisen zielen und erzieherisch auf die Subjekte wirken. Alte Gewohnheiten eines Ethos fürsorglicher Praxis – etwa die psychosoziale Versorgung, Tätigkeiten der Grundpflege wie die Körperpflege oder das Essenreichen, aber auch Empathie und Zuwendung – geraten in Bedrängnis, während Prozesse zur Herausbildung eines professionalisierten Ethos angeregt werden.

Bei den Anpassungs- oder Krisen der Gewohnheiten in der Pflege handelt es sich folglich, wie im Anschluss an ein gramscianisches Krisenverständnis geschlussfolgert werden kann, um krisenhafte Prozesse der Transformation tradierter Gewohnheiten, Routinen und (beruflicher) Selbstverständnisse und die Herausbildung neuer Praxen und Subjektivitäten. Die veränderten Arbeits- und Produktionsverhältnisse in den Krankenhäusern erfordern neue Denk-, Fühl- und Handlungsweisen, um die (Wieder-)Herstellung eines kohärenten Verhältnisses von Produktionsweisen, Lebensweisen und Subjektivitäten sicherzustellen. Dies vollzieht sich jedoch nur durch Krisen der befragten Pflegekräfte hindurch, die von Erschöpfungen ebenso wie Frust, Verunsicherung, Resignation, Motivationsverlusten, aber auch von einem Verlust an Wertschätzung und Anerkennung berichten.

Neben diesen Krisen tradierter Gewohnheiten entstehen Krisen (der Erschöpfung) aktuell andererseits jedoch auch dann, wenn, wie die Fallbeispiele von Helga und Louisa zeigen, neue Handlungsweisen und Orientierungen eines professionellen Care Ethos bereits umgesetzt werden und es sich nicht allein um krisenhafte Transformationen alter Pflegepraxen handelt. In der (Kranken-)Pflege sind demnach gegenwärtig nicht nur Krisen der Anpassung, sondern auch jene der *Umsetzung* zu beobachten. Von körperlichen Erschöpfungen, Krankheit oder Überforderungen berichten folglich auch diejenigen Pflegekräfte, die nicht um die Aufrechterhaltung tradierter Routinen ringen. Mit der Durchsetzung veränderter Produktionsverhältnisse werden demnach zwar neue Lebens-, Handlungs- und Denkweisen durchgesetzt, die zweckmäßiger, d.h. ökonomischer oder den gegebenen Bedingungen angemessener sind (vgl. GH, S. 1691). Sie führen aber dennoch zu (neuen) Krisen.

Erschöpfungen zeigen sich demnach aktuell überall in den Krankenhäusern. Dennoch muss mit Blick auf die subjektiven Krisen und Leidenserfahrungen der Befragten hinsichtlich der Ursachen differenziert werden. Erschöpfungen resultieren nicht allein aus rein körperlichen Überlastungen oder dem Auszehren physischer, psychischer und emotionaler Ressourcen, sondern auch aus erlebten Abwertungen und dem Verlust von Wertschätzung in Folge eines gewandelten Pflegeverständnisses. Politisch bedeutsam ist zudem, dass in der untersuchten Streikauseinandersetzung alle befragten Pflegekräfte sich auf gemeinsame Ziele verständigen konnten. Diese Verständigung macht zugleich jedoch unsichtbar, dass der gemeinsamen Artikulation jeweils unterschiedliche Problembeschreibungen und subjektive Denk-, Fühl- und Handlungsweisen zu Grunde liegen, die jenseits der Forderung nach mehr Personal durchaus auf Widersprüche zwischen den streikenden Pflegekräften verweisen.

9.5.3 Reichweite der Krisenprozesse in den Krankenhäusern

Nachdem sich gezeigt hat, dass alle befragten Pflegekräften aktuell Krisen erleiden, richtet sich der Blick nunmehr auf die Frage nach der Reichweite der Krisen der sozialen Reproduktion in den Krankenhäusern. Die drei portraitierten Fälle exemplifizieren hier unterschiedliche Ausprägungen des Transformationsprozesses.

Einerseits sprechen die beobachteten *Anpassungskrisen* zunächst dafür, dass nicht allein die veränderten Rahmenbedingungen eines DRG-Systems sowie eines gewandelten Pflegeverständnisses zu Krisen führen. Die von Stefanie erlebten Leidenserfahrungen können vielmehr auch als Infragestellung tradierter Gewohnheiten und als Reaktion auf ihr Festhalten am Ethos fürsorglicher Praxis gelesen werden. Sie sind demzufolge nicht *Folgen*, sondern *Bestandteil* der krisenhaften Herausbildung eines neuen Zusammenhangs von Produktionsweisen, Lebensweisen und Subjektivitäten im Krankenhaus. So verstanden stellen Anpassungskrisen (noch) nicht notwendigerweise eine Infragestellung der veränderten Reproduktionsverhältnisse dar.

Andererseits zeigen sich krisenhafte Zuspitzungen ebenso *trotz* der Verinnerlichung bereits veränderter Gewohnheiten, die im Sinne eines professionalisierten Pflegeverständnisses den gewandelten Arbeitserfordernissen im Krankenhaus besser entsprechen (sollen). Es deutet sich demnach an, dass aktuell nicht nur Anpassungskrisen im Prozess der Verallgemeinerung neuer Produktionsweisen entstehen, sondern auch *neue* Zuspitzungen und Krisen. Eine neue Stabilität scheint somit nicht in Sicht. Dies zeigen die Fallbeispiele von Helga und Louisa. Unter Bedingungen knapper Ressourcen geraten die Pflegekräfte auch ohne die Infragestellung tradierter Praxen in Bedrängnis – etwa weil sie sich gezwungen sehen, wie Louisa, ihr Privatleben oder eigene (körperliche und psychische) Bedürfnisse unterzuordnen, oder weil sie Qualifikationen einer professionellen Pflege nicht angemessen umzusetzen können. Dadurch entstehen nicht nur Erschöpfungen. Es misslingt aber auch eine berufliche Haltung, die auf einer Abgrenzung von einer zeitlich unerschöpflichen Fürsorge und dem Anspruch einer Pflege als Dienstleistung basiert. Die Krankenpflege wird demnach zwar ihrer fürsorglichen und ganzheitlichen Anteilen beraubt, zugleich aber ist auch eine professionelle Pflege angesichts der gegebenen Bedingungen nicht umsetzbar. Letztlich scheint also keine der Strategien zu gelingen, vielmehr nehmen die Widersprüche insgesamt zu.

Sowohl die Verweigerung gegen die veränderten Anforderungen als auch eine Anpassung an die gewandelten Bedingungen rufen daher Krisen wie Krankheit, Erschöpfung, Frust oder Verunsicherung hervor. Insofern sich einerseits Anpassungskrisen der Gewohnheiten zeigen, andererseits aber auch deutlich wird, dass die Einpassung in die sich wandelnden Verhältnisse neue Widersprüche erzeugt, kann folglich davon ausgegangen werden, dass es sich nicht lediglich um vorübergehende, sondern um strukturelle Krisen handelt.

9.5.4 Sorge-Kämpfe für mehr Personal und der Wunsch nach einem zurück zur fürsorglichen Pflege?

Als Reaktion auf Veränderungen in den Krankenhäusern kommt es in den letzten Jahren vermehrt zu Kämpfen in der Pflege. Im Mittelpunkt der Tarifauseinandersetzungen an der Charité, an denen alle befragten Pflegekräfte beteiligt waren, stand eine tarifliche Personalbemessung. Um den Personalbedarf anhand des Pflegeaufwands und nicht mehr entlang des zur Verfügung stehenden finanziellen Budgets zu bestimmen, sollte ein Tarifvertrag erstritten werden (vgl. Kunkel 2015). Mithilfe der portraitierten Fälle ist deutlich geworden, welche Motivationen der befragten Pflegekräfte hinter den Auseinandersetzungen gestanden haben.

So thematisieren alle Befragten den zeitlichen sowie den personellen Mangel als drängendste Probleme, die es zu bearbeiten gilt. Folglich richten sich ihre Kämpfe gegen die Erschöpfung, Mehrarbeit oder die Verdichtung der Arbeit. Unabhängig vom pflegerischen (Selbst-)Verständnis wird demnach ein Ende der übermäßigen (körperlichen und psychischen) Verausgabung sowie der permanenten Abrufbarkeit auch außerhalb der Schicht eingefordert. Zugleich wird darüber hinaus jedoch ebenfalls deutlich, dass eine weitere zentrale Dimension in der Frage des Pflegeverständnisses und der Veränderung der pflegerischen Praxen liegt. Zumindest einige der befragten Pflegekräfte hegen die Hoffnung, mit den Tarifauseinandersetzungen Bedingungen zu erkämpfen, in denen eine Umsetzung des unter Druck geratenen Ethos fürsorglicher Praxis wieder möglich wird. Allerdings bleibt dieses Ziel implizit. Von den befragten Pflegekräften wird das Ringen um die Veränderungen der pflegerischen Routinen und (Selbst-)Verständnisse nicht explizit als Bestandteil der Auseinandersetzungen formuliert. Obwohl die Pflegekräfte die veränderten Anforderungen der Pflegedienst- und Stationsleitungen problematisieren, den Druck auf ihre tradierten Praxen kritisieren und sich Bedingungen (zurück) wünschen, unter denen sie die Ansprüche an ihre Arbeit (wieder) umsetzen können, bleibt eine Auseinandersetzung über die inhaltlichen Veränderungen der Pflege aus. Die Hoffnung, eine fürsorgliche Pflege verteidigen und wieder zurück erstreiten zu können, wird vielmehr als Bestandteil der Forderung nach *Mehr Personal* verstanden. Dies zeigt auch der zentrale Slogan der Tarifauseinandersetzungen *Mehr von uns ist besser für alle*: Mit dem Slogan verweisen die Beschäftigten auf eine doppelte Perspektive, die sowohl die Überforderung der Pflegekräfte thematisiert als auch die Versorgungssituation der Patient*innen aufgreift, die unter Personalmangel und den damit einhergehenden Folgen zu leiden haben. Der Bezug auf eine fürsorgliche Pflege erfolgt demnach nur mittelbar über die Forderung nach Bedingungen, welche erst die Voraussetzung hierfür schaffen. Das Ethos fürsorglicher Praxis wird jedoch nicht offensiv verteidigt. *Welche* Pflege mit der Forderung nach mehr Personal ermöglicht werden soll, wird nicht explizit thematisiert. Benannt werden vorrangig Arbeitsverdichtung, Zeitdruck und personelle Lücken.

9.5.5 Zwischenfazit: Krankenversorgung im Wandel – Mehr Krise als Transformation

In den Debatten der Care- oder Krise der sozialen Reproduktion wird gegenwärtig von einer Abwertung der Sorge sowie von Krisen gesprochen. Demnach komme es aktuell einerseits zu Erschöpfungen durch einen übermäßigen Verschleiß physischer, psychischer und emotionaler Ressourcen der Subjekte (vgl. Winker 2011; 2015; Jürgens 2010). Andererseits könne „nicht mehr angemessen Sorge [ge]tragen" werden (Aulenbacher/Dammayr 2014b, S. 10). Bezogen auf die Krankenhäuser wird überdies argumentiert, dass das fürsorgliche Care-Ethos der Beschäftigten durch die Verschärfung der Arbeitsbedingungen verletzt wird (vgl. Becker/Kutlu/Schmalz 2017; Décieux 2017), wodurch dieses schließlich „zu einer subjektiven Ressource der Beschäftigten" (Becker/Kutlu/Schmalz 2017, S. 273) sowie zum Ausgangspunkt von Sorge-Kämpfen werde. Erstens geht die These der Care- oder Krise der sozialen Reproduktion also davon aus, dass die gegenwärtigen Bedingungen in der Sorgearbeit von den darin Tätigen als Erschöpfungen sowie als Verletzung ihres Care-Ethos und in diesem Sinne als krisenhaft erlebt werden. Zweitens wird angenommen, dass sich die Sorge-Kämpfe der Beschäftigten gegen die Veränderungen in den Krankenhäusern richten. Die (Tarif-)Auseinandersetzungen werden demnach als Reaktionen auf die Krise gedeutet (vgl. Artus 2017; Winker 2015; Aulenbacher/Dammayr 2014a; Becker/Kutlu/Schmalz 2017) und angenommen, dass die Beteiligung an Protesten für ein Festhalten an traditionellen Orientierungen (eines Ethos fürsorglicher Praxis) spricht. Mit Blick auf die Ergebnisse der vorliegenden Studie zeigt sich jedoch ein vielschichtigeres Bild.

Die derzeitigen Entwicklungen lassen sich weder allein als Zerstörungen oder Mängel von Fürsorglichkeit noch nur als Gefährdungen der Arbeitskraft beschreiben. Stattdessen bilden sich auch neue Formen von Pflege und Fürsorglichkeit sowie neue Gewohnheiten und Subjektivitäten heraus. Folglich finden nicht nur Abwertungen von Sorge statt, sondern ebenso die *Reorganisation* der Praxen und (ideologischen) Verständnisse. Ein Ethos fürsorglicher Praxis wird gegenwärtig also einerseits zu Gunsten einer Priorisierung ärztlich-heilkundlicher, lebenserhaltender und quantifizierbarer Tätigkeiten, veränderter Arbeitsteilungen oder der Standardisierung von Behandlungsabläufen unter Druck gesetzt, sodass bestimmte Formen und Praxen von Fürsorglichkeit sowie das Leitbild der fürsorglichen Pflege ‚zerstört' werden. Andererseits re-artikulieren sich neue Formen und Vorstellungen guter Versorgung im Bild der professionellen Pflege. Im Versuch der Ausformung eines (neuen) kohärenten Verhältnisses von Produktions- und Lebensweisen entstehen in Folge des Drucks auf tradierte Gewohnheiten zwar Krisen. Allerdings können und müssen diese auch als Movens gesellschaftlicher Veränderungen verstanden werden. Mithilfe eines strukturellen wie subjektivierenden „Erzwingungsdrucks" vollziehen sich psycho-physische Transformationsprozesse (vgl. GH: 2082 ff.) der Seins- und Lebensweisen, in denen die Gewohnheiten und Subjektivitäten der Pflegekräfte an gewandelte Erfordernisse anzupassen versucht werden. Die Erschöpfungen, Verunsicherungen, die Hilflosigkeit oder Frustrationen der Pflegekräfte sind demnach nicht allein Folgen knapper Ressourcen und veränderter Anforderungen einer professionellen Pflege. Vielmehr sind sie als umkämpfte Artikulationen des gesellschaftlichen Wandels und somit als Bestandteil des krisenhaften Transformationsprozesses zu verstehen, der sich (nur) durch (Anpassungs-)Krisen der subalternen Klassen hindurch vollzieht (vgl. GH, S. 2090 ff.).

Bezogen auf die Debatten um die Care- oder Krise der sozialen Reproduktion muss daher ergänzt werden, dass das Ethos fürsorglicher Praxis und eine angemessene Sorge nicht nur unmöglich gemacht werden, sondern sich auch neue Formen von Fürsorglichkeit einer professionellen Pflege durchsetzen und auf Zustimmung treffen. Darüber hinaus zeigt sich, dass Krisen nicht allein als Zerstörungen, sondern ebenso als Formen gesellschaftlicher Transformationen verstanden werden müssen. Insofern diese jedoch immer umkämpft sind, ist offen, ob die Veränderungen sich stabilisieren und die Transformation gelingt. Da Krisen in den Krankenhäusern trotz der Anpassungen von Handlungsweisen und eines (teilweise) verinnerlichten professionellen Care-Ethos entstehen, kann vielmehr von neuen Widersprüchen, denn von einer Re-Stabilisierung gesprochen werden. Gegenwärtig also kämpfen fürsorgliche und professionelle Pflege gemeinsam gegen die Gesundheitsversorgung unter Bedingungen knapper Ressourcen.

In einem Bereich, der zentral zur physischen Reproduktion der Subjekte beiträgt, zeichnet sich eine tiefgreifende Infragestellung des kohärenten Verhältnisses von Produktions-, Lebens- und Seins-Weise ab. Ob und inwiefern Krisen in weiteren Bereichen zu beobachten sind, die wesentlich zur Sicherstellung sozialer Reproduktionsverhältnisse beitragen, wird nunmehr mit Blick auf die frühkindliche Kindertagesbetreuung beleuchtet.

10. Ausbau, Bildungskonzepte und Aufwertung der frühkindlichen Pädagogik – Wandel der Betreuung, Erziehung und Bildung in den Kitas

Seit Beginn der 2000er Jahre wird der Bereich der Kindertagesstätten in Deutschland reformiert und reorganisiert. Diese Entwicklungen beruhen vor allem auf zwei Prozessen – nämlich einem Ausbau von Kindertagesstätten, bei dem in erster Linie Halb- oder Ganztagsplätze für Kinder unter drei Jahren und nachgeordnet Ganztagsplätze für Kinder zwischen drei und sechs Jahren geschaffen werden, sowie der Einführung von Bildungsprogrammen in Kitas, durch die diese zu Bildungsinstitutionen transformiert werden. In den letzten Jahren kommt es demnach sowohl quantitativ wie qualitativ zu weitreichenden Veränderungen im Kita-Bereich (vgl. Stöbe-Blossey 2011; Viernickel et al. 2013). Die Impulse mit Blick auf die ersten Lebensjahre vollziehen sich aus zwei unterschiedlichen Richtungen. Einerseits wird seit den 1990er Jahren der Ruf nach einem Ausbau der Betreuung zunehmend lauter. Mit steigender weiblicher* Erwerbspartizipation wächst auch die Forderung nach einer Verbesserung der Vereinbarkeit von Erwerbsleben und Familie (vgl. Krone/Stöbe-Blossey 2010). Andererseits wird vor dem Hintergrund der schlechten Ergebnisse Deutschlands in internationalen Bildungsvergleichen der Fokus auf die frühkindliche Bildung der Kinder gerichtet (vgl. vbw – Vereinigung der Bayerischen Wirtschaft 2012). Mehr Bildung und mehr Betreuung sind folglich zu zentralen Zielen in der Gestaltung eines künftigen öffentlichen Angebots für Kinder geworden. Dies meint den Ausbau von Platzkapazitäten sowie die Ausdehnung und flexiblere Gestaltung von Betreuungszeiten. In Bezug auf die inhaltliche Bestimmung der pädagogischen Arbeit wird die *Bildungs*funktion von Kitas wichtiger (Roßbach 2004; Blossfeld/Roßbach 2012, S. 201). Insofern Erzieher*innen eine entscheidende Rolle für eine gute Qualität der Bildungsangebote spielen (vbw – Vereinigung der Bayerischen Wirtschaft 2012, S. 7), sind mit den Reformen der Kindertageseinrichtungen veränderte Erwartungen an die Einrichtungen, aber ebenso neue (Qualifikations-)Anforderungen an die frühpädagogischen Fachkräfte einhergegangen (Spieß/Westermeier 2016, S. 1031; Blank 2017). In Debatten um die Professionalisierung frühpädagogischer Arbeit wird die Fokussierung auf frühkindliche Bildungsprozesse als Qualifizierungs- und Veränderungsdruck auf pädagogische Fachkräfte beschrieben. Als zentrales Anliegen einer Professionalisierung dieses Sektors wird folglich die Steigerung der Qualität durch die Anhebung des Qualifikationsniveaus sowie die Akademisierung von Erzieher*innen benannt (Pasternack/Keil 2013, S. 14).

Mit dem Ausbau von Kindertageseinrichtungen und dem Fokus auf frühkindliche Bildung in den Einrichtungen sowie dem Diskurs um die Professionalisierung der Frühpädagogik sind in den letzten Jahren folglich weitreichende Veränderungen für Erzieher*innen entstanden. Beide Entwicklungen werden nachfolgend näher in den Blick genommen.

10.1 Kita-Ausbau und Einführung frühkindlicher Bildungskonzepte: Aufwertung und Erweiterung pädagogischer Arbeit in den Kitas?

Zwei wesentliche Säulen der Reformprozesse in der frühkindlichen Betreuung, Erziehung und Bildung sind der Ausbau der Kindertagesstätten und die Einführung von Bildungsprogrammen in den Kitas seit Beginn der 2000er Jahre. Beide Entwicklungen haben Auswirkungen auf die Arbeitsbedingungen von Erzieher*innen sowie die Anforderungen an eine frühkindliche Pädagogik. Sie führen zu strukturellen Veränderungen, aber auch zu Verschiebungen der gesellschaftlichen Erwartungen an die Kitas.

10.1.1 Gesetzliche Grundlagen und Entwicklungen des Kita-Ausbaus

Nachdem Anfang der 2000er Jahre ein weitreichender Konsens entstand, dass es einer Weiterentwicklung der institutionellen Kinderbetreuung sowohl in quantitativer als auch in qualitativer Hinsicht bedarf (Stöbe-Blossey 2012, S. 102), begann eine bis heute anhaltende Reformphase. Der Kita-Ausbau wurde auf Bundesebene vor allem durch das Tagesbetreuungsausbaugesetz (TAG) 2004, das Kinder- und Jugendhilfeentwicklungsgesetz (KICK) 2005 sowie das Kinderförderungsgesetz (KiföG) 2008 reguliert.

Mit dem TAG wurde als erster Schritt eine Verbesserung der Versorgung mit Plätzen für Kinder unter drei Jahren und die Aufwertung der Kindertagespflege festgeschrieben. Da die Aktivitäten von Ländern und Kommunen zum Ausbau der Betreuung für unter Dreijährige hinter den Erwartungen zurückblieben (Stöbe-Blossey 2011, S. 372 f.), wurde mit dem KiföG im Jahr 2008 ein subjektiver Rechtsanspruch für Kinder zwischen zwölf Monaten und unter drei Jahren (der bis zum Jahr 2013 in Kraft getreten ist) eingeführt[38] sowie eine Unterstützung des Ausbaus durch Bundesmittel beschlossen. Zugleich wurde

38 Demgegenüber bleibt für die unter Einjährigen die Inanspruchnahme auch weiterhin an Kriterien gebunden; nämlich die Erwerbs- bzw. Ausbildungssituation der Erziehungsberechtigten oder die Teilnahme an einer Maßnahme zur Eingliederung in Arbeit (Rauschenbach/Schilling 2013, S. 47).

mit dem TAG der Tagespflege eine quasi gleichberechtigte Rolle neben den Einrichtungen zugewiesen. Sie ist daher explizit in die Schaffung von Plätzen für die frühkindliche Betreuung einbezogen und vom Bundesministerium für Bildung und Forschung als gleichwertiges Betreuungsangebot beworben und qualitativ weiterentwickelt worden (vgl. Roux 2013, S. 325). Gesetzlich förderfähig wurden darüber hinaus private Träger von Kita-Angeboten sowie Betriebskindergärten. Darüber hinaus wurde mit dem im Jahr 2005 in Kraft tretenden KICK neben dem quantitativen Ausbau der Kindertagesbetreuung auch der qualitative Förderauftrag der Tageseinrichtungen auf Bundesebene konkretisiert. Die Träger der öffentlichen Jugendhilfe sollen demnach die Qualität der Förderung in ihren Einrichtungen sicherstellen sowie dafür sorgen, dass die pädagogischen Fachkräfte in den Kindertageseinrichtungen mit anderen kinder- und familienbezogenen Institutionen und Initiativen kooperieren und einen guten Übergang der Kinder in die Grundschule vorbereiten. Darüber hinaus sollen sie darauf hinwirken, dass auch freie Träger den Förderauftrag umsetzen (Stöbe-Blossey 2011, S. 372 f.).

In Folge der gesetzlichen Regulierungen auf Bundesebene ist es in den letzten Jahren zu einem enormen Wachstum im Bereich der Kindererziehung gekommen. Dies lässt sich beispielsweise an der Steigerung der Beschäftigtenzahlen, aber auch an der wachsenden Anzahl der Kindertageseinrichtungen festmachen. Zum in der Kindererziehung tätigen Personal zählten im Jahr 2016 666.455 Personen in Einrichtungen der Kindertagesbetreuung sowie weitere 43.471 in der Tagespflege. Gegenüber dem Jahr 2006 stellt dies einen Anstieg um 60,6 bzw. 42,8 % dar, wobei der Zuwachs von Teilzeitbeschäftigten (unter 38,5 Stunden/Woche) in der Kindertagesbetreuung deutlich höher war als derjenige von Vollzeitkräften[39] (Blank 2017, S. 175). 68 % der Beschäftigten in Kindertageseinrichtungen arbeiteten 2015 bei einem freien Träger. Ihr Anteil ist seit 1998 um 10 % gestiegen, wobei der Deutsche Caritasverband bzw. die katholischen Träger hierin den größten, die der Diakonie bzw. der evangelischen Träger den zweitgrößten Anteil von Arbeitnehmer*innen der freien Träger beschäftigten. An dritter Stelle der freien Kinder- und Jugendhilfe stehen die Sonstigen freien Träger, zu denen auch die Gruppe der privatgewerblichen Träger zählt. Der Anteil des Personals in öffentlichen Einrichtungen ist entsprechend des Zuwachses bei den privaten Trägern von 42 % auf nunmehr 32 % gesunken. (Fachkräftebarometer 2016) Die

39 Nach wie vor ist der Anteil der Männer*, die beruflich in der Kindertagesbetreuung tätig sind, relativ gering. In den letzten Jahren ist allerdings ein Anstieg zu verzeichnen. Im Jahr 2016 waren in Deutschland 5,2 % der Beschäftigten in der Kindertagesbetreuung männlich*. Damit waren rund 30500 Männer unmittelbar mit der pädagogischen Betreuung von Kindern in einer Kindertageseinrichtung befasst oder als Tagesvater aktiv. Vor fünf Jahren waren es noch 16700 Männer* gewesen (3,6 %). (https://www.destatis.de/DE/PresseService/Presse/Pressemitteilungen/zdw/2017/PD17_17_p002.html; Zugriff: 02.07.2018)

Zahl der Tagespflegepersonen hat sich zwischen 2006 und 2014 von rund 30.400 auf knapp 44.900 erhöht und ist im Vergleich zum personellen Wachstum in Kitas deutlich weniger stark angestiegen (Fachkräftebarometer 2014, S. 81). Insgesamt hat auch die Zahl der Einrichtungen seit 2006 permanent zugenommen, sodass die Anzahl der Kitas bis März 2015 auf bundesweit 54.536 Einrichtungen angewachsen ist (Destatis 2015, S. 1).

Neben dem personellen Wachstum des Berufsfelds sowie der Erhöhung der Betreuungsquote hat die Kindertagesbetreuung in den letzten Jahren auch in ökonomischer Hinsicht einen erheblichen Bedeutungszuwachs erfahren. Die öffentlichen Ausgaben, die für das System der Bildung, Betreuung und Erziehung insgesamt aufgewendet werden, sind deutlich gestiegen. Wurden in den westlichen Flächenländern 1994 noch 5,1 Mrd. € von der öffentlichen Hand für Tageseinrichtungen als „reine Ausgaben" aufgewendet, d. h. nach Abzug der Einnahmen (beispielsweise durch Elternbeiträge), waren es im Jahr 2016 bereits 16,7 Mrd. € (Rauschbach/Schilling 2013, S. 47; Destatis 2018b, S. 29).

10.1.2 Auswirkungen des Kita-Ausbaus auf die Arbeitsbedingungen von Erzieher*innen

Mit dem Ausbau der Kindertageseinrichtungen und dem Anspruch, die Vereinbarkeit von Familie und Erwerbsleben zu verbessern, haben sich die Anforderungen an die Arbeitsorganisation und das Management der Einrichtungen verändert. So wird eine gezielte Abstimmung von Erwerbs- und Betreuungszeiten eingefordert, in der passfähige integrierte Angebote von den Einrichtungen entwickelt werden sollen. Dies bedeutet zugleich eine Anpassung der Infrastruktur von Kindertageseinrichtungen. Es müssen pädagogische Konzepte weiterentwickelt werden, um mit einer solchen Zeitpolitik kompatibel zu sein (Krone/Stöbe-Blossey 2010, S. 30), aber auch Organisation und Management der Kinderbetreuungseinrichtungen müssen angepasst werden (Klaudy et al. 2016, S. 23).

Für die Abstimmung von Erwerbs- und Betreuungszeiten geht es sowohl um Angebote für atypische Arbeitszeiten (am späten Nachmittag, am Abend, am Wochenende) als auch um passgenaue Angebote für Teilzeitbeschäftigte. Insbesondere im U3-Bereich werden Öffnungszeiten für Teilzeitbeschäftigte vermehrt nachgefragt, weil hier häufig der Wunsch von Familien, ihr Kind möglichst oft selbst zu betreuen, eine Rolle spielt (Esch et al. 2005, S. 71). Atypische Betreuungszeiten hingegen werden vor allem aufgrund des seit Jahren feststellbaren Trends zur Ausdifferenzierung von Arbeitszeiten nachgefragt, aber auch, weil gerade in einigen Berufen mit hohem Frauenanteil (wie etwa dem Gesundheitswesen oder der Gastronomie) derartige Arbeitszeiten nicht vermeidbar sind (Stöbe-Blossey 2011, S. 380). Eine einfache Ausweitung der Öffnungszeiten von Bildungseinrichtungen entspricht daher oftmals nicht dem Bedarf an Betreuung. Es müssen verschiedene Angebote zur Verfügung gestellt und miteinander verknüpft werden, wie beispielsweise die Modularisierung von Betreuungsangeboten mit Angeboten der Tagespflege, die für die Betreuungszeiten nach Ende der Öffnungszeiten zuständig sind (Stöbe-Blossey 2011, S. 382). Wie Lösungen für eine Flexibilisierung der Betreuung konkret aussehen sollen, ist in der erziehungs-, bildungs- und sozialwissenschaftlichen Forschung derzeit umstritten.

Während lange Zeit als Gewissheit galt, dass ein Kleinkind zur Mutter gehöre und eine externe Betreuung eine Notlösung sei, die höchstens in sehr familienähnlichen Strukturen akzeptabel sein könnte, hat im Zuge der Pisa-Debatte die frühkindliche Bildung einen deutlich höheren Stellenwert erhalten. Bildung – so die oft unausgesprochene Vermutung – findet in erster Linie in Institutionen statt und nicht in der Familie (vgl. Viernickel 2008). Unter diesem Gesichtspunkt erscheint es nunmehr als kontraproduktiv, die Anwesenheitszeit eines Kindes (auch eines Kleinkindes) in einer Einrichtung auf das angesichts der Arbeitszeiten der Eltern notwendige Maß begrenzen zu wollen (vgl. Stöbe-Blossey 2010, S. 58). Aus pädagogischer Sicht wird etwa argumentiert, dass die Umsetzung des Bildungsauftrags kontinuierliche Anwesenheitszeiten einer Kindergruppe erfordere, zu denen die Wünsche der Eltern im Widerspruch stehen (können). Als mögliche Lösung für die Flexibilisierung des Betreuungsangebotes wird über Kernzeiten diskutiert, die für alle verbindlich sind und in besonderem Maße für Bildungsangebote genutzt werden, zu denen weitere Betreuungszeiten hinzugekauft werden können.[40]

Um die Flexibilisierung von Betreuungszeiten gewährleisten zu können, müssen Kitas nicht nur entscheiden, wie sie ihre Öffnungszeiten gestalten. Flexible Betreuungszeiten stellen auch die (Arbeits-)Organisation, das Management und pädagogische Konzepte vor Herausforderungen. Erfahrungen aus flexiblen Einrichtungen deuten etwa darauf hin, dass Flexibilität leichter und besser zu organisieren ist, wenn nach Konzepten der offenen Gruppenarbeit vorgegangen wird. Diese ermöglicht eine Modularisierung von Angeboten, die das Kind in seinen jeweiligen Anwesenheitszeiten individuell nutzen kann (Stöbe-Blossey 2010, S. 57 f.). Während der „klassische Kindergarten" die Arbeit in Gruppen vorsah, werden dem „offenen Kindergarten" (vgl. Regel/Kühne 2001) nicht nur bessere Passförmigkeit mit flexiblen Betreuungsangeboten, sondern auch große Chancen zugeschrieben. Dieser Ansatz komme dem selbstbestimmten und selbstorganisierten Lernen von Kindern entgegen und biete auch den pädagogischen Fachkräften Möglichkeiten für einen

40 Für eine Übersicht über bestehende Angebote in den verschiedenen Bundesländern siehe Stöbe-Blossey 2010, S. 55–94.

kompetenzorientierten Arbeitseinsatz (Klaudy et al. 2016, S. 23 f.).[41] Zugleich wird den Öffnungskonzepten kritisch entgegengehalten, dass sie sich aufgrund des fehlenden Gruppenzusammenhalts negativ auf die kindliche Entwicklung insbesondere sehr junger Kinder auswirken. Konzepte offener Gruppenarbeit sind folglich nicht unumstritten und stoßen teilweise auch bei Erzieher*innen auf Vorbehalte (vgl. Stöbe-Blossey 2010).

Neben der Gestaltung pädagogischer Konzepte hat die Flexibilisierung auch andere Auswirkungen auf die Arbeit der pädagogischen Fachkräfte in der Kindertagesbetreuung. So führen offene Gruppenkonzepte etwa zu neuen Zuständigkeiten und Verantwortlichkeiten. Die offene Arbeit erfordert transparentere Strukturen. Dies führt etwa dazu, dass die Arbeit der einzelnen Erzieher*innen „öffentlicher" wird (vgl. Dörfler 1994, S. 108 ff.). Überdies resultiert aus dem offenen Gruppenkonzept ein erweiterter Arbeitszusammenhang für die pädagogischen Fachkräfte. Zwar gibt es in der offenen Arbeit das System der Bezugserzieher*in, bei der eine Erzieher*in für eine gewisse Anzahl von Kindern primär zuständig ist. Allerdings sind alle Erzieher*innen durch Projektarbeit oder dem zu Randzeiten bestehenden variablen Gruppenzusammenhang zu einem gewissen Zeitpunkt mal mit allen Kindern in Kontakt (vgl. Klinkhammer 2007). Folglich steigt die Verantwortlichkeit und die Anzahl der zu betreuenden Kinder – auch wenn die jeweiligen Bezugserzieher*innen formal nicht für mehr Kinder zuständig sind. Dadurch steigt auch die notwendige Bereitschaft zur Teamarbeit. In flexiblen Einrichtungen werden Austausch und Absprachen und damit erhöhte Anforderungen an die organisatorische und inhaltliche Abstimmung notwendig. Die Zusammenarbeit im Team wird also notwendigerweise enger (Haug-Schnabel et al. 2008, S. 29); die Abstimmung und Koordination im Gesamtteam sowie die Kommunikation und Absprache mit anwesenden Fachkräften zu einem wesentlichen Bestandteil der alltäglichen Arbeitsprozesse (Klinkhammer 2007, S. 5). Darüber hinaus nimmt auch die Zusammenarbeit mit den Eltern in flexiblen Einrichtungen zu. Insofern die pädagogischen Fachkräfte eine größere Verantwortung für ein Sicherheit vermittelndes Beziehungserlebnis des Kindes haben, muss die Angebotsgestaltung altersgemäß jeweils besser angepasst sowie die Betreuungszeiten mit den Eltern gut abgestimmt werden (vgl. Haug-Schnabel et al. 2008). Das einzelne Kind muss durch die individuelle Buchbarkeit von Zeiten und zusätzliche Angebote folglich verstärkt in den Blick genommen werden.

Die Flexibilisierung von Betreuungszeiten wirft folglich nicht nur organisatorische Fragen auf. Sie zieht vielmehr auch eine Reihe inhaltlicher Entscheidungen sowie veränderter Arbeitsbedingungen für die Erzieher*innen nach

41 Ein typisches Merkmal des Konzeptes besteht darin, das Kind „nicht als Objekt, sondern als Akteur" (Vogelsberger 2002, S. 121) zu betrachten, das Spielzeug, -thema, -inhalt, -partner, -ort und -dauer frei wählen kann. Freispielphasen wechseln mit Zeiten, in denen Projekte angeboten werden. Die Zusammenarbeit zwischen den Erzieher*innen muss intensiver sein als beim Gruppenprinzip, da ein Austausch über die einzelnen Kinder erforderlich ist.

sich. Von den Erzieher*innen wird dies als unterschiedlich belastend bewertet (vgl. Klinkhammer 2005).

10.1.3 Historische Entwicklungen der Kindertageseinrichtungen: Von der Sozialfürsorge zur frühkindlichen Bildung

In der sich seit einigen Jahren vollziehenden Reformphase verändern sich Kitas nicht nur quantitativ, nämlich durch den Ausbau von Kindertageseinrichtungen, sondern durch die Einführung von Bildungsprogrammen und -plänen auch qualitativ. Mit Beginn der 2000er Jahre wird als Reaktion auf die um die Jahrtausendwende veröffentlichen Ergebnisse internationaler Vergleichsuntersuchungen zum Bildungsstand der teilnehmenden Länder erstmals wieder intensiv eine Diskussion über Bildung in Kitas geführt (vgl. Schuster-Lang 2013, S. 148 ff.; vbw – Vereinigung der Bayerischen Wirtschaft 2011, S. 9).[42] Die Bildungsreform seit Beginn der 2000er Jahre knüpft dabei an das 1990 novellierte und später in das SGB VIII überführte Kinder- und Jugendhilfegesetz (KJHG) an. In diesem wurden Kitas als Einrichtungen mit dem Auftrag der Erziehung, Betreuung und Bildung von Kindern zwischen drei und sechs Jahren festgeschrieben (vgl. Rauschenbach/Schilling 2013). Spätestens seit der Ausarbeitung und Einführung von Bildungsprogrammen und -plänen nach 2004 werden Kindertageseinrichtungen schließlich vornehmlich als Bildungs- und Betreuungsinstitutionen wahrgenommen. Die öffentliche und wissenschaftliche Betrachtung der frühpädagogischen Einrichtungen hat sich damit, wie in der erziehungs-, bildungs- und sozialwissenschaftlichen Literatur betont wird, in den vergangenen Jahren verstärkt der Bildungsfunktion zugewandt. Zugleich rücken die traditionell dominierenden *fürsorgerischen* und *erzieherischen* Funktionen zunehmend in den Hintergrund (vgl. z. B. Viernickel et al. 2013; Blossfeld/Roßbach 2012, S. 200; Beher 2006, S. 87).

Historisch gesehen war die Bildungsfunktion demgegenüber nicht die primäre Zielbestimmung von Einrichtungen der Kinderbetreuung. Seit dem Reichsjugendwohlfahrtgesetz aus dem Jahr 1922 werden Kindergärten vielmehr dem Bereich der Wohlfahrtspflege zugeordnet und ihre Aufgabe damit ursprünglich als *sozialfürsorgerische* bestimmt (Braches-Chyrek 2012, S. 552). In seiner bis

42 In der Fachdiskussion wird darauf hingewiesen, dass der „PISA-Schock" zu einer breiten Diskussion darüber geführt hat, was fachlich schon seit einigen Jahren gefordert wird – nämlich vor dem Hintergrund entwicklungspsychologischer Erkenntnisse die frühkindliche Bildung aufzuwerten (Laewen 2004, S. 149). So wurde beispielsweise im Rahmen des Bundesmodellprojekts „infans" bereits zwischen 1997 und 2000 ein Bildungs- und Erziehungskonzept entwickelt (in Kooperation mit Brandenburg, Sachsen und Schleswig-Holstein), das sich seit 2002 in der Erprobung befindet (Brandenburg und Baden-Württemberg; vgl. http://www.infans.net) und fast in allen Einrichtungen der von mir befragten Interviewpartner*innen eingesetzt wird.

in die 1970er Jahre dominierenden Funktion als Institution der „Schwäche und Fürsorge“ richtete sich der Kindergarten demnach vorwiegend an Familien in sozial schwierigen Lebenssituationen (Schuster-Lang 2013, S. 148) und stand im Kontext von gesellschaftlichen Ordnungs- und Herrschaftsfunktionen (Cremer-Schäfer 2012, S. 135; vgl. auch Bühler-Niederberger 2010). Mit der Zuordnung zur Wohlfahrtspflege und den Jugendämtern als regulierende Organe wurde der Nothilfecharakter von Einrichtungen der öffentlichen Kinderbetreuung betont. Die Aufgabe des Kindergartens lag damit außerhalb eines bildungstheoretischen Begründungszusammenhangs (Braches-Chyrek 2012, S. 552). Erst ab den 70er Jahren etablierten sich Kindergärten als „öffentlich-pädagogisches Regelangebot“ für Kinder im Alter von drei Jahren bis zum Schuleintritt und insbesondere seit den 1990er Jahren wurden diese zu einer nahezu selbstverständlichen Station im kindlichen Lebenslauf (Beher 2013, S. 345). Mit dem 1991 erlassenen Kinder- und Jugendhilfegesetz wurden Kindertageseinrichtungen darüber hinaus nicht mehr länger primär sozialfürsorgerisch und als Institutionen für Familien in Problemlagen bestimmt. Vielmehr wurde darin erstmals die Bildungs- und Erziehungsfunktion gesetzlich festgeschrieben. Durch den seit 1994 geltenden Rechtsanspruch auf einen Kindergartenplatz ab dem vollendeten dritten Lebensjahr wurde das Verständnis von Kitas als „Regelangebot“ darüber hinaus bestärkt (Braches-Chyrek 2012, S. 552 f.). Das KJHG schuf damit schließlich kurz nach der Wiedervereinigung eine allgemeine Rechtsgrundlage für Kindertageseinrichtungen in Ost- und Westdeutschland (Schuster-Lang 2013, S. 150).[43]

Mit ihrer Verortung im Achten Sozialgesetzbuch (SGB VIII) als zentrale bundesgesetzliche Grundlage der Tagesbetreuung für Kinder werden Kitas in Deutschland rechtssystematisch allerdings nach wie vor dem Sozialsystem zugeordnet und damit in einen familienbezogenen Kontext eingebunden (vgl. Oberhuemer/Schreyer 2010). In den allgemeinen Vorschriften des SGB VIII wird dementsprechend hervorgehoben, dass die Zielsetzung des Gesetzes darin besteht, die Entwicklung von Kindern zu fördern sowie die Familien zu unterstützen. Die Förderung der Kinder zu einer eigenverantwortlichen und gemeinschaftsfähigen Persönlichkeit – wie es gemäß § 22 KJHG heißt – erfolgt dabei nicht auf der Grundlage eines Rechtsanspruchs des Kindes auf Förderung, sondern eines Rechtsanspruchs der Eltern auf Unterstützung bei der Erziehung ihrer Kinder. Für die Angebote in Kindertageseinrichtungen und der Tagespflege hat dies zur Konsequenz, dass es sich um familienergänzende Angebote handelt. Um den Wünschen und Lebenslagen von Eltern entsprechen zu können, wird einerseits eine Vielfalt von Anbieter*innen und Angeboten angestrebt. Andererseits

43 In den neuen Bundesländern verloren die Bildungs- und Erziehungsprogramme für Krippen und Kindergärten damit ihre Gültigkeit. Für einen Überblick zur historischen Entwicklung von Einrichtungen der Kinderbetreuung in der DDR siehe Schuster-Lang 2013, S. 147 f.)

ist anders als bei der Schulpflicht die Verpflichtung zum Besuch der Kindertageseinrichtungen ausgeschlossen[44] (Rauschenbach/Schilling 2013, S. 46). Mit ihrer Verordnung als familienunterstützende Institutionen nehmen Kitas also nach wie vor zentral die Funktion der Betreuung und damit der Unterstützung von Eltern mit Kindern ein. In den spezifischen Paragrafen für Tageseinrichtungen und Tagespflege werden allerdings Grundsätze der kindlichen Förderung ebenfalls dargelegt. In diesen werden nicht nur der Umfang der Erziehung, Betreuung und Bildung, sondern auch Qualitätsanforderungen geregelt. Die Anforderungen an die Qualität von Kitas wurden zuletzt im Rahmen der gegenwärtigen Reformprozesse mit Änderungen des SGB VIII durch das Tagesbetreuungsausbaugesetz (TAG) von 2004, das Kinder- und Jugendhilfeentwicklungsgesetz (KICK) von 2005 sowie das Kinderförderungsgesetz (KiföG) von 2008 konkretisiert. Durch die bundesweite Einführung von Bildungsplänen der Bundesländer ist eine qualitative Veränderung von Kitas erfolgt (vgl. Stöbe-Blossey/Torlümke 2010; Viernickel et al. 2013; vbw – Vereinigung der Bayerischen Wirtschaft 2012). Im *Gemeinsamen Rahmen der Länder für die frühe Bildung in Kindereinrichtungen* wurden hierbei vielfältige Anforderungen an die Bildungspläne festgeschrieben. Demzufolge sollen die Bildungspläne das Bildungsverständnis, die Bildungsarbeit in Kindertagesstätten sowie deren Aufgabendimensionen auf Landesebene konkretisieren und so der pädagogischen Arbeit und den Bildungsprozessen Transparenz verleihen sowie den frühpädagogischen Fachkräften, Eltern und Grundschullehrkräften Orientierung bieten. Die Träger und Einrichtungen vor Ort wurden darüber hinaus dazu angehalten, den Orientierungsrahmen als Grundlage zu nutzen, um unter Berücksichtigung lokaler Gegebenheiten träger- und einrichtungsspezifische Konzeptionen zu erstellen (JKM 2004, S. 39).

10.1.4 Einführung frühkindlicher Bildung und ihre Auswirkungen auf die Arbeitsbedingungen von Erzieher*innen

In den jetzt vorliegenden Bildungsprogrammen sowie den darin formulierten Zielen, pädagogischen Inhalten und Arbeitsweisen werden die Erwartungen an die Institution Kita sichtbar. Diese fokussieren zentral auf die Förderung und Bildung von Kindern bereits im frühen Alter. Allerdings ist es bisher trotz der sukzessiven Einführung von Bildungsleitlinien in allen Bundesländern seit 2003 nicht gelungen, länderübergreifende Standards zu entwickeln. Der rechtliche Status und die konzeptionelle Gestaltung der Bildungspläne variieren also erheblich zwischen

44 Dies wird allerdings in der gegenwärtigen Diskussion insbesondere für sog. „bildungsbenachteiligte" Kinder teilweise gefordert. Durch die Einführung eines verpflichtenden Kindergartenbesuchs soll dieser für Kinder mit Migrationshintergrund und Kinder aus prekären sozialen Milieus, die gegenwärtig in den Kitas unterrepräsentiert sind, verbindlich werden. (vgl. vbw – Vereinigung der Bayerischen Wirtschaft 2007)

den Ländern (vgl. Braches-Chyrek 2012, S. 553; Stöbe-Blossey/Torlümke 2010, S. 122 f.; für einen Überblick der verschiedenen Pläne siehe: Schuster-Lang 2013). Wie sich im Überblick der verschiedenen Bildungspläne der Länder zeigt, wurden diese demnach von den einzelnen Bundesländern parallel und nicht aufeinander abgestimmt ausgearbeitet (Diskowski 2012, S. 138).

Trotz der Zweifel, ob die Bildungspläne aufgrund der vielfältigen (noch) offenen Fragen ihre Funktion als Steuerungsinstrumente zur Umsetzung des Bildungsauftrags erfüllen können, wird in der wissenschaftlichen Einschätzung betont, dass sie mit der bisherigen fachlich-inhaltlichen Beliebigkeit und traditionellen Handlungskonzepten brechen (Braches-Chyrek 2012, S. 553). Zugleich wird darauf verwiesen, dass frühkindliche Bildungsprozesse in Deutschland dem internationalen Trend folgend durch diese eine größere gesellschaftliche Wertschätzung erfahren haben (Schuster-Lang 2013, S. 157). Über die Einführung von Bildungsplänen hat sich in den letzten Jahren demnach eine Neuausrichtung der pädagogischen Arbeit im Elementarbereich vollzogen. Schrittweise, jedoch beschleunigt durch die aktuellen Reformprozesse haben sich Kindertageseinrichtungen nicht nur zu einem Regelangebot für *alle* Kinder, sondern auch zu zentralen Institutionen frühkindlicher Bildung entwickelt.

Zugleich führt der Fokus auf frühkindliche Bildung zu neuen Anforderungen für die pädagogischen Fachkräfte (Viernickel et al. 2013, S. 5). Wie Viernickel/Schwarz (2009) in einer Studie zu den durch die Bildungsprogramme neu entstehenden Anforderungen zeigen, sind diese in den letzten Jahren stark gestiegen (ebd., S. 28; vgl. auch Beher 2006, S. 88). In ihrer Auswertung der verschiedenen landesspezifischen Bildungsprogramme identifizieren sie insbesondere fünf Aufgabenfelder, die zu den bereits vorher bestehenden Anforderungen an pädagogische Fachkräfte zusätzlich hinzukommen oder deren Ausgestaltung sich im Zuge der Diskussionen um frühkindliche Bildung verändert hat. Demnach werden in den Bildungsplänen der Länder hinsichtlich der Bildungsarbeit die Dimensionen Beobachtung und Dokumentation, Gestaltung des Übergangs in die Grundschule sowie Qualitätssicherung und -entwicklung als neue Aufgaben benannt sowie die Zusammenarbeit mit Familien und die Sprachförderung als Bereiche herausgearbeitet, in denen sich die Anforderungen verändert und erweitert haben (Viernickel/Schwarz 2009, S. 28).

Aus dem Themenbereich der *Beobachtung und Dokumentation* ergeben sich Anforderungen, die auf eine regelmäßige, mindestens einmal im Jahr stattfindende und systematische Beobachtung eines jeden Kindes, die schriftliche Dokumentation der Beobachtungen sowie ihre Auswertung im Team, mit den Kindern und Eltern ausgerichtet sind. Dabei dient das Instrument der Beobachtung dazu, Themen, Interessen und Lernwege des Kindes zu identifizieren sowie seinen Entwicklungsstand und -fortschritt einzuschätzen. Hiervon ausgehend sollen individuelle pädagogische Ziele abgeleitet und die Beobachtungen als Grundlage für Elterngespräche genutzt werden (Viernickel et al. 2013, S. 87). Im Themenbereich

Übergangsmanagement geht es darum, eine kontinuierliche Zusammenarbeit zwischen verschiedenen Kitas und Grundschulen eines Einzugsbereiches herzustellen und sich regelmäßig Informationen über die kooperierenden Grundschulen zu beschaffen. In fachlichen Gesprächen über das pädagogische Verständnis, die Ziele und Inhalte der Arbeit sollen die Erzieher*innen mit den Lehrkräften zu einem besseren wechselseitigen Verständnis der pädagogischen Arbeit gelangen und dadurch den Übergang der Kinder in die Grundschule vorbereiten. Nach wie vor wird von den pädagogischen Fachkräften in den Kindertageseinrichtungen daher erwartet, die Schulfähigkeit der Kinder herzustellen sowie die Entwicklung ihrer Bildungsbiografie zu fördern (Viernickel/Schwarz 2009, S. 40 f.). In engem Zusammenhang mit der Erweiterung des Bildungsauftrags von Tageseinrichtungen für Kinder stehen auch Verfahren zur Sicherung, Weiterentwicklung und Evaluierung der Qualität (Stöbe-Blossey 2011, S. 377). Für die *Qualitätssicherung und -entwicklung* richtet sich eine zentrale Anforderung daher auf die Entwicklung und Umsetzung einer pädagogischen Konzeption, in welcher die Ziele der jeweiligen Bildungspläne integriert sind. Um den wachsenden Anforderungen und neuen Erkenntnissen gerecht werden zu können, soll diese regelmäßig erweitert und überarbeitet sowie im Team besprochen werden. Der Fokus der Qualitätssicherung schließt darüber hinaus auch Anforderungen an eine (Weiter-)Qualifizierung der Fachkräfte durch verpflichtende, regelmäßige Fortbildungen oder Fachberatungen mit ein. Von den Fachkräften wird demnach erwartet, dass sie sich mithilfe von Fachliteratur und Selbstreflexion kontinuierlich selbst weiterbilden (Viernickel/Schwarz 2009, S. 43; vgl. auch Stöbe-Blossey/Torlümke 2010). Das Thema *Zusammenarbeit mit den Familien* nimmt in den Bildungsplänen ebenfalls einen zentralen Stellenwert ein. Es stellt zwar keine gänzlich neue Anforderung dar, erfährt jedoch einen Paradigmenwechsel (Viernickel/Schwarz 2009, S. 29; vgl. auch Beher 2013, S. 351). Neue und zusätzliche Anforderungen ergeben sich daraus, dass die Erzieher*innen stärker mit den Familien kooperieren und zunehmend mehr Angebote für sie bereitstellen sollen. Die Erziehung, Bildung und Betreuung von Kindern wird zunehmend als Aufgabe verstanden, in die Familien in Form von Bildungs- und Erziehungspartnerschaften einbezogen werden müssen (Viernickel et al. 2013, S. 126). Als letzte Dimension kann aus den Bildungsplänen die *Sprache und Sprachförderung* als ein zentraler Bildungsbereich herausgearbeitet werden, insofern er im Zusammenhang mit der Vorbereitung der Kinder auf die Schule hohe Aufmerksamkeit erhält und in den Programmen der Länder meist mit den umfangreichsten Anforderungen verbunden ist (Viernickel/Schwarz 2009, S. 29). Zum einen gilt eine gelingende Sprachentwicklung als Voraussetzung für eine erfolgreiche Bildungsbiografie aller Kinder; zum anderen sollen insbesondere Kinder nicht-deutscher* Herkunftssprache beim Erwerb der deutschen Sprache unterstützt werden (Viernickel et al. 2013, S. 106). Da der Fokus auf Sprachförderung mit dem Ziel erfolgt, die Chancengleichheit aller Kinder im Bildungssystem zu erhöhen, soll in den Kindertageseinrichtungen neben der Sprachbildung und der Schaffung einer Gesprächskultur im Kita-Alltag eine systematische, methodenbasierte Sprachförderung stattfinden.

Die Durchsicht der in den Bildungsplänen formulierten Erwartungen macht deutlich, dass Erzieher*innen mit einer großen Zahl von Anforderungen konfrontiert werden. Diese reichen von konkreten Handlungsanweisungen (wie z. B. dem regelmäßigen Vorlesen, Elterngesprächen oder Beobachtungen) über organisatorische Anforderungen (wie regelmäßige Befragungen von Eltern, dem Organisieren von Angeboten für Familien oder der Planung von Teambesprechungen) bis hin zur eigenen Weiterqualifizierung und der Bereitschaft zur Reflexion der eigenen Arbeit (Viernickel/Schwarz 2009, S. 47). Mit dem Fokus auf frühkindliche Bildung verändern sich folglich nicht nur die gesellschaftlichen Erwartungen, sondern auch die Anforderungen an die pädagogische Arbeit der in den Tageseinrichtungen tätigen Fachkräfte. Es entsteht eine Vielfalt, Komplexität und eine große Zahl von (neuen) Anforderungen an die Arbeit der Erzieher*innen (vgl. GEW 2007; Nock 2013).

10.2 Von der institutionalisierten Mütterlichkeit zur frühkindlichen Bildung: Professionalisierung des Erzieher*innen-Berufs und Verschiebungen im pädagogischen (Selbst-)Verständnis

Im Zeitverlauf und mit den sich gegenwärtig vollziehenden Reformprozessen wandeln sich nicht nur die Funktionen von Kitas, sondern mit ihnen auch das Berufsfeld. Mit der stärkeren Gewichtung von Bildung in Kitas kommt der Qualifizierung und Professionalisierung des frühpädagogischen Personals eine zunehmende Bedeutung zu (Blossfeld/Roßbach 2012, S. 199). Im Verlauf der historischen Entwicklung der frühkindlichen Institutionen verändern sich demnach auch die Erwartungen an die pädagogische Arbeit, das Berufsbild der*s Erzieher*in sowie das berufliche (Selbst-)Verständnis (vgl. Beizinger/Diem 2003). Ebendies wird nachfolgend anhand der historischen Entstehungsgeschichte von Kitas sowie der Veränderungen des Berufsfeldes aufgezeigt.

10.2.1 „Jede Mutter eine Kindergärtnerin"[45]: Entstehung des Erzieher*in-Berufs als geistige Mütterlichkeit und das Ethos emotional-sozialer Fürsorge

Der Beginn der Pädagogik der Frühen Kindheit sowie des Berufsfelds der Erziehung, Bildung und Betreuung wird in der erziehungs- und bildungswissenschaftlichen

45 Textor (1990)

Literatur auf den Beginn des 19. Jahrhunderts datiert. Demnach kam der neu entstehenden Kleinkindpädagogik angesichts großer gesellschaftlicher Notstände um die Jahrhundertwende vom 18. zum 19. Jahrhundert eine bis dahin unbekannte gesellschaftliche Bedeutung zu. Dies wird erklärt mit der einsetzenden Industrialisierung sowie den sich darin verändernden sozio-ökonomischen Verhältnissen (wie der Entstehung des Industrieproletariats, der Arbeit beider Eltern außerhalb des Hauses oder der Kinderarbeit) und sozialen Noterscheinungen (wie dem Bevölkerungswachstum, einer Verstädterung, Wohnungsnot, Seuchen, Hungersnöten, Teuerungen, langen Arbeitszeiten, schlechter Entlohnung und Massenarmut) (vgl. Metzinger 2013, S. 390; Berger 2010). Da diese Entwicklungen zu einer enormen Verschlechterung der Lebenssituation besonders für Kinder von Fabrikarbeiter*innen, Kleinbäuer*innen und Arbeitslosen führten, wurden Einrichtungen geschaffen, teils um die Kinder vor Verwahrlosung, Verkümmerung und Kriminalität zu bewahren, teils um die Mütter* als Arbeiter*innen weiterhin beschäftigen zu können, teilweise aber auch um den kirchlichen (sowohl katholischen wie evangelischen) Einfluss abzusichern (vgl. Berger 2010; Textor 1990; Metzinger 2013). Im Beginn der außerhäuslichen Betreuung lassen sich drei Angebotsformen der sich herausbildenden Einrichtungen der Kinderbetreuung unterscheiden: die Kleinkinderbewahranstalt, die Kleinkinderschule und letztlich der Kindergarten (vgl. Dammann/Prüser 1981, S. 15 ff.).

Die Kinderbewahranstalten hatten das Ziel, dem sozialen Notstand der unteren Schichten zu begegnen und den Kindern bereits Eigenschaften und Fertigkeiten zu vermitteln, mit denen sie später Geld verdienen konnten. Mit 100 bis 120 Kindern pro Aufsichtsperson war die Erziehung jedoch allein durch Drill möglich. Die Aufgabe bestand daher im Wesentlichen darin, die „Zöglinge" den Tag über zu beaufsichtigen und zu versorgen, um sie vom schädlichen „Herumlaufen auf den Gassen" fern zu halten (Dammann/Prüser 1981, S. 15 ff.; vgl. auch Aden-Gossmann 2002, S. 24 ff.). Der Schwerpunkt der Kleinkinderschulen, die vielfach von Diakonissen und Ordensschwestern geleitet wurden, lag demgegenüber auf der sittlich-religiösen Unterrichtung der Kinder. Sie hatten zwar ebenfalls das Ziel, die soziale Not zu lindern. Zugleich sollte durch die religiöse Unterrichtung darüber hinaus jedoch der Einfluss der Kirche abgesichert werden. Anders als in den Bewahranstalten wurden hier bereits erste Grundsteine für die Entwicklung einer Erzieher*innenausbildung gelegt. Die in den Kinderschulen tätigen Frauen* erhielten vor ihrer Arbeit in den Einrichtungen eine Ausbildung zunächst von vier, später von sechs Monaten, bis die Ausbildung schließlich auf ein Jahr ausgedehnt wurde (Metzinger 2013, S. 390). Die Gründung des ersten Kindergartens im Anschluss an Friedrich Fröbel schließlich markiert für die frühkindliche Erziehung und die Entwicklung der Sozialpädagogik als Profession einen folgenreichen Einschnitt. Mit dem Kindergarten wurde eine neue Form der Kleinkinderziehung sowie der Grundstein der frühkindlichen Pädagogik geschaffen, aber auch der Beruf der Kindergärtner*in konzipiert (Biezinger/Diem 2003, S. 9 f.; Metzinger 2013). Demnach verbinden sich mit dieser ersten Kindergartenbewegung die Anfänge einer systematischen und genuin pädagogisch inspirierten Reflexion der Bedingungen des Aufwachsens junger Kinder. Zugleich war die (vergeschlechtlichte) Verberuflichung sozialer Arbeit in der Mitte des 19. Jahrhunderts und im ersten Drittel des 20. Jahrhunderts darin verwoben, welche konstitutiv mit einem Konzept von Weiblichkeit* – nämlich der sog. „geistigen Mütterlichkeit" – verbunden war (vgl. Sachße 1986).

Der Kindergarten beförderte zum einen eine (sozial-)pädagogische Beschäftigung mit Kindern jenseits der christlich-karitativen Maßnahmen oder der Armenfürsorge, wie dies beispielsweise in den Bewahranstalten oder Kinderschulen der Fall war (Bienzinger/Diem 2003, S. 10 f.). Den Kindern sollte in Kooperation mit der Familie eine besondere pädagogische Förderung zu Teil werden. In der Ausbildung der Erzieher*innen wurde daher großer Wert auf eine hohe Allgemeinbildung sowie geistige Fähigkeiten sowie auf pädagogische und psychologische Grundkenntnisse gelegt. Die Erzieher*innen sollten diese reflektieren und in praktisches, meist spielerisches Tun übertragen, in der Beobachtung der kindlichen Entwicklung geschult sowie methodisch und musisch gewandt und einfühlsam sein (Metzinger 2013, S. 390). Der Kindergarten wurde als Ort verstanden, an dem eine neue Pädagogik in Ergänzung zur familialen, häuslichen und vor allem von den Müttern* getragenen Erziehung zur praktischen Geltung gelangen sollte. In diesem Sinne war er kein sozialer Notbehelf, sondern als ein pädagogischer Neuanfang gedacht, in dem neben den Kindern auch die (zukünftigen) Eltern pädagogisch erzogen werden sollten (vgl. auch Hoffmann 2013, S. 318 f.).

Indem Fröbel im Kindergarten neben der kindlichen ebenso eine elternbildende bzw. eine mütterbildende Einrichtung sah, verband diese sich zum anderen mit einer vergeschlechtlichten Verberuflichung von Frauen* im 19. Jahrhundert. Unverheirateten ebenso wie verheirateten Frauen* sollte der Kindergarten durch Anleitung und Vorbild die Möglichkeit bieten, ihre Erziehungsfähigkeiten zu verbessern (vgl. Textor 1990). Mitte des 19. Jahrhunderts hat sich der Beruf der Kindergärtnerin bzw. der Erzieherin folglich als Frauen*beruf herausgebildet. Der „weiblich mütterliche Sinn der Frauen, die mütterliche Liebe" (Prüfer 1927, S. 90) erschien für die erste Erziehung in der frühen Kindheit nicht nur in den Familien, sondern auch in den Betreuungseinrichtungen als notwendig. Frauen* wurden aufgrund der ihnen zugeschriebenen, scheinbar naturgegebenen Prädestination zum gefühlvollen Umgang mit Kindern auch jenseits eigener Mutterschaft für geeignet empfunden (Beizinger/Diehm 2003, S. 11). Diese geistige Mütterlichkeit, die dem Konzept des Erzieher*in-Berufs zu Grunde gelegt wurde, bestimmte sich dabei durch die „natürliche und instinktgeleitete Berufung" im Umgang mit Kindern (ebd.; vgl. auch Berger 2010).

> „Die ‚natürliche' Einheit von Mutter und Kind wurde im Kindergarten – auf dem Weg über eine besondere pädagogische Ausbildung des Personals – gewissermaßen künstlich reproduziert. Damit wurde erstmals die Möglichkeit aufgezeigt, die spezifisch mütterlichen Potenzen der Frau auch jenseits des engen Raums der eigenen Familie in der Gesellschaft zur Geltung zu bringen." (Sachße 1986, S. 100 f., zit. n. Eßer 2014, S. 41)

Der Bezug auf die Vorstellung der „geistigen Mütterlichkeit" wird schließlich auch von der (bürgerlichen Fraktion der) Frauenbewegung aufgenommen (Metzinger 2013, S. 392; Beizinger/Diehm 2003, S. 12 f.). Die in der geistigen Mütterlichkeit enthaltene Weiblichkeitskonstruktion rekurriert auf einen in der Natur, gleichsam im Wesen der Frau* begründeten „Geschlechtscharakter" (vgl. Hausen 1976), der vor allem von bürgerlichen Frauen* der ersten Frauen*bewegung aufgegriffen und als geschlechtsspezifisches Rollenverständnis in der Argumentation für die Berufsausübung von Frauen* verwendet wurde (Beizinger/Diehm 2003, S. 12 f.; vgl. auch Taylor Allen 1996). Da der Beruf zu Beginn des 19. Jahrhunderts als Teil des öffentlichen Raums Männern* vorbehalten war, wurde den Frauen* stattdessen der „Beruf der Mutter" (Rabe-Kleberg 2006, S. 99) angeboten. Die geistige Mütterlichkeit wurde so zum Argument und Gegenargument in einem Machtkampf um (berufliche) Positionen – im Sinne von Deutungshoheit um materielle Chancen beruflicher Entwicklung (Rabe-Kleberg 2006, S. 103; vgl. Wetterer 2002 für die Pflege).

Da sich der Kindergarten neben der pädagogischen Fachausbildung hauptsächlich am mütterlichen Umgang mit den Kindern orientieren sollte, wurden die Berufsanforderungen an die Kindergärtner*in aus der Mutterrolle abgeleitet und auf die „mütterliche Kraft" Wert gelegt (Metzinger 2013, S. 392). Eigenschaften und Verhaltensmuster wie Verstehen, Dulden, Helfen, Sich-Aufopfern und auf Selbstdarstellung zu verzichten, dienten als Orientierung für die Ausbildung und das Leitbild der Erzieher*in und wurden bis in die 1960er Jahren hinein für das berufliche (Selbst-)Verständnis prägend (ebd., S. 397). Das Leitbild der „geistigen" bzw. „institutionalisierten Mütterlichkeit" (Dippelhofer-Stiem 2013, S. 403) schrieb sich nicht nur in die historische Entstehung des Erzieher*innen-Berufs, sondern auch in das traditionelle berufliche (Selbst-)Verständnis ein (vgl. Dippelhofer-Stiem 2013). Die pädagogische Arbeit mit Kindern wurde somit als intuitive und zugleich weibliche* Tätigkeit markiert (Eßer 2014, S. 41).

Mit der zweiten Konjunktur der Kindergartenbewegung in den 1970er Jahren wurde das Konzept der geistigen Mütterlichkeit und die Vorstellung einer natürlichen und wesenhaft verankerten Differenz zwischen den Geschlechtern zwar in Frage gestellt. Die Arbeit mit (jungen) Kindern ringt jedoch nach wie vor mit einer mangelnden und verweigerten sozialen Anerkennung (Beizinger/Diehm 2003, S. 18).[46] Obwohl sich die Erzieher*innenausbildung seit ihren An-

46 Rückblickend erweist sich für die Theorie- und Disziplinentwicklung der Sozialpädagogik die Konjunktur der Kindergartenpädagogik jener Zeit von geringer Relevanz

fängen in Hinblick auf Ziele, Inhalt, Form und Dauer nach und nach verändert hat, ist das Berufsfeld der Erziehung, Betreuung und Bildung bis heute mit gesellschaftlichen Vorurteilen über diesen Beruf belastet. Aus einer Verknüpfung der „Stereotypisierung von Frauenberufen" und der „familienergänzende[n] Zielsetzung" (Dippelhofer-Stiem 2013, S. 404) der Kindergärten und Kitas resultieren gesellschaftlich verbreitete Klischees über den Beruf der Kindergärtner*in bzw. der Erzieher*in. Entsprechend ist weiterhin die Einschätzung verbreitet, der Beruf „benötige eigentlich keine (mehrjährige) Ausbildung", da die „Arbeit mit Kindern (…) vor allem das richtige ‚Bauchgefühl'" erfordere (Cremers et al. 2013, S. 42). Dem wird auch in der dritten Konjunktur der Kindergartenpädagogik – oder eben: im Zuge der aktuellen Reformen sowie dem Diskurs um Professionalisierung – erneut versucht entgegenzuwirken. Dies etwa, indem Kenntnisse über Entwicklung und Förderung der Heranwachsenden, ergänzt um weitere Qualifikationen wie Kontaktfähigkeit oder Zusammenarbeit mit Eltern sowie Bildung einen höheren Stellenwert in der Bestimmung der pädagogischen Tätigkeiten einnehmen. Mit den gegenwärtigen Reformprozessen scheint sich das berufliche Leitbild und pädagogische (Selbst-)Verständnis erneut zu verändern.

Mit der Aufwertung von Kitas als Bildungsinstitutionen verbinden sich Debatten um eine Professionalisierung der Frühpädagogik und eine Qualifizierung des Fachpersonals, in deren Zuge nicht nur Reformen in den Aus-, Fort- und Weiterbildungen, sondern auch eine Akademisierung der pädagogischen Fachkräfte sowie eine ausbildungsspezifische Arbeitsteilung diskutiert werden. Unter den Schlagworten der Professionalisierung wird sowohl eine Anhebung des Qualifikationsniveaus der Erzieher*innen als auch eine Veränderung der professionellen Haltung diskutiert. Diese soll im Rahmen von Qualifizierungsprozessen angeeignet werden. Im Verlauf der historischen Entwicklungen wandeln sich demzufolge Anforderungen und Erwartungen an die pädagogische Arbeit, das Berufsbild der*s Erzieher*in sowie das berufliche (Selbst-)Verständnis (vgl. Beizinger/Diem 2003). Neben die „emotional-soziale Dimension" des Erzieher*innen-Berufs tritt eine „fachliche" oder „professionelle", in welcher der Bildungsauftrag anstelle des Aufbewahrungs- und Betreuungsauftrags der frühkindlichen Institutionen stärker betont wird (Dippelhofer-Stiem 2012, S. 403). Anders als in früheren Konzeptionen sollen die beruflichen (Selbst-)Verständnisse folglich nicht mehr „emotional-sozial", nämlich als Orientierung an vermeintlich weiblichen* Eigenschaften oder der Ausrichtung an einem Bild „institutionalisierter Mütterlichkeit", bestimmt

---

und Resonanz. Allerdings konnte sie praktische Resultate auf der Ebene der Profession erzielen – etwa durch den quantitativen Ausbau des Platzangebots, die Reformierung der pädagogischen Inhalte (Curriculumreform), durch veränderte Organisationsstrukturen sowie einen Qualifizierungsschub (Beizinger/Diehm 2003, S. 15).

sein. Vielmehr sollen sie sich fachlich, d. h. durch Kenntnisse über die Entwicklung und Förderung von Heranwachsenden definieren (Dippelhofer-Stiem 2012, S. 402 f.).

10.2.2 Erzieher*innen im Professionalisierungsdiskurs

Mit der Aufwertung von Kitas als Institutionen mit Bildungsauftrag verbindet sich die (fach-)politische Forderung nach einer Professionalisierung der Frühpädagogik und einer Qualifizierung des Fachpersonals. Denn es wird die Einschätzung artikuliert, dass die pädagogische Förderqualität in deutschen frühpädagogischen Einrichtungen gegenwärtig häufig nicht besonders hoch ist (vgl. Tietze/Roßbach/Grenner 2005; Kuger/Kluczniok 2008; vbw – Vereinigung der Bayerischen Wirtschaft 2012). Es erscheint daher notwendig und lohnenswert, die Qualität der Kindertagesbetreuung zu steigern.

Für eine qualitative Verbesserung in den Kindertagesstätten werden einerseits strukturelle Voraussetzungen benannt wie die Verkleinerung von Gruppen, die Reduzierung der Anzahl von betreuten Kindern pro Erzieher*in oder räumliche Ausstattungen (vgl. Viernickel et al. 2013, S. 20 ff.). Andererseits werden qualifikatorische Verbesserungen von Aus-, Fort- und Weiterbildungen für das pädagogische Fachpersonal gefordert (vbw – Vereinigung der Bayerischen Wirtschaft 2012, S. 27). In der Debatte um die Professionalisierung der Frühpädagogik wird verstärkt insbesondere auf die Bedeutung des Qualifikationsniveaus und der Kompetenzen des Fachpersonals für die (Bildungs-)Förderung der Kinder hingewiesen (Blossfeld/Roßbach 2012, S. 200). Die fachpolitischen Qualitätsdebatten stellen in der Regel einen positiv gerichteten Zusammenhang zwischen dem formalen Bildungsniveau der Fachkräfte und den Resultaten der pädagogischen Arbeit her (Altermann/Holmgard 2016, S. 8; Sylva et al. 2004, S. 159; vgl. auch Blossfeld/Roßbach 2012). Als wesentliches Anliegen der Professionalisierung dieses Sektors wird mithin die Schaffung von Qualifikationsvoraussetzungen beschrieben (Pasternack/Keil 2013, S. 14). Vor diesem Hintergrund werden in der (Fach-)Öffentlichkeit seit einigen Jahren Reformen im Ausbildungssystem frühpädagogischer Fachkräfte kontrovers diskutiert (Autorengruppe Berufsfachschule 2013; vbw – Vereinigung der Bayerischen Wirtschaft 2012; Kultusministerkonferenz 2007). Neben der Förderung der Akademisierung kommt der Frage der Fort- und Weiterbildung des Personals sowie der Reformierung der fachschulischen Ausbildung eine wichtige Bedeutung zu.

In Bezug auf die fachschulische Ausbildung wird von den Fachverbänden und Trägern wie auch von der Politik grundsätzlich an der bisherigen Ausbildung auf Fachschulniveau festgehalten (vgl. z. B. Jugendministerkonferenz 2005; Langenmayr 2005; Rudolph 2010). Allerdings wird neben der Beibehaltung der bisherigen Breitbandausbildung[47] ebenso die Notwendigkeit gesehen, innerhalb einer breiteren Ausbildung spezifische Schwerpunkte zu setzen (z. B. auf die Arbeit mit unter dreijährigen Kindern oder auf die Einrichtungsleitung) (vgl. Bundesarbeitsgemeinschaft der Landesjugendämter 2009; Rudolph 2010). Diskutiert werden überdies die Voraussetzungen der Ausbildung. Angesichts steigender Anforderungen an die Qualifikationen der pädagogisch Tätigen wird gefordert, keine Neueinstellungen von Mitarbeiter*innen in frühpädagogischen Einrichtungen ohne mindestens einen Fachschulabschluss vorzunehmen sowie die bereits im Beruf tätigen Hilfskräfte weiterzubilden (vgl. z. B. Langenmayr 2005). Hiermit ist der Wunsch verbunden, ein anderes Klientel für die fachschulische Ausbildung und damit auch ein höheres Ansehen zu gewinnen (vgl. z. B. Langenmayr 2005; Deutscher Bundesverband für Soziale Arbeit 2009). Zugleich würden Kinderpfleger*innen sowie Sozialassistent*innen keinen Eingang mehr in das Berufsfeld finden.

Neben der Reformierung der fachschulischen Ausbildung gilt die Akademisierungsbewegung in der Ausbildung von Erzieher*innen als eine der großen Reformen der letzten Jahre (vgl. Altermann et al. 2015). Die Einführung von konsekutiven und grundständigen Studiengängen der Kindheitspädagogik seit 2004 stellt einen zentralen Reformimplus für den Sektor der Kindertagesbetreuung dar (Altermann/Holmgaard 2016, S. 8).[48] Allerdings wird in Deutschland zurzeit nur ein geringer Anteil des Personals auf Hochschulebene ausgebildet.[49] Staatlich anerkannte Erzieher*innen stellen nach wie vor die dominante Berufsgruppe im Arbeitsfeld frühkindlicher Bildung, Erziehung und Betreuung dar. Dennoch sind die Erwartungen an die akademisch ausgebildeten Kindheitspädagog*innen hoch. Diese sollen in einem bisher kaum akademisierten Arbeitsfeld neue Impulse setzen und die derzeitigen Transformationsprozesse systematisch mitgestalten (ebd.; vgl. auch Rabe-Kleberg 2008, S. 246 ff.; König 2015, S. 286).

---

47 Breitbandausbildung meint, dass die fachschulische Ausbildung nicht nur auf die Arbeit in frühpädagogischen Einrichtungen vorbereitet, sondern auf die gesamte institutionelle und außerinstitutionelle Arbeit in den verschiedenen sozialpädagogischen Feldern mit Kindern und Jugendlichen im Alter von null bis 27 Jahren.

48 Nachdem im Jahr 2005 der erste Studiengang für Kindheitspädagogik an der Alice Salomon Hochschule in Berlin eingerichtet worden war, sind bis 2010 etwa 60 in ihrer Konzeption und inhaltlichen Ausrichtung zum Teil höchst unterschiedliche kindheitspädagogische Studiengänge entstanden. Innerhalb von nur fünf weiteren Jahren hat sich ihre Anzahl auf 118 (an 82 Standorten) nahezu verdoppelt (www.weiterbildungsinitiative.de/nc/studium-und-weiterbildung/studium/studiengangsdatenbank/ (14.07.2015).

49 Von allen pädagogisch tätigen Fachkräften in Kindertageseinrichtungen verfügen 2014 bundesweit rund 5 % über einen einschlägigen Hochschulabschluss. Die Quote der Akademiker*innen in diesem Feld stieg zwischen 1998 und 2014 in Westdeutschland um bescheidene zwei Prozentpunkte, in Ostdeutschland immerhin um fünf Prozentpunkte (Fachkräftebarometer 2014).

Im Zusammenhang der Akademisierung wird daher die Frage diskutiert, welche Kompetenzen das Personal auf welchem Niveau erwerben muss, um den gestiegenen Anforderungen gerecht zu werden (vbw – Vereinigung der Bayerischen Wirtschaft 2012, S. 34). In Bezug auf akademisches Personal wird beispielsweise gefragt, ob dieses für die direkte Arbeit mit Kindern qualifiziert werden oder der Schwerpunkt auf Leitungsaufgaben liegen soll.[50] Die Empfehlung, den Schwerpunkt der akademischen Ausbildung auf Leitungsfunktionen zu legen, würde bedeuten, die Übernahme unterschiedlicher Funktionen in einer Kindertageseinrichtung von auf unterschiedlichen Niveaus ausgebildetem Personal zu fördern. Allerdings wird diese Sicht ebenso problematisiert. Gegen die Konzentration der hochschulischen Ausbildung auf Leitungsfunktionen wird argumentiert, dass so ein wesentliches Ziel der Ausbildungsanhebung, nämlich die Qualitätssteigerung der unmittelbaren Arbeit mit Kindern, nicht oder kaum erreicht werden könnte, da nur eine Professionalisierung des Managements der jeweiligen Einrichtung bewirkt würde (vgl. Pasternack 2008, S. 47).

Unabhängig davon, ob die Akademisierung des Personals für alle pädagogischen Fachkräfte als notwendig erachtet wird oder nicht, herrscht Einigkeit darin, dass die Ausbildung des pädagogischen Personals in der frühkindlichen Bildung noch für längere Zeit auf zwei Ebenen, also weiterhin an den Fachschulen und an den Hochschulen stattfinden wird (vgl. vbw – Vereinigung der Bayerischen Wirtschaft 2012; Altermann et al. 2015; Pasternack 2008, S. 46 f.). Als besondere Herausforderung wird daher (vorübergehend oder dauerhaft) die Gestaltung der Funktionen und Rollen der Arbeit in Einrichtungsteams mit unterschiedlichen Ausbildungen sowie in der sukzessiven Erhöhung der Qualifikationen gesehen.

10.2.3 Veränderungen der Ausbildungsinhalte und die Bedeutung von Bindung für die frühkindliche Bildung

Im Rahmen der gegenwärtigen Reformen des Ausbildungssystems wird die Orientierung an einem kompetenzorientierten Qualifikationsprofil für die Ausbildung von Erzieher*innen (vgl. Kultusministerkonferenz 2011), also ein Primat der Kompetenzbasierung bzw. -orientierung gefordert (Nentwig-Gesemann/Fröhlich-Gildhoff 2015, S. 48). Dies meint Kompetenzen, die es dem Individuum ermöglichen, selbstständig und flexibel auf Veränderungen zu reagieren und konstruktiv neue Informationen und Erfahrungen zu verarbeiten. In diesem Sinne steht das Kompetenzkonzept im Gegensatz zur Vermittlung eines Kanon an Lerninhalten oder von Qualifikationen, die sich auf eine klar umrissene

50 Die Arbeitsgemeinschaft für Kinder- und Jugendhilfe AGJ (2010), der Deutsche Landkreistag (2009) sowie die JFMK (2008) legen in ihren Stellungnahmen den Fokus frühkindlicher Studiengänge auf Leitungsaufgaben.

Menge von tätigkeitsbezogenen Kenntnissen, Fähigkeiten und Fertigkeiten beziehen, da beides angesichts des beschleunigten technologischen und sozialen Wandels als nicht mehr ausreichend angesehen wird (Leu/Kalicki 2014, S. 196).[51] Vielmehr soll eine forschende und professionelle Haltung entwickelt werden, indem bereits in der Ausbildung, im Rahmen praxisintegrierender Lehr-Lern-Formate, das notwendige Wechselspiel von auf Erfahrung beruhender Intuition und analytischer Reflexion eingeübt und gesichert wird. Der Kompetenzansatz verspricht, dem professionstheoretisch fundierten Anspruch Rechnung zu tragen, dass eine professionelle Fachkraft in komplexen und mehrdeutigen, nicht vorhersehbaren und sich immer anders gestaltenden Situationen eigenverantwortlich, selbstorganisiert und fachlich begründet zu handeln vermag. Die Entwicklung einer (forschungs-)methodisch fundierten Reflexions- und Selbstreflexionsfähigkeit, die als wesentlicher Motor professioneller Handlungskompetenz verstanden wird, soll also mithilfe der Kompetenzorientierung gefördert werden. (vgl. Nentwig-Gesemann/Fröhlich-Gildhoff 2015, S. 48 ff.)[52]

Im Zusammenhang mit den Debatten um frühkindliche Bildung wird jedoch auch darauf verwiesen, dass gerade für Bildungsprozesse in den ersten Lebensjahren schon der Aufbau von Beziehungen zu den Kindern eine wichtige Aufgabe darstellt. Da Bindung und Beziehung Voraussetzungen für das Lernen sind, wird die Entwicklung sicherer Bindungsbeziehungen als von besonderer Bedeutung verstanden. Für die Ausbildung von Erzieher*innen sei daher wesentlich, dass eine Auseinandersetzung mit „Bindung" und „Beziehung" eine zentrale Bedeutung einnimmt (Schneewind 2011, S. 67).

Bindung und Beziehung meint eine besondere und enge emotionale Beziehung, d. h. den Aufbau von stabilen, gefühlsmäßig besetzten besonderen Beziehungen zu anderen Menschen (Viernickel 2008, S. 196). Am Anfang jeden Bildungsprozesses steht demnach die emotionale Geborgenheit in einer sicheren Kind-Bezugsperson-Beziehung (vgl. Becker-Stoll 2009). Dies wird damit erklärt, dass sowohl das Bindungsverhalten als auch das Explorationsverhalten durch Mangel aktiviert und durch Sättigung beruhigt werden kann. Kinder sind demnach von Natur aus in der Lage, enge Beziehungen zu Bezugspersonen einzugehen. Sie sind jedoch auch bemüht, die Umwelt zu erkunden, zu explorieren und sich aktiv mit ihr auseinanderzusetzen (vgl. Bowlby 1995). Beides wird als komplementär und voneinander abhängig beschrieben. So unterbricht

51 Die Beschäftigungsfähigkeit dehnt sich damit immer mehr in Bereiche aus, die neben erlernbaren kognitiven Fähigkeiten und Fertigkeiten motivationale, volitionale und soziale Bereitschaften und Fähigkeiten umfassen und sich damit von der Vermittlung eines Kanons an Lerninhalten verabschieden (Leu/Kalicki 2014, S. 196).

52 Grundsätzliche Vorbehalte und Kritik an dem Kompetenzkonzept gibt es hingegen vor allem daran, dass die konsequente Orientierung an der Bewältigung vorgegebener Aufgaben und Probleme eine unzulässige Verkürzung und Funktionalisierung von Bildung darstellt (vgl. Geißler/Orthey 2002).

das Bindungsverhalten die Exploration und die Exploration unterbricht das Bindungsverhalten (vgl. Bowlby 1995; Schneewind 2011, S. 66). Fühlt sich ein Kind gestresst, ist es müde, empfindet Angst, Hunger oder Durst, ist überfordert oder verunsichert, wird das Bindungsverhalten aktiviert, d. h. es unterbricht sein Explorationsverhalten und sucht die Nähe seiner Bindungsperson auf (Schneewind 2011, S. 66). Das Explorationsbestreben wird jedoch auch als „Neugiermotivation" bezeichnet und kann als intrinsische Lernmotivation gewertet werden (Viernickel 2008, S. 198). Demnach werden die Voraussetzungen für kindliche Lern- und Entwicklungsprozesse unterbrochen, wenn die Erfüllung der Grundbedürfnisse des Kindes nach Nähe, Verlässlichkeit und Beziehung nicht sichergestellt ist. Fehlen grundlegende positive Bindungs- bzw. Beziehungserfahrungen, haben Kinder Schwierigkeiten, sich selbstbewusst neues Terrain zu erobern. Erfahren Kleinkinder hingegen regelmäßig eine angemessene Befriedigung ihrer grundlegenden psychischen, physischen und sozialen Bedürfnisse, führt dies zum Aufbau von sozialen Beziehungen, die als zuverlässig und tragfähig empfunden werden, und zu einem Bild von sich selbst als emotional kompetent und selbstwirksam (Viernickel 2008, S. 198).

Da Kleinkinder auch in Kitas oder in der Tagespflege zum Bindungsaufbau sowie zur Regulation von Beziehungen konstitutiv beitragen bzw. diese benötigen, muss die Herstellung sicherer Bindungsbeziehungen, insbesondere für die Arbeit mit Kindern unter drei Jahren, im Mittelpunkt des pädagogischen Handelns stehen. Für die pädagogischen Fachkräfte bedeutet dies, die Bereitschaft zu erlernen, auf jedes Kind offen und feinfühlig zuzugehen, sich Zeit zu nehmen, die Signale des Kindes verstehen zu lernen und angemessen zu reagieren (Viernickel 2008, S. 199; Naumann 2010, S. 44). So werden die professionellen Bindungsbeziehungen von der Sensitivität und der Responsivität der pädagogischen Fachkraft bestimmt. Relevant ist, dass das pädagogische Personal soziale und sprachliche Kompetenzen erlernt, emotional stabil und bindungsfähig ist sowie über die Fähigkeit verfügt, das eigene Handeln zu reflektieren – und zwar auf Grundlage neuer wissenschaftlicher Erkenntnisse (Schneewind 2011, S. 56).

Zugleich wird speziell für die Qualität in den Bindungsbeziehungen darauf hingewiesen, dass diese wesentlich vom Personalschlüssel abhängig ist. Demzufolge erschweren große Gruppen und eine zu große Anzahl von (Bindungs-)Kindern pro Erzieher*in die Beziehungsgestaltung, da für den Aufbau von Bindung Kontinuität im täglichen Geschehen ausschlaggebend ist (Viernickel 2008, S. 199). Um eine gute Beziehungsarbeit zu ermöglichen, muss sich ein realistischer Personalschlüssel[53] am Alter der Kinder sowie an ihren

53 In der Fachliteratur wird zwischen Personalschlüssel und Fachkraft-Kind-Relation unterschieden (vgl. u. a. Viernickel/Schwarz 2009, S. 6 f.). Der Personalschlüssel ist eine rechnerische Größe und bildet das Verhältnis von vorhandenem Personal und betreuten Kindern in Form eines Vollzeitäquivalentes ab. Die Fachkraft-Kind-Relation beschreibt dagegen, für wie viele Kinder eine pädagogische Fachkraft in der direkten Arbeit verfügbar

individuellen Bedürfnissen orientieren (ebd., S. 76). Gegenwärtig herrsche hingegen eine mangelhafte personelle Ausstattung, da wissenschaftlich begründete Mindeststandards in Bezug auf die Fachkraft-Kind-Relationen rein rechnerisch selten erreicht werden (vgl. Viernickel et al. 2013; Viernickel 2009).

10.3 Zwischenfazit

Mit den Reformprozessen im Kita-Bereich, und insbesondere mit der Einführung frühkindlicher Bildungsprogramme, haben sich, wie nachgezeichnet werden konnte, auch die Anforderungen an die pädagogischen Fachkräfte in Kindertageseinrichtungen verändert.

Durch den Kita-Ausbau sowie den Anspruch, die Vereinbarkeit von Familie und Erwerbsleben zu verbessern, sind längere und flexiblere Betreuungs- und Öffnungszeiten notwendig geworden. Zugleich musste sich dadurch die Arbeitsorganisation in den Einrichtungen verändern. Offene Gruppenkonzepte werden zunehmend zum Alltag vieler Kitas, was für die pädagogischen Fachkräfte eine stärkere Flexibilisierung der eigenen Arbeit sowie einen steigenden Koordinationsbedarf in der Arbeitsgestaltung nach sich zieht. Überdies haben sich frühkindliche Betreuungseinrichtungen hinsichtlich der ihnen zugeschriebenen Funktionen gewandelt. Mit dem Fokus auf frühkindliche Bildung sind nicht nur die traditionell dominierenden fürsorgerischen und erzieherischen Funktionen zunehmend in den Hintergrund gerückt. Es sind auch neue Anforderungen hinzugekommen. In den Bildungsplänen der Länder werden hinsichtlich der Bildungsarbeit die Dimensionen Beobachtung und Dokumentation, Gestaltung des Übergangs in die Grundschule sowie Qualitätssicherung und -entwicklung als neue Aufgaben benannt, sowie die Zusammenarbeit mit Familien und die Sprachförderung als Bereiche herausgearbeitet, in denen sich die Anforderungen verändert und erweitert haben. Mit dem Funktionswandel der Kitas haben sich überdies die beruflichen Leitbilder vom Ethos emotional-sozialer Fürsorge weg und hin zur professionellen Haltung gewandelt.

Dass in den letzten Jahren mit dem Ausbau von Kindertageseinrichtungen sowie dem Fokus auf frühkindliche Bildung sowie im Diskurs um eine Professionalisierung der Frühpädagogik veränderte Anforderungen an Erzieher*innen entstanden sind, wirft daher die Frage auf, ob sich auch die (pädagogischen) Routinen und (Selbst-)Verständnisse der Beschäftigten verändert haben. Ebendies ist Bestandteil der empirischen Untersuchung, die im nachfolgenden Kapitel dargestellt wird.

---

ist. Hier müssen Fehlzeiten durch Krankheit, Urlaub oder externe Fortbildungen ebenso wie die Anteile mittelbarer pädagogischer Arbeitszeit (z. B. Führen von Elterngesprächen, Teamsitzungen, Dokumentation und Aufbereitung von Beobachtungsergebnissen) herausgerechnet werden.

11. Erzieher*innen im Kampf gegen Überlastung und für die Umsetzung guter Bildung: Krisen der sozialen Reproduktion in den Kitas

Die Kitas haben in den letzten Jahren nicht nur durch die Reformprozesse und Diskussionen um frühkindliche Bildung gesellschaftliche Aufmerksamkeit errungen. Vielmehr sind sie auch medial immer wieder präsent geworden. Diese als Kita-Streiks titulierten Kämpfe haben unter dem Schlagwort der Aufwertung darauf aufmerksam gemacht, dass die finanzielle Situation, aber auch die Rahmenbedingungen in den Kitas von Erzieher*innen als unzureichend empfunden werden. Im Zuge der Reformen sind folglich nicht nur die Anforderungen, sondern auch die Unzufriedenheiten der pädagogischen Fachkräfte gestiegen. Die Veränderungen, so ist also zu vermuten, üben Druck auf die pädagogische Praxis aus und dies führt sowohl zu steigenden Belastungen als auch zu Auseinandersetzungen um diese Entwicklungen.

Nachfolgend wird daher zunächst auf den empirischen Forschungsstand zu den Arbeitsbedingungen, Selbstverständnissen und zum praktischen Handeln von Erzieher*innen eingegangen. Hieran anschließend werden das Sample und die Ergebnisse der empirischen Untersuchung dieses Buches vorgestellt und diskutiert.

11.1 Kita-Reformen, Arbeitsbelastungen und (subjektive) Umgangsweisen pädagogischer Fachkräfte: empirischer Forschungsstand

In arbeitsbezogenen Analysen werden die *strukturellen* Rahmenbedingungen, gemessen an den Anforderungen an Kitas, als unzureichend kritisiert werden. Dabei werden etwa Faktoren wie der zu geringe Personalschlüssel, die nicht Berücksichtigung mittelbarer pädagogischer Arbeitszeit sowie die unzureichende Ausstattung der Kitas ebenso wie fehlende Freistellungen von Kita-Leitungen und gesundheitliche Belastungen kritisiert. In Bezug auf personelle und zeitliche Ressourcen wird überdies moniert, dass der gesetzlich festgeschriebene Personalschlüssel viele zu leistende Aufgaben, die neben der direkten pädagogischen Arbeit mit den Kindern zusätzliche Zeitkontingente erfordern, nur zum Teil berücksichtigt. Nur wenige Bundesländer haben bisher die Bereitstellung solcher Arbeitszeiten in die geltenden Kindertagesstättengesetze oder

Ausführungsvorschriften aufgenommen (Viernickel/Nentwig-Gesemann 2014, S. 249). Die Fachkraft-Kind-Relation wird darüber hinaus durch Ausfallzeiten etwa aufgrund von Urlaubsansprüchen, Krankheiten oder Fortbildungen beeinflusst, wenn diese nicht vorausschauend einberechnet werden (vgl. GEW 2007, S. 41 f.).[54] Viele Studien stellen demnach fast gleichlautend fest, dass aufgrund mangelhafter struktureller Bedingungen die Verdichtung der Arbeit in den Kindertagesstätten bei bereits hoher Intensität tendenziell weiter zunimmt. (vgl. Viernickel et al. 2013; Lang/Leppelmeier 2015; Klaudy et al. 2016; Spieß/Westermeier 2016; GEW 2007; Fuchs/Trischler 2008)

In Folge dessen bemängeln viele Erzieher*innen die Rahmenbedingungen als unzureichend und erleben die Arbeitsintensität als belastend.[55] Als zentrale Stressquellen werden die mangelhafte Personalausstattung, „einhergehend mit zu großen Gruppen, einem unzureichenden Betreuungsschlüssel, Zeitdruck und ‚Multi-Tasking'" identifiziert (Jungbauer/Ehlen 2015, S. 418). Entsprechend geben viele Erzieher*innen an, ihrem eigenen Anspruch an die Betreuungsqualität aufgrund des hohen Arbeits- und Zeitdrucks nicht mehr gerecht werden zu können (Fuchs/Trischler 2008, S. 9 f.; Viernickel et al. 2013, S. 14). In Befragungen zur Arbeitszufriedenheit von Erzieher*innen werden dennoch viele positive Aspekte, etwa die Vielseitigkeit der Arbeit, vorhandene Gestaltungsspielräume im Alltag oder die Partizipation an innerbetrieblichen Entscheidungen, von pädagogischen Fachkräften benannt (GEW 2007, S. 43) sowie überdies bilanzierend festgestellt, dass Erzieher*innen bei den positiven Arbeitsemotionen ein durchweg überdurchschnittliches Niveau im Vergleich zu anderen Berufsgruppen aufweisen (Fuchs/Trischler 2008, S. 16). Insgesamt betrachtet klagen pädagogische Fachkräfte demnach zwar über mangelhafte Arbeitsbedingungen, weisen aber dennoch eine verhältnismäßig hohe Arbeitszufriedenheit auf.

Neben den strukturellen Bedingungen werden in verschiedenen Studien berufliche und gesellschaftliche *Anforderungen* als (Belastungs-)Faktoren benannt. Dies umfasst etwa konzeptionelle Aufgaben wie die zeitintensive Bildungsbeobachtung und -dokumentation sowie die jährlichen Entwicklungsgespräche (Klaudy et al. 2016, S. 48). Es finden sich also auch eine Reihe von Studien, welche

54 Bei der Personalausstattung wird meist zwischen generellem Personalmangel, z. B. durch Unterbesetzung und anderweitigen Personalausfällen unterschieden. Letztere entstehen durch Krankheit, Schwangerschaften, Urlaub oder Fortbildungen. Die dadurch erzeugten Probleme werden von Erzieher*innen als starker Belastungsfaktor und als besonders negativ eingeschätzt. Das führe zu Zeitdruck und permanentem Stress und in der Folge dazu, nur noch den Alltag aufrechtzuerhalten, also die Kinder und den Tagesablauf zu „verwalten". (Klaudy et al. 2016, S. 47)

55 Über die Hälfte der Befragten einer Studie der GEW (2008) geben an, unter einem zu hohen Arbeits- und Leistungsdruck zu leiden, während dagegen nur 22 Prozent auf gute Bedingungen verweisen (ebd., S. 9).

die Einführung der Bildungsprogramme und die dadurch hinzugekommenen Anforderungen sowie ihre Auswirkungen auf die Arbeit in den Kitas empirisch untersuchen. Insbesondere zu Beginn des Einführungszeitraums weisen diese darauf hin, dass die aktuellen Reformen und ihre Folgen für den Arbeitsalltag, im Gegensatz zu den Rahmenbedingungen der Arbeit, nicht grundsätzlich negativ bewertet werden (vgl. Stöbe-Blossey 2011; Stöbe-Blossey/Torlümke 2010, S. 152). Der Fokus auf frühkindliche Bildung und die Professionalisierung des Berufsfeldes werde von pädagogischen Fachkräften vielmehr als Bereicherung des Tätigkeitsfeldes um neue Aufgaben sowie als Potential für gesellschaftliche Anerkennung begrüßt (vgl. Stöbe-Blossey/Torlümke 2010, S. 152). In der Forschungsliteratur wird daher zunächst überwiegend davon ausgegangen, dass die Konzepte und Maßnahmen der Bildungs- und Orientierungspläne bei Erzieher*innen auf „große Akzeptanz" stoßen und nirgendwo „festzustellen [ist], dass der gesteigerte Stellenwert frühkindlicher Bildung abgelehnt würde" (ebd.).

Allerdings handelt es sich hierbei um Interviews, die zu Beginn der Reformprozesse und kurz nach der Einführung der Bildungsprogramme, nämlich im Jahr 2007 in Kindertageseinrichtungen in Bayern, Brandenburg und Nordrhein-Westfalen durchgeführt wurden (vgl. Stöbe-Blossey/Torlümke 2010).[56] Aktuellere Forschungen zeigen demgegenüber auf, dass die Reformprozesse sowie die Reorganisation der Arbeit durch die Einführung frühkindlicher Bildung von pädagogischen Fachkräften unterschiedlich bewertet werden. Dies wird insbesondere in den Studien von Nock (2013) sowie von Viernickel et al. (2013) näher beleuchtet. Diese arbeiten unterschiedliche Handlungsweisen von Erzieher*innen im Umgang mit den Reformen heraus und gehen somit auf die hier interessierende Frage ein, inwiefern die Veränderungsprozesse von den Beschäftigten auch als Überlastungen erlebt werden.

Beide Untersuchungen gehen davon aus, dass es gegenwärtig aufgrund unzureichender Rahmenbedingungen auf der einen sowie gestiegener Anforderungen auf der anderen Seite zu einem Umsetzungsdilemma kommt. Dieses bestehe darin, dass die Fachkräfte sich mit sehr hohen, von außen kommenden Ansprüchen konfrontiert sehen, welche aus den Bildungsprogrammen resultieren und von Kita-Träger*innen, Leitungen und Eltern an sie gerichtet werden (Viernickel et al. 2013, S. 13), sich die pädagogischen Fachkräfte aufgrund mangelnder Rahmenbedingungen jedoch nicht in der Lage sehen, entsprechend zu handeln. Da die Last, „mit dieser Diskrepanz umzugehen und diese im Alltag auszubalancieren, primär auf den Schultern der Fachkräfte" (ebd., S. 13 f.) liegt, entwickeln sie je spezifische Umgangsweisen mit diesen Herausforderungen. Viernickel et al. (2013), ähnlich aber auch Nock (2013), unterscheiden hierbei drei

56 Zwar wurde diese Befragung durch eine Nacherhebung im Herbst 2008 ergänzt; diese beschäftigte sich jedoch schwerpunktmäßig mit dem Thema ‚Übergang Kindergarten – Grundschule'.

(bzw. vier) (Ideal-)Typen kollektiv-geteilter Haltungen und Umgangsformen mit dem Umsetzungsdilemma, die sie auf Basis von Gruppendiskussionen in 15 Kitas identifizieren (Viernickel et al. 2013, S. 14ff.).

Der erste in den Studien identifizierte Typ repräsentiert eine *„reflektierte professionelle Haltung“* (ebd., S. 14), die darauf zielt, die Bildungsprogramme als wichtige Anregung und Grundlage für die eigene Arbeit zu verstehen, diese jedoch den lokalen Bedürfnissen und Ressourcen anzupassen. Hierbei geht es weder um eine möglichst umfassende Umsetzung von Bildungsprogrammen (vgl. Typ 2), noch um ein Verteidigen der eigenen habitualisierten Praxis (vgl. Typ 3). Vielmehr sei der „wertekernbasierte“ Typ darum bemüht, eine pädagogische Grundorientierung in eine gelebte Praxis münden zu lassen, die letztlich dem aktuellen Bildungsverständnis, wie es in den Bildungsprogrammen formuliert ist, sehr nahe komme (Viernickel et al. 2013, S. 15). Das Erleben des Umsetzungsdilemmas als Überlastung und das Leiden an mangelhaften Rahmenbedingungen sei hier am geringsten ausgeprägt.

Der zweite in den Studien identifizierte Typ rückt das Bildungsprogramm als Orientierungshorizont in den Mittelpunkt der eigenen Arbeitsweise und versucht, allen definierten Bildungsbereichen so gut und umfassend wie möglich gerecht zu werden (ebd., S. 16). Dies führt den Autor*innen zufolge jedoch zu nicht realisierbaren Umsetzungsansprüchen und in der Folge zu Überlastungen bzw. zu Erfahrungen des Leidens unter einem sehr hohen Druck. Die bestehenden Rahmenbedingungen werden in der Folge als nicht ausreichend wahrgenommen.

Als dritten Typ beschreiben Viernickel et al. einen Umgang, in dem das Bildungsprogramm einen negativen Gegenhorizont bildet. Die Einführung frühkindlicher Bildungsförderung werde dabei als von außen vorgegebene und durchgesetzte Norm betrachtet, deren Umsetzung erwartet wird (ebd., S. 17). Für die Teams des dritten Typs konstatieren Viernickel et al. folglich nicht nur ein Umsetzungs-, sondern ebenso ein *Orientierungsdilemma.* So sollen diese trotz mangelnder Rahmenbedingungen auf einer normativen Grundlage arbeiten, die sie aufgrund ihres eigenen professionellen Anspruchs (zumindest teilweise) ablehnen. Als Folge halten die Fachkräfte dieses Typs an habitualisierten Orientierungs- und Handlungsmustern fest. Viernickel et al. charakterisieren die Umgangsweise in der Folge als eine, die sich die aktuellen Anforderungen noch nicht wirklich „zu eigen“ gemacht und sie nicht in ein integriertes Verhältnis mit ihrer langjährigen habitualisierten pädagogischen Praxis gebracht habe. (Viernickel et al. 2013, S. 17) Überdies wird angenommen, dass es aufgrund des Orientierungsdilemmas zu zusätzlichen psychischen und körperlichen Belastungen sowie zum Ausbleiben von Selbstwirksamkeits- und Anerkennungserfahrungen kommen kann (ebd., S. 146).

Aus der Untersuchung von Nock (2013) kann ein weiterer vierter Typ hinzugefügt werden. Die Umgangsweisen dieses Typs werden als selektives Zurückgreifen auf die Bildungsprogrammatik, zugleich aber als ein Bewahren der Kinder vor einem „Zuviel“ an pädagogisch gut gemeinten Angeboten beschrieben (ebd., S. 192). Dieser ähnelt dem ersten Typ, passt die Anforderungen im Unterschied zu ihm jedoch nicht nur an lokale Bedürfnisse und Ressourcen, sondern auch an ein eigenes Bildungsverständnis an.

Beide Studien stellen schließlich heraus, dass der Umgang mit den gewandelten Anforderungen der pädagogischen Arbeit bei den Fachkräften, im Gegensatz zu der in früheren Forschungen gefundenen Akzeptanz, erheblich variiert. Während sich einerseits ablehnende Haltungen gegenüber den neuen Anforderungen und Inhalten der Bildungsprogramme finden, zeigen sich andererseits ebenso positive Bewertungen und der Eindruck, dass die eigene Arbeit durch die Einführung frühkindlicher Bildung aufgewertet wird (Viernickel et al. 2013, S. 5; vgl. Nock 2013). In den vorgestellten Untersuchungen (vgl. Viernickel et al. 2013; Nock 2013) werden die gegenwärtigen Reformen des Kita-Bereichs folglich als Veränderungen sichtbar, in deren Zuge pädagogische Praxen und Selbstverständnisse unter Druck geraten.

Im Sinne der Grounded Theory können diese empirischen Befunde als erste Erhebungen von Daten in einem vorläufigen Sampling betrachtet werden. Sie zeigen, dass und wie sich pädagogische Praxen und berufliche Selbstverständnisse im Kita-Bereich gegenwärtig wandeln. Sie stellen jedoch (lediglich) eine (erste) Analyse zur Diskussion, die als vorläufige Theoretisierung verstanden werden kann: So wird zwar herausgearbeitet, dass Erzieher*innen unterschiedliche Umgangsweisen mit den Reformen entwickeln und hieraus (unterschiedlich ausgeprägte) Erfahrungen von Überlastung resultieren. Nicht gefragt wird jedoch, welche Aspekte der gewandelten Anforderungen und/oder warum diese auf Zustimmung oder Verweigerung treffen; und damit ebenso wenig, *warum* sich manche Fachkräfte dem einen oder anderen Idealtyp zuordnen (lassen), sowie welche Krise(n) sie erleben. Der Wandel oder das Beharren beruflicher (Selbst-)Verständnisse wird also nicht (ausreichend) in den Blick genommen. Dies kann auch deswegen schwer erfasst werden, da es sich in den Studien um Datenmaterial basierend auf Gruppeninterviews handelt.

Im vorliegenden Buch erscheinen die aufgeworfenen, bisher noch offenen Fragen hingegen erkenntnisgenerierend. Anschließend an die empirischen Befunde insbesondere von Viernickel et al. (2013) und Nock (2013) zielt die Untersuchung im vorliegenden Buch daher auf zwei Fragenkomplexe. Erstens wird gefragt, ob und wie die Veränderungen der letzten Jahre einen *Anpassungsdruck* auf die pädagogischen Praxen und Selbstverständnisse erzeugt haben. Wie entsteht und wirkt dieser Druck? Finden sich darin sowohl Momente von Zwang als auch jene des Konsens? Und (wie) kommt es zur Herausbildung neuer Gewohnheiten, Arbeitsroutinen und beruflicher Selbstverständnisse? Zweitens wird das *Handeln* der Erzieher*innen sowie ihr *berufliches Selbstverständnis* untersucht. Wie werden die Veränderungen in den Kitas von den pädagogischen Fachkräften erlebt und beschrieben? Wo treffen sie auf Zustimmung, wo auf

Ablehnung? Welche Krisen entstehen in diesen Transformationsprozessen? Und inwiefern werden die Veränderungen verweigert und Widerstand formiert? Wo und warum also entstehen Kämpfe?

Im Fortgang des Samplings interessieren demnach besonders Daten, welche helfen, die Prozesshaftigkeit in die entstehende Theorie (im Sinne sich wandelnder Handlungsweisen und Selbstverständnisse) zu integrieren sowie die strukturellen und subjektivierenden Handlungsbedingungen als Erklärung der unterschiedlichen Umgangsweisen und Krisen herauszuarbeiten (vgl. Przyborski/Wohlrab-Sahr 2008, S. 197). Dies wird im Folgenden mithilfe einer Auswertung der geführten Interviews sowie in Diskussion mit den bereits vorliegenden Interpretationen der beschriebenen Studien verfolgt.

11.2 Vorstellung des Samples

Das in diesem Kapitel untersuchte Sample besteht aus einem gewerkschaftlichen Experteninterview sowie drei Interviews mit pädagogischen Fachkräften. Alle drei befragten Fachkräfte sind in kommunalen Kindertageseinrichtungen in der Region Stuttgart (Stadt Stuttgart und Landkreise) tätig. Sie arbeiten folglich nicht in Einrichtungen privater Trägerschaft, sondern sind an den Tarifvertrag für den Sozial- und Erziehungsdienst (TVSuE) (der an den TVÖD angegliedert ist) gebunden. Der Tarifvertrag SuE ist im Rahmen von tariflichen Auseinandersetzungen erstritten worden. In diesen forderten die Gewerkschaften nach der Ablösung des Bundesangestelltentarifs (BAT) und der Einführung des TVöD im Jahre 2005 eine neue Entgeltordnung für Erzieher*innen sowie für den Sozialdienst. Nach langen (Warn-)Streiks in Kindertagesstätten von April bis Juli 2009 konnte schließlich eine Einigung mit dem Verband Kommunaler Arbeitgeber erzielt werden. Für Beschäftigte im Sozial- und Erziehungsdienst wurde somit ab 2009 eine neue besondere Einkommenstabelle (SuE) eingeführt.

Im Jahr 2015 wurde die Entgelttabelle des Sozial- und Erziehungsdienstes erneut Gegenstand tariflicher Auseinandersetzungen. Im Mittelpunkt der Tarifauseinandersetzungen für den kommunalen Sozial- und Erziehungsdienst stand 2015 die Eingruppierung pädagogischer Fachkräfte. Dieses Mal ging es allerdings nicht darum, eine eigene Eingruppierungstabelle zu erstreiten. Unter dem Begriff der Aufwertung wurde von ver.di vielmehr eine höhere Eingruppierung der pädagogischen Fachkräfte wie auch der Leitungen eingefordert. Wenngleich die Forderungen im Rahmen der tariflichen Auseinandersetzungen sich auf die Veränderung der Entgeltordnung konzentrierten, ging es in der öffentlichen Debatte um eine gesellschaftliche Anerkennung der pädagogischen Arbeit, die den gestiegenen fachlichen Ansprüchen, Belastungen und Leistungen der Beschäftigten gerecht werden sollte. (vgl. Dück/Seppelt 2015; Evans/Kerber-Clasen 2017; Hosse/Kropp/Stieber 2017)

Eine Befragung von Erzieher*innen, die sich aktiv an den tariflichen Auseinandersetzungen im Jahr 2015 beteiligt haben, erscheint – ähnlich wie in der Krankenpflege – angesichts der in diesem Buch interessierenden Fragen aus zwei Gründen interessant: Bei Aktiven der tariflichen Auseinandersetzung ist eine bewusstere Auseinandersetzung mit den Veränderungen im Kita-Bereich sowie eine größere Unzufriedenheit mit den (strukturellen) Rahmenbedingungen und/oder den Veränderungen der beruflichen Anforderungen wahrscheinlich. Eine Befragung mit Blick auf (subjektive) Krisen, den Anpassungsdruck sowie die Umgangsweisen der Erzieher*innen erscheint hier folglich besonders ergiebig.

Bei allen drei befragten pädagogischen Fachkräften handelt es sich darüber hinaus um Erzieherinnen mit Fachschulausbildung, wobei Amalthea zusätzlich zu ihrer Ausbildung noch ein Studium der Kindheitspädagogik absolviert hat. Vor dem Hintergrund der Annahme, dass die berufliche Sozialisation und das pädagogische (Selbst-)Verständnis auf der Makro-Ebene wesentlich durch das Bildungssystem beeinflusst wird (vgl. Dippelhofer-Stiem 2012, S. 401), ist die Altersstruktur des Samples zudem so gewählt worden, dass die drei befragten Erzieherinnen je unterschiedliche Generationen sowie damit einhergehend unterschiedliche inhaltliche Ausbildungskonjunkturen repräsentieren.

Amalthea ist zum Zeitpunkt des Interviews 28 Jahre alt. Ihre Ausbildung zur Erzieherin hat sie im Jahr 2010 beendet. Anschließend hat sie ein Studium der Kindheitspädagogik begonnen, welches sie 2012 abgeschlossen hat. Seitdem ist sie als Erzieherin, zunächst für fünf Jahre in Tamm (Landkreis Ludwigsburg / Region Stuttgart) und zum Zeitpunkt des Interviews seit kurzem in Stuttgart, tätig. Ihre Ausbildung hat sie bereits nach Beginn der Reformprozesse sowie nach der Einführung des Orientierungsplans in Baden-Württemberg[57] im Jahr 2006 begonnen. Schon während ihrer Ausbildung hat sie daher Infans als pädagogisches Konzept für die Umsetzung des Orientierungsplans kennengelernt und seit Beginn ihrer Tätigkeit damit gearbeitet – anders als Kirsten und Beate.

Kirsten ist zum Zeitpunkt des Interviews 48 Jahre alt und zu diesem Zeitpunkt seit einem Jahr Leiterin einer sich im Bau befindenden Kindertageseinrichtung in Esslingen (Landkreis Esslingen / Region Stuttgart). Zuvor war sie über 20 Jahre in Waiblingen (Landkreis Rems-Murr / Region Stuttgart) als Erzieherin tätig. Ebenso wie Beate hat sie ihre Ausbildung vor Beginn der Kita-Reformen abgeschlossen. Beide mussten nach der Einführung des Orientierungsplans Weiterbildungen absolvieren, um die Umsetzung von pädagogischen Konzepten (bei Kirsten: Bildungs- und Lerngeschichten; bei Beate: Infans) in

57 In Baden-Württemberg wurde der Orientierungsplan bereits im Jahr 2004 eingeführt. Er gilt hier jedoch – anders als ursprünglich geplant – nicht als verbindliche gesetzliche Regelung, sondern lediglich als Orientierung.

ihren Einrichtungen zu erlernen. Beide Erzieherinnen haben sich das Arbeiten mit den pädagogischen Konzepten folglich erst im Laufe ihres aktiven Berufslebens aneignen müssen.

Beate ist zum Zeitpunkt des Interviews 62 Jahre alt und zu diesem Zeitpunkt seit ungefähr sieben Jahren Leiterin in einer Kindertagesstätte. Über 30 Jahre hat sie zuvor in ebendieser Einrichtung als Erzieher*in gearbeitet. Folglich hat Beate, wie Kirsten, ihre Ausbildung vor Beginn der Kita-Reformen absolviert. Erst nach der Einführung des Orientierungsplans sowie seiner Umsetzung in ihrer Kindertagesstätte in Tamm und nach den Weiterbildungen im Rahmen der Umsetzung frühkindlicher Bildung ist sie Leiterin geworden.

Cuno Hägele, der als gewerkschaftlicher Experte für die Untersuchung befragt wurde, arbeitet bei der Vereinten Dienstleistungsgewerkschaft Ver.di als Bezirksleiter in Stuttgart und war für die Auseinandersetzungen im Sozial- und Erziehungsdienst im Jahr 2009 zuständig sowie in den Tarifauseinandersetzungen im Jahr 2015 für Stuttgart mit verantwortlich.

11.3 Einführung frühkindlicher Bildung und alltäglicher Anpassungsdruck in den Kitas

Mit der Erstellung eines Orientierungsplans für Bildung und Erziehung in Tageseinrichtungen für Kinder hat Baden-Württemberg im Jahr 2004 die frühkindliche Bildung als stärkeren Fokus in den Kindertagesstätten vorangetrieben. Mit dieser Stärkung sollte „die Voraussetzung für mehr Gerechtigkeit bei der Verteilung von Bildungschancen und eine stärkere Entkoppelung von der sozialen Herkunft" geschaffen werden sowie der Orientierungsplan den Erzieher*innen als Impuls zur pädagogischen Begleitung der kindlichen Entwicklung, der Bildungsprozesse und der Entwicklung ihrer Bildungsbiografie nach der Kindergartenzeit dienen (Ministerium für Kultus, Jugend und Sport Baden-Württemberg). Nach einer dreijährigen Pilotphase sollte die Einführung des Orientierungsplans wissenschaftlich evaluiert und eine überarbeitete Version des Plans erstellt werden. Eine Umsetzung in allen Kindertageseinrichtungen ist im Kindergartenjahr 2009/2010 erfolgt (Vereinbarung zum Orientierungsplan 2004, S. 124). Im gleichen Zeitraum haben sich zudem die strukturellen Rahmenbedingungen verändert – etwa durch den Ausbau von Kitas, die Umstellung auf offene Gruppenkonzepte, veränderte Betreuungszeiten und Veränderungen in der räumlichen Ausstattung.

In der vorliegenden Untersuchung soll nachgespürt werden, wie diese Veränderungen zu einem Anpassungsdruck auf Gewohnheiten, Alltagsroutinen und pädagogische Selbstverständnisse geführt haben – welche strukturellen und subjektivierenden Handlungsbedingungen also in der Folge entstanden sind. Dies wird anhand von drei ausgewählten Alltagssituationen beleuchtet.

11.3.1 Mehr Bildung in die Kitas! Erfahrungen pädagogischer Fachkräfte mit Bildungskonzepten

Im Zuge der Einführung von frühkindlichen Bildungsprogrammen in den Kitas sind kommunale Träger in Baden-Württemberg dazu angehalten worden, verpflichtende Qualifizierungsmaßnahmen für bereits tätige Erzieher*innen durchzuführen. Wie diese Maßnahmen und die Veränderungen der eigenen Arbeit von den pädagogischen Fachkräften erlebt wurden, schildern Beate und Kirsten in den Interviews.

Beide mussten über mehrere Jahre begleitend zur Arbeit in der Kita Fortbildungen belegen:

> „Das heißt dann, wir hatten dann im Bürgersaal für Erzieherinnen in ganz Tamm hatten wir Veranstaltungen, wo die [Infans-Mentorin, welche die Umsetzung des Orientierungsplans angeleitet hat] erklärt hat, was ist Infans (…). Man hat so Übungen bekommen natürlich, wie funktioniert jetzt eine Beobachtung; was heißt überhaupt laut Infans, die einzelnen Bereiche oder so. Das hat die mit uns erarbeitet. Auch im Haus: Wie kann ich es umzusetzen" (Interview Beate, Z. 235–239).

Die Einführung des Orientierungsplans ging folglich mit dem Erlernen neuer Praktiken einher, die durch Übungen angeeignet und gefestigt werden sollten. Als neue Aufgaben sind im Rahmen der Qualifizierung etwa Methoden der Beobachtung vermittelt worden, wie sie in vielen Bildungsprogrammen der Bundesländer verankert sind (vgl. Viernickel/Schwarz 2009). Hierfür hat „man immer Aufgaben gekriegt, die mussten wir wieder mitbringen. Fragen beantworten, umsetzen, dokumentieren. So ist das dann hier eingeführt worden" (Interview Beate, Z. 63–66). Die körperlich-praktische Verinnerlichung veränderter Routinen durch das wiederholte Umsetzen und Üben der Infans-Methoden bzw. der Instrumente aus den Bildungs- und Lerngeschichten wird von den befragten Erzieher*innen als anstrengender und langwieriger Prozess beschrieben:

> „Wir wurden dann innerhalb von zwei Jahren durch sämtliche Fortbildungen gejagt im Schweinsgalopp. Fortbildung zu dem Bereich und zu dem und zu dem. Und ja, von Philosophie bis Sprache war dann alles, musste man innerhalb von zwei Jahren zu sämtlichen Bereichen Fortbildungen besuchen. Ja, was schon ein bisschen heftig war, wenn man gar keine Zeit gehabt hat, dass sich das alles noch ein bisschen setzt" (Interview Kirsten, Z. 213–217).

Das Herausbilden neuer Routinen wird als Anstrengung beschrieben, in der sich die eigenen Praxen wandeln müssen, aber kaum Zeit bleibt, die Veränderungen wirklich zu verinnerlichen. Für kritisches Reflektieren, ein aktives sich Auseinandersetzen und schließlich auch eine (subjektiv durchdrungene)

Übernahme veränderter Anforderungen bleibt jedoch, wie Kirsten es beschreibt, „im Schweinsgalopp" keine Zeit. Auch Beate erlebt die Umsetzungen als Herausforderung und macht deutlich, dass die Herausbildung veränderter Handlungsweisen einer Auseinandersetzung mit den Anforderungen und eines Umdenkens im Team bedarf.

Da für die schrittweise Anpassung und das „sich Setzen" keine Zeit bleibt, wird die konkrete Art und Weise der Einführung von Bildungsprogrammen von den Befragten als unangenehm, autoritär und alternativlos empfunden:

> „Also, die Stadt Waiblingen war da relativ gnadenlos. Die hat gesagt, wer nicht mitzieht, der kann gehen. (...) Die haben dann klar gesagt, das ist unser Konzept. Soundso habt ihr zu arbeiten. Die und die Fortbildung habt ihr zu besuchen, und wer da nicht mitmacht, der muss sich was anderes suchen. Also, da waren die relativ gnadenlos" (Kirsten, Z. 589–602).

Entsprechend wird die Einführung des Orientierungsplans als entmündigend erlebt: Den befragten Erzieher*innen wird keine Möglichkeit aufgezeigt, wie sie sich am Prozess der Veränderung beteiligen könnten. Darüber hinaus droht ihnen bei einer Weigerung das Ende ihrer beruflichen Perspektive. Die von Kirsten beschriebene Gnadenlosigkeit wird auch von Beate in ähnlicher Weise formuliert: „Und sie [Infans-Mentorin] hat es halt auch so, ja, und hier ist ein Seil und wer mitgehen kann und das versteht, der kann mitgehen und die anderen, ja, die müssen halt kündigen. Die können ja bei Aldi an der Kasse sitzen. Also so. Und das fand ich halt, ja" (Interview Beate, Z. 76–81). Der drohende Verlust des Arbeitsplatzes wird in den Schilderungen dabei auch als berufliche Abwertung beschrieben – nämlich zur Kassierer*in degradiert zu werden. Im Prozess der Transformation in den Kitas scheint es für die befragten Erzieher*innen weder möglich, die Modalitäten der Einführung mitzubestimmen, noch wird ihnen eine Alternative aufgezeigt.

Obwohl Beate schon viele Erfahrungen mit neuen pädagogischen Ansätzen gemacht hat, wird der Orientierungsplan von ihr als besonderer Einschnitt erlebt:

> „Ich habe das am Anfang, ja, ganz ehrlich nicht für ernst genommen. Also meine ganze Laufbahn hast du mal den situationsorientierten Ansatz gehabt (...) und dann ständig sind neue Ansätze gekommen. Ja klar, Infans, das ist jetzt so ein neuer Ansatz wieder. Jetzt schreit wieder jeder ‚Jetzt musst da danach arbeiten'. Und seither hat man sich immer aus jedem Ansatz hast du geguckt, was kann man da nehmen, es sind neue Erkenntnisse, ist auch okay, muss ja vorangehen. Aber so voll reinpreschen haben wir eigentlich noch nie gemacht. Und so habe ich auch erst gedacht, irgendwie, das habe ich halt ein bisschen verkannt. Ja gut, jetzt schon wieder jemand wo meint, jetzt müssen wir alle so. Und dann huch, das ist ja echt ernst, man darf jetzt auf einmal

> nur noch nach dem arbeiten und nur noch so und kann nicht sagen, okay, ich gucke mal, was bringt der, was kann ich damit machen, sondern auf immer so dieses Statement so. Also nur das ist das, genau. Und das fand ich schon herb" (Interview Beate, Z. 832–845).

Im Unterschied zu vorherigen Veränderungen wird die Einführung frühkindlicher Bildung durch den Orientierungsplan nicht als *Ergänzung* zur bestehenden pädagogischen Praxis erfahren, sondern als Ersetzung bisheriger Handlungsweise vermittelt. Tradierte Arbeitsweisen sollen einer veränderten pädagogischen Praxis komplett weichen.

Im Gegensatz zu den kommunalen Kindertageseinrichtungen in Tamm, wo für alle Einrichtungen die Einführung von Infans beschlossen wurde, konnten die Einrichtungen in Waiblingen, wo Kirsten zur Zeit der Einführung beschäftigt war, für die jeweilige Einrichtung selbst entscheiden, nach welchem pädagogischen Konzept sie zukünftig arbeiten wollen: „Also, in Waiblingen war es so, dass man wählen konnte, die Häuser, ob sie nach Infans oder nach Bildungs- und Lerngeschichten arbeiten wollten" (Interview Kirsten, Z. 263–265). Anders als Beate beschreibt Kirsten diesen Prozess folglich als eine Form der Beteiligungt, in der die Kita-Leitung unter Mitsprache der Erzieher*innen im Team zu einer Entscheidung kommt:

> „Also, wir haben uns damals relativ intensiv mit der Auswahl beschäftigt und haben auch verglichen. Infans, das Produkt, das am Ende rauskommt, ist gar nicht mal so unterschiedlich. Bei Margaret Carr ist es Bildungs- und Lerngeschichten, und bei Infans heißt es Curriculum. Das sieht ganz ähnlich aus, ist auch ähnlich, aber der Weg dahin ist ein bisschen anders. Bei Infans ist sehr viel Standardisiertes, sehr viel Festgelegtes, sehr viel Ankreuzbögen und Dinge mit klarer Struktur. Und bei den Bildungs- und Lerngeschichten gibt es ein bisschen mehr Gestaltungsspielraum. Und das ist das, was uns besser gefallen hat eigentlich" (Interview Kirsten, Z. 275–281).

Obwohl die Einführung des Orientierungsplans durch die Gemeinden (Tamm bzw. Waiblingen) von Beate und Kirsten demnach ähnlich beschrieben wird, unterscheiden sich ihre Erfahrungen wesentlich voneinander. Während sich die Einführung des Orientierungsplans für Beate bis in ihre eigene Einrichtung hinein als erzwungene Entwicklung darstellt, beschreibt Kirsten die Auswahl der Bildungs- und Lerngeschichten in ihrer Kita als partizipativen Prozess und als eine bewusste Entscheidung. Im Unterschied zu Beate nimmt Kirsten die Einführung und Umsetzung des Orientierungsplans daher nicht durchweg als erzwungene Maßnahme wahr. Dies speist sich allerdings wesentlich aus der Möglichkeit, die Entscheidung mit zu beeinflussen. Darüber hinaus formuliert Kirsten den Eindruck, sogar Gestaltungsspielräume in der eigenen pädagogischen Arbeit zu gewinnen:

„Was selber zu lernen und auch was einbringen zu können, was einem Spaß macht, und was man gut kann und ja. Weil, es gibt diese Orientierungspläne/ Sind ja nicht so starr wie jetzt ein Lehrplan in der Schule, wo man sagt, und jetzt müssen wir in der ersten Klasse dies und dann das und das und das, sondern wir haben ja sehr viel Gestaltungsspielraum" (Interview Kirsten, Z. 930–934).

Anders als Beate und Kirsten erlebt Amalthea die Reformprozesse in den Kitas nicht als (Veränderungs-)Druck auf ihre pädagogische Praxis und ihr berufliches (Selbst-)Verständnis, da sie ihre Ausbildung zu einer Zeit beginnt, in der die Einführung des Orientierungsplans bereits vollzogen ist. Die Erfahrungen mit den pädagogischen Bildungskonzepten beschreibt sie entsprechend als ihren einzigen Referenzpunkt:

„Also, ich habe natürlich in meiner Ausbildung auch schon mit dem Infans-Konzept zu tun gehabt, also ich habe das von Anfang an so gelernt, und (...) ich habe nie in Gruppen gearbeitet oder sowas. Also, ich weiß noch, in meinem allerersten Praktikum, 2006 war das, da hat die Einrichtung gerade umgestellt auf das offene Konzept. Also, von dem her habe ich es einfach auch nie anders gelernt" (Interview Amalthea, Z. 381–385).

Amaltheas berufliche Sozialisation ist entsprechend allein aus Erfahrungen gespeist, die sich im Rahmen der durch die Reformprozesse veränderten Ansprüche bewegen. Auch ihr theoretisches und fachpolitisches Wissen ist von pädagogischen Konzepten geprägt, die im Zuge der Bildungsreformen in den Kitas eingeführt wurden und somit im Einklang mit den Veränderungen stehen. Sie entwickelt daher keine Routinen, die (noch) einem ‚alten' pädagogischen Verständnis entsprechen und in Widerspruch zu den veränderten Anforderungen geraten. Vielmehr identifiziert sie sich mit dem Anspruch frühkindlicher Bildung sowie den pädagogischen Konzepten. Hierfür war das Studium für Amalthea ein wichtiger Schritt:

„Und dann schon auch in meinem Studium, das merke ich da doch tatsächlich, dass ich das auch anders verstanden habe, das Konzept. Was es bedeutet. Und eben nicht nur, wie es eben vielen Erzieherkollegen dann in einer Fortbildung einfach beigebracht wird, diese Bögen anzuwenden, ohne dass dieses wirkliche Verständnis da ist" (Interview Amalthea, Z. 388–391).

Die Einführung frühkindlicher Bildung durch den Orientierungsplan führt zu vielfältigen Veränderungen: So werden nicht nur pädagogische Konzepte in den Einrichtungen implementiert und die Erzieher*innen zu einer Reihe von Weiterbildungen verpflichtet. Vielmehr geraten ihre Praxen durch das Erlernen und wiederholte Einüben neuer Methoden, durch die Ersetzung und nicht die

Ergänzung von Routinen, aber auch durch die berufliche Alternativlosigkeit und den Mangel an Mitsprachemöglichkeiten bei der Ausgestaltung pädagogischer Arbeitsweisen unter Druck. Die Einführung frühkindlicher Bildung wird von den bereits vor den Reformprozessen tätigen Erzieher*innen demnach als einschneidender und erzwungener Prozess beschrieben, in dem nur wenig Raum für eigene Gestaltung bleibt. In den Aussagen von Amalthea wird überdies deutlich, dass sich auch die Ausbildungsinhalte im Zuge der Reformen verändert haben – denn sie hat „nie ein anderes Arbeiten" oder andere pädagogische Handlungs- und Sichtweisen gelernt als jene, die den Fokus auf frühkindliche Bildung legen.

11.3.2 Verschiebungen im pädagogischen Verständnis – Die individuelle Förderung von Kindern rückt ins Zentrum

Die Veränderung der tradierten und habitualisierten Praxen ebenso wie die Erweiterung des pädagogischen Wissens soll nicht nur zur Herausbildung neuer Gewohnheiten, sondern auch zu einer Verschiebung des bildungs- und damit des pädagogischen (Selbst-)Verständnisses beitragen. So geht es darum, auch eine Veränderung der beruflichen (Selbst-)Konzeptionen herbeizuführen: „Das fing dann an mit der Einführung vom Orientierungsplan. Da hat sich der Blick mehr aufs einzelne Kind verändert" (Interview Kirsten, Z. 203–204). Mit der Einführung der Bildungsprogramme vollziehen sich folglich inhaltliche Verschiebungen im pädagogischen Verständnis und dem beruflichen Leitbild, die an die Erzieher*innen vermittelt werden. Dies wird etwa am Bildungsbegriff deutlich.

Das Bildungsverständnis sowie die Vorstellung frühkindlicher Lern- und Entwicklungsprozesse des Orientierungsplans unterscheiden sich deutlich von Anforderungen, die noch zur Ausbildungszeit von Beate und Kirsten formuliert wurden:

> „Also, zu Anfang war das noch sehr klassisch. Also, zu meiner Ausbildungszeit war eher der Situationsansatz[58] ganz groß. Und man hat wirklich noch in geschlossenen Gruppen[59] gearbeitet. (…) Jede Gruppe hatte die identische Ausstattung. Also, es gab

---

58 Dieser Ansatz geht davon aus, dass junge Kinder aktive Lerner*innen sind, die sich ihre Welt selbst konstruieren. Hierin müssen sie jedoch von den Fachkräften unterstützt werden. So sollen diese die für die Kinder relevanten Lebenssituationen mithilfe der „Situationsanalyse" durchleuchten und dabei herausarbeiten, welcher Bildungsgehalt, also welche sozialen und instrumentellen Lernchancen darin enthalten sind. Diese sollen den Kindern schließlich beispielsweise in Form von Gesprächen, Rollenspielen oder Projekten zugänglich gemacht werden. (Fried 2012, S. 62)

59 Geschlossene Gruppen meint im Gegensatz zu offenen Gruppenkonzepten eine feste Kindergartengruppe, die nicht nur einen festen Gruppenraum hat, sondern auch feststehende Erzieher*innen. In offenen Gruppenkonzepten werden die Räumlichkeiten der

da sechs Bauecken. Es gab sechs Puppenecken. Es gab überall die gleichen Spiele drin. (…) Man hat Projekte eben entwickelt schon aus der Beobachtung raus. Man hat schon versucht die Themen der Kinder aufzugreifen und da situativ zu arbeiten, aber es war dann quasi für alle Kinder. Also, man hat noch nicht so individuell gearbeitet, wie man das heute macht" (Interview Kirsten, Z. 189–199).

Indem neue Vorstellungen über frühkindliche Entwicklungs- und Lernprozesse etabliert sowie ein verändertes pädagogisches Arbeiten mit den Kindern stark gemacht wird, werden sogleich die habitualisierten, vormals herausgebildeten Praxen in Frage gestellt und eine Verschiebung der pädagogischen Haltung und des beruflichen Selbstverständnisses herbeizuführen versucht:

„Also klar, Infans hat ja einfach einen anderen Blick auf das Kind, auf jeden einzelnen halt ganz speziell. Und so im herkömmlichen, klassischen Sinn hast du halt viel mit der Gesamtgruppe gemacht. Ja, jetzt basteln wir alle eine Blume und dann musste halt jedes Kind eine Blume basteln. Malen wir uns alle selber und jedes Kind musste halt da jetzt her sitzen und mitmachen. Und das ist was, wo es sie [Infans-Mentorin] total abgelehnt hat. Kein Kind muss unbedingt irgendwas machen. Also das geht nicht, sondern die Kinder haben ja diese Fenster, wo sie ein Entwicklungsstadium eben haben, und das müssen wir finden. ‚Woran ist das Interesse ganz genau jetzt an diesem Kind?' Und nicht: ‚Okay, jetzt ist Frühling, jetzt singen wir mal alle Vögel das Lied' oder so. Also einfach dieses mehr am Kind sein" (Interview Beate, Z. 91–99).

Im Interview wird offenkundig, dass nicht mehr bestimmte Bildungsinhalte im Vordergrund des Bildungsverständnisses stehen. Vielmehr wird davon ausgegangen, dass es die Interessen und Themen der Kinder sind, welche ihre Bildungsentwicklung anleiten sollten: „Weil man einfach von dem Lernverständnis her geht, dass also das Kind eigentlich nur lernt, wenn ein echtes Interesse da ist, das vom Kind selber kommt" (Interview Kirsten, Z. 315–318).

Diese Perspektive wird auch im Gespräch mit Amalthea deutlich, die in ihrer Ausbildung sowie im Studium bereits nach Konzepten gearbeitet hat, die seit der Einführung des Orientierungsplans Konjunktur haben:

„Und auch dann die Idee, zu sagen, okay, ich gehe auf die Stärken vom Kind, ich mache das nicht immer so von den Defiziten her[60], das Kind muss noch lernen aus-

Kita demgegenüber in Bildungsbereiche unterteilt. Die Kinder können sich in der gesamten Kita also frei bewegen und sich für die sie interessierenden Räume entscheiden.

60 Diese Idee wendet sich gegen die in den 1970er Jahren dominierenden defizitorientierten Ansätze. Bei diesen handelt es sich um Konzepte, die den Schwerpunkt auf die Förderung von (potenziellen) Defiziten legen, die ein Kind (und insbesondere Kinder bestimmter gesellschaftlich benachteiligter Gruppen) aufweist. Entwicklungsschädigende oder -hemmende Faktoren werden (durch die Forschung) identifiziert und zum Ausgangspunkt

zuschneiden, deswegen muss es jetzt hinsitzen und auf der Linie schneiden; sondern ich schaue, was interessiert das Kind (...). Man erstellt dann ja Bildungspläne für die Kinder, und die ersten sind wirklich nur auf die Stärken, nur, was das Kind interessiert und gerade möchte. Und dann beim letzten oder vorletzten schaut man dann auch mal zusammen, okay, wir wissen jetzt, das ist ein Bereich, da ist das Kind nicht so stark, zum Beispiel beim Zeichnen oder sowas. Und dann versuche ich eben, über die Stärken diese Defizite aufzugreifen" (Amalthea, Z. 203–214).

Folglich werden die frühkindlichen Bildungsprozesse nicht durch Disziplin und Autorität ausgestaltet, sondern über Anregungen und Angebote zu befördern versucht:

„Und dann müsstest du halt gucken, wenn der jetzt da gerade Musik hat (...), kann man ihm da was anbieten, kann man da was pritschen. Was weiß ich, hat mal vielleicht, sage ich jetzt mal blöd, musikalische Autos dann, wenn er gerne in Autos fährt. (...) Aber halt nicht sagen, so, jetzt musst du ins Musikzimmer, sondern das einzubinden natürlich" (Interview Beate, Z. 529–534).

Im Interview mit Amalthea wird überdies deutlich, dass es nicht nur um vordergründige Interessen des Kindes geht, sondern dass die Beobachtungen darauf zielen, die dahinterliegenden Themen oder Probleme zu entdecken, die ein Kind in seiner Entwicklung beschäftigen oder einschränken. In der Konzeption von Infans fokussiert Bildung für Amalthea demzufolge nicht nur auf Wissen und Fertigkeiten, sondern auch auf die psychische Entwicklung von Kindern:

„Also, das Infans-Konzept basiert im Prinzip ja auf dem, dass man die Kinder sehr genau beobachtet, und versucht, herauszufinden, was die Kinder wirklich tiefgründig beschäftigt. Also nicht nur, was das Interesse – das ist manchmal so ein bisschen oberflächlich – von den Kindern ist, sondern, was das Thema der Kinder ist. Und der Infans-Lehrer – gibt so ein schönes Beispiel, dass das ganz gut veranschaulicht, von Kindern, die immer wenn Papa da war, irgendwie sich immer von dem einen Papa ein Piratenbuch haben vorlesen lassen. Und (...) die Kolleginnen haben erst gemeint, okay, das Kind interessiert sich für Piraten, das ist das Thema des Kindes. Tatsächlich war aber das Thema von dem Kind, Kontakt zu männlichen Personen, weil es selber zu Hause keinen Papa hatte, und das eine, also die Piraten, waren quasi das Interesse, mit dem das Kind sein Thema quasi sich geholt hat. Und das ist eben das, was man

---

von Förderanstrengungen gemacht. Oft richtet sich der Schwerpunkt dieser Ansätze auf die Diagnose und Stimulierung von sensomotorischen sowie sprachlich-kognitiven Fähigkeiten, da beispielsweise für Kinder mit Migrationshintergrund davon ausgegangen wird, dass diese besondere sprachliche Förderungen benötigen. (Fried 2012, S. 67)

versucht, herauszufinden, mit den Beobachtungsinstrumenten, das Thema vom Kind, und das dann aufgreifen" (Interview Amalthea, Z. 176–187).

An diesem Beispiel wird deutlich, dass Amalthea teilweise ein weitergehendes Verständnis insbesondere der Beobachtungs- und Auswertungsinstrumente besitzt, als sich dies in den Gesprächen mit den beiden anderen Befragten offenbart. So spricht sie davon, die Methoden der Beobachtung und Auswertung dafür zu nutzen, neben den unmittelbaren Interessen der Kinder ein Verständnis für ihre psychische Entwicklung zu gewinnen. Eine solche Thematisierung von Bildungsprozessen, die auch die Persönlichkeitsentwicklung der Kinder fokussiert, taucht in den Gesprächen mit den anderen beiden Erzieherinnen nicht auf. Zwar geht es darin ebenfalls um die Herausbildung von Fähigkeiten wie Selbstständigkeit oder Entscheidungsfähigkeit der Kinder, „denn Kinder lernen, wie man lernt, wie man was entwickelt, wie man es rauskriegt" (Interview Beate, Z. 575–576). Die (sozialen und psychischen) Bedingungen ihres Lernens werden jedoch nicht (oder kaum) thematisiert.

Darüber hinaus ist Amalthea die Einzige, die in den geführten Interviews auf die Bedeutung von Bindungsprozessen verweist:

> „Ja, mir macht es weiterhin Spaß, Beziehungen zu Kindern aufzubauen, und ich habe einfach auch verstanden, wie viel das Kindern geben kann, weil manche einfach zu Hause eben keine so sichere Beziehung haben, und was es für den ganzen Lebensweg entscheiden kann, wenn sie eine gute Kita haben, oder eine Erzieherin hatten, selbst wenn sie sich nicht mehr an uns erinnern, aber sie haben die Erfahrung gemacht, da gibt es jemanden, der ist da, wenn ich ihn brauche. Und das kann einfach so viel ausmachen" (Interview Amalthea, Z. 550–555).

Anders als Kirsten und Beate benennt sie folglich nicht nur die Förderung von Lernprozessen. Die individuelle Förderung der Kinder ist für Amalthea nur eine der Aufgaben, die wichtig für die pädagogische Arbeit sind. Darüber hinaus beschreibt sie auch den Aufbau von Bindung und Vertrauen als wichtige Aspekte für die Entwicklung der Kinder; insbesondere dann, wenn diese in den familiären Verhältnissen nicht gegeben sind.

Obwohl das veränderte Bildungs- und Entwicklungsverständnis eine Infragestellung der tradierten und vormals erlernten Praxen darstellt sowie die Herausbildung eines neuen pädagogischen (Selbst-)Verständnisses verlangt, wird es von den befragten Erzieher*innen als inhaltlich überzeugende Konzeption präsentiert: „Also, pass auf, es ist so: Ich finde Infans macht Sinn, beziehungsweise die Inhalte von Infans finde ich klasse" (Interview Beate, Z. 559–560). Zum einen werden die Vorstellungen der Lern- und Entwicklungsprozesse bei Kindern, wie sie in den pädagogischen Konzepten vertreten werden, also geteilt und in diesem Sinne auch anerkannt, dass die Methoden des pädagogischen

Arbeitens bei Infans oder den Bildungs- und Lerngeschichten besser zum aktuellen Verständnis frühkindlicher Bildungsprozesse passen. Dabei werden die Erfahrungen der Erzieher*innen (indirekt) zum Ausgangspunkt für veränderte (Selbst-)Verständnisse und neue Überzeugungen. Andererseits wird die Einführung der Konzepte als Erweiterung der eigenen Arbeit sowie als Zugewinn von Gestaltungsspielräumen begrüßt. In diesem Sinne werden auch die Fortbildungen als Bereicherung erfahren:

> „Du kriegst da tausend Fortbildungen dazu, wie forscht man mit Kindern und das finde ich toll und das ist aber auch eine Erweiterung für mich selber auch. Weil mich dann auch fortzubilden und da was drüber zu hören oder so, ja. (…) Also das ist schon positiv auch" (Interview Beate, Z. 1103–1008).

Im Unterschied zur Art der Einführung des Orientierungsplans und (teilweise) der pädagogischen Konzepte treffen die inhaltlichen Verschiebungen der pädagogischen (Bildungs-)Verständnisse bei den befragten Erzieher*innen folglich auf Zustimmung. Dies wird auch im Interview mit dem Bezirksleiter der Vereinten Dienstleistungsgewerkschaft Ver.di Stuttgart Cuno Hägele bestätigt. So geht dieser davon aus, dass mindestens Zweidrittel aller pädagogischen Fachkräfte die Ideen der pädagogischen Bildungskonzepte und der frühkindlichen Bildungsförderung grundsätzlich befürworten und entsprechende Fortbildungsmaßnahmen begrüßen (Interview Hägele, Z. 279–287).

11.3.3 Reorganisation der pädagogischen Arbeit am Beispiel offener Gruppenkonzepte

Neben der verpflichtenden Teilnahme an den Fortbildungen wurde der Orientierungsplan begleitet durch die Einführung von Konzepten offener Gruppenarbeit in den Kitas. Dies resultiert einerseits aus den pädagogischen Bildungskonzepten, für deren Umsetzung eine räumliche Aufteilung in Bildungsbereiche erforderlich ist, andererseits aus dem im Orientierungsplan enthaltenen Bildungsverständnis, welches auf die Förderung eines selbstbestimmten und selbstorganisierten Lernens der Kinder zielt. Im Zuge der Umsetzung offener Gruppenkonzepte mussten die (meisten) Häuser ihre räumliche Gestaltung sowie die Organisation ihrer Arbeit anpassen.

Wie in den Interviews deutlich wird, ist dies für die Erzieher*innen mit vielfältigen Veränderungen verbunden:

> „Wir hatten vorher geschlossene Gruppen, also wir hatten drei Gruppen tatsächlich, drei Gruppenräume. Jeder Gruppenraum ganz klassisch mit Rollenspielbereich, Maltisch, Puppenecke und Spielbereich. Also alles in einem Zimmer hat man gehabt.

> Und dann hat man gesagt, okay, man öffnet. Man hat schon so davor ein paar gruppenübergreifende Sachen nach und nach gemacht, aber richtig geöffnet, das war für uns schon neu" (Interview Beate, Z. 33–39).

Die Öffnung der Gruppen hat also nicht nur eine räumliche, sondern ebenso eine Reorganisation der Arbeitsgestaltung nach sich gezogen: Die Fachkräfte mussten darüber nachdenken, wie die Zuständigkeiten neu verteilt und die Kinder dennoch gut im Blick behalten werden können. In diesem Sinne ist nicht nur die Notwendigkeit zu einer verstärkten Abstimmung und Koordination im Gesamtteam gestiegen, sondern auch der Arbeitszusammenhang erweitert worden. Da es in der offenen Arbeit zwar das System der Bezugserzieher*in gibt, die Kinder sich jedoch frei im Haus und in den verschiedenen Bildungsbereichen bewegen können, nimmt die Zahl der Kinder zu, die jede*r Erzieher*in im (Über-)Blick behalten muss (vgl. Klinkhammer 2007). Anders als in Bezug auf die inhaltlichen Verschiebungen des Bildungsverständnisses, zeigen sich in den Interviews deutliche Unterschiede in Bezug auf die Frage, wie der Prozess der Öffnung im pädagogischen Arbeiten von den Befragten bewertet wird.

Beate berichtet, dass in ihrer Einrichtung für die verschiedenen Bildungsbereiche zunächst keine feste Erzieher*in für jeden Bereich eingeteilt war:

> „Da haben wir überall Bildungsbereiche gemacht. Wir haben uns ja auch umorganisieren müssen. Es waren früher halt immer eine Gruppenleitung und eine Zweitkraft pro Haus, pro Gruppe. Und das hat man ja auch überlegen müssen, wie strukturiert man das jetzt um. Bleiben die jetzt in ihrem Gruppenraum, der jetzt halt Bewegungsraum heißt? Und wir haben dann, wie gesagt, für uns auch, das war für uns ein Prozess, gesagt, wir möchten auch keine feste Erzieherin. Also es sollte jetzt keine Fachkraft für Malkunst sein und eine Fachkraft für Bewegung" (Interview Beate, Z. 200–208).

Um mit dem Raum nicht zugleich auf einen Bildungsbereich festgelegt zu sein, haben die Erzieher*innen in Beates Einrichtung eine feste Zuteilung vermieden. Dennoch hat das Arbeiten mit offenen Gruppenkonzepten die Arbeitsweise der Erzieher*innen verändert, insofern die Arbeitsabläufe restrukturiert werden mussten. Anders als die Einführung der pädagogischen Bildungskonzepte beschreibt Beate diesen Prozess jedoch als Chance. Durch einen guten Austausch im Team konnten sie gemeinsam unterschiedliche Arbeitsweisen ausprobieren:

> „Ja, diese Bildungsbereiche, dann haben wir beschlossen, also wir haben hier im Haus, eigentlich war das ganz gut, wir haben alles im Team miteinander abgestimmt und uns solange auseinandergesetzt, bis man halt zu einem Konsens gekommen ist, mit allen wenn und abers. Und haben beschlossen, dass immer drei Monate lang zwei Leute miteinander einen Bereich übernehmen und die zwei auch für den Bereich dann in

dieser Zeit verantwortlich sind. Und was sie dann darin machen, ist auch ihre Sache. Also da hat jetzt keiner zu sagen, ich will aber, dass du das machst, sondern die können wirklich sich überlegen, schon auch mit Absprachen" (Interview Beate, Z. 271–278).

Gemeinsam mit ihren Kolleg*innen wird die Öffnung der Gruppen durch das Ausprobieren verschiedener Arbeitsweisen umgesetzt. Obwohl die Vorgabe, in offenen Gruppen arbeiten zu müssen, nicht zur Disposition steht, wird ihre konkrete Ausgestaltung den Erzieher*innen selbst überlassen. Den Prozess der Gruppenöffnung nimmt Beate daher nicht als erzwungene Veränderung, sondern als einen kollektiven Prozess wahr. Dabei wird die gewohnte Arbeitsweise ‚sanft verschoben'.

Anders stellt sich dies für Kirsten dar:

„Und da, ja, kamen dann wirklich die großen Veränderungen. Dann hat die Stadt Waiblingen irgendwann angefangen alle Häuser zu öffnen. Also, alle mussten offen arbeiten, egal ob sie das gut fanden oder weniger gut fanden. Große, kleine Häuser, völlig egal. Und da hat sich natürlich dann ganz viel verändert, auch in der Raumgestaltung, Raumnutzung, Arbeitsweise. Alles eigentlich. Komplett anders als zu der Zeit, wo ich Ausbildung gemacht habe" (Interview Kirsten, Z. 217–222).

Im Gegensatz zu Beate empfindet Kirsten die Umsetzung offener Gruppenprozesse als erzwungene Maßnahme, auf die sie keinen Einfluss nehmen kann. Daher wird er von Kirsten als fremdbestimmt empfunden:

„Und was schwer war, war diese Öffnung, weil es einfach so ganz übergestülpt war. Und das war ein sehr großes Haus, wo ich war, und vor allem mit den unter Dreijährigen war das doch sehr schwierig. (…) Weil sie so viele Kinder waren und so viele unterschiedliche Funktionsräume. Und da bleiben doch manche Kinder auf der Strecke, wenn sich 150 Kinder durch ein Haus bewegen und 20 da irgendwelche Angebote selbständig aussuchen. Das schafft das eine Kind, das fit ist, und das andere schafft es halt nicht. Und da wird es dann schwierig" (Interview Kirsten: Z. 634–643).

Obwohl Kirsten eine Kritik an einer pauschalen – für große wie kleine Häuser gleichermaßen verpflichtenden – Öffnung formuliert, wird dies nicht berücksichtigt. Vielmehr haben sich alle Häuser an die veränderten Anforderungen anzupassen. Das wirft nicht nur die Raumgestaltung und -nutzung um, sondern impliziert auch die Notwendigkeit, die eigene Arbeit zu verändern:

„Je größer das Haus ist, umso besser ist es, wenn man sich fest verankert. Weil das für die Kinder sonst so sehr viel Unruhe und sehr viel Unübersichtlichkeit bringt. Also, wir haben das/ Im [Name der Kita] haben wir alles Mögliche ausprobiert da, in

> dem großen Kinderhaus, und sind da am Schluss dazu übergegangen, dass wir wirklich längere Zeit dann auch in einem Bildungsbereich geblieben sind. Weil das für die Kinder einfach ein Stück weit auch Sicherheit und Orientierung war. (...) Hat natürlich den Nachteil fürs Personal, dass man eben nicht mehr so vielfältig arbeiten kann" (Interview Kirsten: Z. 943–951).

Obwohl die Fachkräfte das Arbeiten in festen Bezugsräumen als Nachteil erleben, wird von ihnen dennoch nach einer Arbeitsweise gesucht, die den Bedürfnissen der Kinder möglichst gut entspricht. Da die Öffnung von großen Häusern als problematisch bewertet wird, stellt dies einen Versuch dar, die Nachteile eines offenen Gruppenkonzeptes für die Kinder zu kompensieren. Dies geschieht allerdings auf Kosten der Erzieher*innen.

Entsprechend fällt Kirstens Bewertung der offenen Gruppenkonzept für Einrichtungen mit sehr vielen Kindern negativ aus. Anders als den Entscheidungsprozess für das pädagogische Konzept, in dem sie ihre Wünsche und Bedürfnisse für die pädagogische Arbeit einbringen kann, empfindet sie den Prozess der Öffnung als fremdbestimmt. Besonders belastend erscheint dabei nicht nur, dass ihre Kritik an der Öffnung der Gruppen kein Gehör findet. Vielmehr hat sie den Eindruck, den Kindern mit diesen Veränderungen nicht mehr gerecht werden zu können. Trotzdem sie unter den gegebenen Bedingungen das Beste für die Kinder rauszuholen versucht, bleibt für sie der Eindruck bestehen, dass angesichts mangelnder Rahmenbedingungen (nämlich kleinerer Gruppen) die Umsetzung der offenen Konzepte einer guten frühkindlichen Bildungsförderung im Wege steht:

> „Je kleiner die Kinder sind, desto mehr ist das so, oder je mehr Bindung die brauchen. Wenn die unstabil sind, wenn die ängstlich sind, dann ist das so. Und das ist der Nachteil von diesem offenen Konzept, wenn man sich fest verankert. Dann ist er unter Umständen zwei Jahre lang nur im Baubereich, hat die anderen Zimmer gar nie gesehen" (Interview Kirsten, Z. 995–998).

Amalthea teilt die Ideen der offenen Gruppenarbeit zwar grundsätzlich. Auch sie empfindet die konkrete Umsetzung häufig jedoch, insbesondere aufgrund der Größe der Einrichtung, als unzulänglich:

> „Das ist auch so, sehe ich auch zwiegespalten. Also, ich finde das offene Konzept gut, aber vielleicht muss es da doch auch irgendwie (...) gewisse Grenzen geben. (...) Also, mit 40 Kindern in Tamm hat es gut funktioniert, aber darüber hinaus ist es, glaube ich, vielleicht einfach auch zu viel. Ja. Schön wäre es, in kleineren Einrichtungen. (...) dass man so ein bisschen das kleiner strukturiert, dass man trotzdem nicht sagt, alle gemeinsam, sondern so ein bisschen" (Interview Amalthea, Z. 910–922; Z. 933–935).

Auch Amalthea kommt zu dem Schluss, dass die Konzepte für zu großen Einrichtungen hinderlich sind. Sie geht ebenfalls davon aus, dass eine gute frühkindliche Bildungsförderung leidet, wenn es aufgrund zu großer Einrichtungen beispielsweise schon schwierig wird, die Namen aller Kinder in kurzer Zeit zu lernen und eine Beziehung zu den Eltern aufzubauen. Dennoch plädiert Amalthea für ein möglichst selbstbestimmtes Lernen der Kinder und hält daher an den offenen Gruppenkonzepten fest. Dies wird insbesondere deutlich, wenn es um die von Kirsten aufgeworfene Frage geht, ob es in einem offenen Gruppenkonzept dazu kommen kann, dass ein Kind immer im gleichen Bildungsbereich bleibt, weil es hier den größten Bezug zu der jeweiligen Erzieher*in aufgebaut hat. Amalthea stimmt dem zwar zu, bewertet dies jedoch anders als Kirsten:

> „Ja. Auf jeden Fall, weil, also, ja, weil die Kinder sich ja, das ist ja auch Gott sei Dank so, das ist ja im Prinzip gut, dass die Kinder sich die Leute aussuchen können, zu denen sie auch einen Bezug haben, und nicht ihre Kindergartenlaufbahn immer bei der gleichen Erzieherin sind. (…) aber man merkt das dann irgendwie schon, zum Beispiel, dass die Kinder da ungerne mit der mitgehen, dass die Kinder, wenn sie die Wahl haben, wenn man jetzt irgendwie gerade im Garten ist und das Kind, dass es halt dann zu der nicht hin geht, um sich trösten zu lassen, sondern lieber noch mal zehn (…) Meter weiter läuft, und zu jemand anderem geht. Das merken wir schon“ (Interview Amalthea, Z. 865–904).

Anders als Kirsten, die eine Gefahr darin sieht, dass Kinder, die nicht besonders fit, unsicher oder noch sehr jung sind, insbesondere in sehr großen Häusern „auf der Strecke bleiben“ könnten, wird dies von Amalthea nicht thematisiert oder gar zurückgewiesen. Ihr Hauptaugenmerk liegt auf dem selbstbestimmten und freien Lernen der Kinder.

Die Reorganisation der pädagogischen Arbeit durch die Öffnung der Gruppen wird von den befragten Erzieher*innen folglich unterschiedlich bewertet: Während Beate besonders den Gestaltungsspielraum in der konkreten Umsetzung betont und die Herausbildung einer veränderten Arbeitsweise als partizipativen und kollektiven Prozess wahrnimmt, erlebt Kirsten das Umstellen auf offene Gruppen als erzwungene und übergestülpte Maßnahme, die nicht nur ihre Bedürfnisse in der pädagogischen Arbeit, sondern auch ihre Ansprüche an die Arbeit sowie die Bedürfnisse der Kinder verletzt. Beate hingegen findet in der Umsetzung offener Gruppen einen Ausgleich zwischen den Interessen der Erzieher*innen an einer guten Arbeitsweise und den Anforderungen der offenen Gruppenkonzepte. Die Bedürfnisse der Kinder thematisiert sie darin jedoch nicht. Amalthea stellt hier gewissermaßen eine Zwischenposition dar: Sie ist zwar kritisch gegenüber den Rahmenbedingungen, unter denen die Öffnung der Gruppen stattfindet, ist von den konzeptionellen Überlegungen aber überzeugt und argumentiert trotz ihrer Kritik an den Bedingungen daher für offene Gruppenkonzepte. In der Theorie hält sie diese nicht nur für die bessere Arbeitsweise, sondern auch den Bedürfnissen der Kinder entsprechender.

11.4 Reformen und Krisen in der institutionellen Kinderbetreuung – Drei Fallbeispiele

Bis hierher konnte aufgezeigt werden, dass durch strukturelle und subjektivierende Handlungsbedingungen Druck auf die habitualisierten Praxen und beruflichen Selbstverständnisse der Erzieher*innen ausgeübt wird. Ob und inwiefern dies zu Veränderungen in den pädagogischen Arbeits- und Sichtweisen führt, wird nun anhand von drei Fallbeispielen in den Blick genommen. Dies geschieht auch mit Blick auf die Untersuchungen von Viernickel et al. (2013) und Nock (2013). So gehen die Autor*innen grundsätzlich davon aus, dass sich pädagogische Praxen und (Selbst-)Verständnisse im Zuge der Reformen verändern und weisen überdies auf ein darin entstehendes Umsetzungsdilemma hin. Letzteres besteht darin, dass die Erzieher*innen den gewandelten und gestiegenen Anforderungen aufgrund unzureichender Rahmenbedingungen und gestiegener Anforderungen nicht (mehr) gerecht werden können. Mit dieser Situation gehen sie jedoch unterschiedlich um.

In Erweiterung der von Viernickel et al. und Nock formulierten idealtypischen Umgangsweisen liegt der Fokus im vorliegenden Kapitel nicht darauf, die Differenzen in den Arbeitsweisen der Erzieher*innen und den Grad ihrer Überlastung zu beschreiben, sondern nach den Ursachen dieser konstatierten Unterschiede zu fragen; sowie danach, wie, warum und welche Krisen und/oder Widerstände darin entstehen. Im Zentrum der nachfolgend beschriebenen drei Fälle stehen daher die pädagogischen Verständnisse der Befragten sowie die je spezifischen Arbeitsweisen, subjektiven Krisen und die Motivation(en) für ihre Beteiligung am Tarifkonflikt im Jahr 2015.

11.4.1 „Und dann hat man ein bisschen blockiert ...“: Hineinwachsen in neue Verhältnisse und doch das Alte bewahrend – Beate

Beate ist zum Zeitpunkt des Interviews 62 Jahre alt und zu diesem Zeitpunkt seit ungefähr sieben Jahren Leiterin in einer Kindertagesstätte in Tamm. Zuvor hat sie in derselben Einrichtung über 30 Jahre als Erzieher*in gearbeitet. Erst nach der Einführung des Orientierungsplans und seiner Umsetzung in ihrer Kindertagesstätte in Tamm sowie nach den verpflichtenden Weiterbildungen ist sie Leiterin der Einrichtung geworden.

Selektives Zurückgreifen auf die Bildungsprogrammatik und das Festhalten an tradierten Gewohnheiten

Beates pädagogisches Selbstverständnis lässt sich am ehesten als eine Orientierung am Ethos emotional-sozialer Fürsorge verstehen – wenn auch sie zugleich eine stark ausgeprägte gewerkschaftliche Orientierung aufweist. Im Vergleich zu den anderen beiden Befragten zeigt sich bei ihr jedoch eine deutliche Abgrenzung gegen die Übernahme eines professionellen Ethos. In ihren Schilderungen zur Einführung der pädagogischen Bildungskonzepte macht Beate deutlich, dass sie die Umstellung auf Infans als Infragestellung ihrer habitualisierten Routinen erlebt. Da sie vor der Einführung des Orientierungsplans schon „ewig im Kindergeschäft" tätig war, hat sie nicht nur andere Routinen, sondern auch ein anderes pädagogisches Selbstverständnis ausgebildet. Dies führt (zunächst) zu einer ablehnenden Haltung gegenüber den Reformen:

> „Ja genau, wie das dann eingeführt wurde, Infans, haben wir eine Mentorin dafür gehabt (…). Und die war sehr, ich habe sie sehr unangenehm empfunden so quasi. Ich habe ja bis dahin auch schon ewig im Kindergeschäft und auch was ihr seither gemacht habt ist alles Mist. Jetzt weiß man wie Pädagogik funktioniert" (Interview Beate, Z. 38–41).

Die Ablehnung bei Beate rührt vor allem daher, die eigenen Handlungsweisen verändern und langjährige Erfahrungen nicht einbringen zu können:

> „Und das war hier, auch bei mir im Haus, wo fast nur lauter ältere Leute sind, eine riesen Schwierigkeit. Da kommt jetzt jemand und sagt, alles was du gemacht hast, war falsch. Alle Kinder laufen jetzt so rum, weil du einfach alles falsch gemacht hast. (…) Und dann hat man ein bisschen blockiert, ich auch anfänglich" (Interview Beate, Z. 42–46).

Die Beschreibungen von Beate weisen stark auf Anerkennungskonflikte hin. Im Prozess der Veränderung fühlt sich Beate abgelehnt, was sich einerseits auf die über Jahre geleistete Arbeit bezieht, andererseits auf ihr pädagogisches (Selbst-)Verständnis sowie ihre Identifikation mit dem Beruf – auch wenn zunächst nicht deutlich wird, welche normativen Orientierungen oder Konzepte sie verteidigt. In ihrer Reaktion auf den Orientierungsplan sowie die Einführung von Infans in ihrer Einrichtung werden Ideen der Bildungskonzepte in der Folge (zunächst) nicht geteilt und die Veränderungen gemeinsam mit ihren anderen (fast ausschließlich älteren) Kolleg*innen blockiert. Wie im Interview mit dem Ver.di Bezirksleiter Cuno Hägele deutlich wird, ist dieser Befund nicht auf die befragten Fachkräfte beschränkt. Vielmehr wird auch hier die Beobachtung geschildert, dass manche Erzieher*innen an ihren Arbeitsweisen festhalten und insbesondere die Veränderungen durch den Orientierungsplan nicht zur Kenntnis nehmen, sowie dass es sich dabei um ein „Generationenproblem" handelt – um Verweigerungen von Erzieher*innen also, „die jahrelang anders gearbeitet haben" (Interview Hägele, Z. 318).

Da es ihr schwerfällt, die Veränderungen zu akzeptieren, versucht Beate zunächst diese zu umgehen, indem sie sich für eine Fortbildung entscheidet. Die Fortbildung dient einerseits als möglicher exit – also als ein Ablehnen von Anforderungen durch das Verlassen des Berufs. Andererseits dient die Weiterbildung auch als Möglichkeit, mit der sie die kommenden Veränderungen gestalten kann. Denn die Ausbildung zur Fachwirt*in absolviert sie in dem Bewusstsein, dass die Leitungsstelle ihrer Kita demnächst frei wird:

> „Und ich wusste ja auch, dass unsere Leitung, also ich bin erst seit 2009, seit 2010 oder so bin ich erst Leitung. Also die ist dann in Rente gegangen. Also es war also, den Fachwirt habe ich auch gemacht, weil ich gewusst habe, wenn ich als Leitung mich bewerben will, dann nur mit Ausbildung. (…) Deshalb habe ich es auch gemacht. Und auch, um mich umzuorientieren, falls mir das mit dem Infans nicht gefällt" (Interview Beate, Z. 794–799).

Nachdem Beate die Einführung frühkindlicher Bildung zunächst ablehnt, gibt es in ihrer beruflichen Biografie zwei Erlebnisse, die ein Umdenken bei ihr bewirken. Dies sind erstens Erfahrungen, die sie in Gesprächen mit Erzieher*innen aus Stuttgart macht, mit denen sie sich im Rahmen einer Weiterbildung zur Fachwirt*in austauscht. Im Zuge dieser Gespräche kommt sie zu dem Schluss: „*Okay, ich glaube da kann man was draus machen*" (Interview Beate, Z. 793). Es ist zweitens aber auch die Möglichkeit, die konkrete Umsetzung der Bildungskonzepte selbst gestalten zu können, indem sie die Leitungsstelle ihrer Kita übernimmt.

Die Erfahrungen in der Weiterbildung stehen in deutlichem Kontrast zu ihren Berichten über die Einführungsverstaltungen der Gemeinde Tamm. Während in letzterer Druck auf die Erzieher*innen ausgeübt wird, gelingt im Rahmen der Weiterbildung ein Austausch auf Augenhöhe, in dem die anderen Erzieher*innen von ihren Erfahrungen berichten können:

> „[Ich habe] zwei Jahre abends Schule dann nebenher gemacht und dort waren dann viele Leute auch von Stuttgart, die haben ja diese Einstein[61] Häuser kurz vorher dann

61 Das Konzept von Einstein wird in den Interviews sowie in dem Gespräch mit Cuno Hägele als ein pädagogisches Konzept beschrieben, das fast deckungsgleich ist mit dem Verständnis bei Infans. Infans und Einstein werden daher als gleiche pädagogische Ansätze betrachtet, die lediglich (möglicherweise aus rechtlichen Gründen) unter unterschiedlichen Namen kursieren. In Stuttgart arbeiten die kommunalen Kitas ausschließlich nach Einstein.

> auch eingeführt gehabt, und habe mich dann viel mit denen halt auch auseinandergesetzt und gefragt, wie das funktioniert und habe dann gesagt, okay, ich kann mit dem leben. Aber das war für mich vorher einfach, ja, schwierig das zu akzeptieren. Da kommt jetzt jemand und sagt, das weg und hier" (Interview Beate, Z. 71–77).

Der Austausch unter den Fachkräften führt für Beate zu dem Gefühl, selbst anerkannt zu sein und trägt in der Folge wesentlich zu einer Akzeptanz von Infans bei ihr bei. Zugleich wird ebenfalls deutlich, dass die Bearbeitung der Anerkennungskonflikte und eine Akzeptanz der Veränderungen unter anderem dadurch gelingt, dass die Reformen nur partiell umgesetzt und an tradierten Praxen weiter festgehalten wird:

> „Also ich denke schon, dass wir hier im Haus, doch, dass wir sagen, okay, wir tun uns auch ein bisschen mit dem Infans durchschlängeln, schon auch einen Teil davon bedienen und sagen, hier, es gibt aber Infans. Und man soll ja auch den Kindern viel mehr zumuten, darauf berufen sich dann (...) auch meine Erzieherinnen manchmal wenn die sagen. ‚Ja, zumuten, die müssen das ja auch mal hören'. Ist ja auch richtig. Also wir haben da echt so ein bisschen Spagat" (Interview Beate, Z. 940–944).

Die erlebte Abwertung durch die Reformen wird folglich entschärft, indem ein Teil der abgewerteten Praxis aufrechterhalten wird.

Dass Beate ebendiese Ambivalenz zwischen den Ansprüchen der Bildungskonzepte sowie dem Beharren auf tradierten Gewohnheiten – mindestens implizit – bewusst ist, wird im Verlauf des Gesprächs deutlich: Es stellt sich heraus, dass sie mit der eigenen Balance und der Reduktion der Anforderungen sowie mit dem Festhalten an alten Routinen nicht immer zufrieden ist. Es zeigt sich aber auch, dass sie den eigenen Umgang und die pädagogische Praxis ihres Teams verteidigt und die Verantwortung hierfür externalisiert:

> „Solange die Rahmenbedingungen auch nicht besser sind, sehe ich da auch nicht viel Chance, dass wir das viel ändern. (...) Und das Problem ist halt, man fällt so in so alte Muster wieder rein. Wie gesagt, im Atelier machen wir super Sachen, aber das sind halt Sachen, die sich dann doch wieder Erzieherinnen auch ausdenken. Es kommen schon die Themen von den Kindern, das ist schon okay. (...) Neulich haben wir tatsächlich mal einen Ponyhof gehabt im Bewegungsraum. (...) Aber es war schon mehr von den Erzieherinnen vorgegeben. Also sowas entwickelt dann ein Kind auch nicht. Also so halt" (Interview Beate, Z. 612–625).

Da Beate die Ideen von Infans sowie die Erkenntnisse über frühkindliche Lern- und Entwicklungsprozesse, wie sie in den pädagogischen Konzepten vermittelt werden, jedoch grundsätzlich teilt, artikuliert sie zugleich eine (wenn auch sehr ‚leise') Unzufriedenheit mit der pädagogischen Arbeit in ihrer eigenen Einrichtung:

„Also, die Sache [Infans] ist super, aber diese [Portfolios], ich sage es jetzt gerade echt so: Es verkommt wirklich manchmal zu einem Bilderbuch. Es verkommt dazu, dass ich für die Altersgruppe die ganzen Sachen reinmache, um sich da gut zu präsentieren. Die machen gute Arbeit, aber es ist weniger, dass man wirklich rausfindet, einzelnes Kind, was ist gerade wirklich. Mit 12 Bezugskindern geht das nicht. Ja, und gerade wenn man hier mal guckt, was alles zusammenkommt" (Interview Beate, Z. 577–582).

In der Bezeichnung der Portfolios als Bilderbuch kommt zum Ausdruck, dass Beate sich einen anderen Umgang mit den Bildungskonzepten wünscht.

Dennoch wird letztlich deutlich, dass weder eine kritische Auseinandersetzung mit den Möglichkeiten und Grenzen von Infans sowie mit offenen Fragen oder Schwierigkeiten, die durch die Arbeit mit den Bildungskonzepten und unter Bedingungen knapper Ressourcen entstehen, stattfindet, noch das eigene Handeln in Bezug auf Probleme der Umsetzung reflektiert wird. Interessant bleibt im Gespräch mit Beate bis zuletzt, dass sie die inhaltlichen Aspekte, die sie bei Infans ablehnt oder an ihren alten Arbeitsweisen schätzt – etwa dass sie scheinbar davon ausgeht, bestimmte Bildungsinhalte vermitteln zu müssen, auch wenn diese nicht unmittelbar an den Interessen der Kinder anknüpfen – nie direkt benennt. Vielmehr wird dies immer nur dann sichtbar, wenn sie bestimmte Anforderungen für nicht realisierbar hält oder die konkrete Umsetzung der Bildungskonzepte beschreibt und hier benennt, welche Elemente tradierter Arbeitsweisen beibehalten werden. Dies deutet darauf hin, dass sie die Sprechposition der Kritik oder Ablehnung der Reformen für nicht (mehr?) legitim hält oder davon ausgeht, dass die Bildungsprogramme zum gesellschaftlichen Konsens geworden sind. Da sie von einigen Aspekten selbst bis zuletzt scheinbar nicht recht überzeugt ist und dies bleibt, auch wenn sie ihre Kritik nicht offen äußert, werden alte Arbeitsweisen über den Verweis auf die fehlenden Rahmenbedingungen zu legitimieren versucht.

Zwischen Anerkennungskonflikten und der Suche nach einem schaffbaren Maß

Für die pädagogische Praxis, die Beate und ihr Team in der Kita in Folge der Umsetzung der Infans-Instrumente entwickeln, ist neben fehlenden zeitlichen Ressourcen für sie vor allem die Anzahl der zu betreuenden Kinder sowie die Gruppengröße entscheidend. Die Entwicklung von individuellen Angeboten erscheint Beate etwa nur mit einem guten Betreuungsschlüssel möglich. So entspricht allein die Umsetzung der Beobachtungsverfahren einem zeitlichen Umfang, der ihr zu Folge mit den derzeitigen Personalkapazitäten nicht leistbar ist:

„Ich habe mir damals ausgerechnet, (...) was das für ein zeitlicher Aufwand ist, ja. (...) Du musst einmal, mindestens einmal im Monat von jedem Kind eine Beobachtung machen. (…) Dann muss das nachher im Team ausgewertet werden. Mindestens zwei, drei Leute müssen eine Beobachtung gemeinsam auswerten, damit du genau weißt, wie das Kind eben gerade sich entwickelt. Also, das ist/ dann musst du natürlich das Ganze noch aufschreiben. Dann musst du natürlich auch überlegen, was für einen Konsens ziehe ich jetzt daraus, wenn es jetzt gerade, was weiß ich, das Malen von mir aus sich entwickelt (…). Was biete ich dem Kind dafür an. Diesem einzelnen Kind. (…) Und da hier die Verschriftlichung ist dann etwa eine halbe Stunde mit einer Person. Die Auswertung mindestens zwei Personen eine halbe Stunde. Oft werten wir im Team aus, da sind dann sieben Leute beteiligt, kannst du gar nicht rechnen" (Interview Beate, Z. 420–442).

Nach ihren Berechnungen des zeitlichen Aufwands kommt Beate zu dem Schluss, dass sich dieser kaum abbilden lässt – und dass, obwohl weder die Vorbereitungszeiten noch die Arbeit am Kind eingeflossen sind und sie ohnehin von relativ knapp bemessenen Zeiten für die Arbeitsschritte ausgegangen ist.

Wie sich bereits in dieser Berechnung andeutet, hat Beate als Leiterin ihrer Einrichtung insbesondere die zusätzlichen Belastungen im Blick, die sich aus den pädagogischen Konzepten ergeben. Um ihr Team vor Überlastungen zu schützen, ist sie bemüht, die Anforderungen zu reduzieren und gemeinsam zu besprechen, welche Ansprüche erfüllbar erscheinen. Sie macht deutlich, dass sie mit ihren Kolleg*innen in der Umsetzung der pädagogischen Konzepte einen Weg eingeschlagen hat, der die Ansprüche der frühkindlichen Bildung nicht komplett umsetzt:

„Also ich denke mal, dass wir unseren eigenen Weg einfach dann gefunden haben und jetzt einfach versuchen, ja, da so ein Zwischending zu fahren. Also trotzdem gute Angebote zu machen und auch viel schon, also was hier auch nicht mehr ist, dass man Kinder zu irgendwas unbedingt zwingt. Es sind auch so Sachen, wo ich denke, es muss ja auch nicht sein. Aber im Großen Ganzen haben wir unseren Stil gefunden, wo wir auch alle mit können, wo wir auch gute Pädagogik machen und wo aber auch Infans mit drinsteckt. Aber nicht voll. Und so kann man arbeiten, denke ich (…), dass wir auch nicht alle am Stock gehen. Was auch immer das Problem ist, wenn du da rumrödeln musst wie verrückt" (Interview Beate, Z. 707–716).

Beate fühlt sie sich demnach nicht primär den pädagogischen Ideen, sondern in erster Linie ihrem eigenen Team gegenüber verpflichtet. Insbesondere die Umsetzung der individuellen Förderung erscheint ihr dabei aufgrund mangelnder personeller Ressourcen nicht realistisch.

Zugleich wird ebenfalls deutlich, dass es sich hierbei nicht immer um ein kollektives Einvernehmen handelt, sondern die gemeinsamen Absprachen im Team auch der Absicherung eines geteilten (Selbst-)Verständnisses dienen. Die Erzieher*innen haben nicht nur die Anforderungen, sondern auch die eigenen

Ansprüche auf ein kollektiv ‚schaffbares Maß' beschränkt. Dies wird besonders deutlich, wenn Beate über die geringe Fluktuation im Haus spricht sowie den Umgang einer (jungen) Erzieherin nach ihrer Ausbildung thematisiert, die sich entschließt, die Einrichtung von Beate zu verlassen:

> „Also, wir haben eine ganz geringe Fluktuation hier im Haus, muss ich schon sagen. Und von daher haben wir fast keine neuen Leute. Eigentlich nur zwei Jüngere. Die eine, die Ruth, die war damals war die dabei in dem Prozess und wir konnten sie aber nicht halten. Genau, aber die ist dann zwischenzeitlich dann nach Korn-Westheim gewechselt, weil sie hat eine befristete Stelle gehabt, die sie nicht verlängert gekriegt hat. Kam aber dann auch nach zwei Jahren kam sie wieder zu uns und hat gesagt, nein, also das ist ihr nicht so. Das ist wie, also die steht dann auch [hinter] unserem Arbeiten. Und die Nicole ist damals zwar direkt vom AP [Anerkennungspraktikum] zu uns gekommen, (...), also direkt von der Ausbildung. Hat aber, (...). Also, ist jetzt nicht gekommen und bei uns geblieben, sondern, ‚Ich will jetzt Infans voll ausleben' oder so. Also das gibt es auch. Es gibt in Tamm Häuser, die sagen, okay, wir sind absolut Infans Haus, wir schaffen das auch" (Interview Beate, Z. 651–668).

In dieser Beschreibung wird deutlich, dass der Wunsch, „Infans voll ausleben" zu wollen, sich in der Einrichtung von Beate offenbar nicht realisieren lässt. Nachdem sie das Arbeiten dort kennengelernt hat, verlässt Nicole daher die Kita. Genau umgekehrt verhält es sich mit einer Erzieherin, die die Arbeitsweisen in Beates Einrichtung kennengelernt hat und mit den Anforderungen eines anderen Hauses, in dem sie zwischenzeitlich arbeitet, nicht zu Recht kommt, welches eine umfassende Anpassung der pädagogischen Praxis an die Anforderungen der Bildungskonzepte anstrebt. Dies legt nahe, dass Ansprüche, die über das kollektiv verhandelte Verständnis hinausgehe, sich in Beates Kita offensichtlich nicht realisieren lassen. Inhaltlich wird dabei nicht nur an Aspekten fester Gruppenstrukturen festgehalten, sondern auch an der Vorstellung, bestimmte Bildungsinhalte zu vermitteln und die Kindern auch dann damit zu konfrontieren, wenn es nicht ihren Interessen, Stärken oder Themen entspricht.

Zugleich speist sich der Umgang mit den Anforderungen der Bildungskonzepte bei Beate auch aus einem gewerkschaftlichen Selbstverständnis. Beate geht davon aus, dass die Erzieher*innen sich für ihre Anliegen selbst einsetzen müssen und formuliert dies als ihre gewerkschaftliche Überzeugung:

> „Ich habe bei dieser Fachwirtausbildung auch viele junge Erzieherinnen erlebt – da war dann auch zufällig auch gerade Tarifauseinandersetzungen – die dann gesagt haben, 2009 war das, ich habe einen Freund, der so viel verdient, ich brauche da nicht mehr Geld und so. Also wo ich immer denke, das kann nicht sein, dass es heutzutage überhaupt keiner mehr weiß, was ist überhaupt eine Gewerkschaft, wie funktioniert das auch und wenn ich mich nicht selber für meine Rechte einsetze, tut

es keiner, geht es nicht. Und ich brauche jemanden der sich dafür einsetzt und von allein kriegt man einfach nichts. Für mich ist das der Grund. Ich bin da also von Grund auf einfach so eingestellt auch. Also aktiv in Verdi auch" (Interview Beate, Z. 1150–1157).

Überdies formuliert sie den Eindruck, dass die gesellschaftliche Wertschätzung für den Beruf trotz der wachsenden Anforderungen der Bildungskonzepte nicht steigt. Sie ist daher nicht bereit, die personellen Lücken bei gleichbleibender Abwertung ihres beruflichen Ansehens zu kompensieren:

> „Und das Berufsbild hat sich dadurch ja nicht verbessert, weil es nicht rübergekommen, dass wir jetzt nochmal andere Bildungsarbeit leisten. Es wird immer am Elternabend auch vorgestellt, auch Beobachtungen hat man dann auch ganz anfänglich vorgestellt, die man gemacht hat, mit den Eltern mal eine gemacht. (…) Das schon, aber inhaltlich sind wir deshalb immer noch die Bauklötzespielerinnen. Also es ist einfach so. Das hat sich nicht geändert im Einzelnen. (…) Also ich finde sogar, dass es jetzt gerade sogar wieder ein bisschen nochmal zurückgeht. (…) Also, wir hatten schon mal ein bisschen einen besseren Schlüssel zwischendrin. (…) Und dann konntest du schon auch nochmal anders arbeiten und jetzt hatten wir wieder so eng und dann wird man dann doch wieder ein bisschen so degradiert" (Interview Beate, Z. 886–895).

Insofern Beate nicht den Eindruck hat, dass sich die Wertschätzung für ihren Beruf durch die Einführung frühkindlicher Bildungskonzepte verbessert, verteidigt sie ihre gewerkschaftliche Überzeugung, dass die Erzieher*innen selbst für ihre Rechte eintreten müssen und formuliert dies zugleich als eine wichtige Motivation für die Beteiligung an den tariflichen Auseinandersetzungen im Jahr 2015. Das Gefühl der Degradierung drückt sich für Beate gerade darin aus, dass es an ausreichenden Rahmenbedingungen mangelt.

11.4.2 „… das hat sich sehr viel gedeckt auch mit meiner Überzeugung": zwischen Offenheit für neue Methoden und Beibehaltung von Bewährtem – Kirsten

Kirsten ist zum Zeitpunkt des Interviews 48 Jahre und zu diesem Zeitpunkt seit einem Jahr Leiterin einer sich im Bau befindenden Kita in Esslingen (Landkreis Esslingen / Region Stuttgart). Zuvor war sie über 20 Jahre in Waiblingen (Landkreis Rems-Murr / Region Stuttgart) als Erzieherin tätig. Ebenso wie Beate hat sie ihre Ausbildung vor Beginn der Kita-Reformen abgeschlossen. Auch sie musste nach der Einführung des Orientierungsplans Weiterbildungen absolvieren, um die Umsetzung der pädagogischen Konzepte (in ihrer Einrichtung fiel die Wahl auf die Bildungs- und Lerngeschichten) zu erlernen.

Zwischen inhaltlicher Überzeugung für das pädagogische Konzept und Frust angesichts knapper Ressourcen

Kirsten teilt die Orientierung an einer professionellen Haltung in der pädagogischen Praxis, die im Rahmen der Anforderungen der Bildungskonzepte transportiert wird. Anders als Beate empfindet sie die Einführung der frühkindlichen Bildungskonzepte nicht als Abwertung ihrer bisherigen Arbeit, sondern als Bereicherung. Sie begrüßt die Erstellung des Orientierungsplans und schätzt ihn für seine Übereinstimmungen mit ihren eigenen pädagogischen Vorstellungen:

> „Also, ich habe mich sehr gefreut über die Einführung des Orientierungsplans, weil man gesagt hat, jetzt haben wir endlich mal was in der Hand, wo drin steht, was wir zu tun haben. Und das hat sich sehr viel gedeckt auch mit meiner Überzeugung, was ich denke, was sinnvoll ist in der Pädagogik. Und da hat man dann endlich mal was in der Hand gehabt, wo man Eltern auch hinlegen konnte, wenn jetzt kommt, wieso geht ihr raus mit den Kindern, wenn es regnet. Kann man sagen, hier, steht im Orientierungsplan drin. Natur erleben, na, auch extreme (...) Steht drin. Müssen wir machen. (lacht) So. Also, ich habe mich da sehr drüber gefreut" (Interview Kirsten, Z. 623–634).

Die Reformprozesse in der frühkindlichen Bildung erfährt sie demnach nicht als Konflikte um Anerkennung. Vielmehr drückt sich in der Aussage „endlich was in der Hand zu haben" gar der Wunsch aus, die eigenen Überzeugungen nunmehr legitimiert zu sehen und einen Referenzpunkt für die pädagogische Orientierung zu haben. Darüber hinaus erscheint die Diskrepanz zwischen den neuen Anforderungen und ihrem bisherigen Arbeiten für Kirsten möglicherweise weniger groß als für Beate, da Kirsten ihre beruflichen Erfahrungen, noch zu Beginn ihrer Laufbahn, als „innovative" pädagogische Praxis beschreibt:

> „Wir hatten auch schon damals unter Dreijährige. Da waren wir im ganzen Kreis die Einzigen, die Kinder unter drei betreut haben, schon vor über 20 Jahren, als das Haus eröffnet wurde schon (...) Und ja, die [damalige Kita-Leitung] war auch sehr innovativ in ihrem pädagogischen Denken oder in dem, wie sie die Einrichtung voranbringen wollte, und hat das wirklich schon sehr früh/ Hatten Schulkindbetreuung mit drin. Also, wir haben eine Altersspanne gehabt von eins bis zwölf. Es war wirklich zur damaligen Zeit absolut unüblich" (Interview Kirsten, Z. 129–142; Z. 152–163).

Anders als Beate, der es schwerfällt die Veränderungen zu akzeptieren, empfindet Kirsten die frühkindliche Bildungsförderung folglich nicht als einen ‚von oben' eingeforderten Wandel.

Da Kirsten sich mit den Vorstellungen des Orientierungsplans identifiziert, ist sie bereit, ihre Praxis zu erweitern und neue Handlungsweisen zu erlernen. Dies bezieht sich beispielsweise auf die Entwicklung individueller Angebote für die Kinder, die anders als zuvor nicht für eine Gruppe von Kindern, sondern je spezifisch entwickelt werden (müssen):

> „Und bei Margaret Carr [in den Bildungs- und Lerngeschichten] ist das einfach so, dass man die Kinder beobachtet und versucht rauszufinden, was sind gerade die Lernprozesse. (…) Und ist wirklich ganz stark ressourcenorientiert und zu gucken, was sind wirklich die Interessen des Kindes. Was, wenn jetzt ein Kind zum Beispiel zwei Wochen lang mit irgendwelchen Magnetkugeln spielt? Dann versucht man es da zu unterstützen, dass man vielleicht da noch mehr Material in der Richtung zur Verfügung stellt oder sagt, komm, wir holen jetzt paar noch Bretter, dann kannst du da die noch runterrollen lassen, oder (…) Literatur dazu, theoretische Dinge oder im Internet schauen, was gibt es da so über Magnete und so was. Und dann eben ganz individuell durch die Beobachtung wird dann so eine Lerngeschichte quasi entwickelt" (Interview Kirsten, Z. 286–309).

Da der Orientierungsplan anders als ein Lehrplan in der Schule nicht festlegt, *welches* Wissen vermittelt, sondern nur *wie* das Lernen befördert werden soll, bleibt die Ausgestaltung der Arbeit in der Verantwortung der Erzieher*innen. Insofern ihre Arbeit in diesem Sinne nicht ‚fremdbestimmt' wird – anders als Kirsten es z. B. bei der Öffnung der Gruppen wahrnimmt – fühlt sie sich in ihrer bisherigen Berufserfahrung nicht in Frage gestellt und begrüßt die Veränderungen durch den Orientierungsplan. Darüber hinaus beschreibt sie die Arbeit mit den Bildungskonzepten als Tätigkeit, für die sie sehr viel Anerkennung erfährt:

> „Also, das ist auch ein Effekt auch mit diesen Bildungs- und Lerngeschichten. Wenn man das den Eltern vorstellt und sagt, ich habe jetzt, was weiß ich/ Drei, vier Wochen habe ich jetzt Ihr Kind beobachtet und habe ich das und das festgestellt. Dann habe ich mir das und das überlegt. Dann habe ich dem Kind das und das angeboten. Dann ist es drauf eingestiegen, hat sich da weiterentwickelt. Und das ist jetzt das Ergebnis quasi von unserer Arbeit die letzten drei, vier Wochen und stelle ich Ihnen jetzt vor. Da sind manche wirklich total gerührt und total dankbar. ‚Oh, so viel Mühe geben Sie sich mit meinem Kind und so viel Gedanken haben Sie sich gemacht'. Also, da kommt schon unheimlich viel zurück" (Interview Kirsten, Z. 780–787).

Darüber hinaus führen die Anregungen für das Kind auch zu Lernprozessen, die sich nicht nur dokumentieren und den Eltern vorstellen lassen, sondern die als „Ergebnis ihrer Arbeit der letzten Wochen" auch für Kirsten selbst sichtbar werden. Dies erfährt sie als ein befriedigendes Arbeiten.

Obwohl Kirsten die Reformprozesse in der Kita und somit auch das professionelle Ethos der pädagogischen Arbeit begrüßt, zeigt sich auch bei ihr ein selektives Festhalten an tradierten Gewohnheiten. Dies kommt einmal in Bezug auf den Umgang mit der Schulvorbereitung zum Ausdruck, jedoch ebenso, wenn es um Lerninhalte geht, die Kirsten unabhängig von den Interessen der Kinder als zu vermittelndes Wissen betrachtet:

> „Und man muss immer auch noch so einen Spagat machen. Weil wir auch natürlich die traditionellen Sachen trotz allem machen wollen und auch machen müssen. Weil auch die Eltern/ Also, Weihnachten, Laternenfest, Osternesterbasteln. Solche Geschichten. Das machen wir natürlich weiterhin, weil das auch Teil vom Orientierungsplan ist. (…) Das heißt, das kommt da so obendrauf dann, das andere mehr oder weniger (…) Feiertage, dann Jahreszeiten natürlich, dass man jetzt Herbstlieder singt und man Drachen steigen lässt, solche Geschichten" (Interview Kirsten, Z. 357–382).

Obwohl sich durch die Einführung der pädagogischen Konzepte der Blick auf das Kind sowie das pädagogische Arbeiten wandelt, beschreibt Kirsten einen Teil der eigenen Praxis als unverändert und spricht wie Beate von einem Spagat, den sie zu bewerkstelligen hat. Zwar wird im Begriff des Spagats bereits deutlich, dass es sich hierbei um unterschiedliche, vielleicht auch widersprüchliche Anforderungen handeln könnte. Dennoch werden diese potenziellen Gegensätze der pädagogischen Arbeit von Kirsten nicht als solche reflektiert. Dies wird insbesondere im Kontrast zu Amaltheas Umgang (der nachfolgend dargestellt wird) deutlich: Während Amalthea am Beispiel des Muttertags dafür plädiert, den Kindern Anregungen zu geben, sie jedoch nicht zu zwingen, etwas für den Muttertag zu basteln, hält Kirsten daran fest, in bestimmten Bereichen eine Wissensvermittlung – auch unabhängig von den Interessen der Kinder – umzusetzen. Insofern Kirsten diesen Umgang vom Orientierungsplan gedeckt sieht, beschreibt sie das selektive Festhalten an bestimmten Praktiken anders als Beate jedoch nicht als ein Durchschlängeln mit den Bildungskonzepten. Vielmehr ist sie der Überzeugung, nach den Maßgaben der Konzepte zu arbeiten.

Insgesamt zeigt sich, dass auch Kirsten mit den Veränderungen durch die Reformen ringt und an (einem Teil der) tradierten Routinen festhält. Anders als Beate beschreibt sie dies jedoch nicht als Aushandlungsprozess. Vielmehr wird deutlich, dass Kirsten die Reformprozesse grundsätzlich begrüßt und gewillt ist, sie umzusetzen, sich teilweise jedoch (bewusst oder unbewusst) strategisch auf sie bezieht, um ihr eigenes Handeln zu legitimieren.

Zwischen eigener Überlastung und dem Zurückweisen von Anforderungen

Mit Blick auf die Rahmenbedingungen der pädagogischen Arbeit spricht Kirsten davon, dass die Anforderungen angesichts knapper zeitlicher und personeller Ressourcen reduziert werden müssen: „Also, man muss das lernen, dass man dann einfach nur das macht, was auch noch geht. So. Ich kann nicht fünf Projekte anfangen, wenn ich keine Zeit habe dafür, und nicht fertig kriegen. Nach Hause nehme ich nichts“ (Interview Kirsten, Z. 559–561). Wie Beate geht sie demnach davon aus, dass die Ansprüche auf ein schaffbares Maß reduziert werden müssen. Anders als diese sieht Kirsten die Verantwortung hierfür jedoch bei den Erzieher*innen selbst. So müssten diese lernen, nur das zu machen, was geht, und nichts mit nach Hause zu nehmen. Mit den eigenen Ressourcen verantwortungsvoll umzugehen, sieht Kirsten folglich als individuelle Herausforderung der Erzieher*innen an. Zwar sieht sie sich als Leitung ebenfalls in der Rolle, mögliche Überlastungen zu verhindern – allerdings übernimmt sie nur dort Verantwortung, wo es ihr eigenes Handeln als Leitung betrifft:

> „Wie gesagt, in Esslingen habe ich als Leitung relativ viel Gestaltungsspielraum. Das heißt, ich kann der Kollegin, die jetzt anleitet[62], eben einfach gucken, dass ich die anderswo bisschen entlaste. Entweder gebe ich der eine Stunde Vorbereitungszeit mehr, als die anderen haben, oder ich gebe der halt weniger Aufgaben, die das Gesamthaus betreffen. Die muss dann halt nicht auch noch, was weiß ich, Hygienebeauftragte sein und sämtliche Küchenschränke desinfizieren und irgendso ein Kram. (…) Also, da kann ich dann schon bisschen jonglieren und gucken, dass ich nicht überlaste“ (Interview Kirsten, Z. 1287–1294).

Über diese Unterstützung hinaus sieht Kirsten die Verantwortung dafür, Überforderungskonflikten zu entgehen, jedoch bei den Fachkräften sowie ihrer Fähigkeit, Anforderungen zurückzuweisen. Hier sieht sie ihre Rolle als Leitung nicht darin, einen kollektiven Prozess zu organisieren. Anders als Beate nimmt sie folglich nicht direkt Einfluss auf die pädagogischen Praxen ihres Teams, sondern versucht die Erzieher*innen lediglich dort zu entlasten, wo sie es selbst zu verantworten hat.

Zugleich wird deutlich, dass diese Verantwortung für Kirsten eine Herausforderung darstellt. Sie leidet unter den prekären Rahmenbedingungen vor allem deshalb, weil sich die in den Bildungskonzepten formulierten Ansprüche so nicht umsetzen lassen:

> „Also, was mich noch so bei diesen ganzen Kitaausbaudiskussionen immer so ein bisschen stört, ist: Es wird immer nur von Zahlen gesprochen. Es ist immer nur so dieser quantitative Ausbau. (…), aber man guckt ganz wenig nur, so die Öffentlichkeit, rein, stimmt denn auch die Qualität, oder stimmen nur die Zahlen? (…) Man müsste das viel mehr publik machen, was da überhaupt an Bildungsarbeit läuft, und was es eigentlich bräuchte. Und da ist man dann ganz oft auch/ Ja, ist man ja natürlich

62 Gemeint ist hier die Praxisanleitung von Erzieher*innen in Ausbildung; also beispielsweise die Anleitung von Praktikant*innen, Erzieher*innen im Anerkennungsjahr oder Erzieher*innen, die eine Praxisintegrierte Ausbildung (PiA) machen.

unter Schweigepflicht seinem Arbeitgeber gegenüber. Also, ich kann jetzt nicht an die Öffentlichkeit gehen und sagen, ja, jetzt ist das richtig toll, dieses Jahr können wir richtig klasse arbeiten. Nur leider haben wir letztes Jahr oder die nächsten Jahre auch die Gruppen viel zu groß, dass wir das alles gar nicht machen können. (…) Ja, aber das würde ich manchmal gern" (Interview Kirsten, Z. 1388–1407).

Auch Kirsten kritisiert die Rahmenbedingungen demnach als unzureichend. Ihre (potenziellen) Überforderungen liegen jedoch nicht in einer Veränderung der eigenen Praxen und in *qualitativ* veränderten Erfordernissen, sondern darin, dass sie von den Konzepten überzeugt ist und diese anwenden will, aufgrund von zeitlichen und personellen Ressourcen jedoch nicht in der Lage ist, dies zu tun. Anders als Beate es für die Routinen ihres Kita-Teams beschreibt, verfällt Kirsten angesichts knapper zeitlicher und personeller Ressourcen also nicht in alte Muster. Vielmehr wird der Kontrast zwischen den Umgangsweisen in Beates Einrichtung und Kirstens Umgang mit den Bildungskonzepten im Vergleich sichtbar.

Während Beate für das Projekt zum Thema Pferd davon ausgeht, dass die Kinder solche Ideen nicht von sich aus entwickeln und die Vorschläge daher letztlich doch von den Erzieher*innen gemacht werden (müssen), gibt Kirsten an, dass es in der frühkindlichen Bildungsarbeit darum gehe, sich selbst zurückzunehmen und zu schauen, was von den Kindern formuliert wird und wie sie ihre Lernprozesse unterstützen kann:

„Man schlägt auch manchmal was vor, und dann sagen die, nein. Nein. Wollen wir nicht. Oder gehen in eine ganz andere Richtung, wie man selber das vielleicht gedacht hat. (…) Da haben wir das Thema, irgendwas Haustiere. Da ging es um Haustiere, na, unter anderem Katze. War ganz interessant und spannend. Und dann habe ich gedacht, ha ja, die wollen dann was, über was essen so Katzen, und was man so denkt, was Kinder so interessiert. Und dann haben die aber gesagt, nein, nein. Wir wollen wissen, was da unter dem Fell ist. ‚Wie, was unter dem Fell ist?' ‚Ja, was haben die für Knochen? Weil, die können doch so springen und die Knochen brechen nicht ab. Also müssen die anders sein als die Knochen vielleicht von uns Menschen'. Und dann habe ich gesagt: ‚Ja, und jetzt, wie kriegen wir das raus? Ich habe keine Katzenknochen'. Ja. Mhm. ‚Da gucken wir mal im Buch', und dann war das aber auch irgendwie nicht so ergiebig. Ja. Dann hat einer gesagt: ‚Dann rufen wir mal beim Tierarzt an. Der muss das ja wissen'. Und dann haben die beim Tierarzt angerufen. Dann haben die tatsächlich mit dem Tierarzt ausgemacht, dass wir vorbeikommen. Und er hatte ein Skelettmodell von einer Katze und hat dann ganz geduldig den Kindern erklärt, was da der Unterschied ist, und warum die diese Sprünge so gut abfedern können und so weiter. War hochspannend, aber ich wäre jetzt nie auf die Idee gekommen mit denen über Skelett und Knochenbau und so was/ Aber das ist von den Kindern dann selber entstanden" (Interview Kirsten, Z. 852–896).

Auch in Situationen knapper Ressourcen versucht Kirsten demnach, an den Methoden des Orientierungsplans festzuhalten und diese nur an den Stellen zu variieren, wo es nicht zu einer Veränderung der darin implizierten Intentionen führt. Dies wird am Beispiel der Katze deutlich. Zwar wird das Projekt mit vielen Kindern gleichzeitig durchgeführt – aber die Interessen und Fragen der Kinder bleiben dennoch weiterhin für die Bildungsangebote zentral und handlungsleitend. Nicht in der Frage, wie Lern- und Entwicklungsprozesse umgesetzt werden sollen, sondern ‚lediglich' mit Blick auf einen bestimmten Wissenskanon, der vermittelt werden soll, weicht Kirsten folglich von den in den Reformprozessen transportierten pädagogischen (Selbst-)Verständnissen ab. Da die Personaldecke Kirsten dennoch frustriert, streitet sie, etwa im Rahmen der Tarifkonflikte im Jahr 2015, für Bedingungen, unter denen sie entsprechend ihrer inhaltlichen Überzeugungen arbeiten kann.

11.4.3 „... ich bin echt der Meinung: das ist das Beste für die Kinder": Identifikation mit den Reformen und Kritik an den Bedingungen – Amalthea

Amalthea ist zum Zeitpunkt des Interviews 28 Jahre alt. Mit ihrer Ausbildung zur Erzieherin ist sie im Jahr 2010 fertig geworden und hat anschließend ein Studium der Kindheitspädagogik begonnen, welches sie 2012 abgeschlossen hat. Seitdem ist sie als Erzieherin, zunächst für fünf Jahre in Tamm (Landkreis Ludwigsburg / Region Stuttgart) und zum Zeitpunkt des Interviews seit kurzem in Stuttgart, tätig. Ihre Ausbildung zur Erzieher*in hat sie nach Beginn der Reformprozesse sowie nach der Einführung des Orientierungsplans in Baden-Württemberg[63] im Jahr 2006 begonnen. Schon während ihrer Ausbildung hat sie Infans als pädagogisches Konzept für die Umsetzung des Orientierungsplans kennengelernt. Seit Beginn ihrer Tätigkeit als Erzieherin hat sie daher damit gearbeitet.

Umsetzung der Reformen – ganz oder gar nicht

Amalthea erlebt die Reformprozesse in den Kitas nicht als (Veränderungs-)Druck auf ihre pädagogische Praxis und ihr berufliches (Selbst-)Verständnis. Vielmehr hat sie ihre Ausbildung zu einer Zeit absolviert, in der die Einführung des Orientierungsplans bereits vollzogen ist. Insofern sie zutiefst überzeugt ist von den pädagogischen Konzepten, trifft nicht nur die ihnen entsprechende Arbeitsweise bei Amalthea auf Zustimmung, sondern auch der Anspruch, frühkindliche

63 In Baden-Württemberg wurde der Orientierungsplan im Jahr 2004 eingeführt. Obwohl er ursprünglich als verbindliche gesetzliche Regelung eingeführt werden sollte, ist er schließlich zwar als Orientierung, jedoch nicht als bindende Regelung beschlossen worden.

Bildungsprozesse so gut es geht zu befördern. Die Unterstützung frühkindlicher Lernprozesse wird von Amalthea folglich uneingeschränkt positiv bewertet:

„Also wir hatten in Tamm zum Beispiel auch ein Labor. Das war unser naturwissenschaftlicher Bereich. Das war wirklich ein Labor. Die Kinder haben Laborkittel und haben auch Skalpelle gehabt, (...) die konnten da richtig was forschen. Wir haben mal ein Projekt gemacht, wo (...) die dann wirklich einen Fisch seziert haben, und man hat noch extra von einem Angler einen Fisch mit Innereien besorgt, damit die das wirklich selbstständig mal machen können und gucken können, wie die Innereien aussehen, wie die Gräten aussehen und sowas. Also, wirklich schon ganz viel, ja, auf spielerische Weise im Prinzip Bildung machen können (...) und ich denke mir, wie toll das gewesen wäre, hätte ich als Kind irgendwie so ein Labor gehabt, wie wir es in Tamm hatten, wo/ ich habe kaum Zugang zur Naturwissenschaft, ja? Ist in der Schule immer nicht so meine stärksten Fächer gewesen. Aber ja, die Kinder interessiert das im Prinzip alle. Und wenn ich mir vorstelle, was die da jetzt alle schon lernen, einfach nur dadurch, dass wir da Fische aufgeschnitten haben, und das finde ich so toll, das ist so, die sind auch so bereit, so viel zu lernen, und das ist so, ja, was mir in der Arbeit Spaß macht" (Interview Amalthea, Z. 116–124; Z. 566–572).

Dass die Kinder über Bildungsbereiche spielerisch Zugang zu verschiedenen Wissensformen bekommen, ist für Amalthea eine Motivation ihrer Arbeit. Sie sieht darin die Wissbegierde der Kinder aufgegriffen, verbindet aber auch die Vorstellung damit, dass ihre frühe Förderung den Kinder spätere Lernprozesse erleichtert. In diesem Sinne identifiziert sich Amalthea mit den Vorstellungen des Orientierungsplans, teilt das bei Infans formulierte Lern- und Entwicklungsverständnis frühkindlicher Bildung und ringt – anders als vor allem Beate, aber auch Kirsten es tun – nicht mit tradierten Praxen oder dem Gefühl der Geringschätzung: „[I]ch bin echt der Meinung, dass ist das Beste für die Kinder (...) und, dass Kinder so viel besser lernen" (Interview Amalthea, Z. 401–404). Anerkennungskonflikte spielen für Amalthea folglich keine Rolle, „weil ich auch vielleicht sehr überzeugt von meinem Beruf bin, und das auch vermitteln kann, was wir da eigentlich machen" (Interview Amalthea, Z. 1037–1038).

Anders als Kirsten und Beate spricht Amalthea daher nicht von einem Spagat zwischen verschiedenen, zu erfüllenden Anforderungen. Sie grenzt sich stattdessen von pädagogischen Ansätzen ab, die sie als veraltet wahrnimmt. Dies bezieht sich vor allem auf Tätigkeiten, die auf Disziplin und meist auch das Arbeiten mit der gesamten Gruppe setzen. Dies unterscheidet sie etwa von vielen Kolleg*innen, deren Ausbildung schon eine Weile her ist:

„Ich glaube schon, dass viele, die noch vor vielen, vielen Jahren ihre Ausbildung gemacht haben, teilweise noch viel mehr dieses Disziplin und sowas irgendwie drin haben, und dieses, ja, so, wir gehen jetzt alle gemeinsam aufs Klo, und wir gehen jetzt

> alle gemeinsam da und da hin, (…) dass die schön ihre Gruppe bei sich haben, damit die alle schön im Blick haben. Das ist natürlich auch anstrengender, wenn Kinder selber also, die Kinder gehen halt aufs Klo, wenn sie aufs Klo müssen, ne? Und wenn sie Durst haben, gehen sie trinken. Und nicht, wenn ich jetzt entscheide, jetzt ist aber Trinkrunde (…). Das gibt es einfach auch noch, die Kitas, die so arbeiten, oder in einer Kloschlange aufs Klo gehen, wo sich alle aufs Klo setzen müssen, (…) und dann die nächste Stunde geht man nicht mehr aufs Klo. Das ist halt, ja, so haben schon noch, glaube ich, viele das einfach gelernt" (Interview Amalthea, Z. 689–699).

Das Festhalten an den tradierten Gewohnheiten kennt sie folglich nur aus der Beobachtung an älteren Kolleg*innen. Für sie drückt sich darin eine entmündigende pädagogische Haltung gegenüber den Kindern und der Versuch aus, diese möglichst gut im Blick zu behalten, jedoch nicht auf ihre je spezifischen Interessen zu reagieren. Daher grenzt sie sich von den Gewohnheiten älterer Fachkräfte ab, wenngleich sie diese nicht verurteilt. So erkennt sie an, dass die Ausbildungsinhalte früher andere waren:

> „Und ich kann jeden verstehen, wo 20 Jahre nach einem ganz anderen System gearbeitet hat, und das jetzt umstellen muss, dass das einfach denen noch schwerfällt (…) weil man es selber einfach auch so jahrzehntelang gemacht hat, und auch weiß, da fühlt man sich eben dann sicher, denke ich. Also, ich hatte das einfach nie, deswegen habe ich gar nicht das Bedürfnis, aber ich kenne viele, die unbedingt immer dieses, ja, wir machen alle was gemeinsam, noch brauchen" (Interview Amalthea, Z. 385–388; Z. 231–234).

Obwohl sie das Festhalten an tradierten Gewohnheiten folglich entschuldigt und versucht, es nicht zu verurteilen, wird dennoch eine deutliche Wertung sichtbar. Amalthea bezeichnet die Selbstständigkeit und das individuelle Arbeiten mit den Kindern als „anstrengender" und unterstellt somit implizit, dass die Arbeit mit der Gruppe der Logik folgt, sich Arbeit zu ersparen – etwa indem sie davon spricht, die Kindergruppe immer „schön im Blick" zu behalten. Trotz anders lautender Bekundungen zeigt Amalthea demnach weder ein Verständnis für die Routinen der (älteren) Kolleg*innen noch versucht sie, die Beweggründe und Ideen dieser Ansätze zu verstehen. So würde Beate den Grund für die Arbeit in der Gesamtgruppe nicht in einer Erleichterung der Arbeit, sondern in dem Wunsch sehen, den Kindern zumindest in mancher Hinsicht ein gewisses Maß an Inhalten und Wissen zu vermitteln. Letztlich (v)erkennt Amalthea die Abwehr der Bildungskonzepte folglich allein als Versuch, Anforderungen zu verweigern, deren Erfüllung den Kolleg*innen als zu anstrengend erscheint. Zwar liegt sie mit dieser Einschätzung nicht völlig fehl. Dass Amalthea davon ausgeht, eine (tiefgründigere) Beschäftigung mit den Ideen von Infans würde letztlich überzeugen, „weil, wenn man die Idee mal verstanden hat, also, da kann man gar nicht das Konzept nicht mögen" (Interview

Amalthea, Z. 399–401), offenbart jedoch mehr über ihre eigene Identifikation mit den Bildungskonzepten als über die pädagogische Haltung der Kolleg*innen. Sie sieht nicht, dass es bei diesen auch um Konflikte um Anerkennung ihrer tradierten Praxen geht, die – wie sich bei Beate zeigt – ein Blockieren hervorrufen können. Zudem könnte es durchaus produktiv für die eigene Arbeit sein, über verschiedene pädagogische Ansätze in Diskussion zu kommen. Da Amalthea (unbewusst) aber eine Abwertung der habitualisierten Gewohnheiten vollzieht, wird eine Auseinandersetzung mit unterschiedlichen Ansätzen mindestens erschwert.

Trotz Identifikation mit den Reformen keine Kompensation des Mangels

Mit Blick auf die Rahmenbedingungen ihrer Arbeit äußert Amalthea deutliche Kritik. Dies bezieht sich sowohl auf die finanzielle Situation als auch auf die zeitliche wie personelle Ausstattung. Insbesondere letzteres führt bei ihr zu einer (latenten) Unzufriedenheit, insofern „das Tolle" ihrer Arbeit für Amalthea in der frühkindlichen Bildungsförderung liegt und sie diese durch die prekären Bedingungen gefährdet sieht:

> „Also, im Prinzip lohnt es sich da gar nicht, eine Beobachtung zu schreiben, weil ich weiß, ich kann die sowieso nicht auswerten. Es bringt nichts. Weil, ich brauche jetzt das auch nicht geschrieben haben, nur um es zu schreiben, damit es irgendwo abgeheftet ist, weil dann, ich kann das Konzept nur umsetzen, wenn ich die Beobachtung schreibe und möglichst zeitnah mit mindestens einer weiteren, eigentlich optimalerweise mit zwei weiteren Kolleginnen oder Kollegen das auswerten kann. Und das ist eben auch so das, wo ich dann sage, wenn ich den Schritt der Auswertung nicht machen kann, und das beantworten, das aufgreifen, dann mache ich schon den ersten Schritt nicht. Das ist vielleicht auch was, was mich von manchen anderen unterscheidet, weil viele das dann einfach machen, weil sie, Hauptsache, es ist irgendwie was drin" (Interview Amalthea, Z. 593–600).

Die Instrumente zur Bildungsförderung werden von Amalthea als Methoden verstanden, um die Lern- und Entwicklungsprozesse der Kinder zu fördern. Ist ihre Anwendung aufgrund von zu knappen zeitlichen Ressourcen – wie dies Amalthea beispielsweise in Bezug auf die im Dienstplan eingeplanten Bürozeiten benennt – nicht angemessen möglich, wird die partielle Umsetzung ebenfalls abgelehnt, da so aus ihrer Sicht der Sinn der Instrumente verloren geht.

Obwohl Amalthea sich mit den Ideen und Ansprüchen der Bildungskonzepte identifiziert, ist sie jedoch nicht bereit, die entstehenden zeitlichen und personellen Lücken auf eigene Kosten zu füllen:

> „Das mache ich nicht [Arbeit mit nach Hause nehmen]. Aber das auch aus dem Gewerkschaftskontext und sowas, dass ich sage, also, wenn es mir nicht ermöglicht wird,

in meiner Arbeitszeit das zu (..) machen, dann mache ich es nicht. Und ich bin aber auch niemand, der viel über die Kita nachdenkt, zu Hause, oder sowas. Ich kann da tatsächlich raus und schalte ab. Ja. (…) Dann wird eben wirklich nur das gemacht, was ich leisten kann in meiner Arbeitszeit, und da gebe ich alles. Da bin ich auch niemand wo sagt, nein, ich hocke mich jetzt da hin (…) In der Arbeitszeit arbeite ich, und versuche das alles zu erledigen, aber darüber hinaus eben nicht. Und dann müssen die eben lernen, dass sie uns entweder mehr Zeit geben müssen oder mehr Leute einstellen müssen, oder, ja, das Konzept verändern müssen" (Interview Amalthea, Z. 337–343; Z. 466–473).

Das Ablehnen von Mehrarbeit auf eigene Kosten erklärt sie einerseits mit ihrer gewerkschaftlichen Haltung. Zugleich wird in der Aussage, „niemand zu sein, der viel über die Kita nachdenkt", jedoch ebenfalls deutlich, dass Amalthea sich zwar mit den Ideen von Infans identifiziert, aber eine klare Abgrenzung von Arbeit und Freizeit vollzieht: So zeigt sie während der Arbeitszeit zwar eine enorme Arbeitsbereitschaft und den Drang, die Bildungskonzepte umzusetzen. Zugleich impliziert diese Identifikation nicht die Bereitschaft einer unerschöpflichen Verantwortung gegenüber ihrem Arbeitsverhältnis. Vielmehr ist sie darauf bedacht, Überlastungskonflikte zu umgehen, indem sie ihre Aufgaben nicht über die Arbeitszeit hinaus bearbeitet. Verantwortlich fühlt sie sich folglich gegenüber einer guten und richtigen Umsetzung der Konzepte, nicht jedoch gegenüber einem reibungslosen Funktionieren des Arbeitsablaufs. Diese Haltung wird auch deutlich, wenn Amalthea über die (stets umkämpfte) Teilnahme an Fortbildungen oder die Forderung nach einer ständigen Erreichbarkeit während des Urlaubs spricht:

> „Klar, es gibt manchmal Tage, da ist das alles irgendwie ein bisschen anstrengender, aber es ist jetzt auch nicht so, dass die Welt zusammenbricht, wenn da noch mal jemand fehlt, und wenn es ganz, ganz, ganz schlimm läuft, dann muss man eben auch mal sagen: ‚So liebe Eltern, wir können Ihr Kind heute nicht annehmen, Sie müssen es leider wieder mit nach Hause nehmen, es sind zu wenig Leute da'. Das ist der Worst Case, was passieren kann, was mir aber auch noch nie passiert ist, in jetzt sechs Jahren Berufserfahrung. Von dem her denke ich immer, so wichtig bin ich da ja nicht, nur weil ich jetzt mal nicht da bin. Und klar, eine Fortbildung, da ist es gerechtfertigt, mich zurückzurufen, aber sowas wie wenn ich Urlaub habe, oder sowas, also, würde ich einen Teufel tun, mir noch über die Kita Gedanken zu machen. Weil, ja, da muss ich, so, gesunder Egoismus, ich muss halt erstmal gucken, dass es mir gut geht, bevor ich mich um andere kümmern kann" (Interview Amalthea, Z. 439–452).

Hierin zeigt sich nicht nur, dass sie die Verantwortung für personelle Mängel an die Verantwortlichen zurückweist, sondern auch, dass sie es für eine Aufgabe der

Fachkräfte hält, sich selbst vor Überlastungen zu schützen oder dafür Sorge zu tragen, dass sie ihre Fortbildungen wahrnehmen können:

> „Also, ich schalte morgens mein Handy in den Flugmodus, wenn ich eine Fortbildung habe, damit mich niemand mehr erreichen kann und mich wieder zum Arbeitsplatz rufen kann, weil dann irgendwie Leute fehlen. (...) Nicht jeder ist da so wie ich, dass ich dann / Also, die meisten gucken noch in der Pause auf ihr Handy, und schauen, ob in der Kita alles gut ist. Das ist ja auch das, was ich vorhin gesagt habe, mit Arbeit mit nach Hause nehmen, das ist einfach auch meine Grundeinstellung, wenn ich Fortbildung habe, dann interessiert mich auch nicht, was in der Kita läuft" (Interview Amalthea: Z. 418–424).

Anders als in der Einrichtung von Beate, in der über die gemeinsame Aushandlung der pädagogischen Praxis zugleich eine kollektive Verantwortung für das Funktionieren der Arbeitsabläufe geschaffen wird, weist Amalthea diese Verantwortung zurück. Sie plädiert vielmehr für eine Haltung, die eine Distanz gegenüber den Bedingungen der Kita erlaubt und damit die Aufopferung der eigenen Freizeit oder Weiterbildungsmöglichkeiten zurückweist. So gelingt es ihr auf der einen Seite Überforderungskonflikte zu bearbeiten. Auf der anderen Seite wird jedoch die Schwierigkeit, (einen Teil der) Erwartungen zurückzuweisen, individualisiert. Das kollegiale Verständnis gegenüber Erzieher*innen, die sich für ihr Team und den Arbeitsablauf verantwortlich fühlen, wird dadurch tendenziell erschwert. Amalthea hingegen adressiert die Aushandlung über das schaffbare Maß der Anforderungen als einen (politischen) Konflikt an die Kita-Träger und/oder die politischen Entscheidungsträger*innen (‚die Oben'). Auch wenn Beate mit letzterem übereinstimmt, liegt der Unterschied zwischen den Umgangsweisen von Amalthea und Beate dennoch darin, dass Amalthea ihre Ansprüche an die pädagogische Arbeit (grundsätzlich) nicht einschränken möchte, sondern die Drohung mit einer solchen Einschränkung lediglich als Druckmittel nutzen will. Eine dauerhafte Reduktion der Anforderungen als Bewahrung vor Überforderungen wäre für sie demnach keine gangbare Strategie. Ihr geht es gerade darum, Bedingungen zu erstreiten, in denen sie ihren eigenen Ansprüchen (wieder) gerecht werden. Beate hingegen hält eine Reduktion der Arbeit auf ein scharrbares Maß für eine angemessene Reaktion angesichts mangelnder Bedingungen.

11.5 Zusammenfassung in fünf Schritten

Im Zuge der Reformen von Kindertagesstätten in den letzten Jahren haben sich sowohl die Rahmenbedingungen der pädagogischen Arbeit als auch die den Kitas zugeschriebenen Funktionen und die Anforderungen an die pädagogische

Arbeit gewandelt. Dies hat (teilweise) zu einem Wandel von Arbeitsweisen und beruflichen Selbstverständnissen in der frühkindlichen Betreuung sowie zu (mehr oder weniger starken) Überlastungen geführt. Für eine krisentheoretische Betrachtung sozialer Reproduktionsverhältnisse im Bereich der Kindertagesstätten können hieraus vier Einsichten gewonnen werden, die nachfolgend näher in den Blick genommen werden.

11.5.1 Aufwertung frühkindlicher Bildung als neues berufliches Leitbild

Im Zuge der Reformprozesse sowie mit der Bestimmung von Kitas als Bildungsinstitutionen gehen nicht nur veränderte Anforderungen an die Erzieher*innen einher. Vielmehr findet auch ein Wandel des pädagogischen Verständnisses statt. Dies zeigt sich in der Forderung nach einer Professionalisierung der frühen Pädagogik sowie in veränderten Leitbildern des Berufs – wie sie etwa auch in den Schilderungen der befragten Erzieher*innen über ihre Fortbildungen sichtbar werden.

In den letzten Jahren findet demzufolge eine politische wie wissenschaftliche Aufwertung von Aspekten der Bildung und Bildungsarbeit statt. Kenntnisse über Lern- und Entwicklungsprozesse der frühen Kindheit werden hierbei als ein Teil der fachlichen Wissenserweiterung vermittelt sowie die Förderung frühkindlicher Bildung zu einem Schwerpunkt der pädagogischen Arbeit gemacht. Dies kommt etwa in der steigenden Anwendung von Beobachtungs- und Auswertungsinstrumenten sowie dem Formulieren individueller Lernanregungen zum Ausdruck. Wie sich in den Interviews zeigt, wird auch in den Einrichtungen der befragten Fachkräfte der bildungsfördernden Arbeit eine stärkere Bedeutung zugemessen – und daher nach pädagogischen Konzepten wie Infans oder den Bildungs- und Lerngeschichten gearbeitet.

Darüber hinaus nimmt in Bezug auf das Wissen über die kindliche Entwicklung die Bedeutung von Bindungstheorien in der erzieherischen Ausbildung sowie der beruflichen Konzeption zu. Darin wird auf die Voraussetzungen kindlicher Lernprozesse verwiesen, nämlich darauf, dass Kinder sichere und stabile Beziehungen brauchen, um sich bilden zu können. Der Aufbau von Beziehungen durch soziale Interaktionen, Feinfühligkeit und Reaktionsbereitschaft der Bezugsperson(en) wird in diesem Sinne als Bildungsaufgabe verstanden, insofern diese die Entwicklung und Qualität der entstehenden Bindungsbeziehung ebenso prägen wie den Verlauf kindlicher Lernprozesse (Viernickel 2008, S. 196 f.). In den Interviews zeigt sich die wachsende Bedeutung von Bindung jedoch kaum – denn einzig Amalthea formuliert dies als einen wesentlichen Bestandteil der eigenen Arbeit. In den Schilderungen der anderen beiden Erzieher*innen spielen bindungstheoretische Aspekte der pädagogischen Arbeit hingegen keine Rolle.

Während die Vermittlung von Wissen, Fertigkeiten und Fähigkeiten von den befragten Fachkräften folglich als Schwerpunkt der frühkindlichen Bildungsarbeit verstanden und dieser eine besondere Bedeutung beigemessen wird, rückt die Erfüllung von Grundbedürfnissen des Kindes nach Nähe, Verlässlichkeit und Bindung in ihren Beschreibungen der alltäglichen Arbeit in den Hintergrund. Die Bedeutung einer hohen Beziehungs- und Betreuungsqualität, wie sie beispielsweise von Viernickel (2008) oder Schneewind (2011) betont wird, findet sich demnach im Kita-Alltag kaum wieder – und dies paradoxerweise trotzdem die Bedeutung von Bindungstheorien erst im Kontext frühkindlicher Bildung zunehmend thematisiert wird.

Mit dem Anspruch Institutionen der Kindertagesbetreuung zu Bildungsinstitutionen umzustrukturieren, setzt sich insgesamt ein professionelles berufliches (Selbst-)Verständnis als Leitbild des Erzieher*innen-Berufs durch. Dieses setzt an die Stelle der institutionalisierten Mütterlichkeit die pädagogische Fachlichkeit und macht die Förderung kognitiver Fertigkeiten zum dominierenden Verständnis pädagogischer Arbeit. (vgl. Metzinger 2013; Dippelhofer-Stiem 2012; Fried 2012; Betz 2013) Zugleich werden im Zuge der Aufwertung von Bildungsaspekten vermeintlich weibliche* Eigenschaften in der pädagogischen Arbeit aktuell nicht mehr präferiert (Dippelhofer-Stiem 2012, S. 402 f.) sowie das Bild der „reinen Pflege", Betreuung und Interaktion als Abgrenzungsfolie markiert (Lange 2010, S. 102). In den Interviews wird dennoch deutlich, dass zwar tradierte Gewohnheiten und Arbeitsweisen abgewertet und durch neue Praxen ersetzt werden (sollen). Insbesondere für ältere Erzieher*innen entstehen in diesen Transformationsprozessen jedoch Widersprüche. Die professionelle Subjektivierung gelingt daher nur zum Teil.

So konnte anhand der Umsetzung von Bildungskonzepten, der Verschiebungen des Bildungsbegriffs und der Einführung offener Gruppenkonzepte gezeigt werden, dass die gegenwärtigen Reformen des Kita-Bereichs von den befragten Erzieherinnen als tiefgreifende Veränderungen erlebt werden. Ihre alltägliche Arbeit wurde reorganisiert, die an sie gestellten Anforderungen stiegen und personelle wie zeitliche Engpässe, aber auch neue (administrative) Aufgaben der pädagogischen Arbeit in den Kitas nahmen zu. Zugleich ist ebenfalls deutlich geworden, dass die Befragten je unterschiedliche Umgangsweisen mit diesen Herausforderungen entwickeln. Diese variieren von *Anpassungen* der pädagogischen Praxen und (Selbst-)Verständnisse an die gewandelten Erwartungen bis hin zu *Verweigerungen* gegen diese – sowie in Facetten zwischen diesen Polen. Obwohl der (Anpassungs-)Druck zu einer Veränderung tradierter Praxen und (Selbst-)Verständnisse zwingt, zeigen sich demnach weiterhin Beharrungstendenzen in den (Arbeits-)Routinen der Befragten.

Wie insbesondere die Fallbeispiele aufgezeigt haben, sind die Umgangsweisen der Befragten dabei abhängig (auch) von ihrer Bewertung der Reformprozesse und ihrem pädagogischen (Selbst-)Verständnis – wobei hier *generationelle*

Unterschiede deutlich werden. Dies macht deutlich, dass Fragen danach, wie die Reformen bewertet werden, ob die Fachkräfte sich mit ihnen identifizieren und wie sie diese umsetzen, abhängig sind vom Zeitpunkt und den Inhalten der jeweiligen pädagogischen Ausbildung. Je nachdem, wann die Erzieher*innen ihre Ausbildung absolviert und welche pädagogischen Konzeptionen ihre berufliche Sozialisation geprägt haben, desto mehr oder weniger kann ein inhaltlicher und praktischer Bezug auf die Bildungskonzepte und die Reorganisation der pädagogischen Arbeit konstatiert werden. Insbesondere für Beate und Kirsten, die über lange berufliche Erfahrungen mit anderen pädagogischen Praxen verfügen, entstehen demnach Konflikte um Anerkennung durch die Infragestellung der tradierten Routinen – und dies verstärkt dann, wenn sie eigene Erfahrungen nicht einbringen können. Eine hohe Identifikation mit den Konzepten frühkindlicher Bildungsförderung führt bei Amalthea hingegen dazu, dass sie sich durch den Orientierungsplan bestärkt fühlt und diesen so weit wie möglich umsetzen will.

Die Interviews zeigen darüber hinaus, dass auch die Ausgestaltung und die Art der Umsetzung der Reformen, und hierin insbesondere die Frage nach der *Einbindung ihrer Interessen*, entscheidend für die Bewertung der Reformen durch die Befragten ist. Birgt der initiierte Wandel die Möglichkeit für die Erzieher*innen ihre (teils langjährigen) beruflichen Erfahrungen, Wünsche oder Bedürfnisse einzubringen sowie die Ausgestaltung der Veränderungen mitbestimmen zu können, erhöht sich die Bereitschaft, eigene Arbeitsweisen zu überdenken. Ist dies nicht der Fall, werden die Veränderungen als Zwang erfahren und in der Folge abgelehnt.

Ein professionelles berufliches (Selbst-)Verständnis als Leitbild des Erzieher*innen-Berufs ist, wie in der Untersuchung deutlich wird, aktuell noch umkämpft, ruft Widersprüche hervor und setzt sich ungleichzeitig durch. Darüber hinaus liefert die Studie Hinweise für die Ursachen unterschiedlicher Handlungsweisen von pädagogischen Fachkräften mit Blick auf die Reformen. Die in den Studien von Viernickel et al. (2013) und Nock (2013) *nicht* aufgeworfenen Fragen nach den Gründen für die Umgangsweisen und für die Zustimmung oder Ablehnung der Reformen können nunmehr folglich beantwortet werden: Einerseits werden die Arbeitsweisen und beruflichen Selbstverständnisse der Befragten durch ihre berufliche Erziehung während der Ausbildung sowie des Arbeitslebens geprägt – und dies beeinflusst ihre Umgangsweisen mit den Reformen. Andererseits sind ihr Denken, Handeln und Bewerten der Reformen abhängig davon, ob und wie ihre (pädagogischen) Vorstellungen in die Umsetzung der Reformen einfließen konnten und können – ob sie sich also aufgehoben von den Anforderungen der Reformen abgewertet sehen. Über die Befunde bisheriger Studien hinaus kann mithilfe der vorliegenden Untersuchung folglich herausgearbeitet werden, *wie* durch konsensuale und erzwungene Verschiebungen eine Veränderung der pädagogischen Praxen und (Selbst-)Verständnisse (teilweise) gelingt. Zugleich wird jedoch auch deutlich, warum, welche und für wen Widersprüche im Prozess der Transformationen entstehen sowie, welche Veränderungen je Ausgangspunkt für Kämpfe um Aufwertung in den Kitas sind.

Obwohl alle drei Befragten angeben, die Reformen und insbesondere den Fokus auf die frühkindliche Bildung zu befürworten, werden die Veränderungen von ihnen daher schließlich eigensinnig ausgestaltet und das ‚professionelle' berufliche (Selbst-)Verständnis nur teilweise geteilt.

11.5.2 Krisen der sozialen Reproduktion in den Kitas

In den Kitas ist durch die weitreichenden Veränderungen der Rahmenbedingungen sowie den Diskurs um frühkindliche Bildung in den letzten Jahren ein Anpassungsdruck auf die Gewohnheiten, Routinen und pädagogischen (Selbst-)Verständnisse entstanden. Dieser wirkt in einer Kombination aus *konsensualen* und *erzwungenen* Anforderungen auf die Praxen der Erzieher*innen. Während die inhaltlichen Erweiterungen (und somit die subjektivierenden Anrufungen) der pädagogischen Arbeit von den Fachkräften überwiegend befürwortet werden, stoßen die als autoritär und alternativlos empfundene Art der Einführung des Orientierungsplans, aber auch der Mangel an zeitlichen und personellen Ressourcen auf Ablehnung. Angesichts steigender gesellschaftlicher Anforderungen einerseits sowie mangelnden Rahmenbedingungen andererseits ist nicht nur ein „Umsetzungsdilemma" (vgl. Viernickel et al. 2013), sondern sind vermehrt Krisen der Überlastung bei allen Befragten zu konstatieren. Diese haben jedoch unterschiedliche Ursachen.

Einerseits sind demnach *Anpassungskrisen* in Folge eines Drucks auf tradierte Praxen und pädagogische Selbstverständnisse entstanden – denn viele ältere Fachkräfte mit langjährigen beruflichen Erfahrungen geraten, wie am Beispiel von Beate und ihrem Team, aber auch in den Aussagen von Cuno Hägele deutlich wird, angesichts des Veränderungsdrucks auf ihre Gewohnheiten in die Krise. Dies einmal, weil sie neue Handlungsweisen ausbilden und umsetzen sollen, obwohl die Rahmenbedingungen in den Kitas das kaum zulassen. Überlastungen, Erschöpfungen oder Frust entstehen aber auch dadurch, dass die Erzieher*innen ihre habitualisierten Praxen und pädagogischen Selbstverständnisse abgewertet sehen. Die veränderten Arbeitsanforderungen in den Kitas erfordern also, gramscianisch gesprochen, neue Denk-, Fühl- und Handlungsweisen um die (Wieder-)Herstellung eines kohärenten Verhältnisses von Produktionsweisen, Lebensweisen und Subjektivitäten sicherzustellen. In Reaktion auf diese krisenhaften Transformationen tradierter Gewohnheiten, Routinen und (beruflicher) Selbstverständnisse und der Herausbildung neuer Handlungsweisen entstehen jedoch Krisen für die Erzieher*innen. Als Leidenserfahrungen beschreiben die befragten Erzieher*innen entsprechend Erschöpfungen ebenso wie Frust,

Verunsicherung, Überlastung, aber auch einen Verlust an Wertschätzung und Anerkennung. In der Folge halten sie (teilweise) an ihrem habitualisierten Handeln fest – um so einer Abwertung ihrer Arbeitsweise entgegenzuwirken, aber auch Überlastungen zu vermeiden.

Die beobachteten Krisen der sozialen Reproduktion in den Kitas lassen sich jedoch, für einen anderen Teil der Fachkräfte, auch als *Krisen der Umsetzung* bezeichnen. Nämlich dort, wo Überlastungen für diejenigen Erzieher*innen drohen, die ihre Arbeitsweisen und beruflichen Selbstverständnisse durch die Reformprozesse *nicht* in Frage gestellt sehen. Sie können eigene Ansprüche an die Arbeit, etwa die Umsetzung pädagogischer Bildungskonzepte, unter Bedingungen mangelnder Ressourcen nicht befriedigend umsetzen – oder nur, wenn sie einen Teil der Arbeit „mit nach Hause nehmen", was in der Folge zu Überlastungen führt. Da sie letzteres vermeiden wollen, werden die Anforderungen auf ein schaffbares Maß reduziert. Allerdings zieht dies Frustrationen nach sich, weil in der Folge pädagogische Konzepte und berufliche Ansprüche nicht realisiert werden können. Von drohenden Überlastungen und/oder Frust berichten demnach auch diejenigen Fachkräfte, die nicht um die Aufrechterhaltung alter Routinen ringen. Gerade wegen der Verinnerlichung gewandelter Ansprüche werden die Bedingungen ihrer Arbeit auch von jüngeren Fachkräften kritisiert, da sie diese nicht umsetzen können.

Obwohl die Identifikation jüngerer Fachkräfte mit den Reformen demnach dafür spricht, dass der (strukturelle und subjektivierende) Anpassungsdruck zu einer Veränderung alter Praxen und (Selbst-)Verständnisse beiträgt und ein neues kohärentes Verhältnis von Produktions-, Lebens- und Seins-Weise hergestellt werden kann, entstehen angesichts der prekären Rahmenbedingungen Widersprüche, die dem aktuell entgegenstehen.

11.5.3 Reichweite der Krisenprozesse – Oder: Bearbeitung drohender Überlastungen

Mit Blick auf die Reichweite der Krisenprozesse in den Kitas machen die erhobenen Befunde zweierlei deutlich: Einerseits beschreiben alle Befragten Erfahrungen von Überlastung und berichten somit von subjektiven Krisen der Erschöpfung – wie dies etwa auch in den Studien von Viernickel et al. (2013) oder Nock (2013), aber auch in quantitativen Befragungen zur steigenden Arbeitsbelastung aufgezeigt wird (vgl. Klaudy et al 2016; Spieß/Westermeier 2016; DGB-Index Gute Arbeit 2015; GEW 2007; Fuchs/Trischler 2008). Andererseits zeigt sich, dass es den befragten Fachkräften (größtenteils) gelingt, einen Umgang zu finden, der die drohenden Überlastungen abzuwenden weiß – etwa indem sie keine Arbeit mit nach Hause nehmen, die (gesellschaftlichen) Erwartungen auf ein schaffbares Maß reduzieren oder sich gegen ihre Umsetzung auflehnen.

Da die Einführung des Orientierungsplans und der pädagogischen Bildungskonzepte sowie die Fortbildungsmaßnahmen zwar verpflichtend sind, die Umsetzung der Reformen in den Einrichtungen jedoch nicht kontrolliert wird, bleibt es letztlich den pädagogischen Fachkräften überlassen, ob und wie die steigenden Anforderungen im Kita-Alltag realisiert werden. Stimmt die Leitung einer Einrichtung und die tätigen Erzieher*innen darin überein, dass die Anforderungen nicht zu schaffen sind, können Überlastungskrisen umgangen werden, indem ein Teil der Anforderungen nicht umgesetzt wird.

Letztlich kann demnach festgestellt werden, dass die gegenwärtigen Veränderungen in den Kitas zwar zu steigenden Belastungen, drohenden Erschöpfungen und Krisen führen, dies von den pädagogischen Fachkräften jedoch (teils) bearbeitet werden kann.

11.5.4 Sorge-Kämpfe für eine Aufwertung pädagogischer Arbeit

Seit Beginn der Reformprozesse um die Jahrtausendwende haben gewerkschaftliche Auseinandersetzungen im Bereich des Sozial- und Erziehungsdienstes zugenommen. Nicht zuletzt die beiden tariflichen Kämpfe im Jahr 2009 und 2015 haben mediale Aufmerksamkeit erregt. Mit der Kampagne von ver.di „Wir sind mehr wert“ und der thematischen Fokussierung auf die Aufwertung des Berufsfeldes im Jahr 2015, wurde deutlich gemacht, dass die Kämpfe in den Kitas (und im Sozialdienst) im Kontext der gesellschaftlichen Veränderungen der jüngeren Vergangenheit stattfinden. Entsprechend wurde thematisiert, dass frühkindliche Betreuungseinrichtungen zwar mit dem Schwerpunkt auf frühkindliche Bildung, dem Kita-Ausbau und einem Rechtsanspruch auf einen Kita-Platz an gesellschaftlicher Bedeutung gewonnen haben, dies jedoch nicht zu guten Arbeitsbedingungen für pädagogische Fachkräfte geführt hat. Öffentlich gefordert wurde in den gewerkschaftlichen Auseinandersetzungen folglich eine nachholende Aufwertung, die sich insbesondere in einer besseren Bezahlung von Erzieher*innen niederschlagen sollte.

Mit Blick auf die Interviews im vorliegenden Buch wird zwar deutlich, dass die Beschäftigten sich zum Teil durchaus mehr gesellschaftliche Anerkennung wünschen, die sich finanziell und in einer Verbesserung der Rahmenbedingungen ausdrücken soll. Allerdings zeigt sich ebenso, dass der positive Bezug auf die Reformen nicht uneingeschränkt geteilt wird. Vielmehr wird teilweise an alten Gewohnheiten festgehalten oder eine zumindest partielle Kritik an den Veränderungen (etwa in Bezug auf offene Gruppenkonzepte) formuliert. In den Kämpfen um *Aufwertung* spielen Auseinandersetzungen um die inhaltlichen Verschiebungen der pädagogischen Praxis bisher jedoch kaum eine Rolle. Als kleinster gemeinsamer Nenner rückt vielmehr der finanzielle, personelle und zeitliche Ressourcenmangel in den Blick. Die Reorganisation des pädagogischen

(Bildungs-)Verständnisses bleibt unterbelichtet. Fragen danach, mit welchem Fokus die frühe Bildung der Kinder gesellschaftlich sinnvoll und eine inhaltliche Verschiebung der pädagogischen Arbeit daher gerechtfertigt ist, werden kaum diskutiert. In den Interviews bleiben sie lediglich impliziter Gegenstand der Auseinandersetzungen um die Reformen – und dies, obwohl das Verständnis guter pädagogischer Arbeit durchaus umstritten ist. Implizit wird in den Sorge-Kämpfen die Bedeutung und Ausgestaltung der Kitas und ihrer Bildungsansprüche also mitverhandelt. Für die Fachkräfte spielen neben den (drohenden) Überlastungen also auch ihre beruflichen Ansprüche eine zentrale Rolle für die Motivation, sich an den Sorge-Kämpfen zu beteiligen. Explizit wird es jedoch weder öffentlich noch unter den Erzieher*innen artikuliert.

11.5.5 Zwischenfazit: Kinderbetreuung im Wandel – Mehr Transformation als Krise

Zusammenfassen lassen sich vier Erkenntnisse formulieren: *Erstens* kommt es gegenwärtig auch im Bereich der frühkindlichen Betreuung, Erziehung und Bildung zu Erfahrungen von Überlastung und Krise(n). Diese resultieren einerseits aus einem Anpassungsdruck auf tradierte Gewohnheiten und berufliche Selbstverständnisse. Sie können als Anpassungskrisen verstanden werden – also als krisenhafte Transformationen von habitualisierten Arbeitsroutinen und beruflichen Selbstverständnissen. Andererseits entstehen Krisen der Umsetzung in Folge von Rahmenbedingungen, die als unzureichend beschrieben werden. Beide drücken sich in Form von Erschöpfung, Überlastung und Frustrationen, erstere aber zudem in Anerkennungskonflikten als Reaktion auf erfahrene Abwertungen und einen Verlust an Wertschätzung aus.

Zweitens verändert sich im Zuge der Reformen das pädagogische Verständnis hin zu einer stärker an qualifizierenden und bildenden Aspekten orientierten Arbeit in den Kitas. Dies zieht ein gewandeltes berufliches Leitbild nach sich. Der Fokus liegt nunmehr auf der professionellen pädagogischen Fachkraft, die sich an Fachlichkeit, Wissen und Bildung und nicht länger an einem emotional-sozialen Care-Ethos orientiert. Grundsätzlich werden diese inhaltlichen Verschiebungen von den befragten Fachkräften geteilt. Mithilfe der Fallbeispiele zeigt sich bei genauerem Hinsehen jedoch, dass es nur teilweise zu einer Verinnerlichung der veränderten Anforderungen kommt, teilweise aber auch an alten Praxen festgehalten wird. Trotz der prinzipiell zustimmenden Haltung gegenüber den Reformen wird folglich deutlich, dass die Erzieher*innen diese eigensinnig ausgestalten. Angesichts knapper Ressourcen beschreiben die befragten Fachkräfte die Anforderungen als nicht umfassend realisierbar und entwickeln je spezifische Umgangsweisen. Hierbei zeigt sich *drittens*, dass die Befragten (teilweise) in der Lage sind mit Situationen der Überlastung so umzugehen, dass sie drohende Krisen bearbeiten können. Entsprechend leisten sie Widerstand gegen die Entgrenzung der Arbeit bis hinein ins Privatleben und reduzieren die Anforderungen auf ein schaffbares Maß.

Da sie diese Situation jedoch als unbefriedigend erleben, beteiligen sich alle Befragten *viertens* an den (gewerkschaftlichen) Kämpfen um Aufwertung. Diese stehen ganz im Lichte von Forderungen nach einer finanziellen Verbesserung und Aufstockungen personeller wie zeitlicher Ressourcen. Obwohl in den Gesprächen ebenfalls deutlich wird, dass auch inhaltliche Verschiebungen des pädagogischen (Bildungs-)Verständnisses umstritten sind und die professionelle Subjektivierung nur teilweise angenommen wird, bekommen diese Aspekte in den Sorge-Kämpfen keine ausformulierte Bedeutung.

Insgesamt lässt sich schließlich konstatieren, dass ein Wandel pädagogischer Praxen und (Selbst-)Verständnisse in den letzten Jahren stattgefunden hat, sich darin jedoch Widersprüche und Krisen zeigen. Demnach sind die Reformprozesse weiterhin gesellschaftlich umkämpft.

Teil IV: Soziale Reproduktion in der Krise – Krisen, Kämpfe und Sorgeverhältnisse im Vergleich

12. Umkämpfte Transformationen in Krankenhäusern und Kitas – Oder: Zu Ähnlichkeiten und Differenzen von Krisen der sozialen Reproduktion

Das vorliegende Buch hat die Entwicklungen in der Krankenpflege sowie in der frühkindlichen Betreuung, Erziehung und Bildung vor dem Hintergrund einer diagnostizierten Care-Krise untersucht. Ob für alle Bereiche bezahlter Sorgearbeit von Krisen gesprochen werden kann, war hierbei eine leitende Frage – angesichts von Kürzungen und betriebswirtschaftlichen Reorganisierungen in den Krankenhäusern auf der einen, aber steigenden staatlichen Investitionen für familienpolitische Maßnahmen auf der anderen Seite. Da trotz der teilweise recht unterschiedlichen Entwicklungen in verschiedenen Bereichen der Sorge krisenhafte Erschöpfungen und Überlastungen sichtbar sind, sollte den Ursachen für diese (subjektiven) Krisen nachgegangen werden. Der empirische Blick in die Felder zielte somit auf den Zusammenhang von Veränderungen in der (Sorge-)Arbeit, Krisen der Beschäftigten und zunehmenden Konflikten.

Nun sollen die Befunde beider Untersuchungsfelder vergleichend reflektiert werden. Dies erfolgt in drei Schritten: Zunächst werden die Veränderungen der (Rahmen-)Bedingungen in Krankenhäusern und Kitas sowie der von den Beschäftigten beschriebene Anpassungsdruck in den Blick genommen. Anschließend wird danach gefragt, wie sich die beruflichen Verständnisse von (Für-)Sorge in der Krankenpflege und Kinderbetreuung gewandelt haben. Schließlich werden die entstehenden Krisen der Pflegekräfte und Erzieher*innen betrachtet.

12.1 Who cares? – Zur veränderten Bedeutung von Krankenhäusern und Kitas für die soziale Reproduktion

Im Vergleich von Pflege und frühkindlicher Betreuung, Erziehung und Bildung und ihren jeweiligen Veränderungen zeigt sich zunächst ein recht ähnliches Bild: Die Rahmenbedingungen der eigenen Arbeit werden von Pflegekräften wie Erzieher*innen übereinstimmend als mangelhaft empfunden. In beiden Untersuchungsfeldern weisen die Befragten darauf hin, dass angesichts der Bedingungen der eigenen Arbeit – und insbesondere der personellen wie zeitlichen Engpässe – die an sie gestellten Anforderungen nicht angemessen erfüllbar sind. Pflegekräfte beklagen in diesem Zusammenhang nicht nur Zeitdruck, Personalmangel und eine Verdichtung der Arbeit. Sie bemängeln überdies, dass sie den Bedürfnissen von Patient*innen nicht (mehr) gerecht werden können. Auch Erzieher*innen sehen sich nicht in der Lage, frühkindliche Lern- und Entwicklungsprozesse entsprechend der in den pädagogischen Konzepten geforderten Bildungsinstrumente umzusetzen. Sie machen hierfür mangelnde (Büro-)Zeiten und fehlendes Personal verantwortlich, empfinden die Rahmenbedingungen also ebenfalls als Belastung.

Mithilfe der qualitativen Untersuchung fallen bei näherem Hinsehen jedoch Unterschiede auf: In der Pflege resultiert der geäußerte (Anpassungs-)Druck wesentlich aus einer Verknappung der Mittel sowie aus einem Kostendruck. Die Praxen und (Selbst-)Verständnisse geraten durch Personalabbau, Zeitdruck und eine eingeforderte Orientierung an Wirtschaftlichkeit unter Druck. Hingegen ist in den Kitas vor allem von steigenden Anforderungen die Rede. Hier entsteht ein Anpassungsdruck erst in Folge wachsender Erfordernisse – nämlich durch neu hinzukommende Aufgaben wie der individuellen Bildungsförderung, Beobachtungs- und Auswertungsverfahren oder der Öffnung von Gruppen, die angesichts mangelhafter Bedingungen nicht umsetzbar scheinen. Die Reorganisierung des Krankenhauswesens führt demnach zu einer quantitativen Verschärfung der Bedingungen und wirkt im Sinne eines Mangels auf die pflegerischen Praxen und (Selbst-)Verständnisse. Bei den Reformen in den Kitas handelt es sich hingegen um qualitative Verschiebungen der Ansprüche durch wachsende fachliche Anforderungen. Obwohl die Rahmenbedingungen in beiden Bereichen als unzureichend empfunden werden, unterscheiden sich die darin stattfindenden Veränderungen folglich voneinander. Wie aber lassen sich diese Unterschiede in den Feldern theoretisch verstehen, wenn beide Bereiche als wesentlich für Prozesse sozialer Reproduktion beschrieben werden?

In den feministischen Krisendebatten werden mit Blick auf die bezahlte Sorge vor allem Prozesse der Inwertsetzung kritisiert und diese für Krisen der Sorge verantwortlich gemacht. Die Einführung von Kriterien der Profitabilität und Rentabilität wird hierbei als Ursache von Care-Krise(n) benannt, d. h. eine Unterordnung der Sorge im Rahmen einer forcierten Ökonomisierung des Sozialen diagnostiziert (Aulenbacher/Dammayr 2014b, S. 10). (Subjektive) Krisen der Erschöpfung entstehen demzufolge aufgrund einer Ressourcenverknappung in der Arbeit. Sie sind als Reaktionen auf Lohnsenkungen, Personalabbau oder die Durchsetzung von „industrielle[n] Muster[n] der Arbeitsorganisation“ zu verstehen (Aulenbacher/Dammayr 2014a, S. 67; vgl. auch Chorus 2013, S. 276 f.; Madörin 2011, S. 66; Madörin 2007, S. 156 ff.). Ganz grundsätzlich wird von Theoretiker*innen der Social Reproduction Theory oder aus werttheoretischer Perspektive überdies argumentiert, dass die kapitalistische Wertschöpfung ihrer inneren Logik nach dahin treibe, menschliche Bedürfnisse unterzuordnen (und in diesem Zuge Reproduktionskosten wie Löhne oder Sozialausgaben zu reduzieren). Dadurch würden Bedingungen der sozialen Reproduktion stets – und ebenso gegenwärtig – unterminiert und Sorgearbeit hierfür etwa an weibliche* und/oder migrantisierte Arbeit delegiert. Es gehe aus kapitalistischer

Perspektive also darum, soziale Reproduktion möglichst kostengünstig zu gewähren. (vgl. Ferguson o.J.; Bhattacharya 2019; Federici 2012; Arruzza/Bhattacharya/Fraser 2019; Winker 2011)

Schauen wir aus dieser Perspektive auf die untersuchten Felder, zeigt sich jedoch, dass diese Analyse zwar hilft, um die Entwicklungen in der Pflege zu erfassen, zugleich über die Kinderbetreuung wenig zu sagen vermag. Die (gesellschaftstheoretische) Frage danach, warum sich in einigen Bereichen bezahlter Sorge profitorientierte Restrukturierungen und Abwertungen, in anderen aber sozialstaatliche Investitionen vollziehen, bleibt unbeantwortet, wenn nur die strukturelle Sorglosigkeit des Kapitalismus oder das notwendige wie zugleich grundsätzlich widersprüchliche Verhältnis von Produktion und sozialer Reproduktion bemüht wird. Gegenüber diesen Diskussionen plädiert das vorliegende Buch für eine Differenzierung von Prozessen in der Sorgearbeit. Offenbar können nicht nur Abwertungen, sondern auch Investitionen in bestimmten Situationen ‚sinnvoll' sein. Aus der Perspektive kapitalistischer Produktion und der darin wirkenden Akteure scheint gegenwärtig zwar die Reproduktion in generativer und qualifikatorischer Hinsicht relevant, die gesundheitlich-physische Reproduktion mithilfe von Krankenhäusern hingegen nicht.

So wird seitens der Deutschen Wirtschaft seit den 1990er Jahren ein Mangel an (qualifiziertem) Humankapital sowie von Qualifikationen und Innovationsfähigkeit der (deutschen) Arbeitskräfte beklagt (vgl. Hajek 2017; Candeias 2012). Auch vor diesem Hintergrund fokussieren die Reformen in den Kitas auf eine Verbesserung generativer und qualifikatorischer Reproduktion zukünftiger sowie auf die Freisetzung qualifizierter, vor allem weiblicher* Arbeitskräfte. Die Kinderbetreuung und die daran geknüpften Aufgaben und Fähigkeiten werden seit den 1990er Jahren nicht mehr vorrangig im privaten Bereich der elterlichen Erziehung, sondern vermehrt in öffentlichen und professionalisierten Einrichtungen verortet (vgl. Hajek 2019, S. 202f.). Daher spielen die steigende weibliche* Erwerbsintegration sowie der Ruf nach einem Ausbau der Betreuung eine bedeutende Rolle für den Ausbau der Kindertagesstätten (vgl. Krone/Stöbe-Blossey 2010; Schultz 2013). Darüber hinaus erfährt die (frühkindliche) Bildung angesichts der schlechten Ergebnisse Deutschlands in internationalen Bildungsvergleichen eine gesellschaftliche Aufwertung (vgl. vbw – Vereinigung der Bayrischen Wirtschaft 2012). Ihre besondere Bedeutung wird zudem mit der zeitdiagnostischen These der Wissensgesellschaft verbunden, der zufolge qualifiziertes Personal und die Ressource Bildung als wesentlich für die Wettbewerbsfähigkeit konkurrierender Wirtschaftsstandorte gilt (vgl. Bauer et al. 2012). Staatliche Ausgaben werden demnach in Bereichen der Bildung als Investitionen, in anderen Bereichen sozialer Dienstleistungen hingegen als Ausgaben kategorisiert. In den Kitas resultiert der wachsende Druck auf die Beschäftigten also nicht aus einer Verschärfung der Bedingungen, sondern – wie in der Untersuchung deutlich wurde – erst aus dem Wandel der gesellschaftlichen wie eigenen (Care-)Ansprüche in der Arbeit.

Die Umstrukturierungen der Krankenhäuser hingegen zielen primär auf eine Einbindung in Prozesse kapitalistischer Akkumulation und werden (zum Teil im Widerspruch dazu) mit einer Ideologie der Kostendämpfung begründet. Krankenhäuser werden in ihrer Möglichkeit für Wertschöpfungsprozesse neu entdeckt. Anders als in den Kitas resultieren die Restrukturierungen im Gesundheitswesen folglich nicht aus einem steigenden Bedarf an gesundheitlicher Versorgung, sondern werden vorrangig mit der Schaffung marktwirtschaftlicher Strukturen argumentiert. Spielte noch in den 30er Jahren des 19. Jahrhunderts die Versorgung von Arbeitskräften in Krankenhäusern eine große Rolle, weil die kapitalistische Produktion zu massenhafter Zerstörung von menschlicher Arbeitskraft und der Notwendigkeit ihrer gesundheitlichen Wiederherstellung führte (vgl. Wetterer 2002, S. 295; Krampe 2013, S. 44; Bischoff 1992, S. 20), so hat sich die Bedeutung der Krankenhäuser für die Sicherstellung der sozialen Reproduktion im historischen Verlauf verändert.

Dieser Befund wird im vorliegenden Buch als gegensätzliche Bedeutungsverschiebung mit Blick auf die soziale Reproduktion theoretisch gefasst. Die Veränderungen in Krankenhäusern und Kitas können demnach gerade nicht gleichermaßen als Prozesse der Abwertung, sondern ebenso als jene der Aufwertung bzw. der Nutzbarmachung in den Blick genommen werden. Zwar sind beides Bereiche der bezahlten Sorgearbeit. Sie nehmen im Kontext der gegenwärtigen kapitalistischen Produktionsweise aber unterschiedliche Bedeutungen für die soziale Reproduktion ein. Folglich kann, wie dies in der feministischen Krisendebatten erfolgt, zwar angenommen werden, dass es eine Tendenz gibt, soziale Reproduktion in möglichst billiger Form zu organisieren. Allerdings macht das vorliegende Buch ebenso klar, dass dieses Interesse – auch ‚aus Sicht kapitalistischer Produktion' – nur in bestimmten Situationen oder für spezifische Sektoren sinnvoll erscheinen kann. In der Theoretisierung der sozialen Reproduktion muss daher die kapitalistische Angewiesenheit auf Arbeitskraft und ihre Bewegungsdynamiken ebenso systematisch berücksichtigt werden.

12.2 Zwischen Abspaltung und Nutzbarmachung von Fürsorge – Politische Regulierungen in der Sorgearbeit

Werden die Entwicklungen in der Pflege sowie der Kinderbetreuung hinsichtlich der inhaltlichen Verschiebungen im (Für-)Sorgeverständnis verglichen, zeigen sich auch hier merkliche Unterschiede. Deutlich wird zwar, dass in beiden Feldern Veränderungen sowohl in den beruflichen Leitbildern als auch im Verständnis fürsorglicher Praxis stattgefunden haben. Zugleich weisen die professionellen

Orientierungen in Krankenpflege und Kinderbetreuung unterschiedliche inhaltliche Merkmale auf.

So artikulieren die (befragten) Pflegekräfte, dass an die Stelle eines Primats der Bedürfnisse von Patient*innen neue Orientierungen treten. Kommunikative, psychosoziale oder körpernahe pflegerische Tätigkeiten werden angesichts des bestehenden Zeitmangels von Pflege(dienst)leitungen als weniger wichtig erachtet als Arbeiten etwa, welche im DRG-System (besser) abgerechnet werden können. Dies sind beispielsweise ärztliche Tätigkeiten oder Dokumentationen. Von den (befragten) Pflegekräfte wird somit eine professionelle Distanz gegenüber den (individuellen) Bedürfnissen und Sorgen der Gepflegten eingefordert, die gesundheitliche Genesung der Patient*innen also weniger gewichtet als die zu erreichenden Kennziffern (vgl. Interview Kunkel, Z. 124 ff.). Wie auch andere qualitative Untersuchungen zeigen, führt dies dazu, dass soziale und emotionale Zuwendung, Zeit für Gespräche oder die Empathiefähigkeit in der pflegerischen Sorgearbeit zunehmend unter Druck geraten (vgl. Braun/Klinke/Müller 2010; Kumbruck/Rumpf/Senghaas-Knobloch 2010).

Von den Erzieher*innen wird hingegen keine Distanzierung gegenüber den Bedürfnissen der Kinder eingefordert. Bildungskonzepte orientieren auf individuelle Förderung frühkindlicher Lern- und Entwicklungsprozesse und somit gerade auf eine Stärkung der Themen, Interessen und Fähigkeiten von Kindern sowie auf eine wachsende Berücksichtigung ihrer Bedürfnisse. Zwar wird teilweise argumentiert, dass die „Überbelichtung der Bildungskomponente[n] den weitaus größten Teil des Alltags von Erzieher_innen aus[blendet] – der nach wie vor in erster Linie aus Windeln-wechseln, Saubermachen, Streitschlichten und nicht aus Sprachförderung und Abiturvorbereitung besteht“ (Hosse/Krob/Stieber 2017, S. 63), dass also die diskursive Aufwertung von Erzieher*innen mit der Abwertung basaler Sorgearbeit einhergehe (ebd.). Im Vergleich mit der (Kranken-)Pflege zeigt sich jedoch ein deutlicher Unterschied: So bekommen vermeintlich weibliche* Aspekte frühpädagogischer Arbeit sowie die als basale Sorgearbeit bezeichneten Tätigkeiten insbesondere im Kontext von Bindungstheorien ‚ihren Platz‘. Enge emotionale Beziehungen, Geborgenheit, Verlässlichkeit oder Nähe werden hier betont, sowie darauf verwiesen, dass Kinder nur lernen können, wenn Grundbedürfnisse wie Hunger, Durst, Sauberkeit oder Schlaf befriedigt sind (vgl. Schneewind 2011; Viernickel 2008; Becker-Stoll 2009). Neben bildungsbezogenen Tätigkeiten steigt demnach auch die Bedeutung emotionaler, sozialer und beziehungsbezogener Aspekte – wenngleich sich letztere, wie in den Interviews deutlich wird, im Kita-Alltag nur schwer übersetzen.

Die „Überbelichtung der Bildungskomponenten“ zieht jedoch andere Folgen nach sich: Die umsorgenden und beziehungsgenerierenden Tätigkeiten werden in der frühkindlichen Betreuung, Erziehung und Bildung auf eine Steigerung von Lernprozessen in der Entwicklung von Kindern hin ausgerichtet[64] – und dies kann (wenigstens *auch*) als Nutzbarmachung fürsorglicher Aspekte gelesen werden. „Basale" Sorgetätigkeiten bekommen im Rahmen von Bindungstheorie demnach eine wissenschaftliche Fundierung und erfahren eine Aufwertung. Zugleich aber bleiben sie in der Wertigkeit gegenüber bildungsgenerierenden Aspekten untergeordnet, da ihre Wichtigkeit nur als Voraussetzung frühkindlicher Lernprozesse steigt.

Für beide Felder lassen sich Veränderungen der beruflichen Leitbilder hin zu einem professionellen Care-Ethos beobachten. In der erziehenden Sorgearbeit kann jedoch nicht, wie dies für die pflegende Sorgearbeit beobachtet wird, von einer Abspaltung oder „Abjektion" (vgl. Müller 2016) fürsorglicher Elemente von Care gesprochen werden. Wie aber ist dies theoretisch zu verstehen?

Mithilfe der feministischen Perspektive gesellschaftlicher Sphärentrennungen sowie ihrer Vergeschlechtlichung lassen sich diese Befunde re-interpretieren: Hier wird argumentiert, dass die Herausbildung des Kapitalismus nicht nur die kapitalistische Produktionsweise, sondern zugleich ihr Anderes konstituiert hat. Durch die Trennung von Mehrwertschöpfung auf der einen sowie dem Anderen, als nicht nach diesen Kriterien funktionierendem, auf der anderen Seite sind gesellschaftliche Verhältnisse herrschaftsförmig zergliedert worden. Zugleich ist ihre Hierarchisierung und Vergeschlechtlichung erfolgt. Die kapitalistische Produktionsweise ist als Rationale, Objektive und Männliche* sowie als Übergeordnete entstanden, das Andere hingegen als Untergeordnetes, Emotionales, Zugewandtes und Weibliches* (vgl. Beer 1990; Bock/Duden 1976). Kapitalistische Produktionsweise basiere also, wie Müller argumentiert, auf der Befreiung von den Irrationalitäten des Leibes und setze ein rational denkendes und handelndes Subjekt voraus (vgl. Müller 2018, S. 92), um, wie Aulenbacher es beschreibt, die Etablierung eines Bereiches umsetzen zu können, der ‚rein' nach den Prinzipien kapitalistischer Mehrwertschöpfung funktioniert (vgl. Aulenbacher 2013b, S. 17 f.). Die hierarchisierenden Trennungen dienen demnach dazu, dass die kapitalistische Produktionsweise sich konstituieren kann. Innerhalb dieser Restrukturierungen ist es sodann kein Zufall, dass es die schwerer messbaren und quantifizierbaren Aspekte der Fürsorglichkeit sind, die tendenziell in Widerspruch zur rationalisierenden Logik kapitalistischer Mehrwertschöpfung geraten.

Betrachten wir aus dieser Perspektive die Entwicklungen in Krankenhäusern, können die Restrukturierungen nicht lediglich als Einbindung in Prozesse kapitalistischer Akkumulation beschrieben werden. Wir müssen sie vielmehr ebenso als solche der Re-Organisation von Fürsorglichkeit verstehen. Diese

64 Der Fokus auf frühkindliche Bildung wird in sozialwissenschaftlichen Arbeiten allerdings zugleich auch beispielsweise für eine Instrumentalisierung kindlicher Entwicklungsprozesse und ihre Ausrichtung auf eine „Qualifizierung als zukünftige Arbeitskräfte" kritisiert. (vgl. z. B. Lange 2010, S. 92)

Re-Organisierung erfolgt entlang medizinisch-technischer Aspekte der Pflege, die zugleich reduziert wird um ihre sozialen, emotionalen, kommunikativen oder leiblich-relationalen Dimensionen. Der Bedeutungsverlust von Krankenhäusern für die soziale Reproduktion und ihre zunehmende Rolle für kapitalistische Akkumulation gehen demzufolge, so könnte es m. E. gelesen werden, mit einem Fokus auf Mehrwertschöpfung sowie mit Männlichkeit* und einer Abspaltung des Anderen einher. Was genau abgespalten wird, ist m. E. jedoch nicht überhistorisch (noch fürsorgeethisch) zu bestimmen oder ergibt sich quasi natürlich aus der kapitalistischen Produktionsweise. Es ist vielmehr abhängig davon, wie und wo die Inwertsetzung sich vollzieht und was als Lebensweisen und Subjektivitäten durchgesetzt werden kann.[65]

Das Theorem der Abspaltung von Care als Voraussetzung für die Realisierung kapitalistischer Mehrwertschöpfung kann allerdings die Dynamiken in den Kitas und die Nutzbarmachung von Fürsorge nicht in den Blick nehmen. Aus dieser Perspektive kann lediglich darauf verwiesen werden, dass hier nicht Mehrwertschöpfung im Zentrum steht und sich daher keine Abspaltung fürsorglicher Elemente vollzieht.

Nicht die Frage der Nutzbarmachung, jedoch jene nach der Kontrolle und Verfügung über soziale Reproduktion wird hingegen bei den Bielefelderinnen mithilfe der Vorstellung räuberischer Enteignung theoretisiert. Sie argumentieren, dass der Kapitalismus auf die Verfügung und Kontrolle über die soziale Reproduktion angewiesen sei, da der kapitalistische Produktionsprozess zwar von der Reproduktion getrennt wurde, aber weiterhin auf ihr basiere. Weil er die soziale – und generative – Reproduktion aber nicht selbst herzustellen vermag, sei er auf die Verfügung und Kontrolle über sie angewiesen. (Bennholdt-Thomsen 1983, S. 206; Mies 1983, S. 188; von Werlhof 1983b, S. 146) Bezogen auf die Entwicklungen in den Kitas wird die Nutzbarmachung der Fürsorge folglich als ein Versuch der Verfügung und Kontrolle über die Reproduktion der Arbeitskraft verstehbar. Die steigende Bedeutung von Kitas insbesondere für die generative und qualifikatorische (sowie subjektivierende) Reproduktion

---

65 Bezogen auf den Untersuchungsbereich der Pflege in Krankenhäusern bedeutet dies konkret: Mit der Einführung der DRG-Finanzierung ist zwar die Pflege als größter Kostenpunkt betrachtet und hier der Sparzwang am stärksten ausgeübt worden – was in der Folge zu Prozessen der Rationalisierung, Arbeitsverdichtung sowie zur Abspaltung fürsorglicher Aspekte geführt hat. Allerdings stellt sich mit Blick auf die erst jüngst politisch beschlossene Herausnahme der Pflegekosten aus den DRG (vgl. InEK GmbH 2019) die Frage, ob und wie dies die Situation in der Pflege verändern könnte. Kann der Kostendruck nicht länger mithilfe von (Personal-)Kürzungen und der Reduktion von Tätigkeiten in der Krankenpflege bearbeitet werden, führen Arbeitsverdichtungen und die Abspaltung fürsorglicher Aspekte aus der Pflege nicht mehr zu Einsparungen und werden aus Sicht kapitalistischer Akkumulation ‚sinnlos'. Demnach ist es m. E. nicht *per se* die Fürsorglichkeit, oder Care, die abgespalten werden müssen. Vielmehr muss konkret bestimmt werden, welche Aspekte zu einem spezifischen Zeitpunkt nicht profitabel zu organisieren sind.

führt daher nicht zu einer Abspaltung fürsorglicher, vermeintlich weiblicher* Aspekte der Sorge. Vielmehr geht es um die Nutzbarmachung (und diskursive Aufwertung) von Fürsorglichkeit. Kitas werden, vereinfacht gesprochen, nicht der Sphäre der Produktion, sondern jener sozialer Reproduktion zugeordnet. Im Unterschied zu dem von den Bielefelderinnen beschriebenen Prozess des Raubs oder der Enteignung sowie der Naturalisierung dieses Verhältnisses wird die herrschaftsförmige Nutzbarmachung gegenwärtig jedoch nicht allein mithilfe von Zwang, Repression oder Gewalt oder mit der Anrufung natürlich weiblicher* (Gebär-)Fähigkeiten organisiert. Mit dem Diskurs um Professionalisierung rücken in beiden Feldern die Sorgetätigkeiten für Patient*innen oder Kinder stattdessen als qualifizierte, fachliche und berufliche Fähigkeiten in den Blick und greifen damit auch Interessen der Sorgebeschäftigten auf – und dies obwohl die Frage, was (Für-)Sorge in beiden Feldern inhaltlich konkret bedeutet, unterschiedlich beantwortet wird. Folglich kann die Re-Organisation von Fürsorge in den Diskursen um Professionalisierung auch als ein Versuch politisch-ideologischer Regulierung verstanden werden. Dies erfolgt über den Versuch der Einbindung von Interessen – etwa indem die Professionalisierung auch eine (selektive) Aufwertung des Berufs verspricht.

Da die neuen Arbeits- und ‚Produktions'bedingungen in Krankenhäusern wie Kitas, gramscianisch gesprochen, auf einen Wandel der Arbeitsgewohnheiten, Routinen und beruflichen Selbstverständnisse angewiesen sind, zielen staatliche und zivilgesellschaftliche Praktiken auf Veränderungen in den Lebensweisen und sorgenden Subjektivitäten. Weder die Orientierung an Rentabilität und Profitabilität in den Krankenhäusern noch der Fokus auf die Qualifizierung von Kindern (als zukünftige Arbeitskräfte) in den Kitas setzen sich quasi automatisch durch. Vielmehr muss sich dies in den jeweiligen Praxen und Subjektivitäten der Beschäftigten materialisieren. Das macht es nötig, bestimmte Handlungsweisen durch Zwang zu beschränken – etwa wenn aufgrund des quantitativen Anpassungsdruck ein Ethos fürsorglicher Praxis nicht länger umsetzbar erscheint, oder Weiterbildungsmaßnahmen für Erzieher*innen verpflichtend sind. Es zeigt jedoch auch die Notwendigkeit auf, das Fürsorgeverständnis zu re-organisieren und in ein kohärentes Verhältnis mit den (Arbeits-)Bedingungen zu bringen.

Gegenüber jenen Diskussionen, die ausgehend von einem fürsorgeethisch bestimmten Begriff von Care oder der (Für-)Sorge aktuell eine Krise diagnostizieren (vgl. Aulenbacher 2013; Klinger 2013), wirbt das Buch daher auch hier für eine Differenzierung der Perspektive: Die Befunde der vorliegenden Untersuchung zeigen m. E. nicht, dass Care gegenwärtig nicht (mehr) angemessen umgesetzt werden kann. Vielmehr wird deutlich, dass sich sowohl eine Abwertung und tendenzielle Verdrängung fürsorglicher Aspekte aus der pflegerischen Sorgearbeit vollziehen als auch, dass diese in der erziehenden Sorgearbeit einen höheren Stellenwert einnehmen. Es findet folglich eine (bereichsspezifische) Re-Organisierung von Fürsorglichkeit und damit auch der

Versuch einer neuen Normalisierung veränderter Fürsorge statt. Fürsorge verstehe ich dabei als historisch spezifischen und im Kontext kapitalistischer Produktionsweise stehenden Begriff der politisch-ideologischen Regulierung. Er ist m. E. im Gegensatz zum Care-Begriff, nicht fürsorgeethisch, ontologisch oder überhistorisch zu konzeptualisieren, sondern abhängig von den Anforderungen der Arbeits- und Produktionsweisen sowie davon, was in den Lebensweisen und Subjektivitäten von Menschen lebbar gemacht werden kann.

12.3 Krisen und Kämpfe im Vergleich: Pflegekräfte und Erzieher*innen zwischen Anpassung und Verweigerung

Ein vergleichender Blick auf die Untersuchungsfelder legt frei, dass sich die Entwicklungen der Rahmenbedingungen und Fürsorgeverständnisse in der Krankenpflege sowie der institutionellen Kinderbetreuung gegenwärtig aus unterschiedlichen Hintergründen vollziehen. Zugleich zeigt sich, dass in beiden Bereichen Gewohnheiten, (Arbeits-)Routinen und berufliche (Selbst-)Verständnisse unter Druck sowie dass Pflegekräfte wie Erzieher*innen in vielfältige Krisen geraten. Trotz der unterschiedlichen Dynamiken werden demnach in beiden Bereichen Krisen offensichtlich. Zudem weisen die Umgangsweisen der Befragten Ähnlichkeiten auf. Nachfolgend wird beides diskutiert.

12.3.1 Krisen hier wie dort? – Ähnlichkeiten in Pflege und pädagogischer Arbeit

Werden die Umgangsweisen und Krisen in der Krankenpflege sowie der frühkindlichen Betreuung vergleichend in den Blick genommen, zeigen sich durchaus Ähnlichkeiten. So lassen sich Verweigerungen und Anpassungskrisen beobachten. In beiden Bereichen zeigen sich aber auch ein Festhalten an alten Gewohnheiten sowie Verweigerungen gegen die Neuerungen – und schließlich Krisen, die aus dem Druck auf diese Handlungsweisen resultieren.

Erzieher*innen kritisieren etwa, dass eigene, berufliche Kenntnisse in die Umsetzung von Bildungskonzepten nicht (ausreichend) eingebracht werden konnten. Gegen den öffentlichen und medialen Diskurs sowie gegen die in wissenschaftlichen Arbeiten oftmals überwiegend positive Bewertung der Reformen (vgl. Stöbe-Blossey 2010; 2011; Viernickel et al. 2013; u. a.) nehmen sie Veränderungen und den Druck auf ihre Arbeitsweisen folglich gerade nicht als Auf- vielmehr als Abwertung von beruflichem Wissen und habitualisierter Praxen wahr. Auch in der Pflege findet sich ein Festhalten an alten Gewohnheiten – etwa wenn neue Arbeitsteilungen wie die Delegation oder Reduzierung von als weniger anspruchsvoll geltenden Tätigkeiten als Verletzungen einer ganzheitlichen Pflege betrachtet werden. Trotzdem diese von den Pflege(dienst)-leitungen also als effizient gepriesen sowie die Übernahme ärztlicher Tätigkeiten ebenso von fachpolitischen Verbänden oftmals begrüßt werden (vgl. DbfK 2010a: 8), werden ‚professionelle' Arbeitsteilungen von Pflegekräften daher nicht immer unterstützt. Vielmehr wird gegenwärtig eine Abwertung von beruflichen Orientierungen eines Ethos fürsorglicher Praxis erfahren.

In der Folge kommt es bei Erzieher*innen wie Pflegekräften zu *Anpassungskrisen* – nämlich dann, wenn im Ringen um die Aufrechterhaltung alter Gewohnheiten Erschöpfungen, Überlastungen und/oder Frustrationen entstehen. Können Praxen einer fürsorglichen Pflege angesichts zeitlicher und personeller Engpässe und der Abwertung dieser normativen Orientierungen nicht umgesetzt werden, oder steigen die gesellschaftlichen Ansprüche an die pädagogische Arbeit, aber die (zeitlichen, personellen und räumlichen) Ressourcen bleiben gleich, kommt es folglich zu Krisen – und dies nicht nur, auf Grund zusätzlicher Aufgaben, sondern auch in Folge der Abwertung alter.

Diese Krisen und die Veränderungen der Gewohnheiten haben dabei auch eine vergeschlechtlichte Dimension. So zeigt sich in der Pflege etwa, dass die Abspaltung vermeintlich weiblicher* Aspekte aus der pflegerischen Arbeit auch unter Bezug auf die eigene Empathiefähigkeit, das ‚intuitive' Wissen über Sorgen und Nöte der Patient*innen sowie ihr alltägliches Wohlbefinden, oder unter positivem Bezug auf den fachlichen Anspruch als „Kranken*schwester*" (vgl. Interview Stefanie, Z. 549 ff.) abgelehnt wird. Veränderte Anforderungen werden demnach als Verletzung eines vormals verinnerlichten, vergeschlechtlichten Berufsbildes sowie daraus erwachsener beruflicher Ansprüche an die (Sorge-)Arbeit empfunden – auch, weil darin Vorstellungen pflegerischer Weiblichkeit* oder weiblicher* Pflege als empathische, sorgende und um die Bedürfnisse der Patient*innen wissende unter Druck geraten.

Dies zeigt sich ebenso in den Kitas. Auch hier werden Vorstellungen pädagogischer Arbeit und Weiblichkeit* reorganisiert – und stoßen ebenfalls auf Widerspruch. Denn Beziehungen, Bindung und Zuwendungen zu den Kindern werden als intuitive, vermeintlich natürliche oder autoritäre Praxen zurückgewiesen, wenn sie nicht an die Umsetzung der in den Bildungskonzepten enthaltenen Vorstellungen von kindlichen Entwicklungen und Lernprozessen geknüpft sind. Beziehung, Bindung und Emotionalität werden folglich im Kontext qualifizierender Zuwendung verortet und somit als professionelles und fachliches Wissen um frühkindliche Entwicklungsprozesse verstanden (vgl. Dippelhofer-Stiem 2013, S. 403). Tradierte Praxen aber werden abgewertet, da ihnen ebendiese Kompetenzen abgesprochen werden. Auch in den Kitas finden die Auseinandersetzungen folglich nicht nur um tradierte Gewohnheiten, sondern um Veränderungen vergeschlechtlichter Berufsbilder statt – wenngleich es hier nicht zu einer Abspaltung vermeintlich weiblicher* Tätigkeiten kommt. Vielmehr ringen hier alte und neue Vorstellungen von Weiblichkeit* miteinander.

Neben dem Festhalten an alten Gewohnheiten und beruflichen Selbstverständnissen lassen sich in den Untersuchungsfeldern jedoch auch Anpassungen, also eine mindestens teilweise Verinnerlichung gewandelter Anforderungen beobachten. So wird in den Kitas zwar die konkrete Art und Weise der Einführung frühkindlicher Bildung (teilweise) kritisiert. Zugleich werden die fachpolitischen Änderungen von allen Befragten begrüßt sowie das in den pädagogischen Konzepten implizierte Verständnis frühkindlicher Bildung geteilt und die Neuerungen daher als Bereicherung der erziehenden Arbeit anerkannt. Auch in der Pflege finden sich sowohl Ansätze einer als ganzheitlich verstandenen Pflege wie ebenso Haltungen, die auf ein verändertes Pflegeverständnis verweisen. Einer Entlastung der Pflege von Tätigkeiten etwa, die vermeintlich keiner Qualifikation bedürfen, wird teilweise zugestimmt.

Dennoch entstehen in beiden Feldern *Krisen der Umsetzung* – und dies besonders dann, wenn die gewandelten Ansprüche zwar befürwortet und verinnerlicht, aber nicht umgesetzt werden können. So befördert der Fokus auf frühkindliche Bildung in den Kitas einen pädagogischen Anspruch, welcher die Lern- und Entwicklungsprozesse der Kinder möglichst umfänglich unterstützen will. Im Alltag ist die individuelle Förderung der Kinder angesichts knapper zeitlicher und personeller Ressourcen allerdings kaum zu schaffen. Dies führt zu Frustrationen, Erschöpfung und Überlastungen. In der Pflege lassen sich ebenfalls Krisen trotz einer Verschiebung pflegerischer Praxen beobachten – etwa dort, wo eine (zeitliche) Entlastung der Pflege durch neue Formen der Arbeitsteilung oder die Reduzierung körpernaher Tätigkeiten befürwortet wird, Personalmangel und Zeitdruck aber dazu führen, dass es trotzdem zu Überlastungen kommt. Die Akzeptanz veränderter Anforderungen bewahrt also nicht vor Krisen, denn die Verknappung der Ressourcen in der Pflege ist dafür zu groß. Auch die Ansprüche eines professionellen Care-Ethos lassen sich also nicht umsetzen.

Wie Anpassungskrisen haben auch Umsetzungskrisen eine vergeschlechtlichte Dimension: So wird eine professionelle Distanz gegenüber den Patient*innen in der Pflege (bis zu einem gewissen Grad) verinnerlicht, lässt sich in der Praxis jedoch nicht realisieren. Demnach nimmt zwar die eigene Freizeit und die Abgrenzung von der Arbeit (und somit auch von den Bedürfnissen der Patient*innen) einen höheren Stellenwert ein und das Bild der aufopfernden, liebesdienstleistenden Krankenschwester, die sich in völliger Aufgabe um ihre Patient*innen sorgt, dient als Abgrenzungsfolie für das eigene (Selbst-)Verständnis. Und doch müssen Lücken – ungeachtet der sinkenden Bereitschaft, sich für die Arbeit aufzuopfern – von den Pflegenden kompensiert werden. Ihr professionelles Pflegeverständnis, welches die Bedürfnisse der Patient*innen wesentlich als medizinische versteht sowie diese kritisch gegenüber eigenen (emotionalen und zeitlichen) Kapazitäten abwägt, gerät folglich in Widerspruch zu den gegebenen Bedingungen.

Auch in der frühkindlichen Betreuung wird aus geschlechtertheoretischer Perspektive ein Wandel vergeschlechtlichter Routinen und (Selbst-)Verständnisse deutlich. Mit den Reformen geht demnach ein (Selbst-)Verständnis pädagogischer Arbeit einher, welches den Schwerpunkt der Arbeit auf Bildung, fachlich qualifiziertes Wissen um frühkindliche Entwicklungsprozesse sowie auf eine Distanzierung gegenüber ‚nur' sorgender und betreuender, vermeintlich natürlich weiblicher* Zuwendung und Liebe zu den Kindern legt. Zugleich aber ruft diese Verinnerlichung veränderter Ansprüche Widersprüche und Krisen hervor. Angesichts mangelnder Ressourcen in den Einrichtungen ringen die Fachkräfte um eine qualifizierte und fachlich angemessene Umsetzung frühkindlicher Bildung – ohne dies jedoch entsprechend ihrer Ansprüche realisieren zu können.

12.3.2 Pflege am Rande der Existenz und Pragmatismus in den Kitas? – Differenzen in der Reichweite von Krisen

Mit Blick auf die Umgangsweisen werden im Vergleich von Pflegekräften und Erzieher*innen Übereinstimmungen, aber auch bedeutsame Unterschiede sichtbar: So finden sich zwar in den Kitas ebenso wie in den Krankenhäusern Verweigerungen wie Anpassungen. Zugleich fallen in Bezug auf die konkreten Formen der Verweigerung markante Unterschiede zwischen den Interviews aus der Krankenpflege und jenen der Kinderbetreuung auf.

Während die Verweigerung in der Krankenpflege auch eine explizite Ablehnung des Leitbilds professioneller Pflege und einen selbstbewusst vertretenen Standpunkt des Ethos fürsorglicher Praxis beinhaltet, wird der Paradigmenwechsel in der Kinderbetreuung hin zu frühkindlicher Bildung auch dann nicht grundsätzlich in Frage gestellt, wenn darin eine Entwertung bisheriger Qualifikationen, Praxen und beruflicher Selbstverständnisse gesehen wird. In den Schilderungen der Erzieher*innen wird deutlich, dass sie teilweise zwar eine sehr eigensinnige Umsetzung der individuellen Förderung und der Bildungskonzepte entwickeln, in der die neuen Anforderungen kombiniert werden etwa mit klassischen Gruppenarbeiten oder dem Festhalten an einem Bildungskanon. Diese eigensinnige Praxis ist jedoch nicht eingebettet in eine grundsätzliche Kritik an den neuen Bildungskonzepten. Vielmehr werden Abweichungen eher pragmatisch begründet – etwa mit mangelnden Ressourcen für deren Umsetzung.

Eine Interpretation dieser Differenzen lässt sich in zweierlei Hinsicht formulieren: Zum einen könnte die – zumindest rhetorische – Zustimmung zur Einführung frühkindlicher Bildungskonzepte in den Kitas mit der relativ rigiden Durchsetzung der veränderten beruflichen Anforderungen zusammenhängen. In den verpflichtenden Weiterbildungsmaßnahmen ist der Raum des Sagbaren begrenzt und die Zustimmung zu frühkindlichen Bildungskonzepten als Voraussetzung für das Verbleiben im Beruf der*s Erzieher*in formuliert worden. Zum anderen könnte die Akzeptanz der Reformen in den Kitas daraus resultieren, dass die Erzieher*innen die Reformen (nach ihrer Einführung) stärker eigenständig gestaltet können, als dies in der Pflege möglich ist, und die Veränderungen zudem mit einem gesellschaftlichen Diskurs um Aufwertung einhergehen – etwa weil Kitas als wichtige Institutionen für die Qualifizierung zukünftiger Arbeitskräfte verstanden werden. In den Krankenhäusern hingegen dient das professionelle Ethos als Legitimationsfolie für gesellschaftliche Einsparungen.

Auch in Bezug auf die Widersprüche und Krisen in Krankenpflege und Kinderbetreuung werden Differenzen deutlich – denn der Grad oder die Reichweite der beobachteten Krisen unterscheiden sich. So klagen die Beschäftigten in der Krankenpflege über steigende Krankheitsraten und Erschöpfungen, oder müssen Arbeit reduzieren, um die Bedingungen überhaupt ertragen zu können. Darüber hinaus steht ihnen der Anpassungsdruck auch deutlicher als Zwang gegenüber, indem sie gerade nicht die Möglichkeit haben, ihre Arbeit in Abwägung mit eigenen beruflichen Ansprüchen auszugestalten. Demnach führen die Verknappung der Ressourcen sowie die damit einhergehenden zeitlichen und personellen Mängel in der Pflege nicht nur zu dem Eindruck, die gestiegenen Erwartungen nicht (mehr) angemessen erfüllen zu können, sondern zu körperlichen und psychischen Erschöpfungen, Überlastungen und Frustrationen, die als existenzielle Bedrohungen wahrgenommen werden. Zwar werden auch in den Kitas Überforderungen thematisiert. Allerdings scheinen diese im Vergleich zur Krankenpflege weniger tiefgreifend. Wie sich in den Interviews zeigt, reagieren die Erzieher*innen auf die steigenden Ansprüche mit einer eigenwilligen Ausgestaltung der Erfordernisse, indem sie diese reduzieren und an die gegebenen Bedingungen anpassen. Sie gehen also bewusst gegen drohende oder bestehende Überlastungen vor, können dies angesichts der ihnen verbleibenden Handlungsmöglichkeiten[66] aber auch besser umsetzen als es in der Pflege möglich ist. Die Kontrollmechanismen hinsichtlich der (individuellen) Bildungsförderung in den Kitas sind (bisher) weniger ausgebaut und die Lern- und Entwicklungsprozesse von Kindern (gegenwärtig) weniger überprüfbar als die mithilfe von Kennziffern gesteuerten Prozesse in der Pflege.

Zudem verweisen die verbleibenden Handlungsmöglichkeiten in den Kitas auch auf unterschiedliche Zuschnitte der Sorgearbeit in Krankenpflege und Kinderbetreuung: In der pädagogischen Arbeit ist es bis zu einem gewissen Grad notwendig, dass den Erzieher*innen ein kreativer Gestaltungsspielraum in der konkreten Umsetzung ihrer Arbeit verbleibt – denn die frühkindlichen Bildungskonzepte setzten an vielen Punkten eben nicht einen festgelegten Bildungskanon voraus. Vielmehr wird frühkindliche Bildung als ein Lernen des Lernens verstanden.

66 So wird in der Literatur darauf verwiesen, dass sich das Feld Kita traditionell einer „klaren Gestaltung und Steuerung" (Diskowski 2012, S. 125) entzieht.

Bezogen auf die befragten Erzieher*innen könnte der bestehende Handlungsspielraum überdies damit erklärt werden, dass diese sich z. T. bewusst für die Übernahme einer Leitungsstelle in der Kita entschieden haben, um ihre Handlungs- und Ausgestaltungsmöglichkeiten zu erweitern. Perspektivisch ist jedoch nicht klar, ob die pädagogische Arbeit weiterhin relativ frei gestaltbar bleibt. Bereits jetzt kann beobachtet werden, dass eine Stärkung des Zugriffs auf ihre Ausgestaltung mit Blick auf frühkindliche Bildungsprozesse angestrebt und vorbereitet wird (vgl. Stöbe-Blossey 2012; Diskowski 2012), beispielsweise indem Instrumente des Qualitätsmanagements eingeführt, aber auch unterschiedlich qualifizierten Fachkräften verschiedene Aufgaben übertragen werden. In den Interviews berichten die Befragten etwa davon, dass die Leitungsfunktionen der Kitas in manchen Gemeinden ausschließlich durch akademisch gebildete Fachkräfte übernommen werden. Dies muss auch vor dem Hintergrund gesehen werden, dass in der Fachliteratur die positive (Mit-)Gestaltung der Reformen durch Akademiker*innen vermutet und ihr vermehrter Einsatz in Leitungspositionen daher begrüßt wird (vgl. vbw – Vereinigung der Bayrischen Wirtschaft 2012, S. 34).

Insgesamt führen die Erschöpfungen unter den Pflegekräften dazu, dass die Veränderungen im Krankenhauswesen gänzlich abgelehnt und der Sinn der eigenen Arbeit in Frage gestellt werden – und das selbst von denjenigen, welche ein medizinisch-heilkundliches, stärker auf Arbeitsteilungen setzendes professionelles Pflegeverständnis teilen. Denn angesichts der gegebenen Bedingungen wird die Pflege als sinnlos empfunden oder der Eindruck formuliert, sie führe zu einer Gefährdung der Patient*innen und sei daher nicht (mehr) zu verantworten. Die Veränderungen in den Kitas werden demgegenüber zwar ebenfalls punktuell kritisiert, die Einführung frühkindlicher Bildung aber dennoch grundsätzlich von allen Befragten als Bereicherung beschrieben. Die Möglichkeit, einen Spagat zwischen alten und gewandelten Anforderungen zu praktizieren, scheint für Akzeptanz der Reformen zu sorgen. Neben erzwungenen finden hier folglich auch konsensuale Verschiebungen der pädagogischen Praxen und (Selbst-)Verständnisse statt.

12.3.3 Differenzierungen lernen! – Vielfältige Krisen der sozialen Reproduktion in Krankenpflege und Kinderbetreuung

Wie im Vergleich der Umgangsweisen und Krisen in beiden Untersuchungsfeldern deutlich geworden ist, entstehen in den Krankenhäusern wie Kitas gegenwärtig sowohl Anpassungskrisen als auch Krisen der Umsetzung. Wie aber lassen sich diese unterschiedlichen Krisen erklären?

Mit Gramsci kommen zunächst diejenigen Krisen in den Fokus, die hier im Anschluss an seine Begrifflichkeiten als Anpassungskrisen bezeichnet werden. Sie entstehen ihm zufolge, wenn Menschen an neue Gegebenheiten anzupassen versucht werden, wenn also ihre Gewohnheiten, Routinen und Subjektivitäten den gewandelten Anforderungen gesellschaftlicher Bedingungen gemäß verändert werden sollen – so beispielsweise gegenwärtig, wenn sich im Zuge von Restrukturierungen der Krankenhäuser oder Reformen in den Kitas die Anforderungen an die pflegerischen wie pädagogischen Praxen wandeln. Da die Routinen und Regelmäßigkeiten den Menschen jedoch als „absolute" und „natürliche" erscheinen (GH, S. 1690), sind sie nach Gramsci nicht nur zäh, langlebig und schwer veränderbar. Vielmehr erfolgt ihre Umgestaltung in einem langwierigen und krisenhaften Prozess (GH, S. 1691).

Betrachten wir aus dieser Perspektive die Anpassungskrisen in beiden Feldern, wird deutlich, dass diese sich zunächst unabhängig von den je konkreten Veränderungen ereignen, sobald habitualisierte Praxen und Selbstverständnisse in Bedrängnis geraten. Die Befunde beider Felder verweisen auf ebendiesen Prozess der Umgestaltung. Es sind sowohl veränderte Rahmen- und Arbeitsbedingungen auf der einen als auch eine Veränderung der beruflichen Konzeptionen und fachlichen Inhalte in den Fort-, Weiter- und Ausbildungen auf der anderen Seite aufgezeigt worden. In der Folge zieht dies nicht nur veränderte Anforderungen an die pflegerische wie pädagogische Praxis nach sich, sondern ebenso Verschiebungen der beruflichen (Selbst-)Verständnisse und Routinen. Anpassungskrisen resultieren in diesem Kontext aus dem Ringen um die Veränderungen der Praxen und dem Festhalten an Gewohnheiten sowie aus Anerkennungsverlusten, die zu Frust oder einer Ablehnung der Reformen führen. Anpassungskrisen können demnach als Krisen verstanden werden, die im Prozess der Herausbildung neuer Gewohnheiten entstehen, insofern sich die Veränderung der Lebensweisen und Subjektivitäten in und durch Krisen hindurch vollzieht. Sie stellen keine Reaktion auf Personalabbau, Arbeitsverdichtung oder Zeitdruck per se dar, sondern darauf, dass neue Handlungs- und Seins-Weisen befördert werden und zugleich Druck auf alte Gewohnheiten entsteht. Unabhängig von den je konkreten Veränderungen sind sie daher in beiden Feldern zu beobachten. Sie sind Bestandteil stets krisenhaft verlaufender gesellschaftlicher Transformationen und stellen somit ‚lediglich' vorübergehende Krisen dar.

Mit Blick auf die empirischen Befunde zeigt sich jedoch, dass nicht nur Anpassungskrisen, sondern auch Krisen entstehen, die im vorliegenden Buch als Krisen der Umsetzung bezeichnet werden. Trotz der Anpassung an gewandelte Anforderungen und der Herausbildung neuer Handlungsweisen kommt es zu einer Verletzung der beruflichen Ansprüche von Pflegenden und Erzieher*innen wie ebenso zu Überlastungen. Nicht die Veränderung fachlicher Ansprüche stellt aus der Perspektive der Umsetzungskrisen folglich problematische Anforderungen dar. Vielmehr ist es der Mangel an (zeitlichen und personellen) Ressourcen, der zu Krisen der Umsetzung führt. Anders als Anpassungskrisen entstehen Krisen der Umsetzung nicht in Folge des Drucks auf alte Gewohnheiten und Subjektivitäten, sondern dann, wenn neue Ansprüche zwar verinnerlicht wurden, sich diese angesichts prekärer Bedingungen jedoch nicht realisieren lassen oder ihre Umsetzung Brüche erzeugt. Umsetzungskrisen werden hier gerade nicht als Bestandteil gesellschaftlicher Transformationen, sondern als neue Widersprüche konzeptualisiert. Was aber sagen diese Differenzierungen der Krisen (und ihrer Tiefe) schließlich aus?

Mit Blick auf die gegenwärtige Debatte der Care- oder Krise der sozialen Reproduktion fällt zunächst auf, dass hier nicht zwischen verschiedenen Krisen unterschieden wird. Vielmehr wird fast gleichlautend konstatiert, dass es aktuell zu einem übermäßigen Verschleiß physischer, psychischer und emotionaler Ressourcen der Subjekte (vgl. Jürgens 2010; Winker 2011; 2015), zu einem dicht am reproduktiven Nullpunkt angesiedelten Existenzniveau (Federici 2012, S. 64) oder dazu kommt, dass Frauen* erschöpft, Familien zerrüttet und Kräfte der Gesellschaft bis zur Grenze der Belastbarkeit beansprucht sind (Arruzza/Bhattachary/Fraser 2019, S. 84). Demzufolge werden Krisen übergreifend als Erschöpfungen und somit als Verbrauch menschlicher Ressourcen konzeptualisiert. Sie entstehen, so die These, aufgrund steigender Belastungen (etwa durch zunehmende Anforderungen in Erwerbsarbeit, Reproduktion oder einer Veränderung vergeschlechtlichter Arbeitsteilungen) sowie, weil alte Formen der Absicherung erodieren. Vergleichen wir diese Perspektive mit den Befunden im vorliegenden Buch, zeigt sich zunächst zwar, dass auch in Krankenhäusern wie Kitas sowohl steigende Belastungen als auch abnehmende zeitliche Ressourcen zu Krisen führen. Allerdings lassen sich die beobachteten Krisenprozesse in dieser Lesart weder analytisch unterscheiden noch erklären, warum es zu unterschiedlichen (subjektiven) Krisen kommt.

Im Unterschied zu einem solchen Verständnis von Krise, das diese lediglich als Erschöpfungen oder Verschleiß – und damit implizit auch als Verbrauch körperlich-stofflicher, als endlich begriffener Ressourcen – konzipiert, wird in diesem Buch für eine dritte und schließlich letzte Differenzierung plädiert: Krisen der sozialen Reproduktion werden vor dem Hintergrund der vorliegenden Befunde nicht nur als Infragestellung der „stofflichen", sondern ebenso der „subjektiven" Dimension der Reproduktion von Arbeitskraft verstanden. Sie umfassen folglich nicht nur die physische und generative, sondern auch die subjektivierende Reproduktion. Vereinfacht formuliert, meint dies: Die gleichen objektiven Bedingungen führen gegenwärtig zu unterschiedlichen subjektiven Krisen.

Mit den Anpassungskrisen in Krankenhäusern und Kitas werden erstens Abwertungen in der Aufwertung deutlich. Denn Erzieher*innen und Pflegekräfte empfinden die je spezifische Professionalisierung sowie die damit einhergehenden Verschiebungen pädagogischer und pflegerischer Tätigkeiten als Abwertung ihrer beruflichen Ansprüche und Selbstverständnisse in der Sorgearbeit. Ihre Krisen entstehen demnach nicht lediglich aufgrund steigender Belastungen oder abnehmender Ressourcen, sondern ebenso aus dem als Abwertung empfunden Druck auf tradierte Praxen. Umsetzungskrisen hingegen können als Krisen in Folge mangelnder Ressourcen verstanden werden. Sie entstehen jedoch ebenfalls nicht allein, wie in aktuellen Debatten um Krisen der sozialen Reproduktion suggeriert, aufgrund eines übermäßigen Verschleißes körperlicher oder emotionaler Ressourcen von Pflegenden und Erzieher*innen, sondern, weil Erzieher*innen und Pflegekräfte ihre beruflichen Ansprüche an die Arbeit nicht umsetzen können. Im Falle von (subjektiven) Krisen der Umsetzung sind ebendiese Arbeitsansprüche jedoch nicht an einem Ethos fürsorglicher Praxis, vielmehr an einem professionellen Care-Ethos orientiert.

Die Befunde dieses Buchen machen demnach deutlich: In die Krise geraten immer historisch spezifische vergeschlechtlichte Lebensweisen und Subjektivitäten – und somit nicht nur ihre ‚rein' körperlichen, psychischen oder emotionalen Ressourcen. In Kitas und Krankenhäusern ist dies erst vor dem Hintergrund unterschiedlicher beruflicher Orientierungen, nämlich jener eines fürsorglichen wie ebenso eines professionellen Care-Ethos in der Sorgearbeit, zu verstehen. Anders als in der einschlägigen Literatur wird die Krise der sozialen Reproduktion hier daher abschließend nicht als übergreifende Krise der Erschöpfung konzipiert. Vielmehr werden verschiedene *Dimensionen* einer Krise der sozialen Reproduktion oder eine *Vielfältigkeit* von Krisen der sozialen Reproduktion diagnostiziert.

Schluss – Oder: Plädoyer gegen die Angst vor Differenzen

Dass wir es gegenwärtig mit tiefgreifenden Krisen rund um die Selbst- sowie die Sorge für andere zu tun haben, ist in der feministischen Debatte seit Jahren gesetzter Konsens. Nicht nur sind Erschöpfungen im Privaten wie Beruflichen allgegenwärtig. Auch Sorge scheint sich in letzter Zeit vor allem durch Lücken oder einen Verlust an Qualität bemerkbar zu machen. Angesichts der Ernsthaftigkeit dieser Krisen soll daher auch der explosionsartige Anstieg von Sorge-Kämpfen nicht verwundern. Diese reagieren auf die Krisen, indem sie Konflikte um die Bedingungen der Sorge und gegen eigene Überlastungen führen. Folglich scheint sowohl der Zusammenhang von Krisen und Kämpfen offensichtlich wie auch, dass die soziale Reproduktion in der aktuellen historischen Situation „der Schauplatz einer größeren Krise“ (Arruzza/Bhattacharya/Fraser 2019, S. 93) ist. Denn „[d]ie gegenwärtige neoliberale Form des Kapitalismus erschöpft systematisch unsere kollektiven und individuellen Kapazitäten für die Regenerierung von Menschen und den Erhalt gesellschaftlicher Bande“ (ebd., S. 94) – und dies führt schließlich zu Kämpfen gegen die (Auswirkungen der) Krise. So fassen die Autorinnen des Feministischen Manifestes für die 99 % die aktuelle Diskussion zum Zusammenhang von Kapitalismus und Care-Krise zusammen.

Auch die Befunde des vorliegenden Buches bestätigen diese traurige und zugleich hoffnungsfrohe Botschaft: Nicht nur vollziehen sich in beiden untersuchten Feldern Krisen der Sorgenden (und Versorgten). Vielmehr werden auch die Bedingungen der Sorge von Pflegenden wie Erzieher*innen als mangelhaft kritisiert und auf die erlebten Krisen in Konflikten um Personal und Aufwertung reagiert. Allerdings zeigen die Befunde der Untersuchung mehr als das. Sie machen auf vier wesentliche Differenzen aufmerksam.

Erstens wird deutlich, dass die entstehenden Krisen sich unterscheiden. Was sich allgemein als Erschöpfung artikuliert, hat unterschiedliche Ursachen. Anpassungskrisen und Krisen der Umsetzung, die wir gegenwärtig in Krankenhäusern wie Kitas beobachten, markieren zwar Widersprüche. Sie resultieren jedoch aus verschiedenen Entwicklungen. So werden veränderte Rahmenbedingungen der Sorge und ihre Re-Organisierung durch Prozesse der Professionalisierung einerseits als Abwertung tradierter und bis dahin als richtig angenommener, beruflicher Praxen und Selbstverständnisse empfunden – und daher als (Anpassungs-)Krise erlebt. Andererseits werden die Veränderungen des beruflichen Leitbilds und das professionelle Care-Ethos von einem Teil der Beschäftigten begrüßt. Sie können unter Bedingungen des Mangels aber dennoch nicht umgesetzt werden – was schließlich in Krisen (der Umsetzung) mündet. Beides äußert sich u. a. als Erschöpfung und mündet im Kampf für mehr Personal in den Krankenhäusern und für Aufwertung in den Kitas. Allerdings bleiben die Versuche der Re-Organisierung tradierter Praxen selbst bei höherer Personaldecke bestehen. Die Ursachen der Anpassungskrisen werden dadurch also nicht bearbeitet – im Gegensatz zur Umsetzungskrise.

Zweitens werden gegenwärtig die beruflichen Ansprüche aller Beschäftigten krisenhaft verletzt – und dies ist letztlich die Motivation der Sorge-Kämpfe. Allerdings zeigt sich nicht zuletzt in den Unterschieden der Krisen, dass die sich Ansprüche der Befragten inhaltlich unterscheiden. Ein einheitliches Care-Ethos existiert gegenwärtig nicht. Verteidigt wird stattdessen in beiden Feldern ein fürsorgliches ebenso wie ein professionelles Ethos gegen die Arbeitsbedingungen in der Sorge. Gekämpft wird folglich gemeinsam für verschiedene Ziele.

Überdies macht der Vergleich der Felder drittens deutlich, dass die Veränderungen der letzten Jahre in Krankenhäusern und Kitas sich in entscheidenden Punkten unterscheiden. Schlagworte wie die Ökonomisierung, sozialstaatlicher Abbau oder zunehmende (Re-)Privatisierung können Entwicklungen in verschiedenen Feldern der Sorge nur unzureichend beschreiben. Abbau von Personal und Kostendruck können zwar in der Pflege, nicht jedoch in der Kinderbetreuung beobachtet werden. Umgekehrt nimmt in den Kitas die Bedeutung von Bedürfnissen, Interessen und Stärken der Kinder und somit der Fokus auf ihre individuelle Unterstützung zu, während Patient*innen in Krankenhäusern vermehrt zu Fallzahlen und möglichen Erlösen oder Kosten werden. In beiden Bereichen vollziehen sich demnach weitreichende Veränderungen, die nicht nur die ökonomisch-materiellen (Rahmen-)Bedingungen, sondern ebenso die politisch-ideologischen Regulierungen und das berufliche Verständnis fürsorglicher Praxis betreffen – allerdings weisen die Entwicklungen dabei in unterschiedliche Richtungen.

Viertens zeigt sich im Vergleich der Widersprüche und Krisen schließlich, dass die Tiefe der Krisen, aber auch der Grad der Zustimmungen zu den Transformationen sich in den Feldern unterscheiden. So ziehen die marktförmigen und profitorientierten Restrukturierungen in den Krankenhäusern existenzielle (körperliche und psychische) Erschöpfungen sowie ein tiefes Misstrauen gegenüber diesen Veränderungen selbst bei denjenigen Pflegekräften nach sich, die sich entsprechend der gewandelten Anforderungen anpassen. Brüche deuten sich folglich auch in den politischen Repräsentationsbeziehungen an – denn in der Pflege ist eine weitverbreitete Skepsis mit Blick auf die Restrukturierungen der letzten Jahre, aber auch gegenüber der Politik zu beobachten, welcher eine Lösung der eigenen Krisen nicht länger zugetraut wird. In den Kitas hingegen erscheinen die Krisen bearbeitbarer, da die Anforderungen besser auf ein schaffbares Maß reduziert werden können. Dennoch äußert sich auch hier Frust, weil berufliche Ansprüche nicht umgesetzt werden können.

Analytisch wird durch diese Differenzierungen sichtbar, dass Anpassungskrisen und Krisen der Umsetzung unterschiedliche Widersprüche zum Ausdruck bringen. Weder Orientierungen eines fürsorglichen noch eines professionellen Care-Ethos sind demnach gegenwärtig krisenfrei umsetzbar. Zeitdiagnostisch sind daher verschiedene Widersprüche und Krisen oder sind verschiedene *Dimensionen* einer Krise der sozialen Reproduktion zu konstatieren. Sie verweisen sowohl auf Unterschiede in der gesellschaftlichen Bedeutung von verschiedenen Feldern der Sorge als auch auf verschiedene Formen historisch spezifischer Denk-, Fühl- und Handlungsweisen der Subjekte. Die gegenwärtige gesellschaftliche Situation ist demnach durch eine Vielfältigkeit von Krisen der sozialen Reproduktion geprägt.

Theoretisch legen diese Differenzierungen frei, dass die Begriffe der sozialen Reproduktion und ihrer Krise aus ihrer teils ökonomistisch-objektivistischen Lesart befreit werden müssen. Dies meint zunächst, die argumentative Verengung aufzubrechen, welche die strukturelle Abwertung der sozialen Reproduktion mit der kapitalistischen Tendenz zur Mehrwertsteigerung und der Kostensenkung für die Reproduktion der Arbeitskraft erklärt. Mit Gramsci lernen wir stattdessen, dass es um einen kohärenten Zusammenhang von Produktions-, Lebens- und Seins-Weisen geht. Denn die Realisierung neuer Formen der Produktion ist auf die Verallgemeinerung veränderter Lebensweisen und Subjektivitäten angewiesen, die diese umsetzen können. Dies bedeutet einerseits, auch die staatlichen und zivilgesellschaftlichen Regulierungen in den Blick zu nehmen, die auf die Subjekte und ihre Lebensweisen zielen. Konkret meint dies für die untersuchten Felder: Sichtbar zu machen, dass die Vorstellungen der beruflichen Praxen und Ansprüche im Prozess der Transformation von Rahmenbedingungen (also Produktionsweisen) ebenfalls verändert werden. Empirisch zeigt sich dies in den zwei vorgefundenen Care-Ansprüchen des professionellen und fürsorglichen Ethos. Den Blick auf das kohärente Verhältnis von Produktion und sozialer Reproduktion zu richten, meint andererseits, nicht allein mit Kostensenkungen, Abwertungen oder Kürzungen (also Senkungen des Wertes der Arbeitskraft) zu argumentieren. Vielmehr werden in der gramscianischen Denkfigur der Kohärenz auch Nutzbarmachungen von Sorge(verhältnissen) verstehbar. Dies ermöglicht es sodann, zwischen den Feldern der Krankenpflege und der institutionellen Kinderbetreuung zu unterscheiden – ohne die Losung der strukturellen Abwertung der sozialen Reproduktion aufzugeben. Denn auch in einem als kohärent gedachten Verhältnis von Produktion und sozialer Reproduktion wird letztere den Anforderungen ersterer anzupassen versucht. Aber die Anforderungen einer bestimmten Produktionsweise können in einer historisch spezifischen Situation eben auch auf die Aufwertung von Sorge zielen. Schließlich lassen sich so marxistische und feministische Ansätze der sozialen Reproduktion zusammendenken. Denn (queer-)feministische Interventionen machen gerade die strukturelle Abwertung der sozialen Reproduktion sichtbar und zeigen auf, dass sie historisch mit Weiblichkeit* verknüpft worden ist. Und sie verweisen zudem darauf, dass es sich um vergeschlechtlichte Lebensweisen und Subjektivitäten von Menschen handelt.

Analytisch und theoretisch muss die soziale Reproduktion und ihre Krise folglich aus ihren Verengungen befreit werden, wollen wir die Komplexität der realen Verhältnisse in den Blick bekommen und zugleich die Erfahrungen der Kämpfenden als Bestandteil der Krisenprozesse begreifen. Es hilft nicht, mit pauschalisierenden Antworten über ihre Wahrnehmungen hinweg zu argumentieren. Historisch war es immer ein wichtiger Einsatz feministischer Theorie und Praxis gegen eine vorschnelle Homogenisierung, z. B. in Fragen der Klasseninteressen, auch die Differenzen in den Kämpfen sichtbar zu machen. Feministische Interventionen hatten damit eine wichtige Funktion dafür, bestimmte Subjekte (und Subjektivitäten) in den Kämpfen sichtbar und Differenzen bearbeitbar zu machen. Vor diesem Hintergrund kann das vorliegende Buch auch als ein Plädoyer gelesen werden. Ein Plädoyer gegen die Angst vor Differenzen. Politisch ist das Bedürfnis nach einer einfachen Ursache und einer einheitlichen sorgenden Subjektivität, die quasi aus sich heraus einen Gegenpol gegen die kapitalistische Profitlogik bildet, durchaus verständlich. Diese Einheit in den Kämpfen kann aber nicht durch theoretische Abstraktionen verordnet werden. Sie muss politisch erst hergestellt und theoretisch durchdrungen werden. Dies anzuerkennen, öffnet den Raum für eine solidarische Diskussion. Die Widersprüche sind unsere Hoffnung.

Literatur

Aden-Grossmann, Wilma (2002): Kindergarten. Eine Einführung in seine Entwicklung und Pädagogik. Weinheim und Basel.

Aiken Linda H./Sermeus, Walter/Van den Heede, Koen et al (2012): Patient safety, satisfaction, and quality of hospital care: cross sectional surveys of nurses and patients in 12 countries in Europe and the United States. BMJ. 2012;344:e1717. Online Ressource: https://www.bmj.com/content/344/bmj.e1717.long (letzter Zugriff: 20.03.2018).

Altermann, André/Holmgaard, Marie (2016): Der Akademisierungsprozess im Arbeitsfeld Kita aus Sicht der Träger. Eine Befragung in Baden-Württemberg, Nordrhein-Westfalen und Thüringen. Weiterbildungsinitiative Frühpädagogische Fachkräfte, WiFF Studien, Band 26. München.

Altermann, André/Holmgaard, Marie/Klaudy, Elke Katharina/Stöbe-Blossey, Sybille (2015): Kindheitspädagoginnen und -pädagogen im Kita-Team. Neue Qualifikationsprofile in der Kindertagesbetreuung. Weiterbildungsinitiative Frühpädagogische Fachkräfte, WiFF Studien, Band 25. München.

Althusser, Louis (1968): Für Marx. Frankfurt a. M.

Althusser, Louis/Balibar, Etienne (1972): Das Kapital lesen. 2. Bd.. Reinbek.

Althusser, Louis (2010): Ideologie und ideologische Staatsapparate. 1. Halbband. hrsg. von Frieder Otto Wolf. Hamburg.

Althusser, Louis (2012): Ideologie und ideologische Staatsapparate. 2. Halbband. hrsg. von Frieder Otto Wolf. Hamburg.

Arruzza, Cinzia/Bhattacharya, Tithi/Fraser, Nacy (2019): Feminismus für die 99 %. Ein Manifest. Berlin.

Artus, Ingrid/Birke, Peter/Kerber-Clasen, Stefan/Menz, Wolfgang (2017) (Hrsg.): Sorge-Kämpfe. Auseinandersetzungen um Arbeit in sozialen Dienstleistungen. Hamburg.

Apolte, Thomas/Funcke, Antje (2008) (Hrsg.): Frühkindliche Bildung und Betreuung: Reformen aus ökonomischer, pädagogischer und psychologischer Perspektive. Baden-Baden.

Appelt, Erna/Aulenbacher, Brigitte/Wetterer, Angelika (2013): Gesellschaft. Feministische Krisendiagnosen. Münster.

Arbeitsgemeinschaft für Kinder- und Jugendhilfe (AGJ) (2010): Frühpädagogische Studiengänge im Spannungsfeld von Spezialisierung und Generalisierung. Positionspapier der Arbeitsgemeinschaft für Kinder- und Jugendhilfe. Online Ressource: http://www.agj.de/pdf/5/Fruehpaedagogik.pdf (letzter Zugriff: 16.2.2019).

Asenbaum, Maria/Kinzel, Katharina (2010): Wert und Wettex. In: Perspektiven. Magazin für linke Theorie und Praxis, Nr. 9/2010. Online Ressource: http://www.perspektiven-online.at/2010/01/20/wert-und-wettex/ (letzter Zugriff: 08.01.2016).

Atzmüller, Roland (2015): Transformation der „zeitgemäßen Arbeitskraft" und Krisenbearbeitung. In: Atzmüller, Roland/ Hürtgen, Stefanie/ Krenn, Manfred (Hrsg.): Die zeitgemäße Arbeitskraft: qualifiziert, aktiviert, polarisiert. Weinheim und Basel, S. 195–310.

Aulenbacher, Brigitte (2015): Wider die Sorglosigkeit des Kapitalismus. Care und Care-Work aus Sicht feministischer Ökonomie- und Gesellschaftskritik. In: Aulenbacher, Brigitte/ Riegraf, Birgit/ Völker, Susanne (Hrsg.): Feministische Kapitalismuskritik. Einstiege in bedeutende Forschungsfelder. Münster, S. 32–45.

Aulenbacher, Brigitte (2013): Ökonomie und Sorgearbeit. Herrschaftlogiken, Arbeitsteilungen und Grenzziehungen im Gegenwartskapitalismus. In: Appelt, Erna/Aulenbacher, Brigitte/Wetterer, Angelika (Hrsg.): Gesellschaft. Feministische Krisendiagnosen. Münster, S. 105–126.

Aulenbacher, Brigitte (2009): Arbeit, Geschlecht und soziale Ungleichheiten. Perspektiven auf die Krise der Reproduktion und den Wandel von Herrschaft in der postfordistischen Arbeitsgesellschaft. In: Arbeits- und Industriesoziologische Studien, 2. Jg., H.2, S. 61–78.

Aulenbacher, Brigitte/Dammayr, Maria (2014a): Krisen des Sorgens. Zur herrschaftsförmigen und widerständigen Rationalisierung und Neuverteilung von Sorgearbeit. In: Dies. (Hrsg.): Für sich und andere sorgen. Krise und Zukunft von Care in der modernen Gesellschaft. Weinheim und Basel, S. 65–76.

Aulenbacher, Brigitte/Dammayr, Maria (2014b): Einleitung. In: Dies. (Hrsg.): Für sich und andere sorgen. Krise und Zukunft von Care in der modernen Gesellschaft. Weinheim und Basel, S. 9–15.

Aulenbacher, Brigitte/Dammayr, Maria (2014c): Zwischen Anspruch und Wirklichkeit: Zur Ganzheitlichkeit und Rationalisierung des Sorgens und der Sorgearbeit. In: Aulenbacher, Brigitte/ Riegraf, Birgit/ Theobald, Hildegard (Hrsg.) Sorge: Arbeit. Verhältnisse, Regime. Care: Work, Relations, Regimes. Baden-Baden, S. 125–140.

Aulenbacher, Brigitte/Riegraf, Birgit (2013): Kapitalismus und Krise – vorrangig eine Frage von Ökonomie und Klasse? Regulationstheoretische Öffnungen und Selbstbeschränkungen im Blick auf gesellschaftliche Reproduktionsprozesse, Geschlecht und Ethnie. In: Atzmüller, Roland/ Becker, Joachim/ Brand, Ulrich/ Oberndorfer, Lukas/Redak, Vanessa/Sablowski, Thomas (Hrsg.): Fit für die Krise? Perspektiven der Regulationstheorie. Münster, S. 90–110.

Aulenbacher, Brigitte/Riegraf, Birgit (2009): Markteffizienz und Ungleichheit – Zwei Seiten einer Medaille? Klasse/Schicht, Geschlecht und Ethnie im Übergang zur postfordistischen Arbeitsgesellschaft. In: Aulenbacher, Brigitte/ Wetterer, Angelika (Hrsg.): Arbeit, Diagnosen und Perspektiven der Geschlechterforschung, Forum Frauen- und Geschlechterforschung Band 25. Münster, S. 230–248.

Aulenbacher, Brigitte/Riegraf, Birgit/Theobald, Hildegard (2014) (Hrsg.) Sorge: Arbeit. Verhältnisse, Regime. Care: Work, Relations, Regimes. Baden-Baden.

Aulenbacher, Brigitte/Riegraf, Birgit/Völker, Susanne (2015): Feministische Kapitalismuskritik. Einstiege in bedeutende Forschungsfelder. Münster.

Auth, Diana/Rudolph, Clarissa (2017): Care im sozialinvestiven Wohlfahrtsstaat – Mehr Geschlechtergerechtigkeit oder mehr Krise? Einleitung. Femina Politica, 2–2017, 9–19.

Auth, Diana/ Leitner, Sigrid/ Klenner, Christina (2015): Neue Sorgekonflikte: Die Zumutungen des Adult worker model. In: Völker, Susanne/Armacker, Michèle (Hrsg.): Prekarisierungen. Arbeit, Sorge und Inklusion. Weinheim und Basel, S. 42–58.

Autorengruppe Berufsfachschule (2013): Qualifikationsprofil „Frühpädagogik" – Berufsfachschule. Weiterbildungsinitiative Frühp.dagogische Fachkräfte, WiFF Kooperationen, Band 4. München.

Bachinger, Almut (2014): 24-Stunden-Betreuung – ganz legal? Intersektionale Regime und die Nutzung migrantischer Arbeitskraft. In: Aulenbacher, Brigitte/ Dammayr, Maria (Hrsg.) Für sich und andere sorgen. Krise und Zukunft von Care in der modernen Gesellschaft. Weinheim und Basel, S. 127–138.

Bader, Pauline/Becker, Florian/Dück, Julia/Demirović, Alex (2011) (Hrsg.): Vielfachkrise. Im finanzdominierten Kapitalismus. Hamburg.

Baierlein, Jochen/Ungar-Hermann, Markus/Da-Cruz, Patrick/ Schommer, Rainer/ Oberender, Peter (2008): Sachlichkeit statt Emotion. Die Aufgaben zwischen Ärzten und Pflegenden müssen neu justiert werden. f & w führen und wirtschaften im Krankenhaus 25, S. 401–404.

Bargetz, Brigitte/Sauer, Birgit (2010): Politik, Emotionen und die Transformation des Politischen. Eine feministisch-machtkritische Perspektive. In: Österreichische Zeitschrift für Politikwissenschaft. 39. Jg (2010), H. 2, S. 141–155.

Barrett, Michéle (1983): Das unterstellte Geschlecht. Umrisse eines materialistischen Feminismus. Hamburg.

Bartholomeyczik, Sabine (2007): Reparaturbetrieb Krankenhaus. DRGs und ihre Auswirkungen aus Sicht der Pflege. In: Dr. med. Mabuse, Nr. 166, S. 57–60.

Batholomeyczik, Sabine/Donath, Elke/Schmidt, Sascha/Rieger, Monika, R./Berger, Elisabeth/Wittich, Andrea/Dieterie, Wilfried, E. (2008): Arbeitsbedingungen im Krankenhaus. Forschung Projekt F 2032. Eigenverlag BAuA, Dortmund/Berlin/Dresden.

Bauer, Ullrich/ Bittlingmayer, Uwe H./Scherr, Albert (2012): Einleitung der Herausgeber. In: (Dies.) (Hrsg.): Handbuch Bildungs- und Erziehungssoziologie. Wiesbaden, S. 13–23.

Baumol, William J. (2012): The Cost Disease. Why Computers Get Cheaper and Health Care Doesn't. New Haven/London.

Becker, Karina/Lenz, Sarah/Thiel, Marcel (2017): Pflegearbeit zwischen Fürsorge und Ökonomie. Längsschnittanalyse eines Klassikers der Pflegeausbildung. In: Berlin Journal für Soziologie 26, Wiesbaden, S. 501–527.

Becker, Karina/Kutlu, Yalcin/Schmalz, Stefan (2017): Die mobilisierende Rolle des Berufsethos. Kollektive Machtressourcen im Care-Bereich. In: Artus, Ingrid/ Birke, Peter/Kerber-Clasen, Stefan/

Menz, Wolfgang (Hrsg.): Sorge-Kämpfe. Auseinandersetzungen um Arbeit in sozialen Dienstleistungen. Hamburg, S. 255–277.

Becker-Schmidt, Regina (2011): Verwahrloste Fürsorge – ein Krisenherd gesellschaftlicher Reproduktion. Zivilisationskritische Anmerkungen zur ökonomischen, sozialstaatlichen und sozialkulturellen Vernachlässigung von Praxen im Feld ‚care work'. In: Gender. Zeitschrift für Geschlecht, Kultur und Gesellschaft 3, H. 3, S. 9–23.

Becker-Schmidt, Regina/Krüger, Helga (2009): Krisenherde in gegenwärtigen Sozialgefügen: Asymmetrische Arbeits- und Geschlechterverhältnisse – vernachlässigte Sphären gesellschaftlicher Reproduktion. In: Aulenbacher, Brigitte/Wetterer, Angelika (Hrsg.): Arbeit. Perspektiven und Diagnosen der Geschlechterforschung. Münster, S. 12–41.

Becker-Stoll, Fabienne (2009): Wie lernen Kinder in den ersten Lebensjahren? – Entwicklungspsychologische und bindungstheoretische Grundlagen. In: Becker-Stoll, Fabienne/Textor, Martin R. (Hrsg.): Bildung und Erziehung in Deutschland. Berlin/Düsseldorf/Mannheim.

Beer, Ursula (1990): Geschlecht, Struktur, Geschichte. Soziale Konstituierung des Geschlechterverhältnisses. Frankfurt/New York.

Beher, Karin (2013): Kindergarten. In: Fried, Lilian/Roux, Susanna (Hrsg.): Handbuch Pädagogik der frühen Kindheit. Berlin, S. 345–355.

Beher, Karin (2006): Die Fachkräfte: Aufgabenprofile und Tätigkeitsanforderungen. In: Diller, Angelika/Rauschenbach, Thomas (Hrsg.): Reform oder Ende der Erzieherinnenausbildung? Beiträge zur einer kontroversen Fachdebatte. München, S. 79–93.

Beizinger, Dagmar/Diem, Isabell (2003) (Hrsg.): Frühe Kindheit und Geschlechterverhältnisse Konjunkturen in der Sozialpädagogik. Frankfurter Beiträge zur Erziehungswissenschaft Reihe Kolloquien. Johann Wolfgang Goethe-Universität Frankfurt. Frankfurt a. M.

Berger, Manfred (2010): Von der „geistigen Mütterlichkeit" zur Professionalität". Eine historische Analyse des heutigen Erzieher/-innenberufs in der öffentlichen Kleinkindererziehung. Online Ressource: https://kindergartenpaedagogik.de/fachartikel/geschichte-der-kinderbetreuung/weitere-historische-beitraege/2098 (letzter Zugriff: 21.05.2019).

Benfer-Breisacher, Almut (2015): Resilienz. Mit den Arbeitsanforderungen im Pflegealltag konstruktiver umgehen. In: Online Ressource: http://www.oegkv.at/fileadmin/user_upload/Veranstaltungen/2015/21._OEGKV_Kongress/Vortraege_2._Kongresstag/V_Resi_Graz120615.pdf (letzter Zugriff: 30.05.2019).

Bennholdt-Thomsen, Veronika (1983): Zur Bestimmung der geschlechtlichen Arbeitsteilung im Kapitalismus. In: Werlhof, Claudia von/ Mies, Maria/ Bennholdt-Thomsen, Veronika (Hrsg.): Frauen, die letzte Kolonie; Bd. 4, Technologie und Politik 20. Das Magazin zur Wachstumskrise. Reinbek bei Hamburg, S. 194–212.

Betz, Tanja (2013): Anforderungen an Fachkräfte in Kindertageseinrichtungen. In: Stamm, Margrit/ Edelmann, Doris (Hrsg.): Handbuch frühkindliche Bildungsforschung. Wiesbaden, S. 259–272.

Betz, Tanja (2010): Kindertageseinrichtung, Grundschule, Elternhaus: Erwartungen, Haltungen und Praktiken und ihr Einfluss auf schulische Erfolge von Kindern aus prekären sozialen Gruppen. In: Bühler-Niederberger, Doris/Mierendorff, Johnanna/Lange, Andreas (Hrsg.): Kindheit zwischen fürsorglichem Zugriff und gesellschaftlicher Teilhabe. Wiesbaden, S. 117–144.

Bhattacharya, Tithi (2019): Die Theorie der sozialen Reproduktion. Der internationale Frauenstreik ist die Nahtstelle aller sozialen Bewegungen. In: SoZ – Sozialistische Zeitung. Nr.10/2019. Online Ressource: https://www.sozonline.de/2019/10/die-theorie-der-sozialen-reproduktion/ (letzter Zugriff: 10.12.2019).

Bhattacharya, Tithi (2017): Social Reproduction Theory. Remapping Class, Recentering Oppression. London.

Biesecker, Adelheid (2010): Der weibliche Zwilling der Ökonomie. In: Dossier Care-Ökonomie. Online-Ressource: www.gwi-boell.de/de/2010/07/22/der-weibliche-zwilling-der-ökonomie (letzter Zugriff: 30.04.2019).

Bischoff, Claudia (1992): Frauen in der Krankenpflege. Zur Entwicklung von Frauenrolle und Frauenberufstätigkeit im 19. und 20. Jahrhundert. Frankfurt a. M./New York.

Bischoff, Joachim (2010): Vor einem Ende der Großen Krise? Fragile Konjunktur – Konkursspirale der Schulden. In: Sozialismus. H. 5.

Blank, Florian (2017): Aufschwung mit Hindernissen – professionelle Sorgearbeit in Deutschland. In: WSI Mitteilungen 3/2017, 70. Jahrgang, S. 173–179.

Blank, Florian/Schulz, Susanne Eva/Voss, Dorothea (2017): Editorial: Erwerbstätigkeit im Sozial- und Gesundheitssektor: ausgebaut, aufgewertet, ausgebremst? In: WSI Mitteilungen 3/2017, S. 172.

Blossfeld, Hans-Peter/Roßbach, Hans-Günther (2012): Neue Herausforderungen für die Kindertagesstätten: Professionalisierung des Personals in der Frühpädagogik. In: Zeitschrift für Familienforschung, 24. Jahrg., Heft 2 – Joumal of Family Research, S. 199–225.

Blum, Karl/Offermanns, Matthias/Perner, Patricia (2008): Krankenhaus Barometer Umfrage 2008. Deutsches Krankenhausinstitut e. V. Düsseldorf. Online Ressource: http://www.dkgev.de/media/file/5111.Bericht_KH_Barometer_2008.pdf (letzter Zugriff: 30.06.2018).

BMFSFJ (Bundesministerium für Familie, Senioren, Frauen und Jugend) (2018): Kinderförderungsgesetz (KiföG). Online Ressource: https://www.bmfsfj.de/bmfsfj/aktuelles/alle-meldungen/kinderfoerderungsgesetz-kifoeg-/86390? (letzter Zugriff: 30.06.2019).

BMFSFJ (Bundesministerium für Familie, Senioren, Frauen und Jugend) (2005): 12. Kinder- und Jugendbericht der Bundesregierung. Berlin.

BMFSFJ (Bundesministerium für Familie, Senioren, Frauen und Jugend) (2003): Betriebswirtschaftliche Effekte familienfreundlicher Maßnahmen. Gutachten der Prognos AG. Berlin.

Bock, Gisela/Duden, Barbara (1976): Arbeit aus Liebe – Liebe als Arbeit. Zur Entstehung der Hausarbeit im Kapitalismus. In: Frauen und Wissenschaft. Beiträge zur ersten Berliner Sommeruniversität für Frauen. Berlin, S. 118–199.

Bogner, Alexander/Littig, Beate/Menz, Wolfgang (Hrsg.) (2002): Das Experteninterview. Theorie, Methode, Anwendung. Opladen.

Böhm, Thomas (2009): Rationalisierungsstrategien in öffentlichen Krankenhäusern und ihre Auswirkung auf Beschäftigte und Versorgung. In: Böhlke, Nils/Gerlinger, Thomas/Mosebach, Kai/Schmucker, Rolf/Schulten, Thorsten (Hrsg.): Privatisierung von Krankenhäusern. Erfahrungen und Perspektiven aus Sicht der Beschäftigten. Hamburg, S. 167–181.

Böke, Henning/Müller, Jens Christian/Reinfeldt, Sebastian (Hrsg.) (1994): Denk-Prozesse nach Althusser. Argument-Sonderband. Hamburg.

Bourdieu, Pierre (2005): Die männliche Herrschaft. Frankfurt a. M.

Bowlby, John (1995): Maternal Care and Mental Health. The master work series (2nd ed.). London.

Braches-Chyrek, Rita (2012): Elementare Bildung. In: Bauer, Ullrich/Bittlingmayer, Uwe H./Scherr, Albert (Hrsg.): Handbuch Bildungs- und Erziehungssoziologie. Wiesbaden, S. 545–558.

Brand, Ulrich (2011): Strategien und Kontinuitäten in der Vielfachkrise. In: Luxemburg. Gesellschaftsanalyse und linke Praxis, 2/2011, S. 149–150.

Braun, Bernard (2014): Auswirkungen der DRGs auf Versorgungsqualität und Arbeitsbedingungen im Krankenhaus. In: Manzei, Alexandra/ Schmiede, Rudi (Hrsg.): 20 Jahre Wettbewerb im Gesundheitswesen. Theoretische und empirische Analysen zur Ökonomisierung von Medizin und Pflege. Wiesbaden, S. 91–113.

Braun, Bernard/Klinke, Sebastian/Müller, Rolf/Rosenbrock, Rolf (2011): Einfluss der DRGs auf Arbeitsbedingungen und Versorgungsqualität von Pflegekräften im Krankenhaus. Universität Bremen, artec-paper Nr. 173, Bremen.

Braun, Bernard/Klinke, Sebastian/Müller, Rolf (2010): Auswirkungen des DRG-Systems auf die Arbeitssituation im Pflegebereich von Akutkrankenhäusern. In: Pflege & Gesellschaft, 15. Jg. 2010 H1, S. 5–77.

Braun, Thomas/Rau, Ferdinand/Tuschen, Karl Heinz (2008): Die DRG-Einführung aus gesundheitspolitischer Sicht. Eine Zwischenbilanz. In: Klauber, Jürgen/Robra, Bernt-Peter/Schellschmidt, Henner (Hrsg.): Krankenhaus-Report 2007. „Krankenhausvergütung – Ende der Konvergenzphase". Stuttgart, S. 3–22.

Braun, Kathrin/Schulz, Susanne (2012): Der bioökonomische Zugriff auf Körpermaterialien. Eine politische Positionssuche am Beispiel der Forschung mit Eizellen. In: Susanne Lettow (Hrsg.): Bioökonomie. Die Lebenswissenschaften und die Bewirtschaftung der Körper. Bielefeld, S. 61–84.

Brensell, Ariane/Habermann, Friederike (2001): Geschlechterverhältnisse – eine zentrale Dimension neoliberaler Hegemonie. Studie für die Gesellschaft sozialwissenschaftlicher Forschung und Publizistik. Berlin.

Bühler-Niederberger, Doris (2010): Organisierte Sorge für Kinder, Eigenarten und Fallstricke – eine generationale Perspektive. In: Bühler-Niederberger, Doris/ Mierendorff, Johnanna/ Lange, Andreas (Hrsg.): Kindheit zwischen fürsorglichem Zugriff und gesellschaftlicher Teilhabe. Wiesbaden, S. 17–42.

Bundesarbeitsgemeinschaft der Landesjugendämter (2009): Fachliche Empfehlungen zur Qualität der Bildung, Erziehung und Betreuung der unter Dreijährigen in Kindertageseinrichtungen und Kindertagespflege. Online Ressource: http://www.bagljae.de/downloads/107_qualitaet-der-bildung-erziehung-betreuung-.pdf (letzter Zugriff 12.03.2019).

Butler, Judith (2001): Psyche der Macht. Das Subjekt der Unterwerfung. Frankfurt a. M.

Butler, Judith (1991): Das Unbehagen der Geschlechter. Frankfurt a. M.

Candeias, Mario (2012): Zu viel und zu wenig. Ein Moment organischer Krise. In: Luxemburg. Gesellschaftsanalyse und linke Praxis, 4/2012, S. 14–17.

Candeias, Mario (2011): Interregnum – Molekulare Verdichtung und organische Krise. In: Demirović, Alex/Dück, Julia/Becker, Florian/Bader, Pauline (Hrsg.): VielfachKrise. Im finanzmarktdominierten Kapitalismus. Hamburg, S. 45–61.

Candeias, Mario (2010): Passive Revolutionen vs. sozialistische Transformation. Berlin: rls papers, April 2010.

Candeias, Mario (2009): Neoliberalismus, Hochtechnologie, Hegemonie. Grundrisse einer transnationalen kapitalistischen Produktions- und Lebensweise. 2. Auflage. Hamburg.

Candeias, Mario (2007): Gramscianische Konstellationen. Hegemonie und die Durchsetzung neuer Produktions- und Lebensweisen. In: Merkens, Andreas/Diaz, Victor Rego (Hrsg.): Mit Gramsci arbeiten. Texte zur politisch-praktischen Aneignung Antonio Gramscis. Hamburg, S. 15–32.

Candeias, Mario (2004): Neoliberalismus. Hochtechnologie. Hegemonie. Grundrisse einer transnationalen kapitalistischen Produktions- und Lebensweise. Eine Kritik. Hamburg.

Cappel, Eckhard (1996): Von der Hilfspflege zur Profession. Entstehung und Entwicklung des Altenpflegeberufs. Köln.

Cassier-Woidasky, Anne-Kathrin (2011): Professionsentwicklung in der Pflege und neue Formen der Arbeitsteilung im Gesundheitswesen. Hindernisse und Möglichkeiten patientenorientierter Versorgungsgestaltung aus professionssoziologischer Sicht. In: Jahrbuch für kritische Medizin und Gesundheitswissenschaften, 47/2011, Hamburg, S. 163–184.

Chorus, Silke (2013): Care-Ökonomie im Postfordismus. Perspektiven einer integralen Ökonomietheorie. Münster.

Chorus, Silke (2011): Care-Seiten in der politischen Ökonomie. In: Das Argument, Heft 292, S. 392–401.

Chorus, Silke (2007): Who Cares? Kapitalismus, Geschlechterverhältnisse und Frauenarbeiten. Regulationstheoretische Sehkorrekturen. In: Feministische Studien 2.

Clinotel (2019): Pflege stärken, Vertrauen gewinnen! Online Ressource: https://www.clinotel.de/media/ppsg-offener-brief-spahn-stand-2019-06-24-2.pdf

Coulson, Margaret/Magaš, Branka/Wainwright, Hilary (1975): ‚The Housewife and her Labour under Capitalism' – A Critique. In: New Left Review I/89, S. 59–71.

Cremer-Schäfer, Helga (2012): Kritische Institutionenforschung. Eine Forschungstradition, an der weiter gearbeitet werden kann? In: Schimpf, Elke/Stehr, Johannes (Hrsg.): Kritisches Forschen in der Sozialen Arbeit. Wiesbaden, S. 135–148.

Cremers, Michael/Krabel, Jens/Calmbach, Marc (2013): Männliche Fachkräfte in Kindertagesstätten. Eine Studie zur Situation von Männern in Kindertagesstätten und in der Ausbildung zum Erzieher. Onlinbe Ressource: https://www.bmfsfj.de/blob/jump/94268/maennliche-fachkraefte-kitas-data.pdf (letzter Zugriff 20.03.2019).

Dalla Costa, Mariarosa (1973): Die Frauen und der Umsturz der Gesellschaft. In: Dalla Costa, Mariarosa/James, Selma (Hrsg.): Die Macht der Frauen und der Umsturz der Gesellschaft. Berlin, S. 27–66.

Dammann, Elisabeth/Prüser, Helga (1981): Quellen zur Kleinkindererziehung. Die Entwicklung der Kleinkinderschule und des Kindergartens. München.

Darmann-Finck, Ingrid/Friesacher, Heiner (2009): Professionalisierung muss am Kern des Pflegerischen ansetzen! In: Ipp Info, Ausgabe 07, Bremen.

DBfK – Deutscher Berufsverband für Pflegeberufe e. V. (2015): Positionspapier. Weiterentwicklung primärqualifizierender Pflegestudiengänge in Deutschland. Online Ressource: https://www.dbfk.de/media/docs/download/DBfK-Positionen/ADS-DBfK-position_weiterentwicklung_pflegestudiengaenge_2015.pdf (letzter Zugriff: 05.05.2018).

DBfK – Deutscher Berufsverband für Pflegeberufe e. V. (2010a): Positionspapier des DBfK zum aktuellen Pflegepersonalmangel. Online Ressource: https://www.yumpu.com/de/document/

read/5387655/position-des-dbfk-zum-aktuellen-pflegepersonalmangel (letzter Zugriff: 05.05.2018).
DBfK – Deutscher Berufsverband für Pflegeberufe e. V. (2010b): Position des DBfK zur Neuordnung von Aufgaben im Krankenhaus. Online Ressource: https://www.dbfk.de/media/docs/download/DBfK-Positionen/Position-zu-Delegation-im-Krankenhaus_2010-03-29.pdf (letzter Zugriff: 05.05.2018).
Décieux, Fabienne (2017): Ökonomisierung und Ansprüche als Triebkräfte von Sorge-Kämpfen. In: Artus, Ingrid/Birke, Peter/Kerber-Clasen, Stefan/Menz, Wolfgang (Hrsg.): Sorge-Kämpfe. Auseinandersetzungen um Arbeit in sozialen Dienstleistungen. Hamburg, S. 238–254.
Demirović, Alex (2015): „Anders denken, anders sprechen". Ein Besprechungsessay zu „Das Kapital lesen". In: Prokla. Zeitschrift für kritische Sozialwissenschaft, Heft 180, S. 469–482.
Demirović, Alex (2011a): Ökonomische Krise – Krise der Politk? In: Demirović, Alex/Dück, Julia/Becker, Florian/Bader, Pauline (Hrsg.): VielfachKrise. Im finanzmarktdominierten Kapitalismus. Hamburg, S. 63–78.
Demirović, Alex (2011b): Kritische Gesellschaftstheoretie und die Vielfalt der Emanzipationsperspektiven. In: Prokla. Zeitschrift für kritische Sozialwissenschaft, Heft 165, S. 519–542.
Demirović, Alex (2007): Nicos Poulantzas. Aktualität und Probleme materialistischer Staatstheorie. Münster.
Demirović, Alex (1992): Regulation und Hegemonie. Wissenspraktiken, Intellektuelle und kapitalistische Akkumulation. In: Demirovic, Alex/Krebs, Hans-Peter/Sablowski, Thomas (Hrsg.): Hegemonie und Staat. Münster, S. 128–158.
Demirović, Alex/Maihofer, Andrea (2013): Vielfachkrise und die Krise der Geschlechterverhältnisse. In: Heilmann, Andreas/ Nickel, Hildegard Maria (Hrsg.): Krise, Kritik, Allianzen. Arbeits- und geschlechtersoziologische Perspektiven. Weinheim und Basel, S. 30–48.
Destatis (2019): Betreuungsquote von Kindern unter 6 Jahren nach Bundesländern. Online Ressource: https://www.destatis.de/DE/Themen/Gesellschaft-Umwelt/Soziales/Kindertagesbetreuung/Tabellen/betreuungsquote-2018.html;jsessionid=C645304E4F9B537047A759FC3E5BC18E.internet8741 (letzter Zugriff 02.06.2020).
Destatis (2018a): Grunddaten der Krankenhäuser. Online Ressource: https://www.destatis.de/DE/Methoden/Qualitaet/Qualitaetsberichte/Gesundheit/grunddaten-krankenhaueser.pdf?__blob=publicationFile (letzter Zugriff: 20.03.2018).
Destatis (2018b): Ausgaben und Einnahmen in der Jugenhilfe. Online Ressource: https://www.destatis.de/DE/Publikationen/Thematisch/Soziales/KinderJugendhilfe/AusgabenEinnahmenJugendhilfe5225501167004.pdf?__blob=publicationFile
Destatis (2015): 32,9 % der unter 3-Jährigen am 1. März 2015 in Kindertagesbetreuung. Pressemitteilung vom 1. Oktober 2015. Online Ressource: https://www.destatis.de/DE/PresseService/Presse/Pressemitteilungen/2015/10/PD15_368_225.html (letzter Zugriff: 02.02.2019).
Deutscher Bundesverband für Soziale Arbeit (DBSH) (2009): Qualifizierung, Nachhaltigkeit und Akademisierung. Der DBSH setzt sich für eine umfassende Verbesserung der Qualifikation, Arbeitsbedingungen und Bezahlung von ErzieherInnen ein. Online Ressource: http://www.dbsh.de/html/berufspolitik.html (letzter Zugriff: 04.10.2018).
Deutscher Bundestag (2010): Drucksache 17/3663 vom 10.11.2010. Antrag „Faire Teilhabechancen von Anfang an – Frühkindliche Betreuung und Bildung fördern". Berlin.
Deutsche Gesellschaft für Neurologie (2005): Vaskuläre Erkrankungen. Ischämischer Schlaganfall: Akuttherapie. Was gibt es Neues? Stuttgart.
Deutscher Landkreistag (2009): Qualitätsverbesserung in Kitas bleibt auf der Tagesordnung. Pressemitteilung vom 28.07.2009. Online Ressource: http://www.landkreistag.de (letzter Zugriff: 03.4.2019).
DGB-Index Gute Arbeit (2018): Arbeitsbedingungen in der Alten- und Krankenpflege. So beurteilen die Beschäftigten die Lage. Ergebnisse einer Sonderauswertung der Repräsentativumfragen zum DGB-Index Gute Arbeit. Berlin.
DGB-Index Gute Arbeit (2015): Sinnvolle Arbeit, hohe Belastung und geringes Einkommen. Arbeitsbedingungen in den Erziehungsberufen. DGB-Index Gute Arbeit Kompakt 01/2015. Berlin.
Dippelhofer-Stiem, Barbara (2013): Berufliche Sozialisation von Erzieherinnen. In: Fried, Lilian/Roux, Susanna (Hrsg.): Handbuch Pädagogik der frühen Kindheit. Berlin, S. 400–410.

Diskowski, Detlef (2012): Bildung im Elementarbereich – Entwicklungslinien in der Steuerung und Koordinierung. In: Ratermann, Monique/ Stöbe-Blossey, Sybille (Hrsg.): Governance von Schul- und Elementarbildung: Vergleichende Betrachtungen und Ansätze der Vernetzung. Wiesbaden, S. 121–143.

Diskowski, Detlef (2008): Bildungspläne für Kindertagesstätten – ein neues und noch unbegriffenes Steuerungsinstrument. In: Roßbach/Blossfeld (Hrsg.): Frühpädagogische Förderung in Institutionen. Zeitschrift für Erziehungswissenschaft. Sonderheft 11/2008. Wiesbaden, S. 47–61.

Döpfner, Mathias (2020): Die wahren Helden. In: Bild Zeitung. Online Ressource: https://www.bild.de/politik/kolumnen/kolumne/coronavirus-kommentar-von-mathias-doepfner-die-wahren-helden-69382680.bild.html (letzter Zugriff: 12.04.2020).

Dörge, Christian (2009): Professionelles Pflegehandeln im Alltag – Vision oder Wirklichkeit? Frankfurt a. M.

Dörfler, Mechthild (1994): Der offene Kindergarten. Ideen zur Öffnung aus Theorie und Praxis. In: Deutsches Jugendinstitut (Hrsg.): Orte für Kinder. Auf der Suche nach neuen Wegen in der Kinderbetreuung. München, S. 105–127.

Dörre, Klaus/Ehrlich, Martin/Haubner, Tine (2014): Landnahmen im Feld der Sorgearbeit. In: Aulenbacher, Brigitte/Riegraf, Birgit/Theobald, Hildegard (Hrsg.) Sorge: Arbeit. Verhältnisse, Regime. Care: Work, Relations, Regimes. Baden-Baden. Baden-Baden, S. 107–124.

Dörre, Klaus/Haubner, Tine (2012): Landnahme durch Bewährungsproben – Ein Konzept für die Arbeitssoziologie. In: Dörre, Klaus/ Sauer, Dieter/ Wittke, Volker (Hrsg.): Kapitalismustheorie und Arbeit. Neue Ansätze soziologischer Kritik. Frankfurt am Main/New York, S. 63–106.

Dowling, Emma (2017): In the wake of austerity: social impact bonds and the financialisation of the welfare state in Britain. In: New Political Economy. Vol. 22/2017.

Dresing, Thorsten/Pehl, Thorsten (2015): Praxisbuch Interview, Transkription & Analyse. Anleitungen und Regelsysteme für qualitativ Forschende. Marburg.

Dück, Julia (2020): „Whatever it takes!" – Warum Spahns Hilfspaket nicht die Krankenhäuser, sondern das neoliberale Fallpauschalen-System rettet. Online Ressource: https://www.zeitschrift-luxemburg.de/julia-dueck/ (letzter Zugriff: 27.06.2020).

Dück, Julia (2018): Krise der sozialen Reproduktion – nicht mehr als eine Anpassungskrise? Tendenzen von Verweigerung sowie Momente der Anpassung. In: Pühl, Katharina/ Sauer, Birgit (Hrsg.): Regulierung, Regierung und Reproduktion von Geschlecht und Geschlechterverhältnissen. Münster, S. 139–157.

Dück, Julia (2014): Krise und Geschlecht. Überlegungen zu einem feministisch-materialistischen Krisenverständnis. In: Prokla, Heft 174, S. 53–70.

Dück, Julia/Seppelt, Jana (2015): Streiken kann gelernt werden! Zur Geschichte der Kita-Streiks. Interview mit Hansi Weber. In: Geißler, Jeannine/Wilde, Florian (Hrsg.): Erneuerung durch Streik II. Kämpfe gemeinsam führen. RLS Materialien, S. 51–59.

Dück, Julia/Hajek, Katharina (2018): ‚Intime Verhältnisse'. Eine gesellschaftstheoretische Erweiterung der Debatte um soziale Reproduktion. In: Scheele, Alexandra/Wöhl, Stefanie (Hrsg.): Feminismus und Marxismus. Weinheim und Basel, S. 218–231.

Dunkel, Wolfgang (2011): Arbeit in sozialen Dienstleistungsorganisationen. In: Evers, Adalbert/ Heinze, Rolf G./Olk, Thomas (Hrsg.): Handbuch Soziale Dienste. Wiesbaden, S. 187–205.

Dyk, Silke van/ Lessenich, Stephan (2009): Ambivalenzen der (De-)Aktivierung: Altwerden im flexiblen Kapitalismus. In: WSI Mitteilungen, 10/2009, S. 540–546.

Engel, Antke (2009): Bilder von Sexualität und Ökonomie. Queere kulturelle Politiken im Neoliberalismus. Bielefeld.

Esch, Karin/Klaudy, Elke K./Stöbe-Blossey, Sybille (2005): Bedarfsorientierte Kinderbetreuung. Gestaltungsfelder für die Kinder- und Jugendpolitik. Wiesbaden.

Evans, Michaela/Kerber-Clasen, Stefan (2017): Arbeitsbeziehungen in der Care-Arbeit: Blockierte Aufwertung? In: WSI Mitteilungen 3, S. 180–188.

Europäischer Rat (2000): Europäischer Rat 23. und 24. März 2000 Lissabon. Schlussfolgerungen des Vorsitzes. Online Ressource: https://www.europarl.europa.eu/summits/lis1_de.htm (letzter Zugriff 05.11.2018).

Eßer, Florian (2014): Kindertagesbetreuung im Kontext sozialpädagogischer Professionalität. In: Betz, Tanja/Cloos, Peter (Hrsg.): Kindheit und Profession. Konturen und Befunde eines Forschungsfeldes. Weinheim und Basel, S. 36–48.

Fachkräftebarometer (2019): Fachkräftebarometer Frühe Bildung 2019. Online Ressource: https://www.fachkraeftebarometer.de/fileadmin/Redaktion/Publikation_FKB2019/Fachkraeftebarometer_Fruehe_Bildung_2019_web.pdf (letzter Zugriff: 30.03.2020).

Fachkräftebarometer (2016): Der Bundestrend: Enorme Personalexpansion. Online Ressource: http://www.fachkraeftebarometer.de/personal/beschaeftigte/ (letzter Zugriff: 30.02.2019).

Fachkräftebarometer (2014): Fachkräftebarometer Frühe Bildung 2014. Online Ressource: www.fachkraeftebarometer.de/fileadmin/download/Fachkraeftebarometer/Fachkraeftebarometer_Fruehe_Bildung_2014_final.pdf (letzter Zugriff: 30.02.2019).

Federici, Silvia (2012): Aufstand aus der Küche: Reproduktionsarbeit im globalen Kapitalismus und die unvollendete feministische Revolution. Hrsg. von kitchen politics, Münster.

Federici, Silvia (1975): Wages against housework. Montepelier, S. 1–8.

Feministische Autorinnengruppe (2013): Das Theorem der neuen Landnahme: eine feministische Rückeroberung. In: Baumann, Hans/Bischel, Iris/Gemperle, Michael/Knobloch, Ulrike/Ringger, Beat/Schatz, Holger (Hrsg.): Care statt Crash. Sorgeökonomie und die Überwindung des Kapitalismus. Denknetz Jahrbuch 2013. Zürich, S. 99–118.

Ferguson, Susan (o. J.): Social Reproduction: What's the big idea? Online Ressouce: plutobooks.com/blog/social-reproduction-theory-ferguson (letzter Zugriff: 24.10.2019).

Ferguson, Susan/McNally, David (2013): Capital, Labour-Power, and Gender-Relations: Introduction to the Historical Materialism Edition of Marxism and the Oppression of Women. In: Vogel, Lise: Marxism and the oppression of women: toward a unitary theory. Leiden/Boston, xvii–xl.

Fleiß, Jürgen (2010): Paul Lazarsfelds typologische Methode und die Grounded Theory. Generierung und Qualität von Typologien. In: Österreichische Zeitschrift für Soziologie 35 (2010), Nr.3, S. 3–18.

Folbre, Nancy (1982): Exploitation comes home: A critique of the Marxian theory of family labour. In: Cambrigde Journal of Economics. 6, S. 317–329.

Fraser, Nancy (2009): Feminismus, Kapitalismus und die List der Geschichte. In: Blätter für deutsche und internationale Politik, Heft 8, S. 43–57.

Fried, Lilian (2012): Programme, Konzepte und subjektive Handlungsorientierungen. In: Fried, Lilian/ Dippelhofer-Stiem, Barbara/ Honig, Michael-Sebastian/Liegle, Ludwig (Hrsg.): Pädagogik der frühen Kindheit. Weinheim und Basel, S. 57–90.

Friesacher, Heiner (2015): Wider die Abwertung der eigentlichen Pflege. In: intensiv. Fachzeitschrift für Intensivpflege und Anästhesie 4/15, 200–214. Online Ressource: https://www.thieme.de/statics/bilder/thieme/final/de/bilder/tw_pflege/Friesacher_intensiv_4_15_.pdf (letzter Zugriff: 06.08.2018).

Friesacher, Heiner (2010): Pflege und Technik – eine kritische Analyse. In: Pflege&Gesellschaft 15. Jg., 2010 H.4, S. 293–313.

Friesacher, Heiner (2009): Professionalisierung in Zeiten von Evidenzbasierter Praxis. In: Ipp Info, Ausgabe 07, Winter 2009. Bremen, S. 2–3.

Friesacher, Heiner (2008): Theorie und Praxis pflegerischen Handelns. Begründung und Entwurf einer kritischen Theorie der Pflegewissenschaft. Osnabrück.

Fuchs, Tatjana/Trischler, Falko (2008): Arbeitsqualität aus Sicht von Erzieherinnen und Erziehern. Ergebnisse aus der Erhebung zum DGB-Index Gute Arbeit.

Fuchs-Rechlin, Kirsten (2008): Arbeitsplatz Ganztagsschule – pädagogisch wertvoll? Ergebnisse einer Studie der Max-Traeger-Stiftung. In: GEW (Hrsg.): Arbeitsplatz Ganztagsschule – pädagogisch wertvoll! Handreichung für die sozialpädagogische Arbeit an Ganztagsschulen. Frankfurt, 89–124.

Gather, Claudia/Geissler, Birgit/Rerrich, Maria S. (Hrsg.) (2008): Weltmarkt Privathaushalt. Bezahlte Hausarbeit im globalen Wandel. 2. Aufl. Münster.

Geißler, Karlheinz A./Orthey, Frank Michael (2002): Kompetenz: Ein Begriff für das verwertbare Ungefähre. In: Nuissl von Rein, Ekkehard/ Schiersmann, Christiane/ Siebert, Horst: Kompetenzentwicklung statt Bildungsziele? REPORT Literatur- und Forschungsreport Weiterbildung, 49/2002, S. 69–79.

Gerlinger, Thomas (2014): Gesundheitsreform in Deutschland – Hintergrund und jüngere Entwicklungen. In: Manzei, Alexandra/Schmiede, Rudi (Hrsg.): 20 Jahre Wettbewerb im Gesundheitswesen. Theoretische und empirische Analysen zur Ökonomisierung von Medizin und Pflege. Wiesbaden, S. 35–70.

Gerlinger, Thomas/Mosebach, Kai (2009): Die Ökonomisierung des deutschen Gesundheitswesens. In: Böhlke, Niels/Gerlinger, Thomas/Mosebach, Kai/Schmucker, Rolf/Schulten, Thorsten (Hrsg.), Privatisierung von Krankenhäusern: Erfahrungen und Perspektiven aus Sicht der Beschäftigten. Hamburg, S. 10–40.

Gerlinger, Thomas/Stegmüller, Klaus (2009): Ökonomisch-rationales Handeln als normatives Leitbild der Gesundheitspolitik. In: Bittlingmayer, Uwe W./Sahrai, Diana/Schnabel, Peter-Ernst (Hrsg.): Normativität und Public Health. Vergessene Dimensionen gesundheitlicher Ungleichheit. Wiesbaden, S. 135–161.

GEW (Gewerkschaft Erziehung und Wissenschaft) (2007) (Hrsg.): Wie geht's im Job? KiTa-Studie der GEW. Frankfurt a. M. 2007.

Giddens, Anthony (1998): The third way. Cambridge.

Gilligan, Carol (1982): In a Different Voice. Psychological Theory and Women's Development. Cambridge.

Glaser, Barney G. (2002): Constructivist Grounded Theory. In: Forum Qualitative Sozialforschung. Online Journal 2002/3. Online Ressource: www.qualitative.research.net/fqs/fqs-eng.htm (letzter Zugriff: 06.06.2018

Glaser, Barney G./ Strauss, Anselm L. (1965). *Awareness of dying*. Chicago.

Grabbe, Yvonne/Nolting, Hans-Dieter/Loos, Stefan (2005): DAK-BGW-Gesundheitsreport 2005 – stationäre Pflege. Berlin.

Graf, Julia/Rudolph, Clarissa (2014): Emanzipation durch (Erwerbs-)Arbeit?! Die Bedeutung von Arbeit unter prekären Bedingungen. In: Jung, Tina/Lieb, Anja/Reusch, Marie/Scheele, Alexandra/Schoppengerd, Stefan (Hrsg.): In Arbeit: Emanzipation. Feministischer Eigensinn in Wissenschaft und Politik. Münster, S. 150–164.

Gramsci, Antonio (zitiert als GH) (1991 ff.): Gefängnishefte. Kritische Gesamtausgabe. Hrsg. von Haug, Wolfgang Fritz/ Bochmann, Klaus. 10 Bd., Hamburg.

Görg, Christoph (2003): Dialektische Konstellationen. Zu einer kritischen Theorie gesellschaftlicher Naturverhältnisse. In: Demirović, Alex (Hrsg.): Modelle kritischer Gesellschaftstheorie. Traditionen und Perspektiven der Kritischen Theorie. Stuttgart/Weimar, S. 39–52.

Görres, Stefan (2009): Ausbildung bringt Qualität. Akademisierung in den Pflegeberufen. In: Ipp Info, Ausgabe 07/2009. Bremen.

Hajek, Katharina (2019): Der biopolitische Charme der Familie. Die ‚nachhaltige Familienpolitik' und die quantitative und qualitative Regulierung der Bevölkerung in Deutschland. In: Braun, Kathrin/Gerhards, Helene (Hrsg.): Biopolitiken. Regierungen des Lebens heute. Reihe: Politologische Aufklärung – konstruktivistische Perspektiven. Wiesbaden, S. 183–207.

Hajek, Katharina (2017): Die Reproduktionskrise feministisch politisieren. In: Luxemburg Online. Online Ressource: https://www.zeitschrift-luxemburg.de/die-reproduktionskrise-feministisch-politisieren-zwischen-neoliberaler-humankapitalproduktion-und-rechter-refamilialisierung/ (letzter Zugriff: 30.03.2019).

Hajek, Katharina (2013): Familienduell. Von der politischen Regulierung und den Kämpfen um Familie. In: Prokla. Zeitschrift für kritische Sozialwissenschaft, Heft 173, 519–537.

Hajek, Katharina/Opratko, Benjamin (2013): Subjektivierung als Krisenbearbeitung. Feministische und neogramscianische Perspektiven auf die gegenwärtige europäische Krisenpolitik. In: femina politica, 1/2013, S. 44–55.

Hall, Anja/Leppelmeier, Ingrid (2015): Erzieherinnen und Erzieher in Erwerbstätigkeit – Arbeitsbedingungen, Arbeitsbelastungen und die Folgen. Bundesinstitut für Berufsbildung. Wissenschaftliches Diskussionspapier 161.

Haller, Lisa Yashodhara/Chorus, Silke (2013): Care, Wert und der Wohlfahrtsstaat. Plädoyer für die Berücksichtigung des Staates als zentraler Akteur der politischen Ökonomie. In: Baumann, Hans/ Bischel, Ires/Gemperle, Michael/Knobloch, Ulrike/Ringger, Beat/Schatz, Holger. (Hrsg.): Care statt Crash. Sorgeökonomie und die Überwindung des Kapitalismus. Denknetz Jahrbuch 2013. Zürich, S. 64–73.

Hartmann, Anja/Becker, Sebastian (2014): Der Einfluss europäischer Regulierung auf gesundheitspolitische Steuerungsprozesse in Deutschland. In: Manzei, Alexandra/Schmiede, Rudi (Hrsg.): 20 Jahre Wettbewerb im Gesundheitswesen. Theoretische und empirische Analysen zur Ökonomisierung von Medizin und Pflege. Wiesbaden, S. 71–88.

Haubner, Tine (2017): Die Ausbeutung der sorgenden Gemeinschaft. Laienpflege in Deutschland. Frankfurt a. M.

Haubner, Tine (2015): Rezension zu „Claudia v. Werlhof, Maria Mies, Veronika Bennholdt-Thomsen: Frauen, die letzte Kolonie. Zur Hausfrauisierung der Arbeit". Online Ressource: http://www.kritisch-lesen.de/rezension/der-proletarier-ist-tot-es-lebe-die-hausfrau

Haug, Frigga (2011): Das Care-Syndrom. Ohne Geschichte hat die Frauenbewegung keine Perspektive. In: Das Argument, Heft 292, S. 345–364.

Haug, Frigga (2010): Krise. In: Haug, Wolfgang Fritz/Haug, Frigga/Jehle, Peter (Hrsg.): Historisch-Kritisches Wörterbuch des Marxismus, Bd. 7/I, Hamburg, S. 2121–2143.

Haug, Frigga (2007): Mit Gramsci die Geschlechterverhältnisse begreifen. In: Merkens, Andreas/ Diaz, Victor Rego (Hrsg.): Mit Gramsci arbeiten. Texte zur politisch-praktischen Aneignung Antonio Gramscis. Hamburg, S. 33–53.

Haug, Frigga (2004): Sozialistischer Feminismus: Eine Verbindung im Streit. In: Becker, Ruth/Kortendiek, Beate (Hrsg.): Handbuch Frauen- und Geschlechterforschung. Theorie, Methoden, Empirie. Wiesbaden, S. 49–55.

Haug, Frigga (2001): Geschlechterverhältnisse. In: Haug, Wolfgang Fritz Haug, Frigga/Jehle, Peter (Hrsg.): Historisch-Kritisches Wörterbuch des Marxismus, Bd. 5., Hamburg, S. 493–530.

Haug, Frigga (1998): Gramsci und die Produktion des Begehrens. In: Psychologie & Gesellschaftskritik, H2/3, S. 75–91.

Haug-Schnabel, Gabriele/Bensel, Joachim/Stetten, Sonja v./Weber, Sarah/Schnabel, Nikolas, (2008): Flexible Betreuung von unter Dreijährigen im Kontext von Geborgenheit, Kontinuität und Zugehörigkeit. Wissenschaftliche Recherche im Auftrag des Landschaftsverbands Rheinland, Dezernat 4 – Schulen, Jugend, Kinder. Köln

Hausen, Karin (1990): Überlegungen zum geschlechtsspezifischen Strukturwandel der Öffentlichkeit. In: Gerhard, Ute/Jansen, Mechthild/Maihofer, Andrea/Schmid, Pia/Schultz, Irmgard (Hrsg.): Differenz und Gleichheit. Menschenrechte haben (k)ein Geschlecht. Frankfurt a. M., S. 268–282.

Hausen, Karin (1976): Die Polarisierung der Geschlechtercharaktere. Eine Spiegelung der Dissoziation von Erwerbs- und Familienleben. In: Conze, W. (Hrsg.): Sozialgeschichte der Familie in der Neuzeit Europas. Neue Forschungen. Stuttgart, S. 363–393.

Heck, Stephanie (2011): Von ‚Reproduktion' zu ‚Care' – zentrale Verschiebung in der feministischen Ökonomie-Debatte? In: Das Argument Heft 293, S. 408–412.

Heepe, Judith (2016): Wir müssen jedes Jahr ein kleines Dorf einstellen. Online Ressource: https://www.kma-online.de/aktuelles/klinik-news/detail/wir-muessen-jedes-jahr-ein-kleines-dorf-einstellen-a-33074 (letzter Zugriff: 07.08.2017).

Heilmann, Andreas (2012): Die Krise männlicher Muster der Erwerbsarbeit – Chancen für eine solidarische Arbeits- und Geschlechterpolitik? In: Kurz-Scherf, Ingrid/ Scheele, Alexandra (Hrsg.): Macht oder ökonomisches Gesetz? Zum Zusammenhang von Krise und Geschlecht. Münster, S. 101–115.

Heilmann, Andreas (2011): Normalität auf Bewährung. Outings in der Politik und die Konstruktion homosexueller Männlichkeit. Bielefeld.

Heinze, Rolf G. (2011): Soziale Dienste und Beschäftigung. In: Evers, Adalbert/Heinze, Rolf G./Olk, Thomas (Hrsg.): Handbuch Soziale Dienste. Wiesbaden, S. 168–186.

Hochschild, Arlie Russell (2002): Keine Zeit. Wenn die Firma zum Zuhause wird und zu Hause nur Arbeit wartet. Opladen.

Hoffmann, Julia/Schlager, Christa/Wöhl, Stefanie (2015): Editorial. In: Kurswechsel, 1/2015, S. 3–5.

Honig, Michael-Sebastian (2013): Frühpädagogik als institutionelle Praxis. Auf dem Weg zu einer Theorie der Pädagogik der frühen Kindheit. In: Müller, Hans-Rüdiger/ Bohne, Sabine/Thole, Werner (Hrsg.): Erziehungswissenschaftliche Grenzgänge. Markierungen und Vermessungen. Beiträge zum 23. Kongress der Deutschen Gesellschaft für Erziehungswissenschaft. Leverkusen, S. 181–195.

Hosse, Peter/Kropp, Jessika Marie/Stieber, Thomas (2017): Streik im Spielzeugland! Who cares? Resultate eines Lehrforschungsprojekts zum Streik im Sozial- und Erziehungsdienst 2015. In: Artus, Ingrid/ Birke, Peter/ Kerber-Clasen, Stefan/ Menz, Wolfgang (Hrsg.): Sorge-Kämpfe. Auseinandersetzungen um Arbeit in sozialen Dienstleistungen. Hamburg, S. 58–75.

Hülsken-Giesler, Manfred (2009): Vom Nahsinn zum Fernsinn. Zur Neuordnung von Aufgaben, Kompetenzen und Verantwortlichkeiten einer professionalisierten Pflege. In: Ipp Info, Ausgabe 07/2009. Bremen, S. 4–5.

Hülsken-Giesler, Manfred (2008): Der Zugang zum Anderen. Zur theoretischen Rekonstruktion von Professionalisierungsstrategien pflegerischen Handelns im Spannungsfeld von Mimesis und Maschinenlogik. Osnabrück.

Institut für das Entgeltsystem im Krankenhaus (InEK) GmbH (2019): Konzept gem. § 17b Abs. 4 KHG zur Ausgliederung von Pflegepersonalkosten aus dem G-DRG-System. Online Ressource: https://www.gkv-spitzenverband.de/media/dokumente/krankenversicherung_1/krankenhaeuser/drg/drg_2020/2019_03_07_KH_DRG_InEK-Konzept_Ausgliederung_von_Pflegepersonalkosten_aus_dem_DRG-System.pdf

Joos, Magdalena (2002): Tageseinrichtungen für Kinder zwischen Dienstleistung und Bildungsanforderungen. In: Zeitschrift für Soziologie der Erziehung und Sozialisation 3, S. 229–247.

Jugendministerkonferenz/Kultusministerkonferenz (2004): Gemeinsamer Rahmen der Länder für die frühe Bildung in Kindertageseinrichtungen. Online Ressource: http://www.bildungsserver.de/zeigen.html?seite=2027. (letzter Zugriff: 06.03.2018).

Jugendministerkonferenz (JMK) (2005): Beschlüsse JMK am 12./13. Mai 2005 in München. Top 10 – Aufgabenprofile und Qualifikationsanforderungen in den Arbeitsfeldern der Kinder- und Jugendhilfe. Online Ressource: http://www.mbjs.brandenburg.de/media_fast/5527/TOP%20 10%20-%20Beschluss.15475637.pdf (letzter Zugriff: 14.04.2019).

Jungbauer, Johannes/Ehlen, Sebastian (2015): Stressbelastungen und Burnout-Risiko bei Erzieherinnen in Kindertagesstätten: Ergebnisse einer Fragebogenstudie. In: Gesundheitswesen Ausgabe 77, Band 6. Stuttgart/New York, S. 418–423.

Jürgens, Kerstin/Hoffmann, Reiner/Schildmann, Christina (2017): Arbeit transformieren! Denkanstöße der Kommission „Arbeit der Zukunft". Bielefeld.

Jürgens, Kerstin (2010): Deutschland in der Reproduktionskrise. In: Leviathan 3, S. 559–587.

Kasten, Hartmut (2003): Die Bedeutung der ersten Lebensjahre: Ein Blick über den entwicklungspsychologischen Tellerrand hinaus. In: Fthenakis, Wassilios E. (Hrsg.): Elementarpädagogik nach PISA. Wie aus Kindertagesstätten Bildungseinrichtungen werden können. Freiburg/Basel/Berlin, S. 57–66.

Kelle, Udo/Kluge, Susann (2010): Vom Einzelfall zum Typus. Fallvergleich und Fallkontrastierung in der qualitativen Sozialforschung. 2. überarbeitete Aufl. Wiesbaden, S. 91–107.

Kerber-Clasen, Stefan (2017): Umkämpfte Reformen im Kita-Bereich. Veränderte Arbeitsprozesse, alltägliche Aushandlungen und Streiks von Kita-Fachkräften. Baden-Baden.

Klaudy, Elke Katharina/Köhling, Carola/Micheel, Brigitte/Stöbe-Blossey, Sybille (2016): Nachhaltige Personalwirtschaft für Kindertageseinrichtungen. Study Paper 336, Hans Böckler Stiftung. Berlin.

Klinger, Cornelia (2014): Selbstsorge oder Selbsttechnologie? Das Subjekt zwischen liberaler Tradition und Neoliberalismus. In: Aulenbacher, Brigitte/Dammayr, Maria (Hrsg.): Für sich und andere sorgen. Weinheim und Basel, S. 31–39.

Klinger, Cornelia (2013): Krise war immer … Lebenssorge und geschlechtliche Arbeitsteilungen in sozialphilosophischer und kapitalismuskritischer Perspektive. In: Appelt, Erna/Aulenbacher, Brigitte/Wetterer, Angelika (Hrsg.): Gesellschaft. Feministische Krisendiagnosen. Münster, S. 82–104.

Klinke, Sebastian/Müller, Rolf (2008): Auswirkungen der DRGs auf die Arbeitsbedingungen, das berufliche Selbstverständnis und die Versorgungsqualität aus Sicht hessischer Krankenhausärzte. ZeS-Arbeitspapier 04/2008. Bremen.

Klinkhammer, Nicole (2010): Frühkindliche Bildung und Betreuung im ‚Sozialinvestitionsstaat' – mehr Chancengleichheit durch investive Politikstrategien? In: Bühler-Niederberger, Doris/Mierendorff, Johanna/Lange, Andreas (Hrsg.): Kindheit zwischen fürsorglichem Zugriff und gesellschaftlicher Teilhabe. Wiesbaden, S. 205–228.

Klinkhammer, Nicole (2007): Flexibilität ermöglichen, Qualität sichern: Herausforderungen für die Veränderungen in der zeitlichen Angebotsstruktur von Kindertageseinrichtungen. In: Altgeld, Karin/Klaudy, Elke Katharina/Stöbe-Blossey, Sybille (Hrsg.), o. J.: Flexible Kinderbetreuung: Online Handbuch. Gelsenkirchen: Institut Arbeit und Qualifikation. Online Ressource: http://www.

iaq.uni-due.de/projekt/sites/flexiblekinderbetreuung/documents/klinkhammer_flekibe1107.pdf (letzter Zugriff: 20.03.2919).

Klinkhammer, Nicole (2005): Tageseinrichtungen mit flexiblen Angebotsstrukturen. Neue Herausforderungen für die Gestaltung des pädagogischen Alltags von ErzieherInnen und Kindern. Projektbericht. München.

Knecht, Ursula/Krüger, Caroline/Markert, Dorothee/Moser, Michaela/Mulder, Anne-Claire/Praetorius, Ina/Roth, Cornelia/Schrupp, Antje/Trenkwalder-Egger, Andrea (Hrsg.) (2012): ABC des guten Lebens. Rüsselsheim, 2. Aufl. 2013.

Knobloch, Ulrike (2013): Sorgeökonomie als kritische Wirtschaftstheorie des Sorgens. In: Baumann, Hans/Bischel, Iris/ Gemperle, Michael/Knobloch, Ulrike/Ringger, Beat/Schatz, Holger (Hrsg.): Care statt Crash. Sorgeökonomie und die Überwindung des Kapitalismus. Denknetz Jahrbuch 2013. Zürich, S. 9–23.

Kohlmorgen, Lars (2004): Regulation, Klasse, Geschlecht. Die Konstitution der Sozialstruktur im Fordismus und Postfordismus. Münster.

Krampe, Eva-Maria (2014): Professionalisierung der Pflege im Kontext der Ökonomisierung. In: Manzei, Alexandra/Schmiede, Rudi (Hrsg.): 20 Jahre Wettbewerb im Gesundheitswesen. Theoretische und empirische Analysen zur Ökonomisierung von Medizin und Pflege. Wiesbaden, S. 179–198.

Krampe, Eva-Maria (2013): Krankenpflege im Professionalisierungsprozess. Entfeminisierung durch Akademisierung? In: Pasternack, Peer (Hrsg.): Die Hochschule. Journal für Wissenschaft und Bildung, 1/2013, Wittenberg, S. 43–56.

Kreisky, Eva (1994): Das ewig Männerbündische? Zur Standardform von Staat und Politik. In: Leggewie, Claus (Hrsg.): *Wozu Politikwissenschaft? Über das Neue in der Politik.* Darmstadt, S. 191–208.

Kreisky, Eva/Löffler, Marion (2003): Staat und Familie: Ideologie und Realität eines Verhältnisses. In: Oberösterreichische Zeitschrift für Politikwissenschaft 32/4, S. 375–388.

Krings, Bettina-Johanna/Böhle, Knud/Decker, Michael/Nierling, Linda/Schneider, Christoph: ITA-Monitoring „Serviceroboter in Pflegearrangements". In: Decker, Michael/Fleischer, T./Schippl, J./Weinberger, N. (Hrsg.): Zukünftig Themen der Innovations- und Technikanalyse. Lessons Learned und ausgewählte Ergebnisse. KIT Scientific Reports. Karlsruhe. Online Ressource: http://www.itas.kit.edu/pub/v/2012/epp/krua12-pre01.pdf (zuletzt abgerufen: 05.12.2017).

Krone, Sirikit/Stöbe-Blossey, Sybille (2010): Die Entwicklung der Frauenerwerbsarbeit und die Anforderungen an eine nachhaltige Familienpolitik. In: Stöbe-Blossey, Sybille (Hrsg.): Kindertagesbetreuung im Wandel: Perspektiven für die Organisationsentwicklung. Wiesbaden, S. 17–31.

Kuckartz, Udo (2016): Qualitative Inhaltsanalyse: Methoden, Praxis, Computerunterstützung. Weinheim und Basel.

Kuger, Susanne/Kluczniok, Katharina (2008). Prozessqualität im Kindergarten – Konzept, Umsetzung und Befunde. Zeitschrift für Erziehungswissenschaft, Sonderheft 1, S. 159–178.

Kuhl, Mara (2010): Wem werden Konjunturprogramme gerecht? Eine budgetorientierte Gender-Analyse der Konjunkturpakete I und II. Eine Expertise im Auftrag der Friedrich Ebert Stiftung. Berlin.

Kuhlmann, Ellen/Larsen, Christa (2014): Care, Governance und Professionalisierung im europäischen Vergleich. In: Aulenbacher, Brigitte/Riegraf, Birgit/Theobald, Hildegard (Hrsg.) Sorge: Arbeit. Verhältnisse, Regime. Care: Work, Relations, Regimes. Baden-Baden, S. 235–251.

Kühn, Hagen/Klinke, Sebastian (2006): Krankenhaus im Wandel. Zeit- und Kostendruck beeinflussen die Kultur des Heilens. In: WZB-Mitteilungen Heft 113, September 2009, S. 6–9.

Kultusministerkonferenz (2007): Rahmenvereinbarung über die Berufsfachschulen. Beschluss der Kultusministerkonferenz vom 28.02.1997 in der Fassung vom 07.12.2007.

Kumbruck, Christel (2010): Berufliche Pflegepraxis und die Erfahrung gesellschaftlicher Anerkennung. In: Kumbruck, Christel/Rumpf, Mechthild/Senghaas-Knobloch, Eva (2010): Unsichtbare Pflegearbeit. Fürsorgliche Praxis auf der Suche nach Anerkennung. Studien zur Pflege 3. Münster, S. 183–208.

Kumbruck, Christel/Rumpf, Mechthild/Senghaas-Knobloch, Eva (2010): Unsichtbare Pflegearbeit. Fürsorgliche Praxis auf der Suche nach Anerkennung. Studien zur Pflege 3. Münster.

Kumbruck, Christel/Rumpf, Mechthild/Senghaas-Knobloch, Eva (2010a): Das Ethos fürsorglicher Praxis/Care im Streit um Anerkennung. In: Dies. (Hrsg.): Kumbruck, Christel/Rumpf,

Mechthild/ Senghaas-Knobloch, Eva (2010): Unsichtbare Pflegearbeit. Fürsorgliche Praxis auf der Suche nach Anerkennung. Studien zur Pflege 3. Münster, S. 11–37.

Kumbruck, Christel/Rumpf, Mechthild/Senghaas-Knobloch, Eva (2010b): Zukünfte des Ethos fürsorglicher (Pflege-)Praxis. Ein Resümee. In: Dies. (Hrsg.): Unsichtbare Pflegearbeit. Fürsorgliche Praxis auf der Suche nach Anerkennung. Studien zur Pflege 3. Münster, S. 323–352.

Kunkel, Kalle (2016): Kampf gegen die Burnout-Gesellschaft in Zeiten der Digitalisierung. Der Tarifkonflikt an der Charité für Gesundheitsschutz und Mindestbesetzung. In: Lothar Schröder/ Hans-Jürgen Urban (Hrsg.): Jahrbuch Gute Arbeit 2016. Digitale Arbeitswelt – Trends und Anforderungen. Frankfurt, S. 253–266.

Kurz-Scherf, Ingrid (2012): The Great Transformation – Ausstieg aus dem Kapitalismus? Ein Plädoyer für feministischen Eigensinn in den aktuellen Krisen- und Kritikdynamiken. In: Kurz-Scherf, Ingrid/Scheele, Alexandra (Hrsg.): Macht oder ökonomisches Gesetz. Zum Zusammenhang von Krise und Geschlecht. Münster.

Kurz-Scherf, Ingrid (2009): Monopoly-Kapitalismus – Reservat der Männlichkeit. In: Blätter für deutsche und internationale Politik 5/2009, S. 36–40.

Küsters, Ivonne (2009): Narrative Interviews. Grundlagen und Anwendungen. 2. Aufl. Wiesbaden.

König, Anke (2015): Die Bedeutung von Bildungsforschung für die Professionalisierung des Feldes. In: König, Anke/ Leu, Hans Rudolf/ Viernickel, Susanne (Hrsg.): Forschungsperspektiven auf Professionalisierung in der Frühpädagogik. Empirische Befunde der AWiFF-Förderlinie. Weinheim/Basel, S. 283–294

König, Tomke/Jäger, Ulle (2011): Reproduktionsarbeit in der Krise und neue Momente der Geschlechterordnung. In: Demirović, Alex/ Dück, Julia/ Becker, Florian/ Bader, Pauline (Hrsg.): VielfachKrise. Im finanzmarktdominierten Kapitalismus. Hamburg, S. 147–164.

Laewen, Hans-Joachim (2004): Bildung in Kindertageseinrichtungen: Der schwierige Weg in die Praxis. In: Wehrmann, Ilse (Hrsg.): Kindergärten und ihre Zukunft. Weinheim/Basel/Berlin, S. 149–166.

Lange, Andreas (2010): Bildung ist für alle da oder die Kolonialisierung des Kinder- und Familienlebens durch ein ambivalentes Dispositiv. In: Bühler-Niederberger, Doris/Mierendorff, Johanna/ Lange, Andreas (Hrsg.): Kindheit zwischen fürsorglichem Zugriff und gesellschaftlicher Teilhabe. Wiesbaden, S. 89–114.

Langenmayr, Margret (2005): Quo vadis Erzieher/innen-Ausbildung? Acht Anfragen aus der Sicht der Fachschulen/Fachakademien für Sozialpädagogik. In: Kita spezial, Sonderheft 3/2005, S. 39–45.

Leitner, Sigrid/Ostner, Ilona/Schratzenstaller, Margit (2004) (Hrsg.): Wohlfahrtsstaat und Geschlechterverhältnis im Umbruch: Was kommt nach dem Ernährermodell? Wiesbaden.

Leu, Hans-Rudolf (2012): Betreuungsrendite oder Bildungsrendite? Zum Ertrag der frühkindlichen Bildung, Betreuung und Erziehung. In: Rauschenbach, Thomas (Hrsg.): Aufwachsen in Deutschland. AID:A – Der neue DJI-Survey. Weinheim und Basel, S. 135–153.

Leu, Hans-Rudolf/ Kalicki, Bernhard: Zur Professionalisierung und Kompetenzorientierung in der Weiterbildung frühpädagogischer Fachkräfte. In: Betz, Tanja/ Cloos, Peter (Hrsg.): Kindheit und Profession. Konturen und Befunde eines Forschungsfeldes. Weinheim/Basel, S. 191–205.

Lipietz, Alain (1985): Akkumulation, Krisen und Auswege aus der Krise. In: Prokla, Heft 58, S. 109–137.

Lipietz, Alain (1992): Vom Althusserismus zur ‚Theorie der Regulation'. In: Demirović, Alex/ Krebs, Hans-Peter/ Sablowski, Thomas (Hrsg.): Hegemonie und Staat. Kapitalistische Regulation als Projekt und Prozess. Münster, S. 9–54.

Lessenich, Stephan (2008): Die Neuerfindung des Sozialen. Der Sozialstaat im flexiblen Kapitalismus. Bielefeld.

Lettow, Susanne (2015): Biokapitalismus und Inwertsetzung der Körper. Perspektiven der Kritik. In: Prokla. Zeitschrift für kritische Sozialwissenschaften. Heft 178, S. 33–49.

Ludwig, Gundula (2012): Hegemonie, Diskurs, Geschlecht. Gesellschaftstheorie als Subjekttheorie – Subjekttheorie als Gesellschaftstheorie. In: Dzudzek, Iris/Kunze, Caren/Wullweber, Joscha (Hrsg.): Hegemonie und Diskus. Gesellschaftskritische Perspektiven. Bielefeld, S. 105–126.

Ludwig, Gundula (2011): Geschlecht regieren. Zum Verhältnis von Staat, Subjekt und heteronormativer Hegemonie. Frankfurt a. M./New York.

Ludwig, Gundula (2007): Gramscis Hegemonietheorie und die staatliche Produktion von vergeschlechtlichten Subjekten. In: Das Argument, Heft 270, S. 196–205.

Ludwig, Gundula/Sauer, Birgit/Wöhl, Stefanie (Hrsg.) (2009). *Staat und Geschlecht. Grundlagen und aktuelle Herausforderungen feministischer Staatstheorie* (Staatsverständnisse, Band 28). Baden-Baden.

Lutz, Helma (2008): Vom Weltmarkt in den Privathaushalt. Die neuen Dienstmädchen im Zeitalter der Globalisierung. Opladen/Farmington Hills.

Malthus, Thomas Robert (1798): An Essay on the Principle of Population.

Madörin, Mascha (2011): Das Auseinanderdriften der Produktivitäten: Eine feministische Sicht. In: Denknetz-Jahrbuch 2011, Zürich, S. 56–70.

Madörin, Mascha (2007): Neoliberalismus und die Reorganisation der Care-Ökonomie. Online Ressource: http://www.denknetz-online.ch/IMG/pdf/Madorin.pdf (letzter Zugriff: 14.02.2018).

Maiwald, Heiko (2017): Nicht die Zeit für ein Lächeln. Zum Konfliktfeld Arbeit in der Behindertenhilfe und Interventionsmöglichkeiten prekär Beschäftigter am Beispiel der FAU-Betriebsgruppe in der Frankfurter Lebenshilfe. In: Artus, Ingrid/Birke, Peter/Kerber-Clasen, Stefan/Menz, Wolfgang (2017) (Hrsg.): Sorge-Kämpfe. Auseinandersetzungen um Arbeit in sozialen Dienstleistungen. Hamburg, S. 219–237.

Manzei, Alexandra (2014): Über die neue Unmittelbarkeit des Marktes im Gesundheitswesen – Wie durch die Digitalisierung der Patientenakte ökonomische Entscheidungskriterien an das Patientenbett gelangen. In: Manzei, Alexandra/ Schmiede, Rudi (Hrsg.): 20 Jahre Wettbewerb im Gesundheitswesen. Theoretische und empirische Analysen zur Ökonomisierung von Medizin und Pflege. Wiesbaden, S. 219–240.

Manzei, Alexandra/Schnabel, Manfred/Schmiede, Rudi (2014): Embedded Competition – Oder wie kann man die Auswirkungen wettbewerblicher Regulierung im Gesundheitswesen messen? Eine methodologische Perspektive. In: Manzei, Alexandra/ Schmiede, Rudi (Hrsg.): 20 Jahre Wettbewerb im Gesundheitswesen. Theoretische und empirische Analysen zur Ökonomisierung von Medizin und Pflege. Wiesbaden, S. 11–31.

Marrs, Kira (2007): Ökonomisierung gelungen, Pflegekräfte wohlauf? In: WSI Mitteilungen 9/2007, S. 502–507.

Mayring, Philipp (2002): Einführung in die Qualitative Sozialforschung. Weinheim und Basel.

McAllister, Magaret/Lowe, John B. (2011): The Resilient Nurse: Empowering Your Practice. New York.

McNally, David/Ferguson, Sue (2015): Social Reproduction Beyond Intersectionality: An Interview. In: Viewpoint Magazine. Online Ressource: www.viewponitmag.com/2015/10/31/social-reproduction-beyond-intersectionality-an-interview-with-sue-ferguson-and-david-mcnally/ (letzter Zugriff: 12.03.2017).

McRobbie, Angela (2010): Top Girls. Feminismus und der Aufstieg des neoliberalen Geschlechterregimes. Wiesbaden.

Meißner, Hanna (2011): Totalität und Vielfalt – gesellschaftliche Wirklichkeit als multidimensionaler Zusammenhang. In: Prokla. Zeitschrift für kritische Sozialwissenschaft, Heft 165, S. 543–560.

Meuser, Michael/Scholz, Sylka (2012): Krise oder Strukturwandel hegemonialer Männlichkeit? In: Bereswill, Mechthild/Neuber, Anke (Hrsg.): In der Krise? Männlichkeiten im 21. Jahrhundert. Münster, S. 56–79.

Meuser, Michael (2010): Geschlecht, Macht, Männlichkeit – Strukturwandel von Erwerbsarbeit und hegemoniale Männlichkeit. In: Erwägen Wissen Ethik, Heft 3. Paderborn, S. 325–336.

Meuser, Michael/Nagel, Ulrike (2009): Das Experteninterview – konzeptionelle Grundlagen und methodische Anlage. In: Pickel, Susanne/ Pickel, Gert/ Lauth, Hans-Joachim/ Jahn, Detlef (Hrsg.): Methoden der vergleichenden Politik- und Sozialwissenschaft: Neue Entwicklungen und Anwendungen. Wiesbaden, S. 465–479.

Meißner, Hanna (2011): Totalität und Vielfalt – gesellschaftliche Wirklichkeit als multidimensionaler Zusammenhang. In: Prokla. Zeitschrift für kritische Sozialwissenschaft, Heft 165, S. 543–560.

Metzinger, Adalbert (2013): Geschichte der Erzieherinnenausbildung als Frauenberuf. In: Fried, Lilian/ Roux, Susanna (Hrsg.): Handbuch Pädagogik der frühen Kindheit. Berlin, S. 348–358.

MEW/Marx-Engels-Werke (1956 ff.) Band *3: Deutsche Ideologie. 24. Auflage. (zitiert als MEW 3).*

MEW/Marx-Engels-Werke (1956 ff.) Band *23:* Das Kapital. Erster Band: Der Produktionsprozess des Kapitals. 24. Auflage. (zitiert als MEW 23).

Mierendorff, Johanna (2014): Childhood Studies. Anregungen für die kindheitspädagogische Professionsforschung. In: Betz, Tanja/Cloos, Peter (Hrsg.): Kindheit und Profession. Konturen und Befunde eines Forschungsfeldes. Weinheim und Basel, S. 24–35.
Mierendorff, Johanna (2010): Kinderarmut in Deutschland. In: Heinzel, Fiederike (Hrsg.): Kinder in Gesellschaft. Was wissen wir über aktuelle Kindheiten? Reihe: „Beiträge zur Reform der Grundschule", Frankfurt a. M., S. 79–88.
Mies, Maria (2009): Hausfrauisierung, Globalisierung, Subsistenzperspektive. In: Van der Linden, Marcel/Roth, Karl Heinz (Hrsg.): Über Marx hinaus. Arbeitsgeschichte und Arbeitsbegriff in der Konfrontation mit den globalen Arbeitsverhältnissen des 21. Jahrhunderts. Berlin/Hamburg, S. 257–289.
Mies, Maria (1983): Gesellschaftliche Ursprünge der geschlechtlichen Arbeitsteilung. In: Werlhof, Claudia von/Mies, Maria/Bennholdt-Thomsen, Veronika (Hrsg.): Frauen, die letzte Kolonie; Bd. 4, Technologie und Politik 20. Das Magazin zur Wachstumskrise, Reinbek bei Hamburg, S. 164–193.
Ministerium für Kultus, Jugend und Sport Baden-Württemberg. Online Ressource: http://www.kindergaerten-bw.de/Orientierungsplan (letzter Zugriff: 20.08.2018).
Molyneux, Maxine (1979): Beyond the Domestic Labour Debate. In: New Left Revies. 1(116), S. 3–27.
Müller, Beatrice (2018): Die sorgenfreie Gesellschaft. Wert-Abjektion als strukturelle Herrschaftsform des patriarchalen Kapitalismus. In: Scheele, Alexandra/Wöhl, Stefanie (Hrsg.): Feminismus und Marxismus. Weinheim und Basel, S. 84–101.
Müller, Beatrice (2016): Wert-Abjektion. Zur Abwertung von Care-Arbeit im patriarchalen Kapitalismus. Münster.
Müller, Beatrice (2014): Wert-Abjektion als grundlegende Herrschaftsform des patriarchalen Kapitalismus – ‚Sorge(n)freie' Gesellschaft als Resultat. In: Prokla, Heft 174, S. 31–52.
Nadai, Eva/Maeder, Christoph (2005): Fuzzy Fields. Multi-Sited Ethnography in Sociological Research. In: Forum Qualitative Sozialforschung / Forum: Qualitative Social Research, Vol 6, No 3. Online Ressource: http://www.qualitative-research.net/index.php/fqs/rt/printerFriendly/22/47#notes (letzter Zugriff: 20.05.2020).
Nadai, Eva/Sommerfeld, Peter/Bühlmann, Felix/Krattiger, Barbara (2005): Fürsorgliche Verstrickung. Soziale Arbeit zwischen Profession und Freiwilligenarbeit. Wiesbaden.
Naumann, Thilo (2010): Beziehung und Bildung in der kindlichen Entwicklung. Psychoanalytische Pädagogik als kritische Elementarpädagogik. Gießen.
Nentwig-Gesemann, Iris/ Fröhlich-Gildhoff, Klaus (2015): Kompetenzorientierung als Fundament der Professionalisierung frühpädagogischer Fachkräfte. In: König, Anke/Leu, Hans-Rudolph/Viernickel, Susanne (Hrsg.): Forschungsperspektiven auf Professionalisierung in der Frühpädagogik. Empirische Befunde der AWiFF-Förderlinie. Weinheim, S. 48–68.
Neumann, Sascha (2014): Bildungskindheit als Professionalisierungsprojekt. Zum Programm einer kindheitspädagogischen Professionalisierungs(folgen)forschung. In: Betz, Tanja/Cloos, Peter (Hrsg.): Kindheit und Profession. Konturen und Befunde eines Forschungsfeldes. Weinheim und Basel, S. 145–159.
Nock, Lukas (2013): Fallstudie Kindertagesbetreuung. In: Hielscher, Volker/ Kichen-Peters, Sabine/ Blass, Kerstin/ Nock, Lukas (Hrsg.): Zwischen Kosten, Zeit und Anspruch: Das alltägliche Dilemma sozialer Dienstleistungsarbeit. Wiesbaden, S. 175–216.
Nowak, Iris (2017): Perspektiven von Arbeitskonflikten in der Altenpflege. In: Artus, Ingrid/Birke, Peter/Kerber-Clasen, Stefan/Menz, Wolfgang (Hrsg.): Sorge-Kämpfe. Auseinandersetzungen um Arbeit in sozialen Dienstleistungen. Hamburg, S. 182–199.
Nowak, Iris (2011): Fürsorgliche Praxis als prekäre Lohnarbeit. Fragen zu den Erfahrungen der Beschäftigten. In: Das Argument Heft 292, 381–391.
Oberndorfer, Lukas (2012): Hegemoniekrise in Europa – Auf dem Weg zu einem autoritären Wettbewerbetatismus. In: Forschungsgruppe Staatsprojekt Europa (Hrsg.): Die EU in der Krise. Münster, S. 50–73.
Oberhuemer, Pamela/Schreyer, Inge (2010): Kita-Fachpersonal in Europa. Ausbildungen und Professionsprofile. Opladen.
Olk, Thomas (2007): Kinder im „Sozialinvestitionsstaat". In: Zeitschrift für Soziologie der Erziehung und Sozialisation, 27, 1, S. 43–57.

Ostner, Ilse (2009): „Auf den Anfang kommt es an" – Anmerkungen zur „Europäisierung" des Aufwachsens kleiner Kinder. In: Recht der Jugend und des Bildungswesens. Zeitschrift für Schule, Berufsbildung und Jugenderziehung 1/2009, S. 44–62.

Ostner, Ilse (1978): Beruf und Hausarbeit. Die Arbeit der Frau in unserer Gesellschaft. Frankfurt a. M./New York.

Ostner, Ilse/ Beck-Gernsheim, Elisabeth (1979): Mitmenschlichkeit als Beruf. Eine Analyse des Alltags in der Krankenpflege. Frankfurt a. M./New York.

Palenga-Möllenbeck, Ewa (2014): Globale Versorgungsketten: Geschlecht, Migration und Care-Arbeit. In: Aulenbacher, Brigitte/Dammayr, Maria (Hrsg.): Für sich und andere sorgen. Weinheim und Basel, S. 138–148.

Pasternack, Peer/Keil, Johannes (2013): Vom „mütterlichen" Beruf zur gestuften Professionalisierung. Ausbildungen für die frühkindliche Pädagogik. HoF-Handreichungen 3, Beiheft zu „Die Hochschule. Journal für Wissenschaft und Bildung". Wittenberg.

Pasternack, Peer (2008): Die Akademisierung der Frühpädagogik. Dynamik an Hochschulen und Chancen für Fachhochschulen. In: Balluseck, Hilde von (Hrsg.): Professionalisierung der Frühpädagogik. Perspektiven, Entwicklungen, Herausforderungen. Opladen, S. 37–50.

Pfeiffer, Friedhelm/Reuß, Karsten (2008): Ungleichheit und die differentiellen Erträge frühkindlicher Bildungsinvestitionen im Lebenszyklus. In: Apolte, Thomas/Funcke, Antje (Hrsg.): Frühkindliche Bildung und Betreuung. Reformen aus ökonomischer, pädagogischer und psychologischer Perspektive. Baden-Baden, S. 25–43.

Poulantzas, Nicos (2002): Staatstheorie. Politischer Überbau, Ideologie, Autoritärer Etatismus. Hamburg.

Praetorius, Ina (2015): Wirtschaft ist Care. Oder: Die Wiederentdeckung des Selbstverständlichen. In: Heinrich-Böll-Stiftung (Hrsg.): Schriftenreihe Wirtschaft und Soziales. Großbeeren. Online Ressource: https://www.boell.de/sites/default/files/2015-02-wirtschaft-ist-care.pdf?dimension1=division_sp (letzter Zugriff: 30.04.2019).

Prüfer, Johannes (1927): Friedrich Fröbel. Sein Leben und Schaffen, Leipzig.

Przyborski, Aglaja/Wohlraab-Sahr, Monika (2008): Qualitative Sozialforschung: Ein Arbeitsbuch. München.

Pühl, Katharina (2001): Geschlechterverhältnisse und die Veränderung von Staatlichkeit in Europa. Ansätze eines theoretischen Perspektivwechsels. In: Kreisky, Eva/ Lang, Sabine/Sauer, Birgit (Hrsg.): EU. Geschlecht. Staat. Wien, S. 44–54.

Rabe-Kleberg, Ursula (2008): Zum Verhältnis von Wissenschaft und Profession in der Frühpädagogik. In: Balluseck, Hilde von (Hrsg.): Professionalisierung der Frühpädagogik. Perspektiven, Entwicklungen, Herausforderungen. Opladen, S. 237–249.

Rabe-Kleeberg, Ursula (2006): Mütterlichkeit und Profession – oder: Mütterlichkeit, eine Archillesferse der Fachlichkeit? In: Diller, Angelika/ Rauschenbach, Thomas (Hrsg.): Reform oder Ende der Erzieherinnenausbildung? Beiträge zu einer kontroversen Fachdebatte. München, S. 95–110.

Rauschenbach, Thomas/Schilling, Matthias (2013): Ökonomische, rechtliche und fachpolitische Rahmenbedingungen der Kindertagesbetreuung. In: Fried, Lilian/Roux, Susanna (Hrsg.): Handbuch Pädagogik der frühen Kindheit. Berlin, S. 44–55.

Regel, Gerhard/Kühne, Thomas (2001): Arbeit im offenen Kindergarten. Freiburg i. Br.

Remmers, Hartmut (2000): Pflegerisches Handeln. Wissenschafts- und Ethikdiskurse zur Konturierung der Pflegewissenschaft. Bern.

Richter, Dirk/Heckemann, Birgit (2014): Resilienz bei Mitarbeitenden im Gesundheitswesen Bedarfsermittlung und Schulung im Umgang mit psychosozialen Belastungen am Arbeitsplatz. Bern.

Riegraf, Birgit (2014): Care, Geschlecht, Gerechtigkeit. Von der Chancengleichheit und Verteilungsgerechtigkeit zur Entdeckung der Leistungsgerechtigkeit. In: Aulenbacher, Brigitte/Dammayr, Maria (Hrsg.): Für sich und andere sorgen. Krise und Zukunft von Care in der modernen Gesellschaft. Weinheim/Basel, S. 160–170.

Riegraf, Birgit (2013): New Public Management, die Ökonomisierung des Sozialen und (Geschlechter)Gerechtigkeit: Entwicklungen in der Fürsorge im internationalen Vergleich. In: Appelt, Erna/ Aulenbacher, Brigitte/Wetterer, Angelika (Hrsg.): Gesellschaft. Feministische Krisendiagnosen. Münster, S. 127–143.

Rosewitz, Bernd/Webber, Douglas (1990): Reformversuche und Reformblockaden im deutschen Gesundheitswesen. Frankfurt a. M./New York.

Roßbach, Hans Günther (2004). Kognitiv anregende Lernumwelten im Kindergarten. Zeitschrift für Erziehungswissenschaft, 7. Jahrgang, Beiheft 3, S. 9–24.
Roth, Ines (2011): Die Arbeitsbedingungen in Krankenhäusern aus Sicht der Beschäftigten. Ein Branchenbericht auf Basis des DGB-Index Gute Arbeit. Herausgegeben von Ver.di – Vereinte Dienstleistungsgewerkschaft, Berlin. Online Ressource: https://innovation-gute-arbeit.verdi.de/++file++53edcf1d6f6844064a000492/download/Arbeitsbedingungen%20in%20Krankenh%C3%A4usern.pdf (letzter Zugriff: 01.04.2018).
Roux, Susanna (2013): Kindertagespflege. In: Fried, Lilian/Roux, Susanna (Hrsg.): Handbuch Pädagogik der frühen Kindheit. Berlin, S. 324–334.
Rudolph, Brigitte (2010): Anschlussfähige Bildungswege in der Ausbildung von Erzieherinnen und Erziehern. Ergebnisse einer Interviewstudie mit Leitungen von Fachschulen und Berufsfachschulen. Eine Studie der Weiterbildungsinitiative Frühpädagogische Fachkräfte (WiFF). München.
Sablowski, Thomas (2012): Krisentheorien. In: Haug, Wolfgang Fritz/Haug, Frigga/Jehle, Peter (Hrsg.): Historisch-Kritisches Wörterbuch des Marxismus, Bd. 7/II, Hamburg, S. 138.
Sablowski, Thomas (2011a): Die jüngste Weltwirtschaftskrise und die Krisentheorien. In: Demirović, Alex/Dück, Julia/Becker, Florian/Bader, Pauline (Hrsg.): VielfachKrise. Im finanzmarktdominierten Kapitalismus. Hamburg, S. 29–44.
Sablowski, Thomas (2011b): Viele Krisen oder eine Vielfachkrise? In: Luxemburg. Gesellschaftsanalyse und linke Praxis, 2/2011, S. 147–148.
Sachverständigenrat zur Begutachtung der Entwicklung im Gesundheitswesen (2008): Kooperation und Verantwortung. Voraussetzungen einer zielorientierten Gesundheitsversorgung. Baden-Baden.
Sachße, Christoph (1986): Mütterlichkeit als Beruf. Frankfurt a. M.
Sauer, Birgit (2017): Transformationen von öffentlich und privat. Eine gesellschafts- und affekttheoretische Perspektive auf Geschlechterdemokratie. In: Zentrum für transdisziplinäre Geschlechterstudien (Hrsg.): Bulletin Nr. 43. Grenzziehungen von „öffentlich" und „privat" im neuen Blick auf die Geschlechterverhältnisse, S. 12–29.
Sauer, Birgit (2013): „Putting patriarchy in its place". Zur Analysekompetenz der Regulationstheorie für Geschlechterverhältnisse. In: Atzmüller, Roland/Becker, Joachim/Brand, Ulrich/Oberndorfer, Lukas/Redak, Vanessa/Sablowski, Thomas (Hrsg.): Fit für die Krise? Perspektiven der Regulationstheorie. Münster, S. 111–131.
Sauer, Birgit (2011): Restrukturierung von Männlichkeit. Staat und Geschlecht im Kontext von ökonomischer Globalisierung und politischer Internationalisierung. In: Bereswill, Mechthild/Neuber, Anke (Hrsg.): In der Krise? Männlichkeiten im 21. Jahrhundert. Münster, S. 80–103.
Sauer, Birgit (2001): Die Asche des Souveräns. Staat und Demokratie in der Geschlechterdebatte. Frankfurt a. M./New York.
Sauer, Dieter (2007): Arbeit unter Marktdruck – Generalisierung und arbeitspolitische Implikationen. Impulsreferat – Fachtagung der Hans-Böckler-Stiftung. Online Ressource: http://www.boeckler.de/pdf/v_2007_11_16_vortrag_sauer.pdf (letzter Zugriff: 03.03.2018).
Schambach, Gabriele (2010): Gender in der der Finanz- und Wirtschaftskrise. Beschäftigungsrelevante Aspekte in den Konjunkturpaketen der Bundesregierung für Frauen und Männer. Expertise für Hans-Böckler-Stiftung. Online Ressource: https://www.boeckler.de/pdf_fof/97213.pdf (letzter Zugriff: 27.06.2020).
Schneewind, Julia (2011): Gesamtbericht Zukunftskonzept Kita 2020 – mit Praktikerinnen im Gespräch. Im Auftrag des BMFSFJ im Rahmen des nifbe-Projektes „Professionalisierung, Transfer und Transparenz im elementarpädagogischen Ausbildungs- und Praxisfeld". Osnabrück.
Scholz, Roswitha (2000): Das Geschlecht des Kapitalismus. Feministische Theorien und die postmoderne Metamorphose des Kapitals. Bad Honnef.
Schultz, Susanne (2018): Nation, Kinderwunsch, Humanvermögen – Familienpolitik als Demografiepolitik. In: Pühl, Katharina/ Sauer, Birgit (Hrsg.): Regulierung, Regierung und Reproduktion von Geschlecht und Geschlechterverhältnissen. Münster, S. 74–92.
Schultz, Susanne (2013): Familienpolitik und die „demographische Chance". Zur postkatastrophistischen Phase einer neuen deutschen Bevölkerungspolitik. In: Prokla. Zeitschrift für kritische Sozialwissenschaft, Heft 173, S. 539–561.

Schultz, Susanne (2012): Biopolitik und Demographie. Eine staatskritische intersektionale Analyse aktueller deutscher Familienpolitik. In: Sänger, Eva/Rödel, Malaika (Hrsg.): Biopolitik und Geschlechterverhältnisse, Münster, S. 108–128.

Schuster-Lang, Käthe-Maria (2013): Rahmenpläne für die Bildungsarbeit. In: Fried, Lilian/Roux, Susanna (Hrsg.): Handbuch Pädagogik der frühen Kindheit. Berlin, S. 147–159.

Schutzbach, Franziska (2016): Der Heidi-Komplex. Gender, Feminismus und der Ekel vor der „Gleichmacherei". In: Prokla, Zeitschrift für kritische Sozialwissenschaften, Heft 185, S. 583–597.

Schütze, Fritz (1983): Biographieforschung und narratives Interview. In: Neue Praxis, 13(3) 1983, S. 283–293.

Sell, Stefan (2014): Die Finanzierung der Kindertagesbetreuung vom Kopf auf die Füße stellen. Das Modell eines „KiTa-Fonds" zur Verringerung der erheblichen Unter- und Fehlfinanzierung der Kindertagesbetreuung in Deutschland. Remagener Beiträge zur Kinder- und Jugendhilfe 07-2014. Remagen.

Senghaas-Knobloch, Eva (2011): Arbeitskraft ist mehr als eine Ware. Arbeiten in der postfordistischen Dienstleistungsgesellschaft. In: APuZ – Aus Politik und Zeitgeschehen, Heft 15, S. 24–31.

Senghaas-Knobloch, Eva (2010): Institutionelle und rechtliche Rahmenbedingungen fürsorglicher Praxis in der Pflege. In: Kumbruck, Christel/Rumpf, Mechthild/Senghaas-Knobloch, Eva (Hrsg.): Unsichtbare Pflegearbeit. Fürsorgliche Praxis auf der Suche nach Anerkennung. Studien zur Pflege 3. Münster.

Senghaas-Knobloch, Eva (2008): Care-Arbeit und das Ethos fürsorglicher Praxis unter neuen Marktbedingungen am Beispiel der Pflegepraxis. In: Berliner Journal für Soziologie 18/2, S. 221–243.

Senghaas-Knobloch, Eva/Kumbruck, Christel (2006). Das Ethos fürsorglicher Praxis im Wandel. Befunde einer empirischen Studie. artec-paper Nr. 137. Bremen.

Simon, Michael (2014): Ökonomisierung und soziale Ungleichheit in Organisationen des Gesundheitswesens – Das Beispiel des Pflegedienstes im Krankenhaus. In: Manzei, Alexandra/Schmiede, Rudi (Hrsg.): 20 Jahre Wettbewerb im Gesundheitswesen – Theoretische und empirische Analysen zur Ökonomisierung von Medizin und Pflege. Wiesbaden, S. 157–178.

Simon, Michael (2001): Die Ökonomisierung des Krankenhauses. Der wachsende Einfluss ökonomischer Ziele auf patientenbezogene Entscheidungen. Berlin: Veröffentlichungsreihe der Arbeitsgruppe Public Health, Wissenschaftszentrum Berlin für Sozialforschung. Online Ressource: http://skylla.wzb.eu/pdf/2001/p01-205.pdf (letzter Zugriff: 28.08.2018).

Singer, Wolf (2003): Was kann der Mensch wann lernen? Ein Beitrag aus der Sicht der Hirnforschung. In: Fthenakis, Wassilios E. (Hrsg.): Elementarpädagogik nach PISA. Wie aus Kindertagesstätten Bildungseinrichtungen werden können. Freiburg/Basel/Berlin, S. 67–77.

Sintomer, Yves (1994): Althusser und der Marxismus der siebziger Jahre. In: Böke, Henning/ Müller, Jens Christian/Reinfeldt, Sebastian (Hrsg.): Denk-Prozesse nach Althusser. Argument-Sonderband. Hamburg, S. 21–26.

Spieß, Katharina C./Westermaier, Franz G. (2016): Berufsgruppe „Erzieherin": Zufrieden mit der Arbeit, aber nicht mit der Entlohnung. In: DIW Wochenbericht. Nr.43/2016, S. 1023–1034.

Spieß, Katharina C. (2012): Eine ökonomische Perspektive auf das deutsche System der frühkindlichen Bildung. In: APuZ – Aus Politik und Zeitgeschichte, S. 62, 22–24: 20–26.

Spieß, Katharina (2004) Kosten und Nutzen von Kinderbetreuung: Internationale und nationale Betrachtungen aus ökonomischer Perspektive. In: Schmidt, Renate/ Mohn, Liz (Hrsg.): Familie bringt Gewinn. Innovation durch Balance von Familie und Arbeitswelt. Gütersloh, S. 124–134.

Sprondel, Walter M. (1979): ‚Experte' und ‚Laie': Zur Entwicklung von Typenbegriffen in der Wissenssoziologie. In: Sprondel Walter M./Grathoff, Richard (Hrsg.): Alfred Schütz und die Idee des Alltags in den Sozialwissenschaften. Stuttgart, S. 140–154.

Stiegler, Barbara (2009): Zur Care-Arbeit in Deutschland. In: WISO-Diskurs Oktober 2009. Antworten aus der feministischen Ökonomie auf die globale Wirtschafts- und Finanzkrise, S. 27–31.

Stöbe-Blossey, Sybille (2012): Governance und Qualität in der Elementarbildung. In: Ratermann, Monique/Stöbe-Blossey, Sybille (Hrsg.): Governance von Schul- und Elementarbildung: Vergleichende Betrachtungen und Ansätze der Vernetzung. Wiesbaden: S. 81–119.

Stöbe-Blossey, Sybille (2011): Soziale Dienste zur frühkindlichen Bildung und Betreuung. In: Evers, Adalbert/Heinze, Rolf G./Olk, Thomas (Hrsg.): Handbuch Soziale Dienste. Wiesbaden, S. 369–388.

Stöbe-Blossey, Sybille (2010) (Hrsg.): Kindertagesbetreuung im Wandel: Perspektiven für die Organisationsentwicklung. Wiesbaden.

Stöbe-Blossey, Sybille/von Torlümke, Anika (2010): Neue Anforderungen in der frühkindlichen Bildung. In: Stöbe-Blossey, Sybille (Hrsg.): Kindertagesbetreuung im Wandel: Perspektiven für die Organisationsentwicklung. Wiesbaden, S. 121–153.

Strauss, Anselm/Corbin, Juliet (1990): Basics of Qualitative Research. Grounded Theory procedures and techniques. Sage, Newbury Park, CA.

Sünker, Heinz (2010): Kindheitsforschung, Kinderbilder, Kinderleben: Diesseits/Jenseits von Schutz und Kontrolle. Notate zu einem Forschungsprogramm. In: Bühler-Niederberger, Doris/ Mierendorff, Johanna/ Lange, Andreas (Hrsg.): Kindheit zwischen fürsorglichem Zugriff und gesellschaftlicher Teilhabe. Wiesbaden, S. 73–88.

Sünker, Heinz/Bühler-Niederberger, Doris (2014): Kindheit und Gesellschaft. In: Braches-Chyrek, Rita/Sünker, Heinz/Röhner, Charlotte/Hopp, Michaela (Hrsg.): Handbuch zur frühen Kindheit. Leverkusen: S. 41–51.

Sylva, Kathy/Melhuish, Edward C./Sammons, Pam/Siraj-Blatchford, Iram/Taggart, Branda/Elliot, Karen (2004): The effective provision of Pre-School Education Project – Zu den Auswirkungen vorschulischer Einrichtungen in England. In: Faust, Gabriele/Götz, Margarete/Hacker, Hartmut/ Roßbach, Hans-Günther (Hrsg.): Anschlussfähige Bildungsprozesse im Elementar- und Primarbereich. Bad Heilbrunn, S. 154–167.

Taylor Allan, Ann (1996): „Geistige Mütterlichkeit" als Bildungsprinzip. Die Kindergartenbewegung. 1840–1870. In: Kleinau, Elke/Opitz, Claudia (Hrsg.): Geschichte der Mädchen- und Frauenbildung. Bd. 2. Vom Vormärz bis zur Gegenwart. Frankfurt a. M., S. 19–34.

Textor, Martin R. (1990): Jede Mutter eine Kindergärtnerin. Elternbildung bei Fröbel. Online Ressource: https://kindergartenpaedagogik.de/fachartikel/geschichte-der-kinderbetreuung/weitere-historische-beitraege/410 (letzter Zugriff: 20.03.2019).

Tietze, Wolfgang/Roßbach, Hans-Günther/Grenner, Katja (2005): Kinder von 4 bis 8 Jahren. Zur Qualität der Erziehung und Bildung in Kindergarten, Grundschule und Familie. Weinheim und Basel.

Tronto, Joan/Fisher, Berenice (1990): Toward a Feminist Theory of Care. In: Abel, Emily K./Nelson, Margaret (Hrsg.) Circles of Care. Work and Identity in Women's Lives. New York, S. 35–62.

Twenhöfel, Ralf (2011): Die Altenpflege in Deutschland am Scheideweg. Medizinalisierung oder Neuordnung der Pflegeberufe? Baden-Baden.

vbw – Vereinigung der Bayerischen Wirtschaft (2012) (Hrsg.): Professionalisierung in der Frühpädagogik. Qualifikationsniveau und -bedingungen des Personals in Kindertagesstätten. Gutachten. Münster.

vbw – Vereinigung der Bayerischen Wirtschaft (2007) (Hrsg.): Bildungsgerechtigkeit. Jahresgutachten 2007. Wiesbaden.

Vereinbarung Orientierungsplan (2004): Vereinbarung zum Orientierungsplan für Bildung und Erziehung in Tageseinrichtungen für Kinder in Baden-Württemberg. Online Ressource: http://kindergaerten-bw.de/site/pbs-bw-new/get/documents/KULTUS.Dachmandant/KULTUS/Projekte/kindergaerten-bw/Oplan/Material/KM-KIGA_Orientierungsplan-Vereinbarung_20040730.pdf (letzter Zugriff: 20.08.2018).

Viernickel, Susanne/Nentwig-Gesemann, Iris (2014): Bildungsprogramme als Orientierung, Korsett oder Zumutung? Ergebnisse aus dem Forschungsprojekt „Schlüssel zu guter Bildung, Erziehung und Betreuung". Theorie und Praxis der Sozialpädagogik.

Viernickel, Susanne/Nentwig-Gesemann, Iris/Nicolai, Katharina/Schwarz, Stefanie/Zenker, Luise (2013): Schlüssel zu guter Bildung, Erziehung und Betreuung – Bildungsaufgaben, Zeitkontingente und strukturelle Rahmenbedingungen in Kindertageseinrichtungen. Online unter: http://www.gew.de/Binaries/Binary96129/Expertise_Gute_Bildung_2013.pdf (letzter Zugriff: 20.05.2018).

Viernickel, Susanne/Schwarz, Stefanie (2009): Schlüssel zu guter Bildung. Erziehung und Betreuung – Wissenschaftliche Parameter zur Bestimmung der pädagogischen Fachkraft-Kind-Relation. 2. korr. Auflage. Berlin.

Viernickel, Susanne (2008): Qualitätskriterien und -standards im Bereich der frühkindlichen Bildung und Betreuung. 2. Auflage. Remagen.

Vogel, Lise (2003): Hausarbeitsdebatte. In: Haug, Frigga (Hrsg.): Historisch-kritisches Wörterbuch des Feminismus. Hamburg, S. 1186–1195.

Vogelsberger, M. (2002): Kindertagesbetreuung. Paderborn/München/Wien/Zürich.

Walby, Silvia (2009): Gender and the Financial Crisis. Online Ressource: https://www.lancaster.ac.uk/fass/doc_library/sociology/Gender_and_financial_crisis_Sylvia_Walby.pdf (letzter Zugriff: 09.04.2019).

Wærness, Kari (2000): Fürsorgerationalität. Zur Karriere eines Begriffes. In: Feministische Studien extra: Fürsorge, Anerkennung, Arbeit. Jg. 18, S. 54–66.

Werlhof, Claudia von (1978): Frauenarbeit, der blinde Fleck in der Kritik der politischen Ökonomie. In: Beiträge zur feministischen Theorie und Praxis. Heft 1, S. 18–40.

Werlhof, Claudia von (1983a): Der Proletarier ist tot. Es lebe die Hausfrau? In: Werlhof, Claudia von/Mies, Maria/Bennholdt-Thomsen, Veronika (Hrsg.): Frauen, die letzte Kolonie. Bd. 4, Technologie und Politik 20. Das Magazin zur Wachstumskrise, Reinbek bei Hamburg, S. 113–136.

Werlhof, Claudia von (1983b): Zum Natur- und Gesellschaftsbegriff im Kapitalismus. In: Werlhof, Claudia von/ Mies, Maria/ Bennholdt-Thomsen, Veronika (Hrsg.): Frauen, die letzte Kolonie. Bd. 4, Technologie und Politik 20. Das Magazin zur Wachstumskrise, Reinbek bei Hamburg, S. 140–163.

Werlhof, Claudia von/Mies, Maria/Bennholdt-Thomsen, Veronika (1983) (Hrsg.): Frauen, die letzte Kolonie; Bd. 4, Technologie und Politik 20. Das Magazin zur Wachstumskrise, Reinbek bei Hamburg.

Wetterer, Angelika (2002): Arbeitsteilung und Geschlechterkonstruktion. „Gender at work" in theoretischer und historischer Perspektive. Konstanz.

Wichterich, Christa (2011): Krise der Ernährermännlichkeit und neoliberale Gleichstellung in der Krise. In: Demirović, Alex/Dück, Julia/Becker, Florian/Bader, Pauline (Hrsg.): VielfachKrise. Im finanzmarktdominierten Kapitalismus. Hamburg, S. 129–145.

Wichterich, Christa (2010): Geschlechteranalysen und -diskurse in der Krise. In: Peripherie 118/119, S. 164–186.

Windisch, Win (2017): „Wir haben es selbst in der Hand, noch stärker zu werden!". Die Bewegung für einen Tarifvertrag Entlastung in den saarländischen Krankenhäusern. In: Artus, Ingrid/Birke, Peter/Kerber-Clasen, Stefan/Menz, Wolfgang: Sorge-Kämpfe. Auseinandersetzungen um Arbeit in sozialen Dienstleistungen. Hamburg, S. 130–153.

Windolf, Paul (2009): Zehn Thesen zur Finanzmarkt-Krise. In: Leviathan 37, S. 187–196.

Winker, Gabriele (2015): Care Revolution. Schritte in eine solidarische Gesellschaft. Bielefeld.

Winker, Gabriele (2012): Erschöpfung des Sozialen. In: Luxemburg. Gesellschaftsanalyse und linke Praxis, 4/2012, S. 6–13.

Winker, Gabriele (2011): Soziale Reproduktion in der Krise. Care Revolution als Perspektive. In: Das Argument, 292, S. 333–344.

Witzel, Andreas (2000): Das problemzentrierte Interview. In: Forum Qualitative Sozialforschung / Social Research,1(1), Art. 22. Online Ressource: http://www.qualitative-research.net/index.php/fqs/article/view/1132 (letzter Zugriff: 20.06.2020).

Witzel, Andreas (1996): Auswertung problemzentrierter Interviews. Grundlagen und Erfahrungen. In: Strobl, Rainer/Böttger, Andreas (Hrsg.): Wahre Geschichten? Zur Theorie und Praxis qualitativer Interviews. Baden-Baden, S. 49–76.

Witzel, Andreas (1989): Das problemzentrierte Interview. In: Jüttemann, Gerd (Hrsg.): Qualitative Forschung in der Psychologie. Grundfragen, Verfahrensweisen, Anwendungsfelder. Heidelberg, S. 227–256.

Witzel, Andreas (1982): Verfahren der qualitativen Sozialforschung. Überblick und Alternativen. Frankfurt a. M.

Wöhl, Stefanie (2007). Mainstreaming Gender? Widersprüche europäischer und nationalstaatlicher Geschlechterpolitik. Königstein/Taunus.

Wolf, Luigi (2013): „Patienten wegstreiken" – Arbeitskämpfe an der Charité. In: Zeitschrift Luxemburg. Gesellschaftsanalyse und linke Praxis. 15/1, S. 58–63.

Woltersdorff, Volker (2004): Begehrende Körper und verkörpertes Begehren. Interdisziplinäre Studien zu Performativität und gender. In: Paragrana 13.1/2004, S. 251–309.

Young, Brigitte (1998): Genderregime und Staat in der globalen Netzwerkökonomie. In: Prokla. Zeitschrift für kritische Sozialforschung. Heft 111, S. 188–193.

Zender, Sophie (2014). Streiken bis das Patriarchat kommt. Der Arbeitskampf der Pflegekräfte an der Berliner Charité. Berlin.

Zwack, Julika (2013): Wie Ärzte gesund bleiben – Resilienz statt Burnout. Stuttgart.

Danksagung

Das vorliegende Buch handelt von den Transformationskrisen in Kitas und Krankenhäusern und in gewisser Weise hat es selbst so manche Transformationskrise durchgemacht. Ich habe mich aus zwei Perspektiven dem Thema genähert. Zum einen aus einer feministischen Auseinandersetzung mit dem marxistischen Krisenverständnis, das mich bereits in meiner Diplomarbeit beschäftigt hat. Zum anderen aus einer praktischen Beteiligung an den großen Streikauseinandersetzungen im Jahr 2015, die auch die Deutung über das Aufkommen von Care-Kämpfen, gar einer Care-Revolution, maßgeblich mitgeprägt haben. Über ein Praktikum bei Jana Seppelt und ver.di in Stuttgart war ich an der Vorbereitung der Kita-Streiks beteiligt. Im Rahmen meiner Arbeit im *Berliner Bündnis für mehr Personal im Krankenhaus* habe ich den ersten Streik um Personalvorgaben im Krankenhaus an der Charité aktiv mit unterstützt und dabei viele lehrreiche und bewegende Momente erleben dürfen. Es war durchaus ein längerer Suchprozess, bis ich wusste, wie diese beiden Momente zusammenfinden können.

Meiner Erstbetreuerin Silke van Dyk schulde ich großen Dank vor allem dafür, dass du mich das ein oder andere Mal davor bewahrt hast, vorschnelle Schlüsse zu ziehen. Deine Anmerkungen haben mir sehr geholfen, den theoretischen Teil meiner Arbeit mit der Auswertung der Interviews sinnvoll ins Gespräch zu bringen. Die theoretischen Fragen dieser Arbeit sind geprägt durch eine lange Auseinandersetzung mit Alex Demirović, der diese Arbeit als Zweitbetreuer begleitet hat. Marxistische Theorie habe ich vor allem durch dich kennengelernt, zu einer Zeit in der kritisches Denken an den Universitäten allgemein auf dem Rückzug war. Das ist dein großer Verdienst, für den ich dir sehr danke.

Es ist ein Privileg, in praktische Kämpfe eingebunden zu sein und sie zugleich theoretisch reflektieren zu können. Ich danke dafür der Rosa-Luxemburg-Stiftung, dass sie mir das über ein Promotionsstipendium ermöglicht und zudem Räume für gemeinsame theoretische Reflexion eröffnet hat. Hier möchte ich besonders Mario Candeias und Barbara Fried danken. Zugleich gilt mein Dank allen Interview-Partner*innen, die mir das Vertrauen entgegengebracht haben und sich auf die Interviews eingelassen haben.

Der Streik an der Charité war auch ein großes Experiment in der Zusammenarbeit zwischen Gewerkschaften und sozialen Bewegungen. Ein solches Experiment erfordert von Seiten der betrieblich gewerkschaftlich Aktiven viel Mut und Bereitschaft, „ihren" Betrieb für politische Aktivist*innen zu öffnen. Nur dadurch war es mir überhaupt möglich, als Forscherin und Aktivistin einen so tiefen Einblick in die Auseinandersetzungen zu gewinnen. Für diesen politischen Mut gilt deshalb mein tiefer Dank der ver.di Betriebsgruppe an der Charité, namentlich – für die vielen Aktiven – Dana Lützkendorf, Carsten Becker, Ulla

Hedemann, Grit Wolf und Stefan Gummert. Ich hoffe, dass diese Arbeit auch ein Baustein sein kann für die Reflexion und Weiterentwicklung dieser Kämpfe. Danken möchte ich in diesem Zusammenhang Julia Garscha. Ohne die gemeinsamen Erfahrungen und die Diskussionen mit dir wäre diese Arbeit nicht in dieser Form entstanden.

Einem Buch über Krisen würde etwas fehlen ohne die ein oder andere Krise mit dem Schreibprozess. Dass ich das Buch zu Ende gebracht habe, verdanke ich daher nicht nur einsamen Stunden am Schreibtisch, sondern zahlreicher praktischer, geistiger und moralischer Unterstützung. Mein Dank gilt daher meinen Freund*innen Samira Spatzek, Moritz Altenried, Till Kadritzke, Agnes Eilers, Hanna Uebach, Nina Böker, Dorothea Uebach sowie allen meinen Mitbewohner*innen in dieser Zeit, die die ein oder andere Krisenphase abfedern mussten. Insbesondere Schlussphasen sind ein hartes Brot, und ohne Euren Support wären sie ein noch viel härteres, danke Euch.

Last not least, danke ich meiner Familie, dafür, dass sie in der ganzen Zeit an mich geglaubt und mich mit dem Selbstvertrauen ausgestattet hat, so ein Buch überhaupt zu beginnen. Ohne Euch hätte ich diese Zeit nicht durchgehalten.